EVOLUTIONAL
CREATIVITY

# 進化思考

太刀川 英輔
EISUKE TACHIKAWA

雙囍出版

什麼是創造？
我們是否真正理解創造的意義？

# 《進化思考》（台灣版）推薦序

鄭陸霖（實踐大學工業產品設計學系副教授）

太刀川英輔是一位頂尖的新世代設計師，他所領導的 NOSIGNER 設計公司跨足眾多設計領域交出傲人成績，並且一再打破我們對設計的既有想像。他不只設計產品也熱情投入防災與疫情的設計參與，贏得日本朝野關心未來願景的人士們的信任，在關係教育、文化、生態、都市的創新計畫中委以重任。他方值壯年便擔任日本工業設計協會（JIDA）理事長更加凸顯對內引領設計趨勢；對外社會溝通所被寄予的專業期望。《進化思考》如他所寫「只要稍加練習人人都可以有創造力」的信念實踐，也體現了他樂於分享與勤於寫作（行動！）的社會設計師本格作風，我們才能透過閱讀輕易獲得他深刻反思總結寶貴經歷的結晶。繁體中文版的問世，不只移除了台灣讀者擄獲創造力祕密的最後一道障礙，更是比日文版大幅更新修訂的升級「演化版」，作為催生者的我十分引以為傲（討拍）。

在二〇一一年日本三一一東北大震災四十小時內太刀川發起「OLIVE」計畫而以社會設計知名，二〇一四年我下決心離開中研院進入設計領域在實踐工設系任教，在我認為更接近實作現場的地方繼續琢磨四十年前入行之際「成為一位落地社會學者」的自我承諾。離開中研院暫時失業的二〇一五年，我曾受邀導覽由他設計展場的「社計思維——日經設計展」，那時對太刀川的設計思維印象模糊。那年，我擔任以「社會設計」為主題的「台北城市設計展」策展顧問，規劃了社會設計的國際論壇，同時編輯了《*International Journal of Design*》的社會設計專題，可說正積極熱身，整備自己的設計視野。

我從社會這端剛躍入設計，而太刀川則從設計那頭擁抱社會，我們兩個直覺相信「設計」與「社會」（儘管尺度落差似乎很難對接）最終海水可以匯通的傻子，各自啟航離開同溫層熟悉的港口進入未知的汪洋大海，二〇一六年因為《天下雜誌》主辦公共論壇探索方興未艾的「社會設計」受邀對談，因而初次謀面！會前得知太刀川的第一本書《設計與革新》甫於年初問世，是藉機摸清對手設計思維如何拆解物件構造與更大社會脈絡關係的好機會，於是緊急把書空運快遞到手閱讀，以文會友後從此開啟我們多年的友誼。

雖然從《進化思考》問世的此刻回看當年只是牛刀小試，但不論是思慮觀察的細膩、躍進未來的熱情、打破框架的視野、敘事邏輯的用心鋪陳無不讓我驚豔，從這本帶著自傳風味的小書中，我已經可以看到未來爆發力可期的巨大身影。那次對談仍舊是我多年來最淋漓盡致的一次 DxS 跨界交流，除了當面表達由衷欣賞與對他未來設計事業開展的熱望，會後更是急忙催促出版界朋友儘速讓繁體中文版問世。從《設計與革新》到《進化思考》，六年的時間不算長，但除了 COVID-19 嚴峻疫情讓世界停擺的全球衝擊，我與太刀川的個人生活都經歷了激烈的變化。雖然距離遙遠各自平行探索 DxS 的航海軌跡，但像極了愛因斯坦發現的「糾纏」（entanglement）現象，這段期間關注 NOSIGNER 設計事業如何開展的後續動態，起碼在我設計圈的「異鄉人」（stranger）這端一直起著共鳴共震的激勵作用。這點他或許至今仍不清楚的正面影響，稍後再讓我以同為讀者的身分跟各位分享。

對談之後四年，輪到我熱身上場出版了《尋常的社會設計》，沒想到才兩年便被他彎道超車，看到他出版了更驚人縫合跨尺度事物的巨著《進化思考》。太刀川已不是那位（僅僅被我看成）「潛力無窮」的年輕設計師，《進化思考》本身就是他驚人創造力的大爆發，是自我超越演化、結結實實躍進未來的最佳見證。當年站在「社計思維——日經設計展」門口，第一位跟我微笑招手：「歡迎來到實踐工設！」的學生李妮燕不僅已是在日本茁壯銳意成熟的設計師，更意外成了太刀川人生、家庭、事業最珍貴重要的夥伴，兩位愛情結晶的可愛小男孩輪與慧在我眼中宛如自己家族的新生代。

我還記得小倆口向我這個「媒人」在南港小酒館私密通報結婚喜事那晚，我聽了喜出望外剛跟他們舉杯恭喜，太刀川緊接著告訴我「還有一個東西」（one more thing），就是他自承「厚到像字典」的新書即將出版！而這生產力旺盛的設計師辛苦懷胎即將哇哇落地的「孩子」名字預告為「進化設計思考」！

聞言後仗著一點默契信任便向敬重的設計老友直言：你沒有必要重複我這個社會學野放設計的「脫藩武士」的長期困擾啊！你已經站在設計專業最核心的正中央，就算你隻字不提「設計」也沒人會懷疑這是全新的設計思想；更何況「設計思考」已經因為過度使用而變得僵化陳腐（這是 cliché 這個法語詞彙的原始定義），放上封面只會成為你這面向未來的新書跟社會溝通的無謂負擔吧？「所以，避免將來後悔莫及，就豪邁清爽地拿掉『設計』這兩個贅字吧！」我很高興，他們聽了我的建議，更高興的是在你手上的這本《進化思考》翻開封面後，內容分量渾厚紮實而且充滿迷人的跳躍想像，書的存在本身已經成了一個踏實給人希望的物質力量！

接下來，我想履約稍早的承諾，從一位《進化思考》中、日文版本最早讀者的角度，分享我從社會學大陸的港口出航冒險，驚豔地閱讀這本從設計專業對向迎面而來 DxS 豐碩成果的心路歷程，同時也跟您行前簡報這本書的立體構造，與閱讀旅行如何安排攻略路徑的個人建議。

社會學大陸的風土民情向來喜歡把任何小事，像俄羅斯娃娃般，放到一層層越寬大越好的脈絡中弄得複雜。你我面對生態、氣候變遷、ＡＩ虛擬、疫情戰爭……眾多挑戰交織的二十一世紀近未來，不客氣些說，某種「見樹又見林」的全觀洞察能力確實需要；雖然我也必須坦白承認，也只有極少數的社會學者在打破潘朵拉盒後還能夠收拾得了失控的尷尬。太刀川在《進化思考》裡解剖簡、駕馭繁，從小尺度的物件到大尺度的生態，收放自如讓人只能擊掌佩服。我懷疑這是他從建築設計出發打下在對接不同尺度時維持架構分明的良好基礎，連帶對其恩師隈研吾更添敬意。

《進化思考》是一本厚而美的好書，表面印象並沒有欺騙你。厚，在凡事流行輕薄短小的數位時代並不容易討好，但你不需要被它厚實的篇幅給嚇到（你應該想，賺到）。NOSIGNER為它投入許多設計細功夫，這需要另一篇賞析設計的文章才能交代；但我確定讀者們最強烈的第一印象，應該是布滿文字間引人好奇的精美插圖。《進化思考》無疑是一本視覺宴饗的美書，這些精心搭配的圖表不只美，而且美得有道理，它們不只輔助理解也啟發想像，讓這趟旅程不僅不累而且充滿思考的視覺愉悅。

全書的主體落在討論「變異」與「選擇」這組演化對偶概念的第二章與第三章（約占全書五分之四篇幅）。第二章，太刀川先從設計師擅長的造物專業出發，貼近解剖物件的內在構造。在微觀這端，不只走得比主流社會學更為極致，而且他的分析精采神妙，展示了即便成熟的設計師也不得不折服的威力發想。如同書名「進化思考」，他向生物界演化變異的多樣動態致敬，庖丁解牛般拆解出九間獨立「變異模式」概念的練功房，讓你自由進出（照你喜歡的順序前後跳躍也無妨）刺激創意狂想的動力，為上進的讀者打好邁向高階創造力的基礎。

第三章，是我們沿著「演化與創造螺旋結構」向高階創造力突破的關鍵。太刀川從第二章微觀跨入複雜千百倍的巨觀生態網絡，帶著讀者辨識全球大環境的客觀「選擇」壓力，說明與舉例的圖文依舊細膩而奔放，有時險路過彎讓人捏把冷汗，有時峰迴路轉讓你有柳暗花明的驚喜，囿於思維層次切換與理解進路的複雜，我建議讀者最好還是循著太刀川嚮導的規劃循序登頂：從第二章已站穩馬步的內側構造「解剖」開始，探索構成當下緣由的過去「歷史」脈絡，接著進入外部豐富動態的「生態」關係，最後歸結到寄希望於未來的「預測」。創造力跟自由息息相關，我的前導攻略只是提供個人經驗的參考，這本書允許每個人探索自在的閱讀路徑，書的側面貼心印製了（真的像字典才有的）索引標記保證你不會迷路，但我可以確定的是，認真閱讀到書末您一定會像快看完四小時精采長片時的意猶未盡。

第一章呢？「演化與思考的結構」這個破題的出手式，對我是措手不及的最大震撼，甚至覺得就算只讀完第一章也已經值回票價。小書之後蟄伏六年，太刀川像猛虎出閘的拳擊手，才剛翻過繩圈入場便毫不客氣地連續揮出重拳，在八十頁的開場篇幅裡，便靠著拳王阿里般花蝴蝶的數度靈巧轉身、串連了從創造、設計、演化、到教育的課題，靠著邏輯分明的自問與天問帶出了「變異與選擇演化螺旋」這個鮮明寫在封面上「引導創造力」的精簡架構，就算是一向高傲的社會學者在如此優秀的設計師前也只能心甘情願為原創的文字威力折服。

二〇二三年，《進化思考》台灣版著陸的此刻，對我、對太刀川、對你，都希望是一個展望未來踏上嶄新起跑線的開端。如何用「創造力」打破舊體制、開創新格局，《進化思考》的大哉問在我看來就是在宣示這個決心（resolution）的意義。「現在」（Now!）是這樣的一個時刻，我們倏然領悟，解剖系統勇敢變異以便預測生態適應選擇，冷靜回顧以便築夢繼續前進。讓我放縱一下序說者的小特權，回到我選擇下墜地面的「新起點」那一年以便勾勒現在。二〇一五年我決意離開中研院後，很多親友懷疑這接近自殺的生涯抉擇有何「創造未來」的積極意義？不久，更讓他們感到意外的是，我竟然現身實踐大學成為設計學院讓人費解的社會學教授。但這個動作正是我對諸多不解的回答：已呈老態的社會學必須要勇敢從雲端高度的巨觀想像縱身跳下回到地表，回到人與物件共舞的現實社會中專注微觀尋常才能重拾價值與活力。

下墜到未知的豪賭不會危險？當然！但過高的安全需求，只會綑綁我們創造力的腳步，正如《進化思考》第一章傳遞的訊息：未來只會向無懼於暴露愚蠢、敢於向更多方位變異的物種敞開！看似愚蠢，但不是沒有勝算。因為我從環境趨勢的觀察中推測相信，向未來新棲息地變異遷徙的自己絕不孤單。為什麼選擇進入設計系？因為我任性推測，「設計」作為熱情於透過「造物」以聯繫人與人、人與自然關係的專業，一定有對口夥伴（counterpart partners）也正從地面仰望蒼穹，抱著把微觀的物件放回到社會網絡與自然生態中才能真正閃爍創意的信念。那就是我在二〇一六年與太刀川對談時的激動心情，「或許我是任性了些，但果然並不孤單啊！」像在彼此的專業尚人煙稀少的登機閘口（gate）遇見了和孤獨的你默契點頭的跨界同行者，我為了收到來自星塵後方傳來「握手」（shakehand）系統交流的信號而無名感動，至今難忘。

二〇一五年底我在科隆國際設計學院（KISD）舉辦了嘗試打破物件在設計學院裡常被認定自足封閉（self-contained）的邊界，將它們放回到更大都市生態網絡的「巨大城市裡的後物件」（Meta-objects in a Mega-city）國際設計工作坊，同時對著全院發表「演化可以規劃？社會設計作為設計的未來願景」（Planning the Evolution? Social Design as a Future Vision of Design）的演說，那個演講最後以非常「中二」的喊話收尾：「讓社會學與設計一起演化，攜手跨入未來吧！」同樣在《進化思考》的第一章，太刀川透露他在二〇一六年頓悟，「懷抱著遠離自己專業領域的不安與期待」下決心，「要把創造這種現象融入到演化思想的萬能酸中，重寫人類創造性的方法論！」我相信，這個遠距的共時共鳴並非巧合，而是未來對當下的我們冥冥中的創造力召喚。

《進化思考》大氣地掙脫了「設計」早該被超越的既有框架，你看不到一絲被「造型風格」、「個人才氣」、「自足物件」注定過氣與時代脫節的老態，設計從核心處擁抱社會，新的語言就是新的生命，拒絕繼續被沾沾自喜嘮叨不停的舊神話所綑綁。從一本小書脫繭而出蛻變成一本巨著，《進化思考》六年間快速長成了萬萬想不到足以讓我在其樹蔭暫時休憩的巍峨大樹，論視野、企圖、熱情不只沒有半點消磨，反而遠超過我當初（汗顏）自以為已經夠有遠見的預期，提出了一個向大自然演化借鏡；以創造力為核心；迎向當代的全球挑戰；綜合內外時空層次分明的嶄新 DxS 世界觀！

我想要借用這篇略長序言的最後，引用太刀川書裡的一些話，提示一個這本書很容易會被看漏，但我認為是對於「創造力」無與倫比的洞見，也是我跟他共享、相信 DxS 可以攜手一起踏入未來、繼續共創經營的暫時結論。他這麼說：

「把創造視為意志可以左右的問題，這種想法可能只是我們的成見。……試著懷疑這個前提，將會發現我們確實無法刻意地產生發想，而且有時候會因為自己的點子感到驚訝。創造是一種足以讓我們感到驚訝，相當依賴偶然性的現象，同時也是受到狀況必然性挑選的現象。……超越自己意志的偶然與必然間往返反覆，藏著開創性的鑰匙，優秀作者口中所謂『無我』的真面目。……『進化思考』認為，創造是超越個人意志所發生的現象。……以偶然為目標的變異思維；以必然為目標的選擇思維，兩者都會教我們『與意志外的世界連結』的方法。」

《進化思考》是懂得觀察寰宇、善於思考的設計師貢獻給世界的一個精心準備的禮物，設計專業應該為設計跨界可以達到的驚人縱深感到驕傲，讓我們為這位年輕的專業鼓掌，也乘機好好反省我們輕看設計的自大。但不要忘了，這本書裡勾勒的設計藍圖超越了我們（包括許多設計師們）習知的設計，是等在未來下個百年的設計，是來自社會最終也將回到社會的設計新視野，是破繭而出「超越設計的設計」。設計教育，所有的教育，只要你我想要擁抱無窮的創造力，（雖然乍聽矛盾，但你讀了本書後）都不應該再沉迷於那種自閉於「作品／作者」的自戀文化（如果那顧影自憐的氣味從設計學院裡飄散出來，拋棄它！）。放（包括你內心裡的）孩子們走進世界吧！觀察、野放、連結、共鳴，尋找同行者，勾勒新願景，才是創造力與時俱進的王道。

《進化思考》繁體中文版的問世不是太刀川一人辛苦工作項目的終點，我相信他和我一樣期待，書經由翻譯跨越了國界是為了更有效促成社會擁抱全新設計，讓創意回歸自然生態的母體，讓它成為一個積極朝向未來設計社會運動的起點，閱讀完畢記得我們書裡的約定：一起跨過書扉走出去，勇敢無懼變異，共創更結實美好屬於創意人我們的未來。

# 進化思考

## 台灣版作者序

《進化思考》能在台灣出版，我此刻感慨良多。

我只想製作對未來有所貢獻的東西，為此我一直努力精進設計。人們該如何才能變得更有創造性？創造性又該如何為未來服務？這些一直是我不停自問的問題，並且賭上自己的人生來付諸實踐。我相信創造力是每個人都可以學習的，本書充滿了我對創造力本質結構的個人探索和自我堅定的信念。

我致力且持續進行的「為社會設計」的觀念這幾年逐漸開枝散葉，在日本它被稱為「社會設計」。身為一名社會設計師，一直以來，我十分關注台灣設計的現狀。台灣人善良且熱情，他們深知民意能驅動未來。或許正因如此，許多台灣設計師都以影響未來的設計為目標，對此，我內心深處深感共鳴。

鼓勵我出版本書，並為我介紹出版社的社會學家 Jerry（鄭陸霖）教授是台灣社會設計研究的先驅者。他在實踐大學教授的學生李妮燕，為了更進一步研究社會設計加入了我的設計事務所NOSIGNER。我們彼此感到了命運的契合，第二年便結婚並有了兩個孩子。作為工作與私下最佳的合作伙伴，甚至在撰寫本文的此刻，我都得到了家庭的強大支持。此外，我有許多設計圈友人，引領著台灣設計界的發展。因此，對於我和我的家人來說，台灣就像是第二故鄉，這本書的出版讓我覺得意義非凡。

自從與她相遇後，我的「進化思考」構想如決堤的洪水般蔓延開來，之後書寫期間長子與次子誕生，我像是期待著他們的未來般完成了這本厚重紮實的書。在本書中，我試圖以客觀、科學的方法審視創造性。然而，裡頭的字字句句都深深刻著我自身的想法和經歷，以及我對孩子們未來生活的想像，就像DNA一般，無法掩藏。儘管我以前寫過許多書，但這次對於身為男性的我來說，就像經歷了一次分娩，是前所未有的體驗。

這本書在日本引起了各種迴響和討論。後來躍居亞馬遜商管類圖書排行榜第一名，還成為全國高中入學考試和部分大學入學考試試題，甚至製播了相關的電視節目。此外，我還有機會與諾貝爾獎科學家對談；在印度參加了聯合國教科文組織的會議，並參與高等教育的未來願景計畫的制定。這本書為我開啟了意想不到的世界大門。本書還榮獲了日本社科人文領域的代表性學術獎項「山本七平獎」，這是第一次有關於創造性、設計和生物學知識的書籍獲獎。

台灣與日本一樣，位於環太平洋火山帶的天災頻仍地區，是少數既經歷強烈颱風又有地震的地區。同時，我們也面臨了氣候變遷和政局動盪等各種變化，為了讓世界持續發展，現在正在考驗我們每個人的創造力。換句話說，如本書內容所述，文明、社會、生活文化的演化正面臨挑戰。為此，我們需要深思熟慮，並具有創新精神。

當我們面對這樣的挑戰時，我希望各位能傾聽自然給我們的教導，也祈願這本關於「進化思考」的書能提升每一位台灣讀者的創造力，並幫助各位重新構建創造性的學習法。

# 前言

我們試著仔細凝視李奧納多・達文西（Leonardo da Vinci）描繪的人體，或伊藤若沖（Jakuch Itō）筆下的雞；側耳聆聽奇克・柯瑞亞（Chick Corea）的〈回歸永恆〉（Return to Forever）；在安東尼・高第（Antoni Gaudí）的聖家堂（Sagrada Família）裡感受空間的震撼。

真是無法理解，為什麼有人能創造出如此精采的作品？實在不像人力所及。於是我懂了，沒錯！這些人都是天才。跟他們相較，我只是望塵莫及的一介凡人。

另外像是完成了飛機的萊特兄弟（Wright brothers）；發明第一輛汽油車的卡爾・賓士（Karl Friedrich Benz）；發明印刷機的約翰尼斯・谷騰堡（Johannes Gutenberg）；開發電腦的馮紐曼（John von Neumann）這些改變歷史的發明家，正因為他們是創造的天才，才能催生出這些概念。

我深深體認到，自己跟他們的不同。

但人類的創造性真是如此嗎？

創造性的物件，只能出自天才之手？

我和你，都只能死心？

其實我深信，無論任何人，都具備足以發揮創造性的驚人力量。但是仔細想想，我們對於創造性結構、培養創造力的適當練習方法，都一無所知。我們可以學習到設計椅子或者烹飪方式等許多製造物件的方法，但卻不曾學習過何謂「創造性」體系。

假如創造性真的具備一種確實的結構，而我們也能系統性地學習，又會如何？這麼一來，創造將會成為人人都有可能挑戰的項目。

那麼創造究竟是什麼？這是一種很不可思議的現象。世界上有無數種生物存在，卻唯有人類能發揮無比的創造性，這究竟是為什麼？既然我們屬於自然的一部分，那麼創造理應也是一種自然現象。有沒有其他類似的自然現象存在呢？

這麼一想，腦中忽然有個念頭掠過。自然界中確實有一個非常類似創造的現象，那就是生物的演化。演化確實跟人類的創造性一樣，是一種能產生具備功能多樣型態的現象。我們有沒有可能從這個觀點出發，揭開創造的神祕面紗呢？

於是，我著了迷似地開始研究演化。一回神，我思考創造結構和生物演化這件事，已經將近二十年，漸漸形成了「進化思考」這套思維。

本書中整理了「進化思考」的體系、我的探究歷程以及練習方法。「進化思考」期待能揭開與創造相關的知識結構之謎，幫助更多人發揮創造性。希望這本書能對於你，還有企圖以己身力量運用創造性手法解決未來文明可能面臨之種種問題的人，成為引路的指南針。

〔編者說明：evolution，演化，日文翻譯為「進化」。為尊重原書書名，本書中以「進化思考」代表作者太刀川英輔先生所提倡的思想，及其衍生的各項計劃、活動，和本書書名。其餘均中譯為演化，特此說明。〕

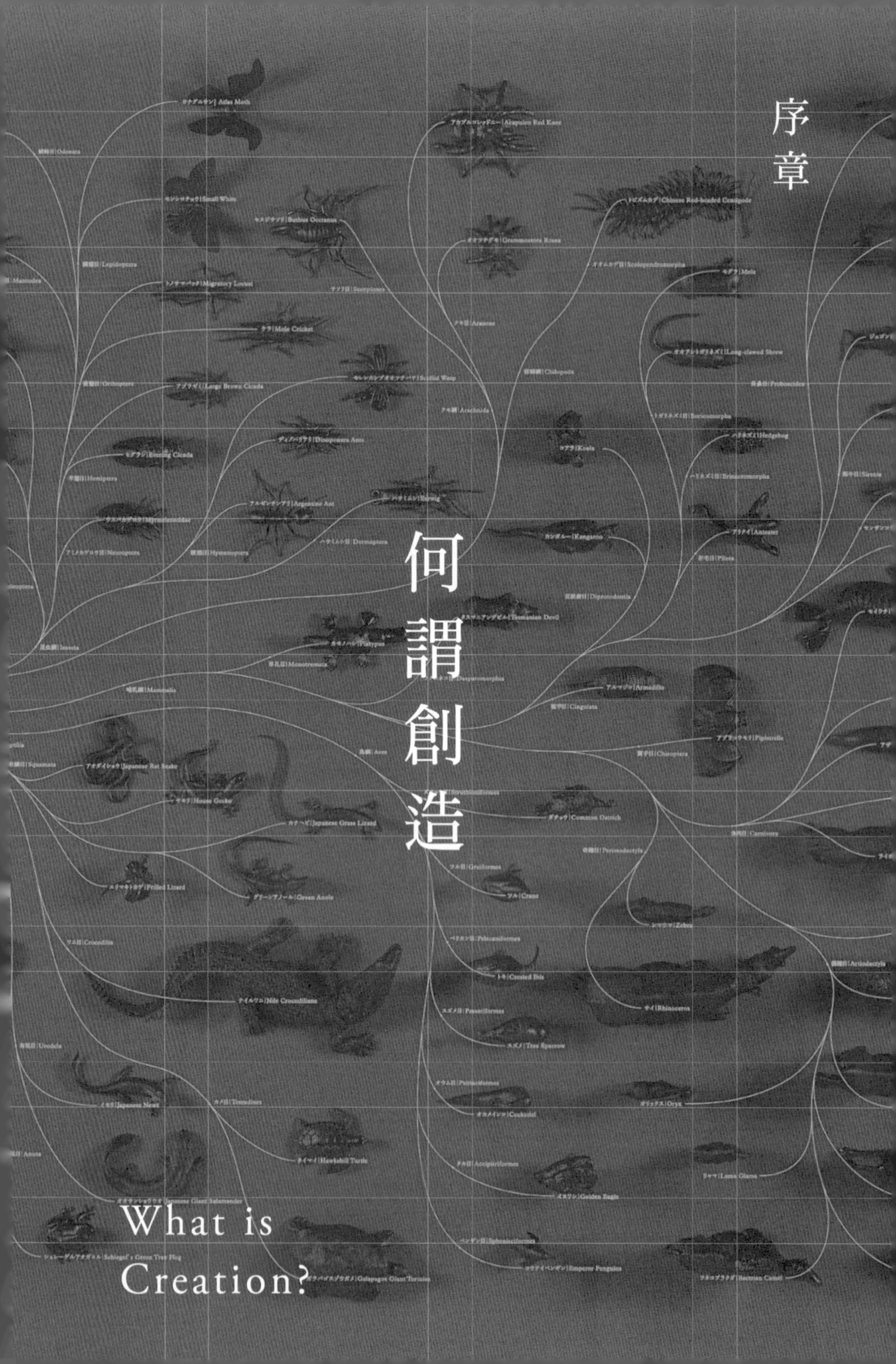

# 序章

# 何謂創造

# What is Creation?

動物的系統樹模型（EVOLUTION）：ggg 企畫展「NOSIGNER Reason behind forms」

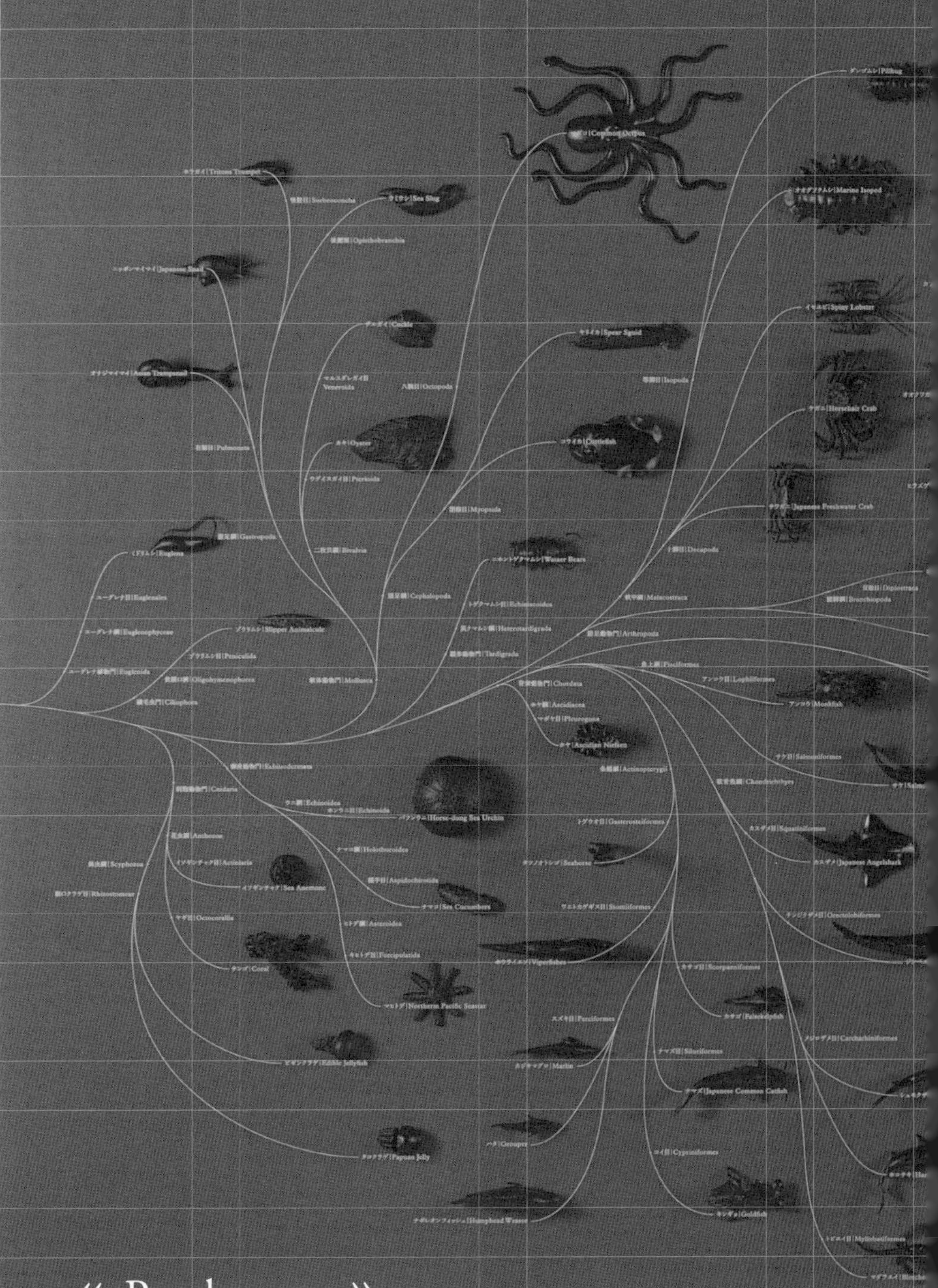

# « Prologue »

# 創造與關係之間

大約二十年前，還是學生的我熱衷於建築設計，沉浸在思考建築造型的樂趣中，不惜熬夜一心只想運用模型或電腦繪圖做出別出心裁的設計。建築有種魔力，著迷於建築的學生無以數計，我也是其中之一。某一天，我的腦中忽然出現一個疑問。

什麼是創造？

我們是否真正理解創造的意義？

這或許是個突兀又平凡的疑問，字典裡當然也記載了創造的意義，謂之為「製造出新的事物」。我當然知道這些解釋。另外，創造還有「神打造宇宙萬物」這層意義。在日文中有成語「天地創造」，用來形容開天闢地，同一個詞彙具有兩種意義，實在很不可思議。姑且不管神的創造，我對人打造事物的能力，也就是「創造性」相當感興趣。平時我們幾乎不假思索地把創造這兩個字掛在嘴邊。但是追根究柢，人為什麼要製造出物件呢？儘管不斷埋頭製作，卻並不清楚自己的創造是否變得更好。雖然希望自己的創造能更上一層樓，但是卻發現自己對創造一無所知。愈想好好說明創造這種現象，就愈覺得束手無策。當然，我確實想要「創造」建築設計，可是打造出美麗的建築，就等於傑出的創造嗎？我是否有很大的誤解，忽略了創造中極為重要的關鍵呢？我腦中偶爾會浮現這種不安。如今回頭想想，這種不安正是我人生中的一大轉捩點。

我開始覺得不安，是在一段探訪全日本建築的旅途中。還是學生的我，已經透過書籍和資料，看過許多知名建築。當時我以為所謂傑出的建築設計，就是前所未有的「新穎外型」。但是在旅途中實際看了那些嚮往已久、新穎出奇的建築物，心中並沒有產生任何感慨；反而是有些不抱期待、偶然邂逅的建築物所展現出的豁然自在更讓我感動。簡而言之，透過視覺媒體看到的優異設計，跟實際在現場用全副身心感受的舒適之間，有極大的差距。在我們與設計之間，存在著某種看不見的關係。

這種無所不在的關係，似乎與設計——尤其是「傑出設計」的定義或者評價密切相關。再怎麼引人注目的椅子，如果不經久坐便感到疼痛，就稱不上是傑出的設計。反過來說，只要與人之間的關係良好，歷經數百年的時光淬鍊，一樣受人喜愛。這種看不見的「質」究竟是什麼？我漸漸發現，比起形狀，關係彷彿更為重要。我開始在自己心中將「好的設計」重新定義為可以透過「型態導引出美好關係」。

簡單一雙筷子，也包含如何設計關係的用心。牆上的海報、空氣裡的溫度也一樣，外觀形狀的背後，許多地方都存在著關係，假如這種關係決定了建築的優劣，那麼「創造建築」的範圍，又該如何定義？從哪裡到哪裡可以稱之為「創造建築」？我明明希望成為建築師，卻完全不知道自己該從何處、何事開始努力。或許可說是一種語義飽和（Gestaltzerfall）。一旦查覺到關係性才是優秀設計的本質，對於那些以奇特造形作為賣點的建築自然無法感受到太多意義，也開始不滿足於單純打造出新穎外觀。真正出色的設計，可以在人與物件之間產生出新的關係。既然如此，那麼連一雙筷子都做不出來的自己，真有能力設計出建築物如此龐大的物件嗎？關於「建立關係」，實際上該做些什麼，好像也虛無飄渺、難以具體掌握。於是我從研究所休學了。

試圖暫停腳步，重新思考。於是我發現，自古以來建築師一直是「創造人與物件之新關係的人」，同時從他們的表現可以看出，所謂專業領域彷彿並不存在。例如被譽為萬能天才的李奧納多・達文西；最古老的金字塔設計者印和闐（Imhotep）同時也是位醫師；二十世紀代表性建築師柯比易（Le Corbusier）身兼畫家、編輯、都市計畫專家等身分；路德維希・密斯・凡德羅（Ludwig Mies van der Rohe）是家具設計師，也是校長、發明家；伊姆斯夫婦（Charles and

Ray Eames）是企業家、工程師、科學傳播者、影片導演。從古至今，發揮創造性的設計師並不像現在一樣經過專業分工，只是具備了足以發揮其創造性的技術和思考。對我來說，這個事實成為一縷希望。但是過去必須整合式發揮創造性的職能，現在為何都消失無蹤？如果我們想重新以過去偉人所成就的整合式創造為藍本，在未來催生出能產生關係的設計或發明，那麼現在該從何處著手？

進入設計領域往專業分工發展的高度經濟成長期之後，設計似乎出現萎縮現象，喪失了做為一種社會運動的力道。不，我想不僅僅是設計，或許各種領域都因為專業分工的發展而漸趨萎縮。假如侷限於自己狹隘的專業領域，認為只在劃分出的範圍內才屬於自己的工作範圍，最後將無法刺激出該領域的革新。人們開始將橫跨許多領域的兩難局面委由他人解決，認為把社會問題歸咎於政治家是最簡單的方法。「理科文科」這種說法也是專業分工發展下衍生出的現象。可是進行了這樣的區分後，非但無法創造出未知的嶄新發想或物件，同時也很難對內對外帶來影響。然而我們可能一開始就放棄了可以成為各種專業基礎的創造性學習。

我開始有股衝動，想暫時放下建築設計專業領域，釐清創造這個現象的本質。先從小物件著手，希望能做出確實嵌入關係的設計。不知不覺中，我開始以當時幾乎已經絕跡的「發揮整合式創造性的設計師」為目標。

## 與創造本質相關的謎

企圖理解創造這種現象，是一種徒勞的努力。創造的痕跡存在於我們日常各處。各位不妨看看自身周圍。地板、牆壁、窗戶、燈具、椅子、桌子、電話、門、鑰匙等，一定可以看見各式各樣的物件。這些並非來自於自然的物件無一例外，都是過去某個人所創造出來的設計。

當然，發揮創造性的人並不侷限於建築師或設計師。松下幸之助（Kōnosuke Matsushita）和本田宗一郎（Sōichirō Honda）在創業初期，雖然身為經營者，他們也都親自設計過圖面。歌德（Johann Wolfgang von Goethe）寫下許多代表性的德語詩歌和小說，同時也是活躍的學者、政治家。角色的分工或是理科文科的區隔並並不存在於他們身上，他們只是單純地創造。

有時候創造也並不強調作者。我們生活中被許許多多不知由誰製造的東西包圍。雖然也有如湯瑪斯・愛迪生（Thomas Edison）發明的電燈泡、貝爾（Alexander Bell）發明的電話等確知發明家身分的物件，不過諸如牆壁、柱子、門、鑰匙，愈是重要的元素，想要知道起初的創造者就愈是難如登天。甚至連是不是真有其人，都值得懷疑。我想現在構成我們生活的，應該是許多無名氏一連串的創造活動，歷經無數不懈改善的結果。無論是誰的創造，總會有人再加以改善。這樣的循環形塑了世界，而這個事實讓向來以為創造出於個人之手的我們感到震撼。

另外，創造也不僅僅構成我們的實體世界。創造行為本身甚至可以直接影響我們的心靈。

喜歡繪畫的孩子，喜歡烹飪的高中生，把彈吉他視為生命意義的大叔，為了陶藝、彫刻、模型等興趣的創作不惜投注巨資的人，由這許許多多的人中我們就可以了解，人類創造的目的不只為了生活，更是因為能在創造中找到幸福。

當一家企業的創業者或投資人賺取到畢生取之不盡的財富後，接下來會做的事不外以下幾類：請建築師設計美麗的房屋，成立美術館展示收藏的藝術品，建立與自己相關的文化博物館，或者創立學校。由此可知，即使人獲得財富自由，依然不會放棄創造。創造是人類根源慾望的一部分，有時我們甚至會將創造這種行為昇華為人生的目的。

創造對我們的世界和心靈都帶來深遠影響，與我們的生命有密切關係。然而我們似乎還未能徹底了解創造這種現象。

什麼是創造？創造當中包含著許多未解之謎。即將展開這場無邊探究的我，面前聳立著許多牽涉到「創造本質」的謎題。而嘗試探求這些謎題的人並不只我一人。從蘇格拉底（Socrates）、柏拉圖（Plato）到當代哲學家、藝術家始終探問不絕的創造性之謎，一樣橫亙在我面前。為了事先在地圖上記下本書企圖探索的目的地，在此寫下我腦中浮現的六個謎題。

## 1 何謂「美」？

「人依據什麼判斷美麗與否？」、「為何需要美感？」

討論創造時，幾乎一定會提到美的概念。光是相關探討就足以形成一門學問，美就是如此難解。現實中對於設計師、藝術家、工藝匠師等等創造性職能來說，「美」都是一種共通感覺，也是創造的終極目的之一。設計師和使用者對於何謂「好的形狀」可以隱約有共識，但如何論斷好壞卻說不出明確的理由。要定義美，可說極度困難。但另一方面，我們對於美具備共通的感覺，不可能學不會。儘管難以說明，但確實存在。由此看來，美的確難以捉摸。

比方說設計系的學生需要花很長的時間才能理解如何製造出「好的形狀」。就跟初學自行車一樣，某一天突然就會了。覺察翩然降臨，讓我們有能力重現美麗的形狀。而於此同時，我們忘了過去為什麼做不出來，也無法說明出於自己之手的形態為什麼是「美麗的形狀」。不僅如此，當我們實際觸碰到認知為不美的物件，有時甚至會感到厭惡。我們往往會用「培養品味」來說明理解這種基準的過程……。

那麼「好的形狀」的基準，也就是「美的本質」，到底是什麼……。

## 2　何謂「發想的強度」？

「什麼樣的點子才是強大的點子？」

在創造過程中幾乎無法避免這個問題。有時我們會用「發想的強度」來表達。不管是設計、藝術、經營，在創造性的活動中位居核心的往往都是發想＝點子。在形塑概念的階段，一定會出現關於發想「是強是弱」的討論。

看來除了美感表現的「質」之外，還有「發想強度」這種完全不同的評估標準。而且這樣的標準會以與「美」不同的形式出現，更加曖昧、難以掌握。不過名留歷史的傑出創造，幾乎都包含著強大的發想。假如我們觀察各種發明或計畫，會發現「創造性」這幾個字主要指的就是「具備強度的發想」。

說到需要點子的工作，馬上就會想到設計師、藝術家、電影導演、學者、發明家等，不過實際上無關職能、行業，在所有工作上都需要具備發想能力。要提出強大的發想，似乎得有不同於原本專業的訣竅，優秀發想者的思考背後，或許有某些共通的結構。

那麼能產生強大發想的結構到底是什麼……。

## 3 如何看待「關係」？

「該如何理解複雜相繫的關係？」

我們在優異創造物中所看到的性質，不只是美麗形狀或者強大的發想，還必須有能力去理解存在於創造周邊的各種關係。要讓物件發揮功能，必須深入考察物件與使用者的關係，也必須具備相關知識。

創造的過程中，一定得要有解讀制約、掌握關係的能力。這種能力與創造性密不可分。我們造訪不同場所時會換上不同服裝；同樣的道理，決定物件好壞並非物件本身，而是其與周圍的關係。

不只設計師、學者、經營者這類工作需要具備掌握關係的技術，而是從事任何一種工作都應具備的能力。學校裡往往很少教授這些能力，可是仔細想想，或許只是我們沒有機會學習，這種掌握過程中其實可能存在某種共通規則。文化人類學的民族誌（Ethnography）和雜誌採訪很類似，生物的食物鏈跟連續劇的人物關係圖也很相似。拆解複雜關係、仔細理解的過程，可以用數學的因數分解來比喻。儘管這個世界上理解關係的手法很多，但多半都可以歸納為共通的幾個典型。考察關係的技術，看來確實存在某種模式。

那麼我們該用什麼樣的思考方法，來掌握這種關係……。

## 4　什麼是「真正該製作的東西」？

「在這個物件氾濫的時代，創造真的有意義嗎？」

讓我們試著更廣義來看待創造。在這個時代中，物件已經相當飽和。身為一個設計師我不斷自問，在這樣的狀況下應該繼續創造嗎？我們還有必要再做出新的物件嗎？只要涉及創造，就無法迴避這個根本問題。

假如想做出真正有價值的東西，必須先想清楚我們為何需要，找出本質性的理由。創造的目的將顯現於這個對目的的探問，而非答案所示的方法。我們為了什麼而做？即便沒有答案，有時新的問題也可能驅動社會改變。

就如同科幻電影中出現的未知創造物促進了現實社會的改變，我們可以看到很多透過提問來刺激人們意識、加速技術發展的例子。反過來說，假如不提出任何問題，就等於失去一個提供創造性答案的機會。現在的我們，本質上該做什麼？丟出這種抽象疑問的創造性，讓我們更接近過去思想家或哲學家的領域。

那麼我想再次思考，身處當代的我們該問的問題是什麼？現在真正該做的東西到底是什麼……。

## 5 為什麼「大自然擅長創造」？

「為什麼我們會覺得在創造這件事上不可能勝過大自然？」

請各位看看窗外。你或許會看到行道樹、花草、飛鳥、積雨雲等。

植物是自然的產物，而樹木除了有美麗的造形之外，葉片是將光轉換為能量的轉換器，樹幹可以吸收水分，讓必須的水分循環，另外還可以透過果實，巧妙利用與動物的共生關係，讓後代廣傳四方。

看在設計師眼裡，這些創造充滿驚奇。自然界中處處存在著大量由形態而生的美麗關係。基本上生物遠比人類創造出的人造物件，具備更細緻也更有效率的結構。

圖 0-1　呈現美麗幾何圖案的寶塔花菜。

生物和人造的設計產生於完全不同的過程下，那為什麼我們會從中感到共通的創造性呢？其中說不定正藏著揭開人類創造性現象之謎的線索。

## 6　為什麼「人類具備創造能力」？

「為什麼人類和其他生物在創造新道具上出現截然不同的能力差異？」

在各種生物當中，為什麼只有我們人類能夠創造道具？或許有人認為，「人類創造物件不是理所當然的嗎？」但是請各位仔細想想。黑猩猩的ＤＮＡ跟智人大約有九五％一致。[1] 即使是跟人類相當接近的黑猩猩，雖然聽說過牠們能製造原始的道具，但尚未看過牠們跟人類一樣能自由揮灑創造性。不只猩猩，地球上除了人類以外的所有動物，在製作新道具這一點，跟人類都有明顯的區隔。

直到幾萬年前智人還處在石器時代，也就是說人類史上大部分的時間，我們只能做出極其原始的道具。可是來到脫離舊石器時代中期的三萬五千年前不久，人類突然開始大量創造衣服、穿戴飾品等石器以外的道具。為什麼同樣是人類，卻出現如此劇烈的創造性差異？現在我們不管是做早餐、在教室聊天、在公司思考企畫，都仰賴創造性而生。創造性是與生存無法切分的重要能力，但太古的人類或動物為什麼沒有具備這麼方便的能力呢？

我們究竟是如何獲得這種生物界的超能力呢……。

探究創造的過程中，這些根源性的謎題始終縈繞在腦海中。思考創造這種現象，就像在窺探深淵，愈顯複雜。

創造究竟是什麼？

將近二十年來，我一直企圖從這些疑問出發，解開創造性之謎。起初我基於設計師的身分，希望琢磨自己的創造性，因而不斷探究。但是我漸漸覺得，這個主題其實跟所有人類都有關。創造性明明跟每一個人息息相關，卻很容易讓人出現心理上的自卑情結，覺得是天分問題而放棄。該如何克服這種絕望？假如有一種人人都能學會創造發想的方法，該有多好。在這個地球和社會都瀕臨浩劫的時代，未來還有堆積如山的課題。要找到新解答，勢必得具備創造性。所以藉由教育來幫助大家排除對創造性的迷思與絕望，或許才是解決困難的根本之道。

我曾嘗試如此計算。我們一生當中能夠從事多少件具創造性的工作呢？假如每年執行二十件具備新創意的專案，勤勤懇懇持續五十年，那麼就會是一千件。我自己可能頂多數百件吧。

但如果我們很幸運地能夠改革創造

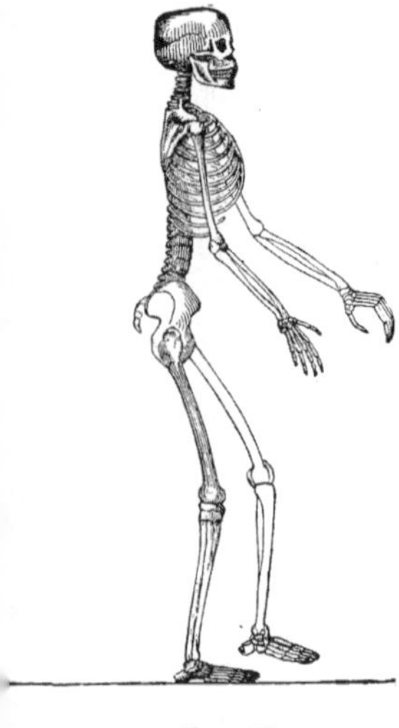

Fig. 208.
(Plate XIV. Fig. 4.)
Man.

性學習方法，假設這個世界上有一%的人在一生中可以實現一個對未來有貢獻的計畫，那將會如何？世界人口在二〇五〇年左右將會來到約九十億。其中一%人所想出的計畫，也就是將近一億個新的可能。可見教育對於創造性改革具有多大的影響，所以希望能與更多人共享對於創造性的探索之旅，而非獨善其身。我就像是一個在大家面前揭開機關之謎的魔術師。

我希望世界上能有更多遭遇困難時能懷抱自信嘗試去解決、充滿創造性的人。希望藉由這本書，與大家共享探究過程中看見的那一縷光線。與創造相關的自然普遍法則，似乎真的存在，我漸漸如此確信。

接下來，我將與各位一同踏上解開創造性這種自然現象之謎的旅程。而打開謎題大門的鑰匙，就在於生物的演化。

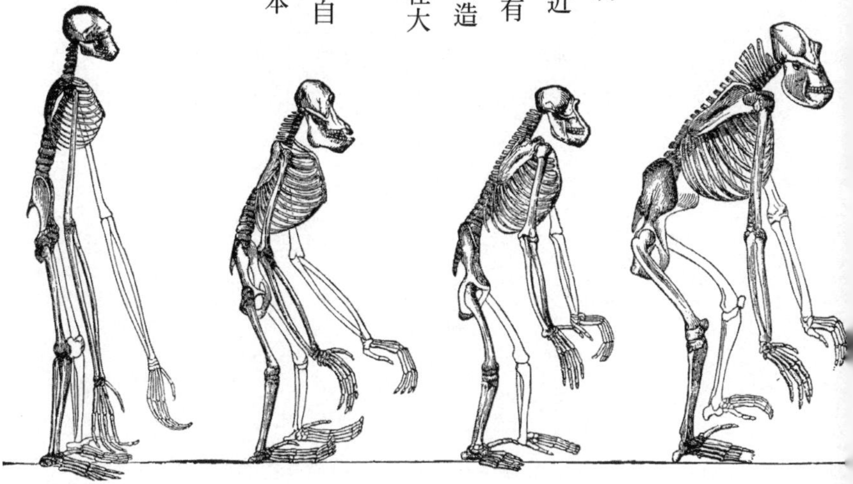

Fig. 204. (Cf. p. 181.) Gibbon.

Fig. 205. (Plate XIV. Fig. 3.) Orang-outang.

Fig. 206. (Plate XIV. Fig. 1.) Chimpanzee.

Fig. 207. (Plate XIV. Fig. 2.) Gorilla.

圖 0-2　儘管如此相似，人類還是跟其他生物大不相同，擁有出眾的創造能力，原因何在？

# 第一章

# 演化與思考的結構

# The Structure of Evolution & Thinking

交通工具的系統樹模型（EVOLUTION）：ggg 企畫展「NOSIGNER Reason behind forms」

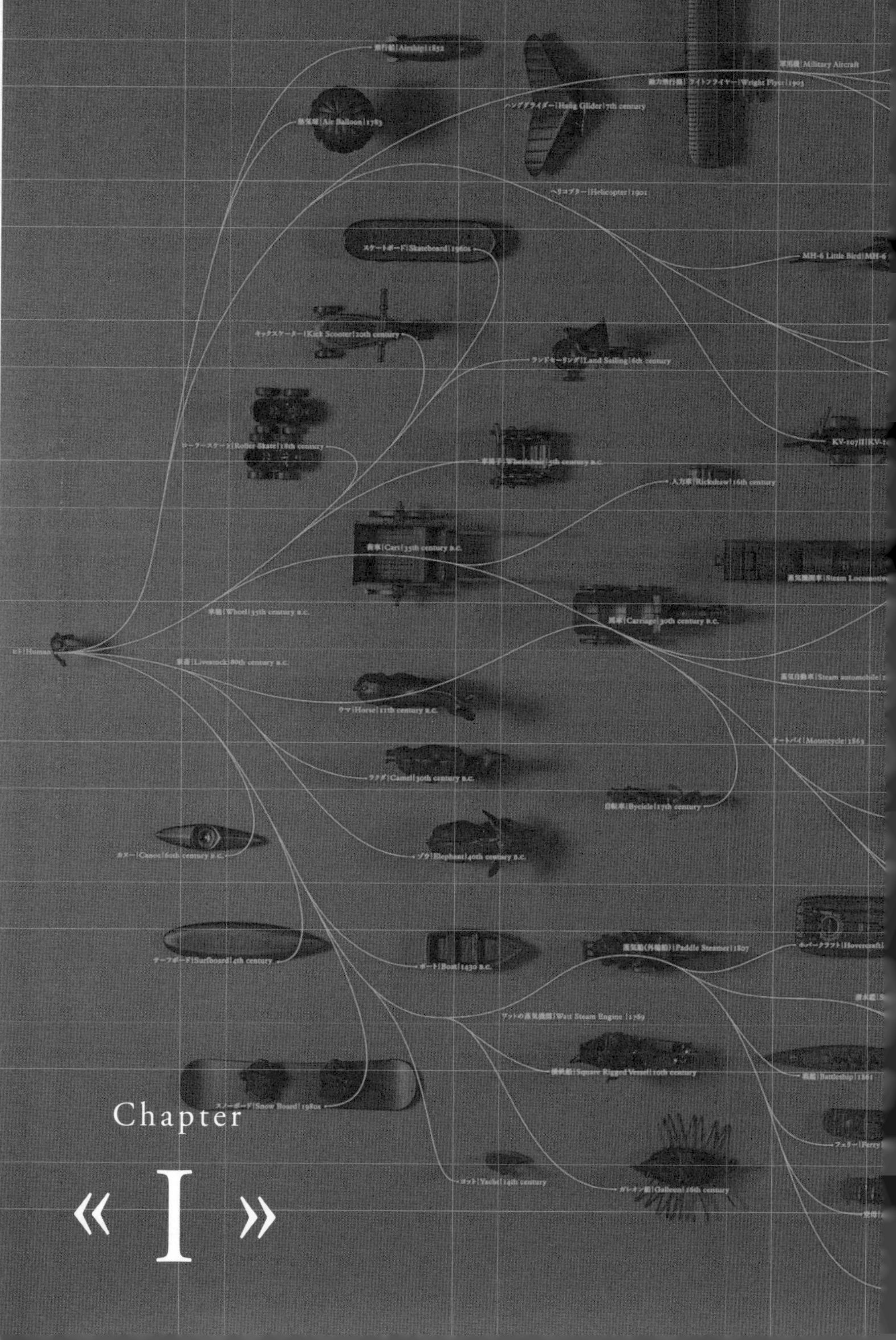


Chapter

« I »

# 蠢材、秀才、天才

## 創造性與ＩＱ

創造性經常被視為先天的天分或能力。放眼世界，到處都有人用「因為那個人與生俱來就有這種天分嘛」作為藉口。如果可以，人人都想成為天才，但難道沒有天賦才能就無法發揮優異的創造力嗎？在日本這種傾向又特別顯著。根據統計，自認為有創造性的日本學生只有八％。這個世界上有人得天獨厚也有人不受眷顧，但難道不受眷顧的人就得放棄自己的創造性？果真如此嗎？

在我們觀察天才的創造性之前，先來看看素來作為衡量天才基準的ＩＱ（智力商數）吧。ＩＱ真的可以做為判斷創造性的基準嗎？當我們比較做出劃時代重大發明的諾貝爾獎科學家ＩＱ時，發現建立電腦理論的馮紐曼擁有令人稱奇的ＩＱ三〇〇。這數字的確異於常人，不過

ＩＱ一二〇左右的得獎者也大有人在，由此可知其實得獎者ＩＱ的分布極廣。僅將智力視為創造性的唯一因素，顯然太過草率。

位居世界巔峰的科學家有顆聰明頭腦或許理所當然，不過ＩＱ的分布範圍是不是太廣了？ＩＱ一二〇以上的人約占五％，也就是每二十個人中就有一位，一個班級中大約有兩個人。假如以此作為創造性的基準，那照理來說在我們身邊應該不難找到能推出劃時代發明的人，實際上我們卻沒那麼容易遇見。另外，從諾貝爾獎得獎者的訪談中可以發現，很多人都強調是在偶然間實現了劃時代發明。當然這可能是謙遜之詞，不過創造中真的有很大成分取決於偶然，而非與生俱來的條件。

一般來說科學家需要具備邏輯分析能力，因此其成就很可能與ＩＱ有直接關聯，那麼如果不是科學家呢？讓我們來看看充滿創造性的職業——藝術家的ＩＱ。留名青史的優秀藝術家中，雖然有人的ＩＱ明顯極高，但其中也有ＩＱ八〇左右的人。另外，為了觀察高ＩＱ是否一定具備創造力，我們也研究了MENSA（ＩＱ一三〇以上人士可入會的國際團體）會員中，從事創造性工作和做出劃時代發明的人數，結果並未發現明顯相關性。綜合上述結論，或許創造性和智商之間的關係並不如我們所認為的那麼深厚。

當然，其中可能也包含無法以ＩＱ來測量的先天性條件。可是看來我們並不需要放棄，不需要武斷地認定只有具備天分、與生俱來擁有特別智力的人才能發揮創造力。讓我們再換一個角度來看看所謂的天才。

## 蠢材與秀才的真實樣貌

我們來看看過去提及天才時經常說到的名言佳句，或者出自天才所言的名句。自古以來經常聽到「天才與笨蛋只有一線之隔」這種說法。

高度的智慧跟極度的痴傻，都同樣被斥為瘋狂。

——帕斯卡（Blaise Pascal）[2]

求知若渴，虛懷若愚。

——史蒂夫・賈伯斯（Steven Paul Jobs）[3]

關於這類與天才狂人特質相關的說法，可以上溯到西元前三百年左右的亞里斯多德和柏拉圖時代。歷史上出現的天才們，自史前至今似乎都被認為「天才即笨蛋」。難道具備「愚蠢（狂人特質）」，對創造性才能真的如此重要？佛陀也曾經說過，「愚矇愚極，自謂我智」[4]。能自覺到是蠢材，或許正代表有高深的智慧。有時候我們會用「瘋狂的點子」、「破天荒的想法」等來形容創造性發想，這些形容也很容易令人聯想到痴狂。狂人特質和創造性之間，究竟有什麼樣的關係？成為天才或許沒那麼簡單，不過要成為蠢材的話，或許還有點機會。前方似乎看到了一絲希望。

雖然「天才與笨蛋只有一線之隔」像是我們凡人出於忌妒在背地裡挖苦人的一句話，不過愛迪生接受新聞採訪時也曾這麼說過。

「所謂天才，就是一％的靈感加上九九％的努力。」——愛迪生

愛迪生日後解釋，這句話的真正意圖是強調靈感的重要，不過許多天才也確實都付出不懈努力來培養其卓越智識。偉人傳記裡，經常會出現刻苦學習或者埋頭研究的美談。

創造性來自些許的靈感跟大量汗水與努力的結晶，這一點或許沒有錯。只不過這樣的結論也未免太無趣。所以光靠愚蠢的靈感是不行的？

但如果只需要累積充分的知識和經驗，或許可以憑藉努力做出一點成績。確實，如果有足夠的知識，就能開拓學問之道。不過，我所經歷過的學校課堂，與其說是探究知識的行為，更像是齊頭式的苦行，這種教育與創造性實在相去甚遠。很遺憾，我們每個人都痛切地體認到，

光是成績優秀、分數高，並不保證一定能夠擁有天才般的創造性。

天才尼古拉・特斯拉（Nikola Tesla）年輕時曾擔任愛迪生的助手，對其研究態度感到厭煩而離開，後來還成為他的競爭對手，並且挖苦地稱呼他為「努力者愛迪生」。

「假如是我，可以靠些許理論和計算來節省九〇%的努力，實在很同情他。」[5]雖然聽來刺耳，但不可諱言，這句話確實不假。

圍繞天才這個話題，歷史上有過無數跟蠢材、秀才相關的討論。天才究竟是「孤獨的狂人」，還是「努力不懈的秀才」？讓我們再仔細梳理一下這兩種被視為創造性本質的資質。

在這裡所謂的狂人特質，是指敢做常人所不為，也就是一種脫離常識的程度。相對之下，我們可以把秀才特質定位為一種能掌握狀況、合理做出適當選擇的能力。根據這些定義，看似無法兼容的蠢材和秀才，其實並非相對的兩個極端。像愛迪生和特斯拉這類「以透過努力培育的知識和實證為武器，挑戰史無前例行動的人」，在上述定義下就是所謂的「秀才式狂人」，兼具了兩種資質。

如果說狂人特質意味著挑戰未知的無畏，或許可以說這是一種因應新變化（ＨＯＷ）的靈活性；假如過去我們稱之為秀才的特質是理解狀況的能力，這可能屬於觀察物事本質的能力（ＷＨＹ）。這兩者對創造性來說都是不可或缺的思考方式。解答創造性思考結構的線索，說不定就藏在如何看待「蠢材、變更、ＨＯＷ」和「秀才、觀察、ＷＨＹ」這具備雙面性的思考。

這兩者乍看之下似乎是彼此並不相容的思考組合。但是只要知道兼顧這兩種思考的方法，說不定人人都有可能發揮天才般的強大創造性。那麼在能兼顧這兩種創造性思考的大腦和心中，到底發生了什麼變化？

## 創造性與年齡的關係

在心理學和腦科學領域中，也針對補足創造性智能雙面性的假說之理論進行了種種研究。在這些研究中特別凸顯了年齡和創造性的關係。常聽人說，隨著年齡增長，思考會愈來愈僵硬，真有這種現象嗎？但是豐富的經驗有助於創造，也確實沒錯。年齡跟創造性之間究竟是什麼關係？

心理學家瑞蒙・卡特爾（Raymond Cattell）發現，人的智力具有兩種不同性質；並將他們分別稱為「結晶智力」（crystallized intelligence）和「流體智力」（fluid intelligence）。根據卡特爾的定義，結晶智力是指在學校的教育或者社會規範等，透過經驗所培養的智力。而流體智力則是指想出新點子、用新方法解決問題、學習新事物的智力。這兩種智力似乎與前文中所指天才中的優秀特質和狂人特質為近似的概念。

根據卡特爾的研究，如同圖1-1（47頁）所示，流體智力在十多歲時會快速發達，二十歲左右來到顛峰，之後便漸漸下降。相反地，結晶智力則會因為經驗累積、年歲增長而提升。在調查中又發現了一個有趣的事實，就像圖1-2（47頁）所示，這種流體智力的曲線，跟最容易犯罪年齡區間調查結果的「犯罪年齡曲線」巔峰幾乎一致。驅動犯罪的狂人特質，和流體智力之間，可能存在某種關聯。

我們隨著成長漸漸不敢冒險，同時也失去了部分的創造性。假如社會安定，狀況的目的（WHY）沒有改變，那麼具備結晶智力的熟練者，應該可以有效率地大展身手。但是世界的變化日新月異。也就是說，「WHY」會隨著時代變化。要因應這種變化，必須具備能採納新方法（HOW）的靈活流體智力。

不過隨著年齡增長，流體智力漸漸減少，所知的狀況或手法都漸漸固定，因此愈是熟練者就愈難以適應變化劇烈的時代。也就是說，在目前面臨激烈變化、難以預測前景的當代社會（VUCA）中，一個只講求資歷輩分的組織是難以因應的，放手讓懂得因應變化的世代在承擔風險的前提下擁有決策權限，才有可能帶來好結果。

二〇一八年日本百大上市企業的經營者平均就任年齡為五七・五歲；美國主要百大企業的經營者平均年齡為四六・八歲[6]。這中間的差異，或許就是日本自高度經濟成長期以後無法因應變化的原因之一。我們試著以一九九〇年代初期美國和日本的平均股價為一〇〇％，來觀察增加率的變化。在這之後的三十年，日本股市停滯不前，而美國股市大約成長了十倍，拉開決定性的差距，對日本來說是令人遺憾的事實。其中一個原因或許又在於智力的不均衡。在企業

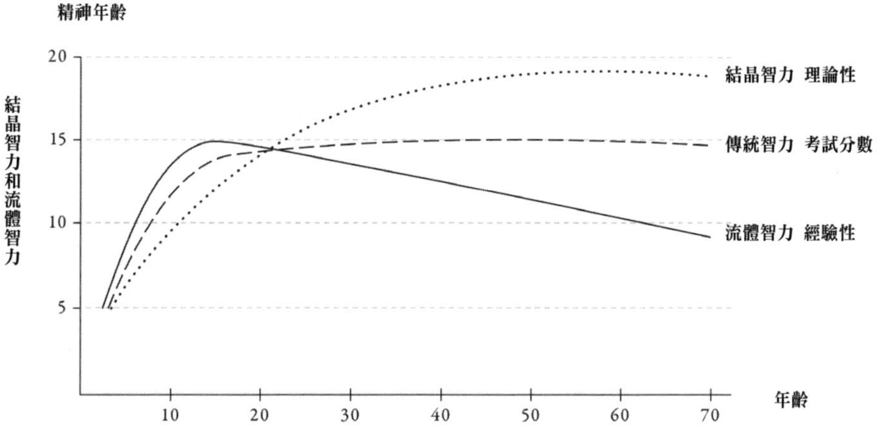


圖 1-1　瑞蒙·卡特爾所提倡的結晶智力和流體智力圖表

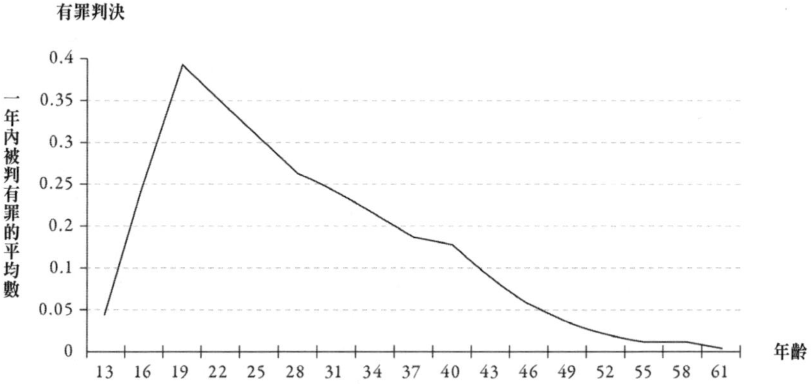


圖 1-2　犯罪年齡曲線。犯罪率年齡尖峰為 19 歲，與流體智力的巔峰幾乎一致。

經營上，意識到這兩種智力的性質，以及兩者在組織整體的平衡配置，也深具價值。

提供一個參考數據，諾貝爾獎得主開始相關獲獎研究的平均年齡為三六・八歲[7]。原本容易發揮創造性的最佳思考平衡，可能就在這個時期。

我無意在此討論世代差異。卡特爾曾指出，流體智力會隨著年齡減少。不過如同前述，更根本的問題在於我們並不了解創造性的結構，也不清楚需要何種教育。因此我們完全沒接受過能維持、提高流體智力的教育。既然如此，或許不需要單純將善於因應變化的流體智力能否發揮歸咎於年齡而放棄。假如我們只是不清楚鍛鍊靈活因應變化的方法，那麼發展新的教育，說不定在年紀漸增後還能持續有新鮮發想的可能性。儘管並不常見，但我確實認識許多擁有新鮮思考能力的高齡者。

另外，也不能因為結晶智力需要時間歷練，就輕率地認定年輕人不懂事。我們都知道有很多孩子具有好奇心進行種種觀察，發揮令大人瞠目結舌的驚人知性。假如能有引導我們從觀察事物刺激思考、理解事物背景的本質關係的教育，那麼或許可以讓結晶智力更早獲得提升。希望我們都能從這兩種智力的觀點，再次回顧自己是否對變化具備充分靈活性；是否能確實理解狀況。

## 大腦中的衝突和對話

腦科學研究已經發現，腦內不同部位負責不同功能，並且會產生相互作用。大腦中有許多不同腦葉，負責各不相同的功能。腦葉之間由聯合纖維來彼此溝通。這種訊號的交換據說使用了九成的大腦功能能量。

腦科學家羅傑・史貝尼（Roger Sperry）和麥克・葛詹尼加（Michael S. Gazzaniga）曾經仔細研究過連結左右腦的胼胝體被切除（裂腦）的人。研究結果如圖1-3，左右腦每個部位各有獨自的功能，會透過反覆來回進行互補。現在廣泛流傳的「感性的右腦」和「理性的左腦」這種假設，其實並未受到現代科學的支持。但這種想法之所以會廣為流傳，就如同「天使與惡魔的細語」，可能是許多人確實體驗過自己內心存在著對立的思考。右腦和左腦的功能差異，正暗示了在思考過程中確實發生了訊號交換。

或許有點輕率，但就如同天使與惡魔這個比喻，我們腦內「變異性大腦＝狂人式思考」和「選擇性大腦＝秀才式思考」可能分別屬於不同部位的功能。假如人類正是因為狂人特質和秀才特質不斷交換才得以思考，那麼當我們發揮創造性時，這應該也是極其自然的「思考結構」。

## 天才特質的真面目

綜覽逐步收集到的考察結果，創造性漸漸浮現出明確的輪廓。創造性是在「蠢材與秀才」、「變更與觀察」等具備兩種不同性質的過程之間不斷來回反覆，終能發揮的一種現象。

歷史上被稱為天才、擁有豐富創意的人，有時能締造常人難以想像的無數偉業。不過他們的身體或大腦結構，跟我們並無二致。假如這樣的交互來回過程發生在天才腦中，會有什麼結果？

天才們將會火力全開地推展狂人式變異思維，產生出無數前所未有的發想，然後透過秀才式選擇思維來進行取捨。假如天才的思考結構就是發想與取捨的超高速反覆來回，這對我來說相當合理。所謂的天才，或許就是養成了習慣，能以極快速度反覆執行大家都能辦到的事。

如果確實如此，那麼創造性將不再是只有天才才能重現、包覆著神祕面紗的魔法，而是一種可以練習的技術。我自己長年來以設計師身分從事創作。在思考創意時，我確實感受到腦中進行著這種變異和選擇的來回反覆。我相信各位的腦中應該也都有過這種感覺。包括創造這種現象在內，各種知性現象的普遍結構中，都潛藏在變異和選擇的來回當中。

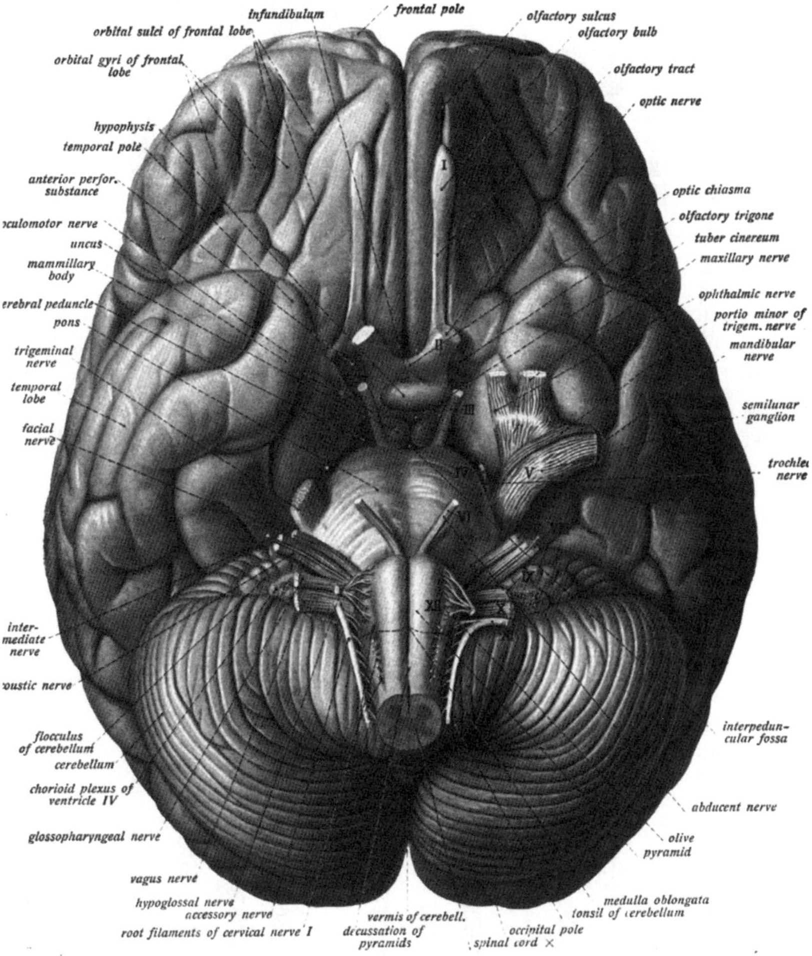


圖 1-3　大腦各部位有不同功能，彼此交換訊號。

## 無法催生創造的教育

要讓創造性教育升級，我們必須知道讓這兩者兼存並立的思考過程。但一旦試著挑戰兩種思維的並存，會發現沒有嘴上說的那麼容易。因為「變異式狂人型思維」和「選擇式秀才型思維」馬上會產生衝突。秀才型思維會不斷干擾狂人型思維的專注，狂人型思維也會被秀才型思維的不自由所束縛，因此兩種思維的並立相當困難。從古至今，考量到這兩種思考過程的教育似乎都未曾受到正視。

我們來看看現代中小學、高中教育是否根據這兩種不同模式來設計。首先關於狂人型思考的教育，幾乎可說是絕望的狀況。許多學校的課綱都以已有前例的問題為主軸，透過共通的評估基準來判斷，因此教出來的學生也顯得均質化，學生挑戰沒有前例的事無法獲得肯定。學校裡怎麼可以有狂人？與眾不同可能招致冷眼相待。正因為處於這種抑制改變的不自然狀態，有些孩子可能因為自然狀態下想尋求思考而失控。當然，失控的孩子們會被排除在教育體制之外。偏向追求正確答案的教育，是否剝奪了孩子們提出創造性變化的能力呢？教育中最好能有「好！現在大家一起試著瘋狂一下！」這種練習狂人式思考的課堂。

孩子們的狂人特質，也就是想挑戰未知的創造力利牙，隨著學年增長漸漸疲鈍。因為在這樣的環境中，身為一個蠢材是種很大的風險。

此外，在這種狀況下，我也不認為能正確教會孩子透過觀察來理解的思維方式。基礎教育真的足以成為孩子們認識世界的尺規嗎？孩子們持續十多年接受著擅於應付考試範圍的教育，有一天乘上社會電扶梯來到最上層時，面對的卻是過去從未想過的問題，這對他們來說宛如一道青天霹靂。

「做出一份前所未有的商品企劃提案。」

「以嶄新創意來構思新計畫。」

「請以特別的研究內容提出申請。」

這些問題並不像學校考試會有明確答案，當然也不會有明確分數。但我們確實都以某種不明文的基準在判斷創造性的高低。雖然人人都會給出自己的評價，卻沒有明確的評價基準。假如突然被要求針對這些問題交出成果，有人因此茫然失措也是無可厚非。因為在過去的學校教育中從未被要求思考這類問題。

二〇二〇年日本修訂了學習指導綱領，追加了應學習人性、思考力、判斷力、表現力，以及實際能運用在社會上的技能，以培養「生存力」。這些內容讓人稍微感到一線曙光。反過來說，過去的課綱並沒有站在這種教育應有目的去制定，令人感到不可思議。雖然期待日後的發展，但具體來說該如何實現這樣的教育，目前還沒有明確的討論。

前面提到的兩種不同思維，對於解決這些課題應該都能派上用場。因為如果我們可以培養大膽思考嶄新奇特點子的變化能力，以及觀察、分析狀況來擬定方針的觀察能力，應該有助於激發創造性。

那麼該如何發揮狂人特質擺脫固定觀念，像個蠢材般思考呢？要做出沒有前例的行動，需要勇氣跟一點莽撞。我們又該如何克服對採取這類行動的心理障礙或恐懼，打破常識高牆，獲取讓自己腦袋變得瘋狂一些的思考方式呢？這或許是現在的教育中極度缺乏的探究。

還有，我們該如何運用秀才特質來觀察、掌握事物本質？這也可以說是一種從面對未知的經驗中，解讀狀況、釐清關係的思考能力。比起大家經常用在秀才身上的「努力」，「好奇心」似乎更適合用來形容這種能力。

擁有好奇心的人，往往不會將求知的努力視為苦行。在過去的經驗中我們已經知道，能沉浸其中、樂在其中的人，更能深入理解狀況、交出成果。不過現在的教育能夠教會我們抱持好奇心來解讀關係的觀察或者探究的方法嗎？我深深的懷疑。

該如何才能培養孩子自己設定主題，樂於進行創造性探究的能力呢？構成這個社會的各種人造物件，都誕生於人類的創造性之下。所以要培養創造性，當然應該是教育最重要的目標之一。儘管如此，我們卻無法斷言自己已經了解提高創造性的具體教育手法。明明這個世界上有各式各樣的人都在無意識之間發揮創造性，但是實際上究竟如何發揮？大家卻對其機制不明就裡。雖然有帶著革新精神的教育者在挑戰創造性授課，但是教育跟創造性之間依然有一道深深的鴻溝。

創造性學習不分世代或領域，是與全世界所有人相關的主題。假如可以定義出創造性結構，那對我們的自卑情結來說應該是一大福音。為了探究這個謎，我希望能先了解人類的創造性這個驚奇現象。前提是我相信人類的創造性也是一種自然現象。就算人類的創造性看起來彷彿是三十八億年的生命史中唯一的超常現象，其中一定存在可以用自然科學來說明的理由。假如在其他生物當中無法發現類似現象，又不能在自然界中找出可比較的現象，將很難把創造性作為一種自然現象來討論。相反地，如果確實存在類似的自然現象，那麼創造性的線索或許就藏在這裡。

為了探究創造性，首先讓我們試著關注存在自然中與創造性類似的知性現象。研究原始生物在演化中獲得的知性習性，會發現其中跟蠢材與秀才的結構有奇妙的一致性。

## 原始生命的知性

生物歷史上最古老的知性現象是什麼？用這樣的觀點來看自然界，會發現在原始生物中也存在酷似變異和選擇的現象。讓我們來看看地球上的生命中誕生於最初期的知性習性。遠比動物和植物的細胞更小的細菌，當然沒有腦也沒有眼睛。但是細菌卻彷彿有知性一般，具備極有效率捕食的機制。單細胞生物的細菌為什麼能辦到這一點？

我們觀察某種細菌，發現它具備為了尋找食物（營養）一直往隨機方向前進的性質。再更仔細觀察可以發現，細菌大約有一秒左右「筆直往前」，之後會「轉換方向」，不斷輪流重複這種單純的動作。這種動作令人聯想起掃地機器人的單純。在某次隨機的行動後，細菌遇見了食物。於是細菌瞬間關掉轉換方向的開關，筆直往食物的方向前進。細菌就這樣很有效率地在食物中前進。假如離開了食物，就會再次開啟隨機轉換方向的開關。結果細菌就像特意挑選了誘引物質一樣，漸漸朝其接近。這種性質稱為「化學趨向性」。細菌不斷重複這種單純的步驟，但呈現出來

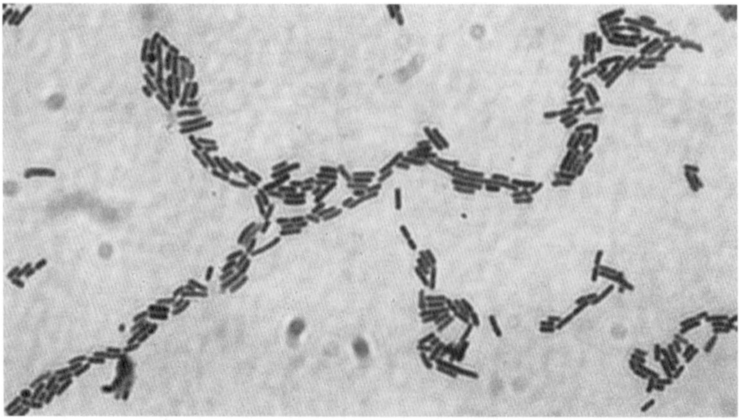

圖 1-4　不斷移動的大腸菌 營養濃度高時會筆直前進，營養濃度低則會隨機活動。

的結果並非盲目隨機，而能高效地攝取食物。細菌只是機械性地單純切換動作，不過從外部觀察細菌的行動，卻發現到彷彿存在著一種「尋找食物的思維」。

在生命所擁有的知性現象中，這種化學趨向性是最初期所獲得的一種。而化學趨向性的原理跟蠢材和秀才的比喻具備了相同的結構。也就是「隨機行動的不規則性（狂人特質＝變異思維）」和「認知周圍食物的、選擇行動的能力（秀才特質＝選擇思維）」這兩種模式的最小組合。

當隨機式的變異再加上配合周遭的選擇現象，儘管只是單純的化學反應，卻能看出知性的現象，令人忍不住想深入探究創造性的基礎思維以及知性的本質。

## 演化的知性結構

存在於我們自然界中類似創造的現象中，有一種與創造物件極為類似。那就是生物的演化。演化是指超越世代承繼下來的性質產生了變化。其中適應演化指的正是前面所舉的例子，生物重複偶然的變異和自然選擇，逐漸接近適應的普遍現象。

生物歷經三十八億年的漫長歲月，重複變異和自然選擇，實踐著演化。生物演化為適應各種狀況的形態，建構起多樣的生態系。生物的形態、行動、身體機能等，都具備了能順利在其周圍環境條件生存、繁殖的機制。假如有人誤以為「這一定經過巧妙設計」，也並不奇怪。

在生物學中將演化朝向對生存或繁殖有利的性狀發展，稱之為「適應」。生物的適應出現在自然界中各種地方。如果說好設計是「由形態導引出的美麗關係性」，那麼這種出色的設計不僅存在人造物中，在自然界也處處可見。包含我在內，全世界的設計師面對自然形態所具備的美跟機能性，都只能舉白旗投降，難以仿效一二。各種生物都建構著遠比人造物更精巧的機制。演化完全是「創造的寶庫」。生物的機制看似高度的智性成果，但是適應演化並沒有設計者，而是在變異和自然選擇下自然發生的現象。也就是說，優異的設計是自然發生的。這究竟是怎麼回事？

距今一百六十年前的一八五九年，查爾斯．達爾文（Charles Robert Darwin）和阿爾弗雷德．羅素．華萊士（Alfred Russell Wallace）針對生物演化提出了極其大膽卻又逼近本質的假設，「自然選擇」，之後達爾文據此發表了《物種起源》（*On the Origin of Species*）這本驚人著作。[8] 達爾文他們同時也是優秀的博物學家，兩人根據龐大證據提倡基於自然選擇的演化論，當時帶給世界極大的震撼，顛覆了過去人類對自然界的認知。自然選擇中所謂的演化，是指複製時因偶然錯誤而產生了個體差異的「變異」機制，以及在環境中為了留下子孫「自然選擇」了有利性狀的機制，經過遺傳重複好幾個世代，物種漸漸轉變為能適應狀況的現象。這時的偶然變異，和必然會產生傾向的自然選擇，都是與個體意志無關的現象。也就是說，這樣的論述能夠有邏輯地說明生物精巧的形態並非由誰所設計，而可以發生於變異和自然選擇的來回反覆之中，其衝擊可比哥白尼革命（Copernican Revolution）。在這裡先為各位介紹基於自然選擇的演化論中幾個重要現象。在下一頁裡將會更具體地解說自然選擇的內容。

變異　生物孕育後代時，個體的各種性狀會偶然發生些微變化
多樣性　透過變異，群體中會同時存在具備各種不同性狀的個體
選擇　在環境中具備有利性狀的個體會比較容易孕育後代，在此出現了選擇
適應　歷經好幾個世代的變異和自然選擇，演化為能適應環境的性狀
遺傳　這種過程的前提存在一遺傳機制，後代可繼承性狀
分化　若發生生殖隔離，則狀況的選擇壓力將改變，會歷經好幾個世代分化出新種

要說明透過自然選擇形成的演化過程時，工業革命時期棲息於英國的樺尺蠖（peppered moth）的故事，是個十分容易理解的例子。這種蛾原本大多是明亮的顏色，在周遭的樹上可以發揮保護色的功能。但就在達爾文的學說受到提倡的十九世紀中葉開始，漸漸出現了黑色的個體，有一部分個體群甚至幾乎都是黑的。這究竟是為什麼？

達爾文的年代，英國工業革命方興未艾。街上到處都是漆黑的煤灰，於是白色的個體很容易被天敵發現，產生容易被鳥類吃掉、被淘汰的傾向。最初偶然出現的黑色個體得以殘存，出

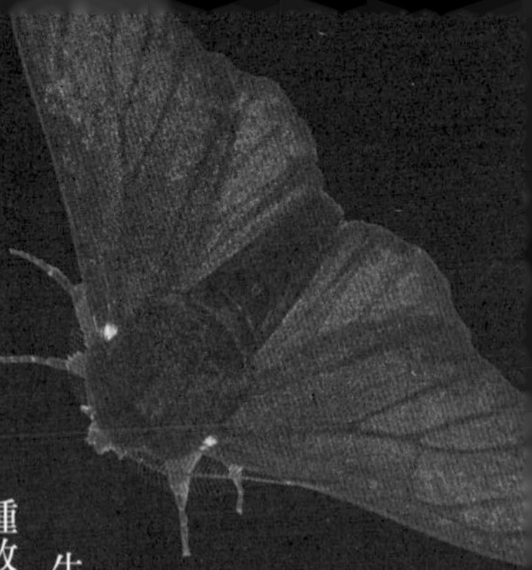

現了容易將該性質留給下一代的狀態。這種堪稱必然的自然選擇方向性產生作用後，融入煤黑的樺尺蠖數量大增，被稱為「工業黑化」的現象充分表現出自然選擇帶來的適應演化性質。

生物歷經數個世代，在變異和自然選擇間來回反覆，像是自行進行品種改良，適應演化環境。這樣的來回反覆持續了三十八億年的結果，能充分適應環境的無數生物覆蓋了世界。觀察適應演化，就可以了解自然界裡確實透過變異和選擇的反覆，自然發生了合理的設計。

本書中所提及的演化，主要指的是這種適應演化，並且將這種現象簡化以「變異和選擇」的反覆來表現。但也請容我補充，實際的生物演化不只有促進個體生存和繁殖的適應演化，也會發生不太具有意義的中性演化，以及對生存有害的演化。

在後述的「追溯演化論的歷史」（292頁）中也會提到，其實在達爾文以前的演化論，都認為演化是受到個體或者神的意志而決定其結果的現象。達爾文學說的精采之處，在於透過適應演化的說明超越了以往的觀念，讓我們試著將這種自然選擇的前提，套用在創造性上。達爾文之前的演化論，就跟我們認為創造來自個人天分或者上天意志這種放棄希望的思維類似。其實我們對於創造性，或許也跟過去的演化論一樣，有著相同的誤解。也就是說，把創造視為意志可左右的問題，這種想法可能只是我們的成見。試著懷疑這個前提，將會發現我們確實無法刻

圖 1-5　容易被鳥發現的顏色，會隨著背景而改變。

意地產生發想。而且有時候也會因自己的點子感到驚訝。換句話說，創造是一種足以讓我們自己感到驚訝、相當依賴偶然性的現象，同時也是受到狀況必然性挑選的現象。

讓我們試著將創造視為一種在超越意圖的偶然和必然性做出的選擇間反覆來回的演化現象。超越自己意志的偶然和必然的反覆來回中，就藏著開啟創造性的鑰匙。這或許就是優秀創作者口中所謂「無我」的真面目。我漸漸確信，存在於演化和創造之間的狹窄小道，就是創造性的關鍵。那麼該如何才能加快創造性的變異偶發、提高選擇的必然性呢？或許即使我們無法刻意創造，也能夠提高發生的機率。

## 物件的創造是演化的模仿？

生物的演化跟人類的創造實在太過相似，所以在達爾文主義出現一百六十年後的現在，我們也經常會說「產品歷經演化」、「讓組織演化」等等，用「演化」二字來象徵「新物件的誕生或者改善」。出於同樣意義來使用「演化」和「創造」這兩個詞彙，原本是一種誤用。但是現在在新商品的廣告等載體中已經成為普遍的表現方式，擴及到全世界。足見演化和創造有多麼類似。

達爾文發表演化論時，人們覺得除了生物之外，道具和社

會的創造中也存在同樣的演化系統。例如英國小說家塞繆爾・巴特勒（Samuel Butler）就曾在作品中暗諷《物種起源》的概念，提倡「在機械的世界中，應該也有猶如動物界或植物界般，進行自然淘汰的『機械界』」的想法。[9]當時正值工業革命黎明期。人類應該親眼目睹了機械的誕生。

然而，生物並不能隨心所欲讓自己的身體演化。要改變身體的基本結構，得花上數百萬年的漫長歲月。我們人類在二十萬年前演化為現代智人後，儘管身體結構幾乎沒有改變，可是社會和行動卻已發生劇變，幾乎不像是同樣的生物。這種變化的一大原因，想必來自於道具的創造。

人類發明道具，彷彿是為了彌補人體的極限。例如「筷子」，據說大約五千年前黃河流域已經開始使用。[10]這是為了可以夾取燙手的食物，或者更衛生地進食，筷子可以解釋為一種擴充手指的物理極限所發明的道具。就如同筷子，因為人類身體的種種不便，才會製作出許多讓身體局部演化的道具，這可說是世間形形色色道具出現的原因。比方說人的「眼睛」無法看清遠方或者微小的東西，因而發明了望遠鏡、顯微鏡，甚至視訊通話。人的「聲音」無法傳到遠處，了解發聲原理之後發明了擴音器和麥克風。因為「消化系統」的功能侷限，研究烹調方法來轉換食物的狀態，也發明了烹飪道具和冰箱。為了彌補容易受傷受寒的「皮膚」，發明了衣服。為了彌補容易疼痛、運動能力低落的「腳」，發明了鞋子和代步工具。或者為了讓健忘的大腦可以大量且正確地「記憶」，發明出書本和記憶裝置……。創造力藉由讓道具演化，為人類帶來了擬似的演化能力。透過這種擬似演化能力，我們得以擴充身體機能，運用無數道具來生活。

人類不斷創造道具，終於，我們具備了從萬物根源的基本粒子到深遠宇宙空間皆能觀察的千里眼，能夠以超音速飛越天際，擁有數百年都不會遺忘的記憶力，利用通訊網路將聲音傳至地球另一端，甚至發明出可能超越人類智力的「電子頭腦」，從某些角度來看，人類終於成為地球上最強的生物。基於這種種前提，我心中對於創造性的假設有了如下的發展。

創造是促使物件更具適應性的「演化」能力。

演化則因語言的類基因性質而得以加速。

「創造」這種不可思議的智慧現象也同樣是人類這種生物自然引發的現象，當然屬於自然現象的一種。但卻又與其他自然現象有一線之隔。仔細想想，演化現象幾乎是與創造性極為類似的唯一一種自然現象。我從未看過其他可以自然發生無數解決狀況之形態的現象。既然如此，要理解創造性這種自然現象，將生物演化視為一種尺規來探究結構，從自然科學角度來看，是少有的確切方法吧。

假如將「創造」視為「演化」的未完成代用品，將會如何？人類的「創造」歷史雖然只有短短幾萬年，但生物形態已經在長達三十八億年間透過跟狀況的相互作用，承受著自然選擇壓力的鍛鍊。我們會覺得歷經漫長時間被選擇壓力所琢磨的生物性狀，遠比只經過短短適應期間的人造物完成度更高，可能也是某種必然。

如同後文中〈變異〉一章所述，觀察人類的歷史，可以發現我們的創造性在語言誕生以後迅速增加。換句話說，人類演化至能發揮創造性的背景中，獲得語言很可能是一項極為重要的因子。回顧各種創造現場，直到現在這個瞬間，人類也依然仰賴語言的力量，不斷以急遽的速度催生道具的演化。

## 演化與創造設計展

我想探究演化與創造的關係。正當腦中出現這個念頭，二〇一六年左右，我幸運地獲得在銀座圖像藝廊（ginza graphic gallegg）舉辦個展的機會。ggg 是馳名的平面設計殿堂，每年提供數名平面設計師舉辦個展，對平面設計界而言是具備光榮意義的空間。我希望在此除了設計作品之外，也呈現出我探究演化與

圖 1-6　ggg 對比生物演化和設計進行展示。

創造的部分成果。在這本書中介紹的許多動物和交通工具的演化系統樹、比較蝴蝶標本和各種色紙、還有電風扇和樹木的解剖模型，整合在 iPhone 應用程式中的老道具等，都是當時展示的內容。透過這次與眾不同的演化和創造展中的探究，我更加確信設計本質存在於自然中，因此更加投入生物的演化現象中。

在設計現場也發生了類似演化的反覆來回現象。無數次挑戰未知的偶然，從必然性的觀察中進行選擇。與演化相似的這種反覆來回現象，正是我確實感受到的創造過程。

## 「進化思考」的誕生

演化是從「變異和選擇」的反覆來回中自然發生的創造性現象。不可思議的是，這種結構不僅出現在演化中，也可以在各種智慧現象中發現極其類似的結構。發現這種類似性後，我開始認為，或許有一種共通於自然物和人造物件之間的普遍創造法則。

或許各種智慧結構都是在「變異」和「選擇」的反覆來回下產生的。如果深入理解其結構，或許可以將創造性法則整理出體系。

從演化揭開創造的祕密。這是種相當有趣的探求。不過由於這兩種現象實在太過相似，過去可能已經有過類似的嘗試。基於這個角度進行調查，我發現有所謂文化演化論和社會演化論的概念，許多研究都曾指出文化與演化的類似性。理察・道金斯（Clinton Richard Dawkins）主張文化是類似生物的演化，就像基因能將資訊傳至下一代，在文化中則由迷因扮演類似基因的角色。另外還有前面提到的山繆・巴特勒的小說，或者愛德華・奧斯本・威爾森（Edward Osborne Wilson）在一九七五年出版的《社會生物學：新的綜合》（*Sociobiology: The New Synthesis*）[11]，還有最近布萊恩・亞瑟（W. Brian Arthur）的《技術的本質》（*The Nature of Technology: What It Is and How It Evolves*）[12]，以及凱文・凱利（Kevin Kelly）的《科技想要什麼》（*What Technology Wants*）[13]等，討論人工物件演化的書籍。

這些論述中透過將社會或科技的演化與自然演化相對比來加以強調。他們跟我有同樣的信念，認為既然人類也是演化的產物，那麼理應可以用生物學觀點來解釋人類的社會行動和創造性。這些論述強烈地刺激了我的好奇心，也讓我深受鼓勵。不過我真正想探尋的是——

有沒有可能運用演化結構作為具體的創造手法（ＨＯＷ）？

有沒有可能從演化來闡明創造性這種自然現象（ＷＨＹ）？

很遺憾，從前述的學術領域和著作中，我無法獲得明確答案。特別是這些文化演化論式的考察中，完全沒有提及「將演化過程運用在創造式發想上的具體手法（ＨＯＷ）」之概念。

接著，為了了解「創造的具體手法」，我開始調查發明或創新的發想中藏有什麼樣的知見。調查結果發現，第一次世界大戰後，各國為了技術開發而鼓勵發明，也為了催生出能因應市場競爭的優異靈感，開始提倡各種「手法」。

例如冷戰時代，前蘇聯發明出萃思（TRIZ; Theory of Inventive Problem Solving）這種技術開發手法。西方世界甚至不知其存在的萃思法則，提倡可以確立複雜體系，以及四十個發明或點子的手法。

另外，美國天聯廣告公司（ＢＢＤＯ）的創辦人艾力克斯・奧斯朋（Alex Osborn）將其發現創意的方法整理為暢銷書《發揮你的創造力》（*Your Creative Power*, 1948）[14]，「腦力激盪」這個概念便是出於這本書中。奧斯朋在書中指出，「人類的思考力分為『用於分析的判斷力』和『產生創意的創造精神』這種雙重結構」，這也跟選擇思維和變異思維相呼應。到了一九六七年，研究資訊處理的心理學家愛德華・德・波諾（Edward de Bono）提倡「水平思考」[15]。他表示水平思考是偶發式的發想，垂直思考則是邏輯式的思考。就時間來說，他可能受到了奧斯朋的影響，不過垂直與水平這兩種對比，似乎也暗示著變異思維和選擇思維的反覆來回。調查各種發想方式之後，我發現特別是上述三種發想法中試圖將思考分成兩類、或者從偶發性中發想，都跟我將思考分為變異和選擇兩類的假設具備相當類似的觀點（ＨＯＷ）。另外，現在我們運用於行銷或產品開發的手法，跟生物學式手法也有著共通性。比方說，逆向工程（reverse engineering）是一種解剖學式手法，而產品定位策略、藍海戰略等則包含了生態系的觀點。但這些發想法或策略，由於其產生的目的，都僅止於一種可以高效發想的方法論（HOW）。其中幾乎沒有任何一種概念試圖將創造所具備的不可思議視為自然現象來說明，同時我也無法從中找到任何發想手法能回答「我們何以藉此擁有創造能力（WHY）」的答案。在這樣的探究當中，我更加確信，謎底就在演化的結構當中。可是儘管我奮力尋找，最後還是無法從既有文獻中發現「為什麼演化與發明如此相似？」，也找不到「應用演化過程的具體創造手法」。

儘管卓越的先人們不懈探究，或許還無法確立起演化式學習創造的方法。身處於一個高聲強調創新與變革的時代中，我們卻依然無法發現學習創造性的明確模式。市面上萬能咒語式的發想法氾濫，創造性的機制宛如專屬天才的內隱知識，至今依然披著魔法的面紗。

但是如果在生物學上的演化和創造性思考中都同樣具備變異和選擇的反覆來回過程，那這或許可以成為解開謎題的關鍵。假如從這種觀點來釐清演化和創造的關係，我們或許可以將創造性視為具備重現性的自然現象，使其成為可學習的能力。我漸漸確信，這正是我們為了面對創造性現象、更新學習方法，值得去探究的一門哲學。

萬能酸……這幾個字突然出現在我腦中。丹尼爾・丹尼特（Daniel C. Dennett）曾經用可以溶解任何東西的萬能酸來比喻演化思想的萬用性質。[16]好，為了知道最後會留下什麼創造性的骨架，我也想試著把創造這種現象徹底溶入演化的萬能酸當中。二〇一六年後半，我開始將以演化觀點導出人類創造性的方法論稱之為「進化思考」，整合過去我在各種企業或學校教授十年以上的創造性方法論。我決定從頭出發，再次從生物學角度來學習人類的創造性。我有一種踏上新旅途的預感。達爾文搭上小獵犬號（HMS *Beagle*）出發時，是什麼樣的心境呢？懷抱著遠離自己專業領域進行探究的不安和期待，我彷彿航向未知大海，展開這場對演化和創造共通結構的探索。

## 區分變異和選擇思維

創造性是一種在變異和選擇之間反覆來回的演化現象。

「進化思考」是一種將創造視為擬似演化，藉由提高偶然的發生機率、從觀察中提高選擇的必然性，達到超越自己意志發想的創造性思考法。

假如創造性跟演化具備共通結構，那我們或許可以由此構造中來學習創造性。這麼一來創造性就不是個人天分問題，也無需放棄希望。這對不分男女老少、運用創造性的所有人類來說，應該都會成為一大福音。在這裡我想簡單說明一下這兩種思維。

變異思維　大量產出偶發創意的發想手法
選擇思維　模仿自然選擇壓力的生物學式觀察手法

「進化思考」認為發揮創造性這種現象，跟生物演化的結構極為接近，這是一種透過「變異思維」和「選擇思維」兩種過程的來回反覆，讓物件進行演化的過程。透過變異，產生偶發性無數錯誤的思維，跟基於選擇觀點進行自然選擇的思維，兩者來回反覆，可以依照演化的結構來掌握其架構。我們也可以試著將「進化思考」中變異思維和選擇思維置換為其他詞語，諸如以下用ＷＨＹ和ＨＯＷ的組合來表現。

變異思維（ＨＯＷ）：如何才能改變？
選擇思維（ＷＨＹ）：為何應該如此？

在生物的演化中，偶然出現變異的機制和透過自然選擇漸漸接近必然適應的機制，原本就具備不同性質。在創造性思考中，必須留心不要混淆這兩種思維。假如沒有充分釐清，很可能會侷限於成見，對於新挑戰躊躇不前，陷入對創造毫無幫助的狀況。我們總是一不小心就會將這兩種思維牢牢綑綁、僵化固定。不過只要清楚意識到這兩種思維、反覆來回，這種容易掉入的思考陷阱也能夠自然而然地解套。

創造性思考過程中，觀察狀態、掌握選擇的必然方向，再朝此方向投出不斷變化的創意想法。兩者都很重要。光靠調查不可能實現創造，只有變異的挑戰也沒有效率。首先我們必須理解，變異思維和選擇思維各自具備完全不同的性質。重複數次這種來回的過程，可以漸漸接近解決之道。「進化思考」的前提是，我們每個人在發揮創造力時，腦中都在進行兩種思維的反覆來回。

## 轉動演化螺旋的思考方式

變異思維和選擇思維。將這兩種過程完全切分開，反覆來回地運用，正是創造性的關鍵。請各位看看圖 1-7。錯誤帶來的變異產生多樣性，在多樣性中透過必然性進行選擇，最接近適應者得以留存。存留下來的形質經過遺傳，成為下一代變異的基礎。

如果這就是生物演化和創造思維的共通循環結構呢？只要這個循環開始啟動，總會有偶然和必然相遇的瞬間。具有創造力的人腦中自然而然快速進行著這種反覆來回，他們幾經思索的發想看似突然迸發，讓人以為是突發性命中目標。如果以這種結構為前提，那麼創造的才能只不過是變異發生機率和選擇精度，還有轉動次數的問題。

我們或許也可以從中發現，許多無法創新的工作現場，常見錯誤的結構性原因。

×只要一股腦把想法寫下來就叫做發想法（陷入變異思維）
×只要縝密調查就會自然產生發想（陷入選擇思維）
×必須馬上更正和以往不同的意見（否定了變異思維）
×點子跟品質無關（放棄選擇思維）

是不是有人覺得被說中了呢？即使在一心追求創新的公司，也處處可以看到這種令人遺憾的現象。我們應該意識到，在自然界中偶然性變異的發生，跟透過必然的自然選擇壓力接近適應，屬於完全不同過程的這個事實。同樣地，也應該注意到將創造中容許變異的錯誤和選擇必然方向性，視為不同過程的重要性。當我們面對新計畫開發或者概念發起等創造性專案時，同時兼具對偶然錯誤的容許，以及並非出於上司主觀等因素、而是考量社會必然性會做出的選擇這兩面，將可讓創新發生的機率有驚人躍進。

我們可以試著將創造性組織當成很容易無縫進行這種反覆來回的場域。變化和多樣性、合理的選擇和適應，對組織而言都不可或缺。但無論是個人或組織，如果不習慣同時進行兩種思考的方式，就會彼此掣肘、停止思考。畢竟同時思考荒誕不稽的想法再以秀才的方式選擇，這過程簡直像雙重人格一樣。因此，我建議在習慣「進化思考」之前，先區分出用變異思維和選擇思維思考的時間，分別集中在「當蠢材的時間」和「凝視本質的時間」。

反覆進行兩種思考，讓創造性發想自然產生。變異思維可以學習生物演化中的變異模式，獲得隨時隨地都能變成蠢材的偶發式思考能力。生物和發明存在著某種共通的變異模式。有趣的是，這跟漫才師的搞笑、藝術或設計中所見的模式，也都有共通之處。只要理解這些模式，或許就可以在短時間內量產出無數打破固定觀念的瘋狂發想。在短期間內產生大量變異創意的技巧，將可提高孕育嶄新可能的機率。學習這種變異思維過程，可以增加提出其他創意的自信、想法將可更加自由，不再需要拘泥於單一發想。而選擇思維是依循自然科學的觀測手法，學習觀察因應狀況必然受到選擇的方向性。學會自然科學的觀察手法，

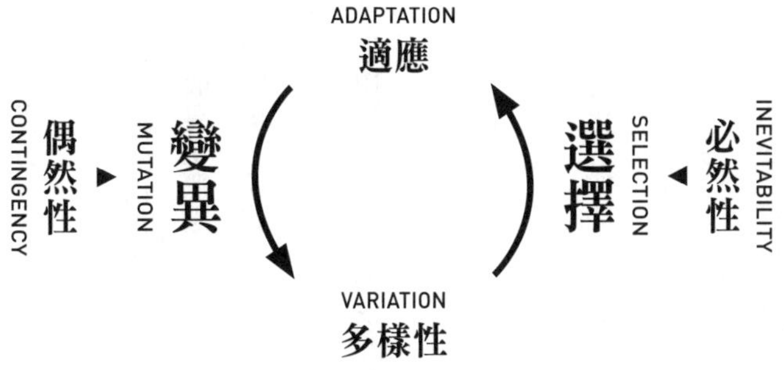


圖 1-7　重複變異和選擇的循環，生物和創造都能開始演化。

能夠以客觀性阻斷固定觀念或成見，培養理解現象的能力。如果可以對創造性進行評估，那麼自然就有精進的可能。這些觀察都有助於發現必然性低、容易變異的部分。也就是說，我們將更清楚該改善那些地方。

請各位看看演化的螺旋（圖 1-8）。這是從「進化思考」的觀點，將演化和創造的共通過程化為圖示。左側變異過程中，會從偶然中發生許多可能性，像樹枝般蔓生無數。在右側選擇過程中修剪這些樹枝，如果狀況沒有大變化，將會漸漸往有利的方向收束。並非所有樹枝都會被挑選。當樹枝生出其他生存戰略，前方又會出現不同的螺旋，因應狀況，選擇壓力和變異的方法也會分岐。「進化思考」認為，變異和選擇的反覆來回，正是生物演化與人工物之間共通的普遍創造機制。

順利轉動這兩種思考螺旋，會發生什麼現象？回顧自己的變化，簡單地說，就是感覺「變得更加直接、更加自由」。

首先，從演化機制來看並不存在完美的生物，任何生物都還有變化的空間。而演化的發生當中並沒有意志的存在。把這個前提套用在創造上，就會發現世界上並不存在完美的創造。世界上沒有完美無瑕的生物，人類史上也沒有人能做出完美無瑕的物件。另外創造性如果沒有變異的失敗或挑戰，也不會出現演化。其實失敗也是創造的過程。這樣的覺察讓我的思考變得自由。即使失敗，只要擁有選擇思維的觀點，就很容易能發現當下狀況中選擇壓力的趨勢，理解

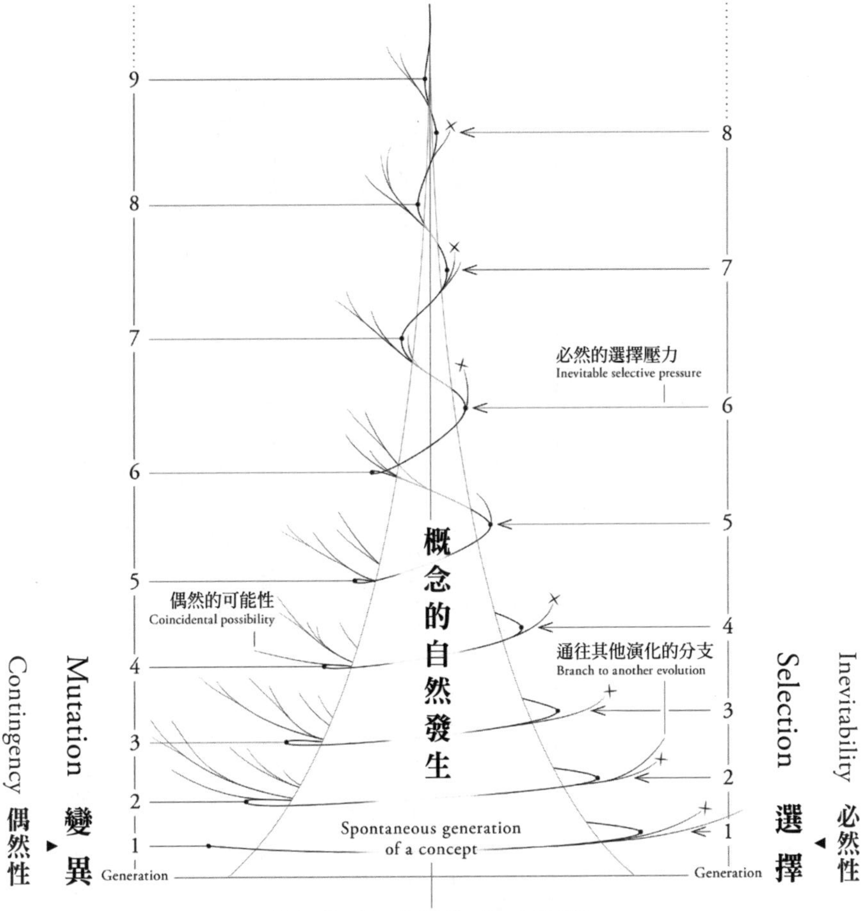


# 演化和創造的螺旋

SPIRAL OF EVOLUTION AND CREATION

圖 1-8　生物和道具、各種創造皆產生於變異和選擇的反覆來回中。

失敗的理由，客觀接受。學會與這些大趨勢連接的觀察方法，就可以放下堅持，獲得安心感。另外，從觀察中理解趨勢，更容易基於客觀性來發表意見，自然學會誠實與自信。學會這兩種思維後，我開始對發想更有自信，心情也輕鬆多了。

「進化思考」認為創造是超越個人意志所發生的現象。我們因為將一切歸因於意志，才會產生自卑情結。以偶然為目標的變異思維；以必然為目標的選擇思維，兩者都教會我們與意志外的世界連接的方法。

讓我們試著藉由這些思考的反覆來回，產生無數的點子，再根據觀察所發現的理由來進行選擇吧。如果將創造性視為一種在兩種思維之間反覆來回下產生的螺旋狀現象，那麼也必然會習慣在腦中數度往返重製，歷經好幾世代繼承後，提高創造強度的觀點。或許即使我們無法刻意去創造，但是在這過程的反覆中，應該也能自然提高創造發生的機率。而最重要的是，任何人都能學會這種思考過程。換句話說，創造性並非一種內隱的天分，而是可以透過學習來培養的能力。

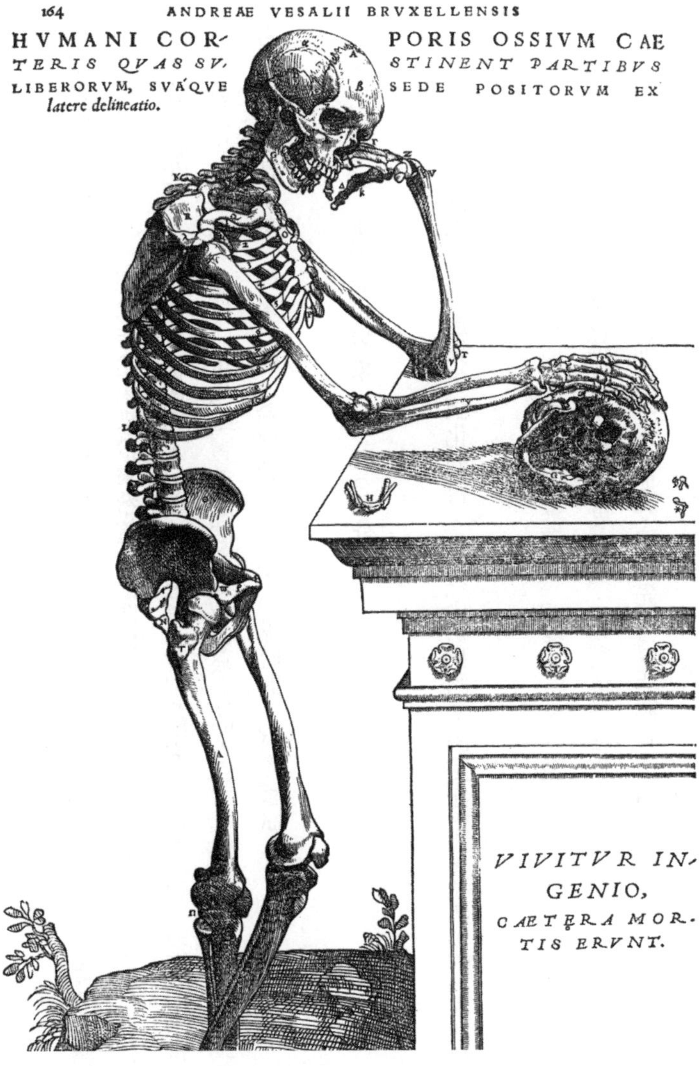


圖 1-9　出自安德烈亞斯．維薩留斯（Andreas Vesalius）《人體的構造》（*De humani corporis fabrica*）。他或許也曾思考過自然與創造的相似性。

## 演化習作——開始「進化思考」

這本書除了希望各位閱讀之後能夠理解何謂「進化思考」，更希望讀者能夠「實際實踐、內化『進化思考』」、「想出能給未來帶來希望的創造性計畫」。因此在本文中將會介紹五十道演化習作。演化習作的內容都很簡單，只要二十分鐘左右就能完成。第二章「變異」中可以學習如何發想，第三章「選擇」可以學習透過觀察理解必然性的方法。演化習作中凝結了「進化思考」的本質性精華，如果可能，希望各位可以花一點時間，實際嘗試。

### ☑ 演化習作01　決定演化對象「X」（10分鐘）

這是一本幫助你讓創造對象演化的書。首先，讓我們來決定你想令其演化的創造對象「X」。

X最好是具體一點的東西，將更容易進行。「愛情」、「教育」、「自己」等抽象概念雖然具備極高的探究價值，但初期難度較高，在習慣「進化思考」之前或許最好先避開。如果實在非常想嘗試抽象對象，那麼建議先從這些概念中找出具體的元素。比方說想要讓「教育」演化時，可以先挑選「教科書」、「課綱」、「學校」等。

### ☑ 演化習作02　準備5W1H便箋（10分鐘）

社會關係中會牽涉到各種人或物件。為了將這些關係性元素運用在發想上，最好能有共通的記載規則。這時我想推薦大家使用吉卜林便箋這種便條紙的方法。準備六色便條紙，對各種顏色標注上以下名稱（328頁中將再次詳述）。

WHAT　物件、零件、物質、機制
WHO　人、生物等他者
WHERE&WHEN　場所、時間等狀況
WHY＋　正向理由
WHY－　負面理由
HOW　產生的點子

像這樣以顏色區分，在整場習作中可以很方便再次利用之前思考的結果。

圖1-10　5W1H便箋

# 第二章

# 變異

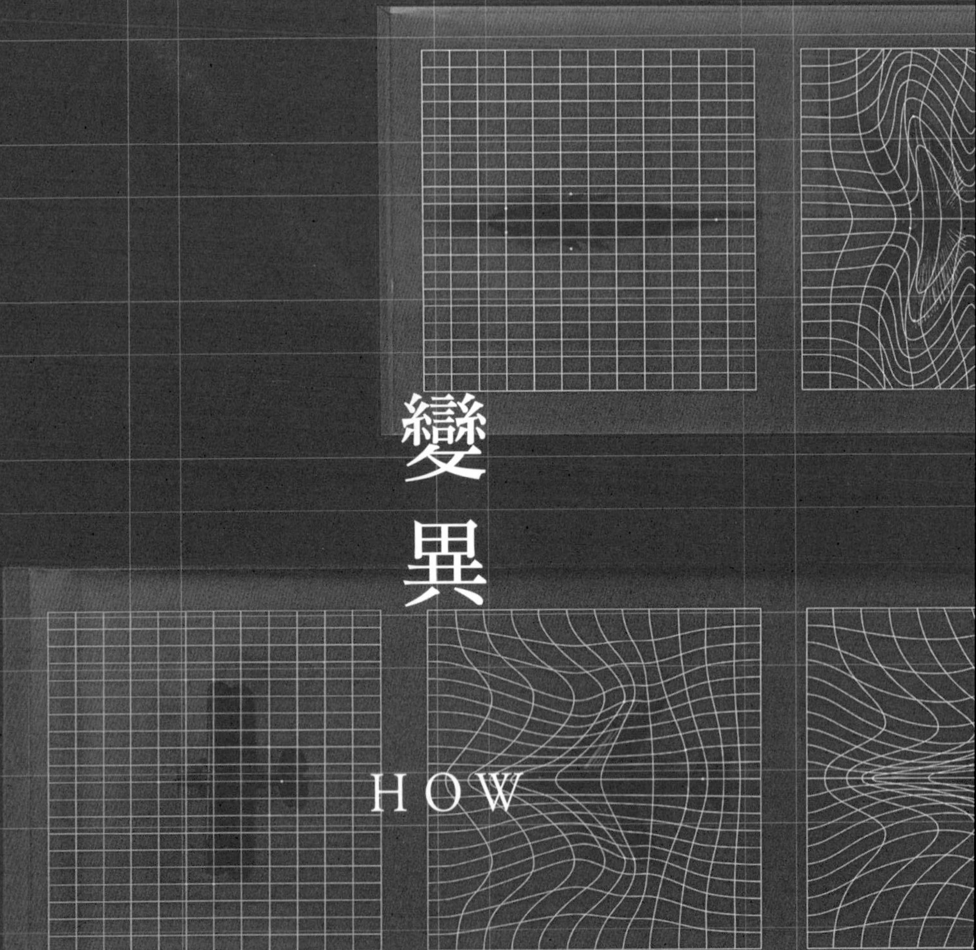

HOW

Chapter

«II»

比較飛機和魚的變量（TRANSFORMATION）：ggg 企畫展「NOSIGNER Reason behind forms」

# 演化產生於變異

咆勃爵士樂（Bebop）的本質在於變化，是一種進展。並不是一直靜止不動、維持安全狀態。對於想要不斷創造的人類而言，唯有變化一途。

——邁爾士·戴維斯（Miles Davis）[17]

爵士樂歷史上最重要的先鋒——巨擘邁爾士·戴維斯——很早就洞悉變化正是創造的源泉。他每每在獲得絕對肯定之後，拋棄既有榮光，再次開創出新風格，儘管時而遭到批判，最終有如巨浪般造就了現代爵士樂。

我們總以為身邊物件的存在理所當然。轉開水龍頭就有水，打開瓦斯爐就有火，插上插頭就能用電。世界上各種物件看似都已完成，許多物件也都有了名字和固定的使用方法。我們有生以來就被無以計數的道具包圍，有了這些彷彿空氣般存在的物件，我們才得以生存。但我們並沒有發現，某一天這個前提很可能相當輕易地改變。

不過在我看來，懷疑眼前理所當然的事，不受既有常識束縛去想像變化的可能，就等於獲得思考的自由。假如現在這些被視為常識的物件並非正確答案，甚至根本不存在正確答案，許多東西其實都是失敗的產物，那會如何？事實上人類有史以來，從來沒有發明過完美無瑕的道具。同樣地，地球史上也未曾有過完美無瑕的生物。萬事萬物都不斷地在改變，也可能有許多現在尚未發現的方法。所以我們當然可以找出比現在更好的方法，去改變常識。

我所居住的橫濱，是許多事物引進日本的第一座城市。辦公室附近有一塊石碑，根據上面的記載，日本的電信服務始於一八六九年東京到橫濱間的線路，橫濱亮起煤氣燈則是在一八七二年。這些都已經是一百五十年前的事了，不過智人誕生於二十萬年前，由此看來，在短短不到人類史〇・一%的時間，日常生活中不可或缺的基礎建設已經發生了劇變。

曾祖母出生的年代，路上沒有汽車等交通工具，一入夜就是一片黑暗，當然也沒有電可用。聽起來或許很不可思議，但確實是百年前的日常。反過來說，再過一百年，一定會有新的基礎建設出現，改變現在的常識。當然，屆時可能不再使用天然氣或電力。我們現在所使用的道具，百年後或許不復存在。沒有人告訴我們常識總有一天會改變，不過只要想像一下百年前的社會就不難發現，常識不可能不變。

## 變化由錯誤引起

我不曾失敗。只是發現了一萬種無法成功的方法而已。

——湯瑪斯・愛迪生

關於創造力經常有一種誤解，大家以為擁有創造力的人比沒有的人頭腦更好，可以毫無差錯地創造出精緻的東西，但創造過程中其實充滿了錯誤。前面引述愛迪生的話語，並不是單純的比喻。實際上他為了讓燈泡長時間發亮，追求足夠的燈絲性能，嘗試過約六千種素材，並且幾乎都失敗了。儘管如此，他依然沒有放棄，持續替換燈絲材料，最後終於發現京都的竹子纖維相當適合作為燈絲。他創造出的嶄新燈泡發散的光芒，徹底改變了全世界的生活。那麼，他的這個發現是完美無瑕的嗎？當然不是。愛迪生發明的燈絲素材也只是變化途中的一種。如同各位所知，現在採用京都竹子纖維作為燈絲的燈泡已經成為古董，席捲世界的是連燈絲都不需要的ＬＥＤ省電燈泡。

愛迪生的燈泡本身，也並非從無到有的發明。在愛迪生的燈泡出現以前有煤氣燈，電報的技術同時也廣泛使用中，將製造煤氣燈的玻璃成形和電氣技術相結合，就能通往發明燈泡的道路。早在愛迪生之前，已有燈泡出現的前兆。他只是無懼失敗，組合起既有的物件，引發小小的變化而已。正因為他將既有產業的可能性運用到最大限度，才能讓燈泡這種重要發明迅速遍及世界。

容我再說一次，世界上不存在完美無瑕的發明或設計。所有東西都有失敗之處。就如同世上也不存在完美無瑕的生物，無論看起來有多麼美麗。萬物流轉。各種常識性的習慣總有一天都有可能被顛覆。無論功能、名稱、用途，各種創造物永遠在周圍影響下不斷產生變化。世界的變化遠比我們想像得更快，嶄新的創造每天都在更新這個世界。因此，世上所有領域都還留有空間，能讓我們親手創造出超乎常識的變化。

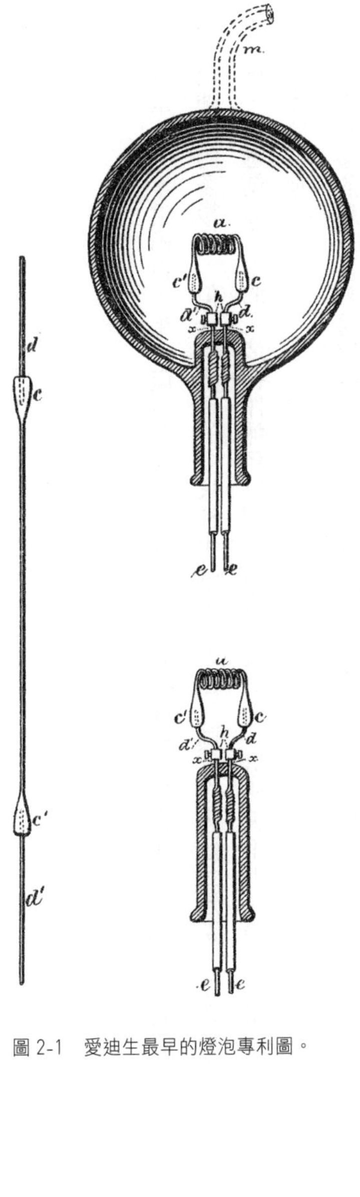


圖 2-1　愛迪生最早的燈泡專利圖。

人造世界中出現的新事物，皆是以既有事物為基礎。

——喬治・巴薩拉（George Basalla）18

巴薩拉表示，光是這兩百年來，僅只美國就登錄了五百萬項專利。生物在三十八億年的演化中，誕生出龐大的多樣性，但人造物件的多樣性也絲毫不遜色，同樣令人感到驚奇。相較於智人誕生之後，透過創造產生的人造物件種類以相當快的速度增加。這些說不上完美的大量創意挑戰，推動著時代前進。

根據我過去許多的創造性教導經驗，只要知道步驟，每個人都能產出具創造性的發想。不過很多人太過執著於最初的構想，遲遲捨不得放棄自己的創意。假如一心認為現在的想法就是最好的，那只會限縮發想的空間，讓可能性受限。我們當然會覺得自己想出的點子最珍貴，可是過於將自身投射在這些想法中，有時可能誤以為這些想法等同於自己，為了固守而導致思考僵化，再也無法產生變化。就好像害怕自己遭到否定一樣，無法面對物件的演化過程。但是我希望各位能夠了解一個道理，任何創意都出自於你，但不等於你。

一個真正具備創造力的人，假如有更好的方法，會立刻捨棄自己原有的點子，即使是其他人的想法也會毫不猶豫地採納。套用演化的概念，可以將創造性成長定義為，培育基於必然性擁有進行選擇之判斷基準的能力，以及活用變異性偶然提出替代方案的能力。

假如沒有失敗、變異式錯誤，也不會有成功、自然選擇後的適應演化。可是我們往往將失敗視為不好的經驗，學會對挑戰躊躇不前。之所以會有這種偏誤，是因為在整體結構上，我們已經習慣在教育中教導大家避免失敗。

過去的教育有沒有教會我們，自己具有改變常識的可能？或者是引發失敗、錯誤，從偶然中學習的方法？在一個唯有遵守規範的秀才才能獲得肯定的教育體系中，引發無法預測的變化的人，當然無法獲得認同。從創造性本質來看，這可以說是教育的一大謬誤。我們必須先培養有能力引發變化的人，才有可能從中出現創造新價值的人。持續抑制變化的教育，社會上只會愈來愈多缺乏創造性的人，例如空會批評部下想法卻無法提出替代方案的失職上司。

即使有人具備引發變化的才能，假如這個社會根本不允許變化，這樣的人甚至可能淪為社會上的弱勢。就創造性教育來說，當代教育十分欠缺引發變化的實踐式課程。我們應該讓孩子們在學校體驗許多失敗，由此培養導出解方的能力。因為一個能夠自在運用錯誤的人，才是真正具備創造力的人。讓我們一起大大方方練習當個笨蛋。

「進化思考」可以培養變異和選擇這兩種不同的思考能力。在其中，可以一邊學習成為蠢材的變異價值，一邊培養觀察的好奇心，學會基於必然性進行選擇的能力。我深信當我們的教育能夠採納這種思考方式，學校一定可以成為創造性思考迸發，並且更加愉快的環境。

## 演化不等於進步

演化這兩個字的語感，往往容易讓人誤解是一種比以前更好、進步的現象。不過實際的演化不見得是朝向某個方向的進步現象，而是在隨機變化引導下發生。在這種變異當中，也會發生許多不理想的狀況。但是也可能在偶然之下出現極罕見適應自然的變化。於是環境中混雜著相對有利和不利的物種，呈現具備多樣性的狀態，這便是演化的素材。生物在擁抱不合理的狀態下，持續演化。

在「進化思考」中也仿效演化的思考方式，並不將創造現象視為一種有方向性的進步現象。我們認為其中有一半甚至是借助變異的偶然這種意志之外的力量，隨機發生的現象。面對創造性時，這種演化結構為我們帶來三種勇氣。

首先，演化是結果論，「沒有任何變異能事先知道是否能適應」。創造中也沒有必要一定得依照計畫進步。其次，大部分的發想都是不好也不壞的變化，「其實演化受到偶然性的左右」。想不出好點子，不只是天分的問題。第三，「正因為失敗才需要演化」。因為有孕育許多失敗的錯誤，才能夠達到比以往更能適應的演化結果，發生多樣可能性。讓思考向錯誤的偶然敞開，丟出許多點子，之後再從中選擇符合理由的點子，這些發想漸漸能夠適應演化。要產生演化，最重要的價值在於以失敗為前提挑戰多樣的錯誤。

## 設計的文法

在這裡想跟各位聊聊往事。我開始研究「進化思考」，可以回溯到二〇〇五年。當時的我是個休學中的研究生，心想不能再繼續無所事事，決定回學校完成碩士論文畢業。但是面對自己不感興趣的研究實在提不起勁，於是便開始研究「設計」。值此同時，德島縣邀請我進行人生中第一場演講，對象是德島的木工師傅，希望我向他們解釋何謂設計。我心想，如果淨講些滿是外來語的新概念，大家應該也很難理解。於是我試圖拿漫才來比喻設計。

「設計跟語言很像，漫才裡有裝傻跟吐槽的結構。讓我們加入裝傻的意外性，然後再放入有愛的吐槽，一起來培養設計能力吧！」

簡單說完這些話之後，很多聽眾都反應這是他們第一次了解什麼是設計，演講大受好評。以「進化思考」的角度回頭想想，其實裝傻就是偶然的變異；吐槽就等於適應的選擇。這場演講的成功經驗讓我從中獲得靈感，以設計和語言的類似性為主題撰寫碩士論文。

當時我絞盡腦汁，以設計和語言是如何接近的現象為基礎內容，整理出一篇講述創造性法則的碩論。面對宣稱不會撰寫建築主題畢業論文的我，小組研究課的教授隈研吾（Kuma Kengo）先生雖然先前表示要我寫建築主題才能畢業，但還是給了我一番意在言外的持重意見：「太刀川，別太急著下定論啊。」爽快地接受這項研究計畫。

正式開始投入研究後，我發現設計和語言確實非常相似。兩者皆有比喻、誇示、抑揚起伏等語言性特質，都將容易以語言傳達的想法視為明快的概念。在挖掘語言和設計類似性的過程中，我以諾姆・杭士基（Noam Chomsky）的生成文法和查爾斯・皮爾士（Charles Peirce）的符號學為基礎，發展出一套獨特的分析及發想方法。為了確保客觀性，這篇論文中對MoMA（現代藝術博物館）永久典藏（網羅了各時代代表性設計）中的共通性質，進行了語言學式的分類。一篇充滿稚拙想法，題為〈設計的語言認知〉的論文就此完成。

指導教授隈研吾老師妹島和世（Kazuyo Sejima）老師將這篇青澀拙文選為年度最佳論文。據說這篇論文在學弟妹之間成為眾所關注的話題，四處傳閱，在繳交碩士論文的兩週後，論文忽然從圖書館消失了。後來再繳交了第二本論文，順利從研究所畢業。有趣的是，因為撰寫這篇論文，自己的發想力有了大幅成長。因此我順勢創立了NOSIGNER，以不可見的關係為核心，從事設計活動。這篇論文開啟了我將探求創造的奇妙，當作自己畢生志業的道路。

各種設計或發明中都存在著語言性模式。應用這種性質，可以催生出新的發想。在上述論文中發現的「設計文法」，也確實發揮了功能。我原本並不覺得自己是個擅於發想的人，但是因為找到了發想的模式，我開始敢充滿自信地說，一輩子都不用擔心想不出點子，在那之後幾年間，我也獲得了幾個設計領域中世界第一的獎項。除了設計活動，我也同步展開創造性教育活動，後來陸續在索尼（SONY）、日本電氣（NEC）等大企業，以及目前授課的慶應義塾大學

（Keio University）、東京大學 i.school 等教育機構教授設計文法。

但是在持續思考設計和語言的關係中，又發現許多難以套用這套理論的疑問，漸漸從另一種角度看見了本質性思考的輪廓。那就是生物的演化，「進化思考」。

探究生命奧妙時，生物學家們發現了引發變異機制的真相。那就是DNA的偶發性複製錯誤。演化跟創造很相似。那麼創造性中有沒有複製子（類似基因的性質）？理查・道金斯（Clinton Richard Dawkins）曾經提出「迷因」（Meme，文化基因）這個概念。據說在他提出這個概念的百年左右之前，埃瓦爾德・赫林（Karl Ewald Konstantin Hering）也曾經用「摹因」（Mneme）來指稱文化基因。這種複製子的具體面貌到底是什麼？

我深深相信，這種複製子的真正身分就是人類的語言。語言跟創造很相似，而創造跟演化也很相似。那麼這時心裡必然會浮現一個疑問。語言跟演化的泉源是否相似？為了進一步探究，我決定先好好研究語言與演化這兩種現象究竟有什麼類似性。

## 語言與DNA

人類以爆發性的速度發明、發展出道具。不過梳理人類歷史，會發現一件很不可思議的事。在二十萬年的人類歷史中，使用石器這種極為原始道具的時代，一直持續到大約七萬年前。換句話說，從人類誕生後十五萬年間，人類開發出的道具屈指可數。人類歷史大部分的時間中，都沒有像現在這樣發揮出創造力。如今我們的生活已經被多如繁星的發明和道具所包圍。這幾萬年中，我們的創造性究竟發生了什麼奇蹟？

太初有道，道與神同在，道就是神。

——《約翰福音》[19]

針對「創造」這個人類史上的大謎團，有一個可能的答案，那就是語言的出現。有一說認為，語言的發明在大約七萬年前。這種說法的根據之一，是弓箭的發明。類似弓箭這種需要組合的道具，如果沒有語言的發明將十分困難。如果這種說法正確，那麼語言的歷史就剛好跟人類推展道具和技術的歷史一致。語言跟演化一樣，也重複著變異和選擇的過程，不斷分化。例如西元前三千五百年左右，蘇美人發明了文字，各種語言發展的結果，現在整個地球總共有超過六千種語言，假如把程式碼和樂譜等文化語言也包含在內，數量還會更多，至今依然不斷在增加。各種語言的出現，也必然地加速了人類創造道具的速度。

語言具備了口誤和誤聽等自然發生的變異機制，也會透過與環境的相互作用進行選擇，存在著像遺傳般超越世代繼承到未來的演化性質。出現在地球史上的生物中，唯有人類能夠發揮

圖 2-2　約 30 萬年前的石器，阿舍利手斧。

圖 2-3　羅塞塔石碑。以古埃及神聖文字（聖書體）、平民文字（世俗體）、希臘文字等三種文字書寫。

壓倒性的創造性，或許都要歸功於語言的獲得。而語言跟DNA實在太類似了。對於研究設計和語言類似性的我來說，語言是創造的DNA、促進變異的因素這個假設，漸漸愈來愈明確。

DNA雖然跟電腦程式很類似，但卻比目前為止任何一種軟體都更為先進。

——比爾・蓋茲（Bill Gates）

如同比爾・蓋茲所說，帶來演化的DNA跟人的話語、程式等各種語言都非常類似。我認為這種相似性正是連接創造和演化的重要關鍵。DNA就像是生命之國的語言。將腺嘌呤（A）、鳥嘌呤（G）、胞嘧啶（C）和胸腺嘧啶（D）這四種鹼基（核苷酸）當作文字，如果是人類，必須排列出三十億個字後才終於能形成基因體的遺傳資訊。假如DNA是生命共通語言所寫的文章，那麼核苷酸就等於文字，結合三個文字組成的密碼子（codon）相當於字詞。看似完全不同的多樣生物，其實基因體中基本核酸序列是相當類似的。此外，即使屬於不同種，也具備共通的DNA記述文法，可以在不同種生物間進行編輯跟交換。就好像存在著一種形塑生命的「DNA文法」。

DNA的變異錯誤會發生在複製時。DNA鏈分成兩股，以這兩股為模板（親代股），在其周圍聚集鹼基形成另一條鏈（子代股），分裂為兩股。這時會出現無法順利複製的部位。這

TGACGTCGCGGACAACCCAGAATTGTCTTGAGCGATGGTAAGATCTAACCTCA
GGGGCTTTACTGATGTCATACCGTCTTGCACGGGGATAGAATGACGGTGCCCG
TTTCTGAAAGTTACAGACTTCGATTAAAAAGATCGGACTGCGCGTGGGCCCGG
TTTCGACGTGTCAAGGACTCAAGGGAATAGTTTGGCGGGAGCGTTACAGCTTC
ATAAAATTCAACTACTGGTTTCGGCCTAATAGGTCACGTTTTATGTGAAATAG
CTGGGTGTTCTATGATAAGTCCTGCTTTATAACACGGGGCGGTTAGGTTAAAT
CCAAGCGCCCGCTAATTCTGTTCTGTTAATGTTCATACCAATACTCACATCAC
CCCAGTCGCAAGGGTCTGCTGCTGTTGTCGACGCCTCATGTTACTCCTGGAAT
TTAAGGCGTGTGATCGACGATGCAGGTATACATCGGCTCGGACCTACAGTGGT
GCGGTTCGGCGCGTAGTTGAGTGCGATAACCCAACCGGTGGCAAGTAGCAAGA
ACAACCTAACTAATAGTCTCTAACGGGGAATTACCTTTACCAGTCTCATGCCT
ATGATATCGCCCACAGAAAGTAGGGTCTCAGGTATCGCATACGCCGCGCCCGG
CAGTAGAGAGCTATTGTGTAATTCAGGCTCAGCATTCATCGACCTTTCCTGTT
TCGTCCGTAACGATCTGGGGGGCAAAACCGAATATCCGTATTCTCGTCCTACG
CGCGTGATCGTCAGTTAAGTTAAATTAATTCAGGCTACGGTAAACTTGTAGTG
GGGTTCGCTACAGATGAACTGAATTTATACACGGACAACTCATCGCCCATTTG
AGTGGCAGATTAGGAGTGCTTGATCAGGTTAGCAGGTGGACTGTATCCAACAG
AAAGCGTTGTAGTGGTCTAAGCACCCCTGAACAGTGGCGCCCATCGTTAGCGT
GTGCGACATGGGGCCAGTTAGCCTGCCCTATATCCCTTGCACACGTTCAATAA
TTTAAATTAGGATGCCGACCCCATCATTGGTAACTGTATGTTCATAGATATTT
CTGACACGCAAGGGTCAACAATAATTTCTACTATCACCCCGCTGAACGACTGT
TAGATTCGCGTCCTAACGTAGTGAGGGCCGAGTCATATCATAGATCAGGCATG
CACGAGTTGTAAACAACTTGATTGCTATACTGTAGCTACCGCAAGGATCTCCT
CTGGATCCGAGTCAGAAATACGAGTTAATGCAAATTTACGTAGACCGGTGAAA
ACCGTAGTCAGAAGTGTGGCGCGCTATTCGTACCGAACCGGTGGAGTATACAG
GAGCTCGGTCCCCAATGCACGCCAAAAAAGGAATAAAGTATTCAAACTGCGCA
ATTATCCATCCGAACGTTGAACCTACTTCCTCGGCTTATGCTGTCCTCAACAG
GCTGTGGATCTTAACGGCCACATTCTTAATTCCGACCGATCACCGATCGCCTT
TAAGTTATCCAGATCAAGGTTTGAACGGACTCGTATGACATGTGTGACTGAAC
GTTTCAAGGCCTCTGCTTTGGTATCACTCAATATATTCAGACCAGACAAGTGG
AGGTATTCACGCAACCGTCGTAACATGCACTAAGGATAACTAGCGCCAGGGGG
AGACTACCCTATGGATTCCTTGGAGCGGGGACAATGCAGACCGGTTACGACAC
TATTATTAGCAAGACAATAAAGGACATTGCACAGAGACTTATTAGAATTCAAC
GTTGGGTCGGGCAAGTCCCCGAAGCTCGGCCAAAAGATTCGCCATGGAACCGT
CTGCTCCTGTTCCGGGTACCATAGATAGACTGAGATTGCGTCAAAAAATTGCG
TAGAAATACCAGACTGGGGAATTTAAGCGCTTTCCACTATCTGAGCGACTAAA
AATCCGCAGTAGGCAATTACAACCTGGTTCAGATCACTGGTTAATCAGGGATG
CCGACGCGACAGCTCTTCAAGGGGCCGATTTTTGGACTTCAGATACGCTAGAA
CTGCGGCCTGCAGGGACCCCTAGAACTTGCCGCCTACTTGTCTCAGTCTAATA

圖 2-4　從某種病毒的基因體 DNA 中抽取出的核酸序列。DNA 是由四種文字所寫成的文章。

種錯誤會隨機發生在人體基因體三十億字的鹼基中某處，這些變異多半都是並非有利也並非不利的中性型態，就結果來說得以共存，在物種內產生多樣性。木村資生（Motoo Kimura）將這種概念稱為中性演化理論。也就是說，類似語言中的口誤、誤聽等複製錯誤，就是產生變異機制的真相，生物也是在產生許多錯誤的狀態下演化。之所以說沒有一種生物經過完美無瑕的設計，原因就出自這種機制。那麼語言又如何呢。語言的錯誤果然近似於DNA的複製錯誤。

## 〔語言之於創造≒DNA之於演化〕

語言和基因的類似性，可能就是人類開始迅速發揮「創造」這種類似演化的特殊能力的原因。回顧人類文化史，每當有新語言誕生，就會出現新的創造。樂譜的出現推動了音樂的發展，摩斯電碼開啟了電信，程式語言奠定了數位社會基礎。語言會引發傳達失誤和誤解。要靠語言來百分百理解對方的想法是不可能的，我們永遠都在誤解的狀態下，容許錯誤存在而生。這種語言誤解的過程被視為不好的事，但對創造來說其實是不可或缺的。跟DNA複製錯誤一樣，這些錯誤會成為刺激變異發生的源頭、創造的泉源。

站在這樣的觀點，可以清楚說明演化和創造的類似性。獲得語言這個DNA的替身後，人類自然發生了「創造」這種超常知性現象。這就是我提出的假設。如果真是如此，那麼假如有方法讓偶然的語言錯誤更頻繁地發生，或許就能提高創造性發生的機率。

實際上我們每個人每天都會發生無數次口誤、誤聽等語言變異。美國亞利桑那州大和德州大學的科學家曾經發表一篇共同研究[20]，男性平均一天使用的詞彙數為一五六六九，而女性平均則為一六二一五。人類平均每天會說一萬六千個詞彙，全體八十億人類一年會自然發生大約四京六七二〇兆的語言變異可能。這麼想來，我們的語言和設計都遠遠稱不上完美，充滿了毫無理由的中性細節。乍看之下已經完成的道具，仔細觀察細節，會發現其實是稱不上好壞、順其自然的決定累積而成。在連續的無數語言性錯誤中發展的演化，無論是生物或者創造，都累積了許多欠缺意義的中性結果，完美的設計並沒有誕生。

為什麼「人類是有創造能力的生物」？這是我在本書開頭拋出的疑問。

至今地球上除了人類之外，沒有其他能一樣巧妙運用語言的生物，由此看來就可以理解，為什麼人類身上會出現創造這種奇蹟。比起個體，我認為創造性的根源其實應該存在於語言當中。反過來說，假如其他生物也能發明語言，那或許這些生物也可以開始發揮多樣的創造性。現在也有學者在研究鳥叫聲中的語言特性。據說新喀里多尼亞的烏鴉懂得利用植物來製作出原始道具，還會因應環境的不同改變道具的形態。如果從中發現具備共通文法的語言，並且獲得記述的方法，那麼鳥類說不定也有可能建構起自己的文明。

## 偶然變異的模式

看來創造性中具備著語言性的模式。發現這件事後，我開始徹底計算這些模式到底有幾類。語言的錯誤具備特殊模式，遺忘、重複、誇張、誤說其他詞彙等等。我所找出的都跟這些語言錯誤的模式有一致的地方，請各位看看左頁的「偶然變異的九種模式」。我最多只能發現這些，這些變異模式就是成為蠢材的規則，也就是發想的形式。當然無法網羅所有的模式，但幾乎已可說明大部分的發想。這些模式跟幾種發想法也有共通性。例如奧斯朋的查核表（也被稱為奔馳法〔SCAMPER〕）或者萃智（TRIZ）等有歷史的發想法，都是很接近這些模式的思考手法。但是雖然指出了模式的存在，這些模式為何發生卻未曾討論過。我認為這些創造模式背後，都具備語言的性質。

有趣的是，這些模式跟生物演化所獲得的表型（眼睛可見的形質）或者偶然下的畸形也有共通之處。研究各種生物畸形發生模式的威廉・貝特森（William Bateson）在《變異研究資料》（*Materials for the Study of Variation*, 1894）[21]中，舉出了許多畸形生物案例。其中有彷彿觸角與腳「交換」的蜜蜂；卵管多餘「增殖」的淡水龍蝦；翅膀圖案「消失」的蝴蝶等等。其中明顯地存在與創造共通的突然變異模式。在自然界和創造之間竟然能發現共通的模式，仔細想想實在很有意思。

# 偶然變異的模式

圖 2-5 演化與創造之間可以觀察到的共通偶然變異模式。

跟語言具備極類似結構的DNA所引發的變異，是否也會產生跟口誤、誤聽等語言引發的創造模式共通的變異模式？基於這些想法，我得出一個假設：語言結構錯誤帶來的變異，形成了與創造和演化本質共通的變異模式。

演化和創造也都無法忽視與環境之間的相互作用。DNA和語言共通的變異模式，不僅出現在文法上，在與環境的相互作用而決定適應這個性質上，也產生了類似性。例如趨近周圍的擬態，就是一個環境所帶來的變異模式例子。在「進化思考」的變異中，除了來自DNA和語言性質的變異，也找出了與環境的相互作用而呈現的模式，作為可應用在創造性上的變異模式。

舉個例子，讓我們看看汽車產業中的變異模式。賓士發明的世界第一輛汽車，看上去就像是馬「消失」了的馬車，馬「交換」為引擎，同時也是「融合」了內燃機跟貨車的馬車。換個角度，也可以說引擎是馬的「擬態」。將引擎視為馬這件事最好的證據，就是至今我們依然以一匹馬的力量「馬力」做為衡量引擎功率的單位。另外，從馬車時代以來就有英式左駕和法式右駕之分，直到如今依然分別生產「相反」的左駕和右駕汽車。

隨著汽車的普及，人的生活空間漸漸「移動」到郊外，原本製造自動織機等其他物件的廠商豐田，也將其技術「移動」到其他新市場。汽車產業帶來極大的產業衝擊，漸漸「分離」為輪圈、座椅等各種專精業者，各自追求極致。引擎性能也與時俱進，由原本的雙汽缸引擎，「增殖」為追求乘坐舒適感和動力感的十二汽缸。由於許多汽車的「增殖」，收納這些汽車的停車場或租車服務等新商機也應運而生。應用於軍事的車輛會「擬態」為迷彩色。汽車因應各種用途，以物理上的「變量」衍生出不同種類，例如巴士或加長轎車等巨大車種，或者輕型汽車這類超小型車，同時也因為技術的進步，達到超低油耗、超高速等質的「變量」。因為電池的發展，引擎也漸漸「交換」為馬達。而近年來因為自動駕駛的發展，駕駛這種行為也即將「消失」。汽車的演化一脈相連地持續，分化成許多種類。創造性變異模式開啟了汽車許多可能，大約一百三十年左右，便形成了現今的汽車社會。如同上面這個汽車產業的例子，我們看到在各種創造中都存在語言錯誤式的變異模式。

「進化思考」中的變異，也就是秀才與蠢材中的「蠢材」思考過程，也是依循著語言模式引發了「錯誤」。新想法永遠令人意想不到。「進化思考」對變異的探求，是企圖應用生物的突然變異或發明性創造中的共通模式，來練習超越常識偏誤的蠢材式發想。學會創造的變異模式，就會發現發想其實並不困難，甚至會覺得不斷思考不符常規的蠢材式點子這種變異式發想，是相當有趣的過程。對於一心以為椅子只能是椅子的人來說，椅子永遠不會有變化。只有能將椅子看作樂器的人，才能完成新發明。十九世紀從非洲來到中南美的黑人坐在貨物木箱上拍打，有了將其改製為鼓的念頭。於是後來出現了「融合」椅子跟樂器的「木箱鼓」（cajón）。木箱鼓的出現純屬偶然，諸如此類帶來創造的變化，就像生物的變異，有一半都是偶然產生的。究竟是雞生蛋、還是蛋生雞？一個創造問世，是出於偶然，或是邏輯的選擇？實際上兩者皆非，創造是一種在偶然變異和必然選擇之間往返的現象。因為過程的關鍵在於偶然的錯誤，所以無法刻意去創造。歷史上的許多發明或者法則的發現，都是源自實驗中偶發的錯誤，或者發現了算式中的錯誤所致。諸如天動說或相對論這種劃時代創造，或者無數在實驗中偶然發現的劃時代發明，都來自某種錯誤。由此可見，偶然的錯誤本身正是一種充滿創造性的事件，當這種錯誤衝破選擇壓力，開始適應狀況，便是創造開花結果的時候。

> 假如一年裡腦中會浮現一千個點子，只要一個夠精采，那我就心滿意足了。
>
> ——阿佛烈・諾貝爾（Alfred Bernhard Nobel）[22]

> 創造性的成功，通常與拋出的嘗試數量成正比。
>
> ——艾力克斯・奧斯朋[23]

就像諾貝爾和奧斯朋所說，除了個案的成敗，挑戰錯誤的數量也很重要。提高偶然發生的機率，就結果來說創造性也會提高。變異思維是一種幫助我們成為蠢材，幻想能擁有許多新挑戰的技術。無論在生物演化或者創造的現場，有時拿拙劣的槍械開個幾發也很可能帶來之後的演化。

為了能擁有超越固定觀念的靈活發想，讓我們一起來訓練這種變異式的思考。在本章中將介紹極端形質生物的變異還有發明的事例，練習如何開啟偶然發想的思考。演化的發生過程和與環境的相互作用下，產生了某種模式。而創造與這些模式有許多共通之處。以下介紹的九種變異思考模式，是幫助大家從偶然產生新點子的實踐式發想法。

鍛鍊變異思考，學會打破固定觀念的發想能力。掙脫常識的束縛，用新的名稱讚美蠢材式的挑戰，拋棄過去既有的觀念。不用在意發想出來的點子品質，任何胡鬧的點子都很歡迎。不要抑制思考中發生的偶然，對意料之外的可能敞開心門。因為這正是讓我們成為蠢材的訓練。

偶然變異 1

# 變量

## 試著想像極端的數值

「是個三千五百『公斤』的胖嬰兒喔！」

……豈止是胖嬰兒，根本是巨嬰了。如同我們一時口誤可能產生這種規格外的嬰兒，錯誤也會帶來超乎我們想像的妄想。語言和生物形態都很容易發生這類變異，有時會因而出現恰好偏移了適切分量的變異。

另外，我們其實也都很積極地運用誇張表現的語言性質。當我們努力想把印象深刻的事件告訴別人時，總是會不由自主地誇張。那一定很大、很臭、很有錢、很帥氣吧。我懂我懂。因為這類形容詞很容易留下深刻印象，所以我們無法捨棄對極端數量的追求。

「假如我變成體重一噸的大嬸，你還是一樣愛我嗎？」

「如果地球上只剩下我們兩個人你會怎麼辦？」

不不不，這兩種情況都不可能發生吧。我們總是會如此事先設定誇張的數量，來確認主張的安全性。語言傳達往往存在許多誇張的錯誤。這種異常量的變異，對創造性來說反而可以有效地激發出偶發。

## 生物演化中的「變量」

變量的發想，有助於想像極端狀態。這種類型的極端其實也經常出現在生物演化中。達西・湯普森（D'Arcy Thompson）在《生長和形態》（*On Growth and Form*, 1917）[24]中指出，許多魚的形態其實只是延伸、膨脹等單純的變形而已，結構的組成基本上沒有不同。確實，大部分的魚

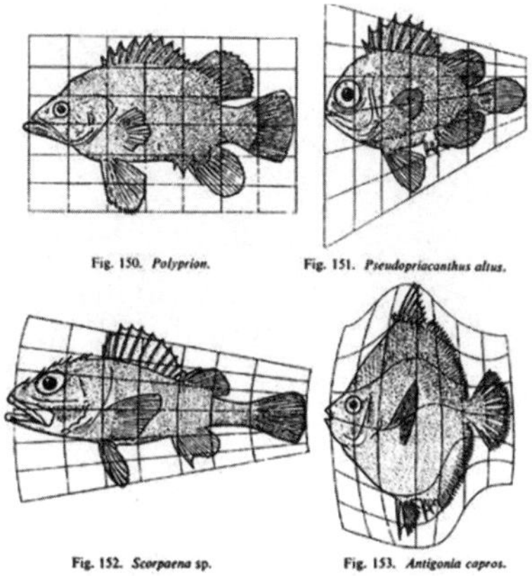


圖 3-1　各種不同的魚，是共通基本結構下的變形。

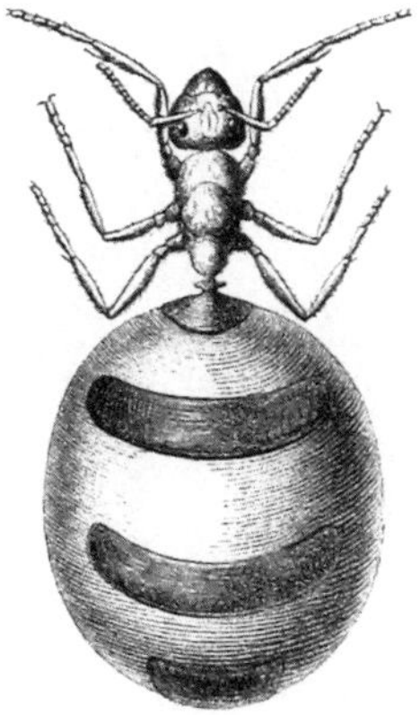

圖 3-2　蜜罐蟻將身體膨脹後儲存蜜。

都有相似的骨架，只是大小、形狀有若干單純變形。

物種接近的生物，其骨骼也都有著共通結構。就算外觀上出現明顯差異，其基本結構往往沒有改變，只是某個部位出現誇張形態的變異。

比方說蝙蝠的骨骼，就是生物演化誇張表現的典型。蝙蝠是哺乳類，在演化系統樹上屬於接近狗或馬的生物。雖然看起來並不像狗，不過仔細觀察蝙蝠的骨骼，會發現構成翅膀的骨頭正是哺乳類手指延長後的形狀。這對大翅膀其實是雙超巨大的手。蝙蝠獲得翅膀這種形態時，並不是去增加骨頭的數量、改變整體結構，而是改變原有骨頭的大小、長度等較少變量的變異，這麼一來當然會更容易演化。

鼯鼠（飛鼠）伸展自己的皮膚以獲取飛行能力。工蟻中有一種蜜罐蟻，會讓身體膨脹到極致，將多於自己質量的蜜儲存於體內，讓身體像個罐子，

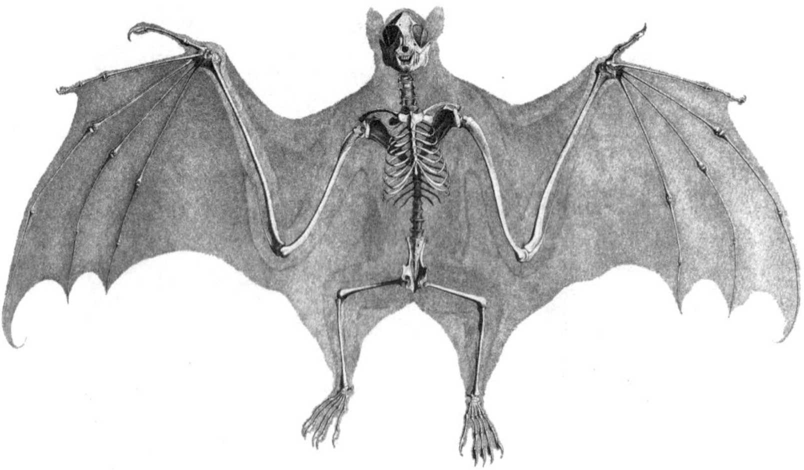

圖 3-3　仔細看看蝙蝠的骨頭，會發現翅膀非新增、而是手部的變量。

發揮蟻巢倉庫般的功能。長頸鹿的脖子伸長、鵜鶘嘴下的喉囊變大，很多例子都是量的變異帶來的演化。

生物的身體形成時，經過細胞分裂一分為二，接著又變成四倍、八倍，以指數函數的速度增加。在單純計算下，從一個細胞到構成人類身體，僅需經歷四十五次的細胞分裂便已足夠。

生物因細胞分裂而成長時，會在剛剛好的時候停止分裂，不會繼續變大。這種分裂次數的控制是相當有趣的現象。出現量的變異時，表示分裂次數和分裂後的細胞大小都發生了變異。或許是這種機制使得量的變異很容易發生。當然，除了身體的大小之外，其他還可以看到許多例如重量、色彩飽和度、亮度等參數大幅跳脫祖先狀態的演化案例，形成了演化中變異模式的一個典型。

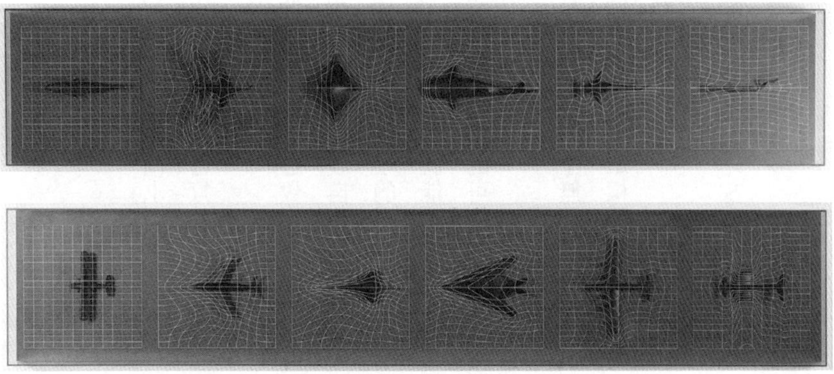

圖 3-4　ggg 在模型上疊畫線條，將飛機與魚的形態變化轉化為藝術作品。

## 創造中的「變量」

這種誇張數量的變異不僅發生在生物的演化上，在發明、設計，或者藝術上也經常可見。就像「超～」這類名稱，在創造上變量式的發想可以說是最典型的模式。進行打破常識的發想時，以量的變化來製造震撼力，或許是最單純也最容易想到的方法吧。

舉椅子為例。椅子的寬度往橫向延伸就成了長凳，上下延伸就變成泳池邊救生員使用的椅子。低一點是休閒椅，高一點是高腳椅。面積大的可以當成床鋪，小的就變成自行車座墊。柔軟一點的是適合久坐的沙發，硬一點是方便提高顧客翻桌率的速食店座椅。小的可以讓小孩或玩偶坐，大的說不定能當房屋，居住在椅面下。光是改變物件中各種參數，就能改變物件的角色和功能。假如習慣這種讓參數誇張變化的思考過程，瞬間聯想到許多未知的可能，那麼就可以輕易卸除既有觀念帶來的偏誤。

這種變量式的發想方法非常簡單。當發想對象為 x，我們只需要試著想像無數個 x 本身或其內容是「超～的 x」。只要稍稍修改參數，就能發現許多不同種類。透過這樣調整參數發明出的道具可說無以計數。下面讓我們再介紹一些這種變量式創造和演化的例子。

## 變量 1 超大

- 世界最大的哺乳類「藍鯨」
- 將商店變大的「超級市場」
- 將車變大、增加乘客的「巴士」
- 將 iPhone 變大的「iPad」
- 超大的人偶「大佛」
- 超大的風車「風力發電機」

## 變量 2 超小

- 最小的哺乳類「小臭鼩」
- 約一公分的「伊比利亞蛙」
- 把卡式錄放音機變得超小的「隨身聽」
- 將揚聲器縮小的「耳機」
- 超小型「隱藏式攝影機」
- 將地球縮小的「地球儀」

圖 3-5 超大的哺乳類。

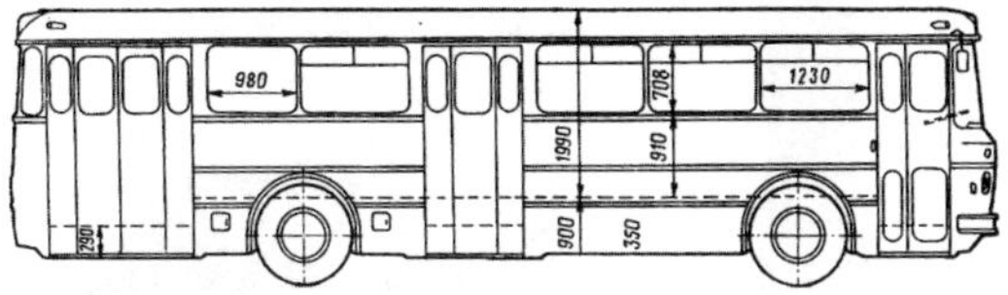


圖 3-6 超大的汽車。

圖 3-7 超小的地球。

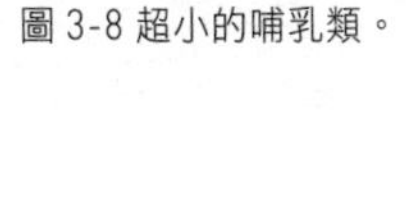

圖 3-8 超小的哺乳類。

**變量3超薄**

・因為身體薄所以容易藏身的「鰈魚」或「扁魚」
・將木頭變得超薄的「紙」
・以薄度為賣點的「0.01 公釐保險套」
・以高溫燒成土器，製成又薄又輕的「彌生土器」
・可以從信封裡抽出來的電腦「MacBook Air」

**變量4超厚**

・以超厚肋骨為殼的「烏龜」
・收集全世界各種單字超厚的書「字典」
・深受年輕女性歡迎的「厚底靴」

**變量5超高**

・方便吃高處枝葉的「長頸鹿的脖子」
・因為電梯的出現得以實現的「摩天大樓」
・滅火時可伸長階梯的「雲梯車」

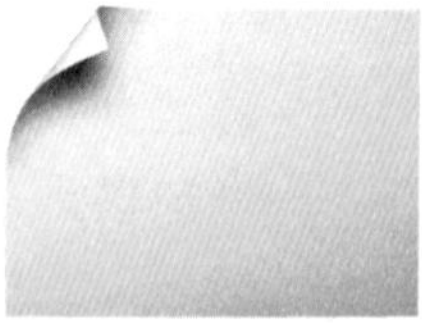

圖 3-9 超薄的木皮。

圖 3-10 超薄的電腦。

圖 3-11 超厚的書。

圖 3-12 超厚的殼。

圖 3-13 超高的建築物。

**變量6超長**

・全長約十公尺的「網紋蟒」
・約五十公分的「澳洲鵜鶘的嘴」
・細細長長的「竹節蟲的腳」
・為通過食道而設計的細長「胃鏡」

**變量7超輕**

・為了變輕內部形成空洞的「鳥骨結構」
・透過AI實現最理想輕量的「衍生式設計」（Generative Design）
・一根手指頭即可舉起的知名超輕量椅「Superleggera」

**變量8超快**

・游泳時速一一〇公里的「雨傘旗魚」
・僅具備競速功能的「F1賽車」
・每秒拍翅八十次的「蜂鳥」

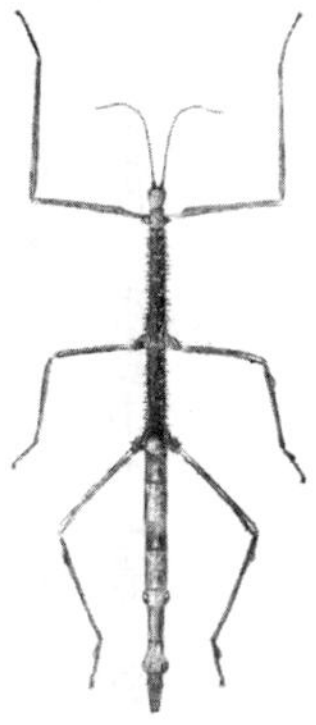

圖 3-14 超長的腳。

圖 3-15 超輕的骨頭。

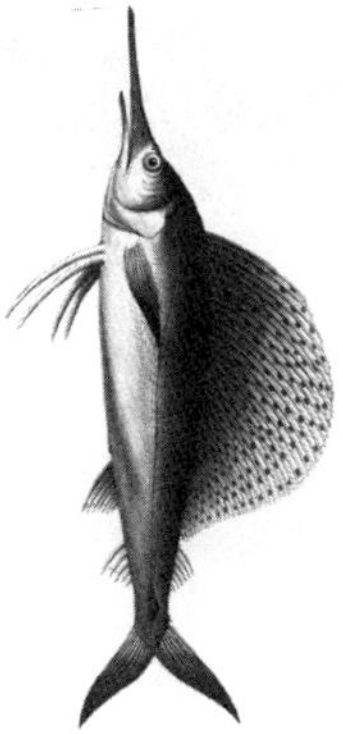

圖 3-16 超快的魚。

## 變量9超慢

- 給影像帶來新效果的「超級慢動作」
- 每秒只前進三公分的樹獺（樹懶）
- 每秒只前進一・三公釐的「蝸牛」

## 變量10超柔軟

- 因化學反應變得更柔軟的「橡膠」

這些變量除了出現在生物演化上，同時也催生出各種發明。光是擺脫物件參數值這個單純發想，就能開拓出許多新發想的可能。而人類總是不斷在挑戰極端的變量。世界上最快、最薄、最輕量等，愈是困難的稱號，達成時就會被認為愈有價值，這似乎也表現出人類挑戰變異的本能，實在很有意思。幻想極端的數量，這種動搖常識的變異可以刺激我們的創造性。現實中不可能的數量，有時可能會帶來偶然的一致或者嶄新手法。

圖 3-17　超慢動物。

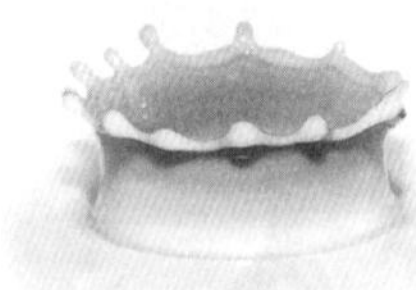

圖 3-18　超慢影像。

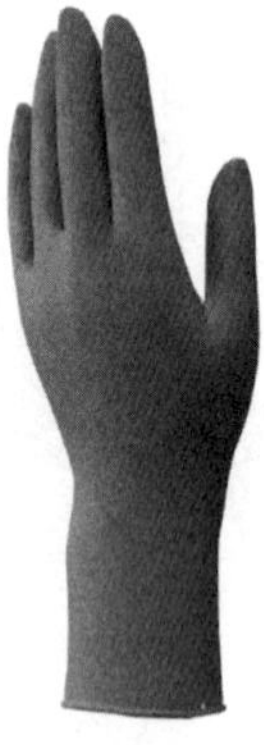

圖 3-19　超柔軟的橡膠。

## 設計「變量」

回頭想想，我自己也經常將擺脫變量參數的發想頻繁運用在設計上。以下跟各位分享三個實例。

二〇二〇年 COVID-19 疫情爆發，為了防止蔓延，全球的街頭都開始在地面貼上提醒大家保持距離的貼紙，我們的行動受到了限制。

當時我們正致力於推動 COVID-19 因應計畫「PANDAID」，在計畫中也創作了幫助大家愉快落實社交距離的藝術作品「SOCIAL HARMONY」。這是畫在地面上長約二十公尺的超巨大樂譜標誌，站在上面就會發出聲音。踏上音符時會發出聲音，相同和弦的和音中，只有此時才能聆聽到的《裸體歌舞》（*Gymnopédies*）迴響在空間中，是非常美麗的體驗。這個藝術作品廣受各國媒體介紹，也榮獲德國設計協會頒發建築獎的「ＩＣＯＮＩＣ」最優秀獎。

圖 3-20　SOCIAL HARMONY 運用 20 公尺的大樂譜發出聲音的機制，實現防疫對策。

全球對食品都懷抱著不安的狀態中，有許多業者依然致力於挑戰如何提供安心、安全的食品。位於山口縣的秋川牧園（Akikawa Farm），是日本規模數一數二的有機農場。一九二七年初代秋川房太郎（Fusataro Akikawa）在中國大連建立了自己心目中理想的農園，之後持續不斷追求安心、安全的食品。「要放入口中的東西不容有一絲差錯」。這是初代房太郎留下的話語。創業以來，秋川牧園一直堅守這個理念。

負責秋川牧園品牌設計的我們，為了傳達他們的理念，將一般安排在商品背面、字體極小的成分標示作為設計的主要要素，以極巨大的尺寸展現在包裝前方。這樣的設計是為了要正大光明地凸顯產品中完全沒有食品添加物等「多餘的東西」。

或許是品牌策略奏效，新包裝發表之後股價攀升為大約兩倍。儘管設計完全以日文完成，依然能獲

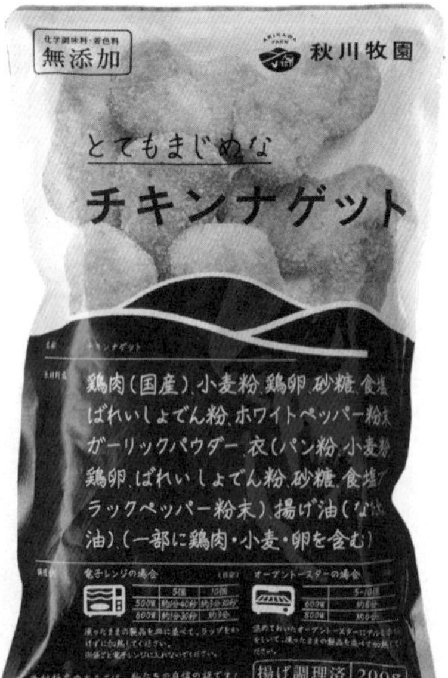


圖 3-21　秋川牧園，商品包裝上有著巨大的成分標示。

得許多共鳴，並且贏得德國設計獎（GERMAN DESIGN AWARD）最高榮譽的金獎。

世界最大玻璃廠艾杰旭（AGC〔株〕），為了與設計師合作挑戰素材的可能，參加了米蘭設計週。我們為這項活動設計了世界最大的玻璃製分子結構模型。連接約五千兩百片玻璃，重現擴大為十億倍的玻璃分子結構。命名為Amorphous的這個裝置藝術所具備的自然結構，有著照片或影像等資料無法表現的美。這件作品帶給參觀者莫大感動，獲得荷蘭知名設計雜誌《*FRAME*》選為該年度米蘭設計週最佳作品。這些例子都是透過變量來發想的設計，希望能給各位一些參考。

想像極端的狀況，就能超越創作者的記憶和認知界線，有更遼闊的發想空間。有些發想確實產自於量的破壞。

圖 3-22　Amorphous/AGC ㈱以 5,200 片玻璃製作擴大為 10 億倍的玻璃分子結構。

## 當「變量」改變世界

變量式的變異超越單純的增減時，甚至可能戲劇性地改變這個世界。

比方說，相機快門時間如果變得極短會如何？亞米德・齊維爾（Ahmed Zewail）運用雷射製作出飛秒（0.000000000000001 秒）快門等級的相機。大家是否好奇這種技術要用在什麼地方？由於這種超快速相機可以記錄下瞬間的化學反應，有助於觀察實驗，能應用在許多科學領域中。這項發明讓他榮獲了一九九九年諾貝爾化學獎。

另外，有些領域的印刷愈精細性能就愈好，例如電腦主機板。半導體的處理速度受限於電的速度，所以處理器愈小、處理速度就愈快。不僅如此，印刷愈精細，在相同面積內就可以放入愈多半導體。也就是說，單純提高半導體的印刷精度，就能讓電腦運算得更快。在本書出版的現在，跟最早期的電腦相比，超級電腦的速度已經躍升為二十六億倍。

變量式的發明並不一定依照計畫而生。曾在東京通信工業（現在的 SONY）負責開發電晶體的江崎玲於奈（Reona Esaki），因為添加了過多磷的瑕疵電晶體，得以實證過去只存在於理論中的「量子穿隧效應」（Quantum tunneling effect），開發出全新的半導體技術。

研究高分子合成的白川英樹（Hideki Shirakawa），聽到研究生報告實驗裝置停止不動，調查過後發現溶液表面有東西附著。仔細一看，竟是至今努力多次依然無法合成的聚乙炔膜。原來是奉命進行實驗的研究生不小心搞錯份量，使用比他指示高過千倍的觸媒。這個偶然帶動了導電高分子的研究。在這些偶然的引導之下，江崎和白川兩人都獲得了諾貝爾獎。

變量式變異在各種發想中都極為有效。改變單純參數的思考練習，可以讓我們養成打破既有觀念的習慣。假如看看我們腦袋裡無數的異形，或許會發現其他的生存策略，不放過任何偶然變量帶來的變化，這種敏銳觀察力有可能帶來足以改變世界的發現。

---

**☑ 演化習作03　「超～的x」（15分鐘）**

為了擺脫我們對演化對象x的既有觀念，試著關注這個物件上的各種數量。徹底整理出數量單位後，嘗試將這些參數進行極端的變化。「超～的x」，也就是「大到離譜的x」、「超輕量的x」等，想像大小、長度、重量、形狀、份量來到極端的狀態，盡量寫出多一點想像。

---

偶然變異 2

# 擬態

## 試著模仿理想的狀況

在搞笑領域有模仿這個類別，我們在日常對話也經常以模仿特徵的方式來進行溝通。從一九八二持續到二〇一四年的長壽綜藝節目「笑笑也無妨！」中，知名主持人塔摩利（Tamori）便是以模仿的才藝出道成為搞笑藝人。他模仿自己完全不懂的外語，說起一口流利的「假外語」。靠著抑揚頓挫和聲色的表現，彷彿自己能說出流暢外語，這種模仿功力實在令人捧腹。

在日文中將模仿寫為「物真似」，除了人模仿人之外，也包含模放各種物件的行為。溝通跟模仿的歷史悠久，幾乎難以靠筆墨盡書，江戶時代落語的聲色藝能自不待言，古時《日本書紀》裡也描述過火闌降命（Honosusori）模仿溺水的情景。時間再拉回數萬年前，在人類形成國家或社會之前，據說已經學會模仿動物的聲音。在日文中「學習」（まなび）這個字的語源來自「模仿」（まねび），暗示著這兩種現象之間有著密不可分的關係。學習就是模仿。

為了學習而模仿的也不只是人類。一九五〇年代劍橋大學的威廉・索普（William Thorpe）曾經進行過一項有趣的實驗[25]。他讓蒼頭燕雀這種叫聲優美的雛鳥從出生之後完全無法聽見其他成鳥的叫聲，想藉此實驗幼鳥會變得如何。結果發現，聽過成鳥叫聲的雛鳥可以學習成鳥叫聲，但沒聽過成鳥叫聲的雛鳥只能發出單調的啼聲。也就是說，鳥鳴不僅是遺傳，也透過親子間的模仿來傳承。實際上許多生物都透過模仿，讓孩子學習父母親的行動。模仿不僅跟語言現象有關，也跟生物各種學習本能相關。

讓我們來思考模仿這種現象。模仿是一種找出特徵，加以重現的過程。我們在語言傳達中也頻繁地運用這種性質，例如我們會用比喻的方式，從類似的例子中來說明某些現象。針對難以回溯體驗的狀況，或者需要複雜說明的情況，我們會舉出具備同樣結構的其他例子，讓溝通順利進行。在比喻的過程中我們會提取某些事象的特徵，用類似的東西作為例子，幫助對方理解。其實我們在無意識中，都進行過透過類似現象的說明以促進理解的高度對話。如果沒有這種語言學中稱之為隱喻（metaphor）的溝通，我們的對話可能會變得相當冗長。模仿這種發現相似性，並加以重現的行為，正是學習和相互理解的本質技巧。

## 生物演化中的「擬態」

在生物的形態中，也可以頻繁觀察到模仿或比喻的形態。沒有錯，這就是所謂的擬態。只要外觀能成功掩飾，就可以隱藏自己的存在或者讓人誤認為其他東西。欺瞞對方視線的擬態，可說是生物生存策略中頻繁出現的方法。有些出色的擬態彷彿刻意表現得相似，即使用現在的眼光來看也覺得相當不可思議，很有意思。擬態在生物學上並不是分類在ＤＮＡ或者表型的變異，而是適應環境的演化結果，在這裡我們可以將其視為典型的變異模式，應用在創造性上。

擬態生物藉由融入環境來消除自己的存在，讓人分不清自己的所在。這種隱藏類型的擬態我們稱為偽裝（camouflage）。例如枯葉蝶、葉竹節蟲、小木偶蟾蜍、角葉尾守宮等，都是化身為葉片的高手。仔細看看，牠們表皮上都精巧重現了葉脈的形狀。走在樹枝上的竹節蟲，看起來跟樹枝一模一樣。停在樹上的角鴞和貓頭鷹、葉尾壁虎屬的壁虎，身體上覆蓋著跟樹幹顏色、圖紋一模一樣的表皮。葉形海龍跟所棲息海域的海藻長得一模一樣。柳雷鳥可以隱身在雪中。石鰈會跟沙同化，靜靜等待獵物上門。另外像變色龍或海馬

圖 4-1　這裡有兩隻蝴蝶。

則會配合背景顏色自由自在地改變自己皮膚的顏色，與各種不同環境擬態。不希望被天敵發現的被捕食者，會拚命透過對周圍的擬態來藏身，狩獵者識破變裝的技巧，也會在演化過程中漸漸提升。

有些生物會模仿環境中其他東西的樣子來保護自己，這種擬態稱之為昭顯式擬態（mimicry）。昭顯式擬態中有許多是模仿比自己強的物種來保護自身安全。棲息在千里達島等地的王朝環蝶的蝶蛹，看起來跟具有劇毒的加彭噝蝰這種蛇一模一樣。王朝環蝶的翅膀打開之後，有著酷似睜眼貓頭鷹的圖紋。天牛科的一種中華虎天牛，跟強大長腳蜂有其相似的外觀。諸如上述，化身為自己天敵討厭的對象，假裝自己很強的擬態，稱之為貝氏擬態。我小時候曾經看過《週刊少年雜誌》上的連載漫畫〈變色龍〉，描述不擅長打架卻故意打扮成不良少年，假裝很強的主角，原來那就是貝氏擬態的故事啊。

圖 4-2　模仿貓頭鷹的蝴蝶。

## 創造中的「擬態」

說到擬態，大家特別會提到蝴蝶。目前我們已經發現了一萬七千多種蝴蝶，特別引人注目的差異都在其翅膀的圖案，而這些圖案大部分都跟擬態有深厚的關係。蝴蝶可說是運用色彩或圖案種類來適應的高手；是自然界中的視覺設計師。演化或許也跟設計或工程學一樣，比起改變骨架或者結構，變更表皮圖案等表面設計要來得容易多了。

廣義來說，視覺設計是處理各種物體表面圖案的設計領域。所以相較於建築或產品等結構性設計相比，成本更低、消費更快，自由度也更高。各種不同顏色和紋理的紙張，就是創造這些多彩種類的道具之一。

有一天我看著辦公室裡數萬張紙樣，突然覺得紙的種類說不定跟蝴蝶翅膀有著同樣繁複的質感變

圖 4-3　比較蝴蝶與紙，徹底挑選出相似顏色跟紋理的紙張。

化。於是我收集了許多蝴蝶標本，試著對照出質感最接近的紙張是否存在。

蝴蝶翅膀確實美不勝收，尤其是黑色和閃蝶這類結構色，沒有任何一種紙能媲美蝴蝶翅膀，但還是可以發現極為接近的顏色。創作這個實驗性藝術作品的過程中，我發現一件有趣的事。也不知道是偶然或者必然，我從標本中接二連三地發現跟蒂芙尼、愛馬仕、Nike 這些知名品牌有相同配色的蝴蝶。或許人類跟其他生物對於色彩模式的感受和掌握方式，也具備共通的感覺。

許多發明或設計都是在擬態式思考過程下發想出來的。例如人型機器人、筆記型電腦、迷彩圖案（有葉子外型的服裝）等，所謂「ＯＯ型ＸＸ」的東西，多半都是擬態式思考衍生出來的發想。承繼這些擬態的形式，包含我們在內的生物認知都很容易被外觀所欺騙。只不過是在塑膠外殼裡放進感測

變異》　變量　擬態　消失　增殖　移動　交換　分離　逆轉　融合

器和伺服機構的集合體，這樣的犬型機器人我們卻覺得可愛無比。

另外還有像是放在潔白房間中的純白家電、大地色系的戶外用品等，許多設計都像生物的擬態般，企圖融入環境中。我過去也曾向廠商提案一款空調設計，建議將其表面透過印刷表現出跟各種不同建築外牆一樣的質感。

擬態式思考不僅單純繼承外觀的形質，有時候甚至繼承了結構本身。奧托・李林塔爾（Otto Lilienthal）自小就夢想能像鳥一樣自由翱翔在空中。他研究鳥的飛行原理，發明了好幾種固定翼滑翔機。請看看他充滿熱情的美麗速寫（圖4-4），這是他觀察鳥類翅膀的剖面圖。從這張圖可以看出，他始終在試圖模仿鳥類。遺憾的是他在一八九六年的試飛中遭強風吹襲，沒能完成就離開了人世。不過嚮往李林塔爾挑戰的萊特兄弟繼承了他的遺志，在滑翔機上加裝內燃機，在一九〇三年完成了世界上第一架飛機。假如不

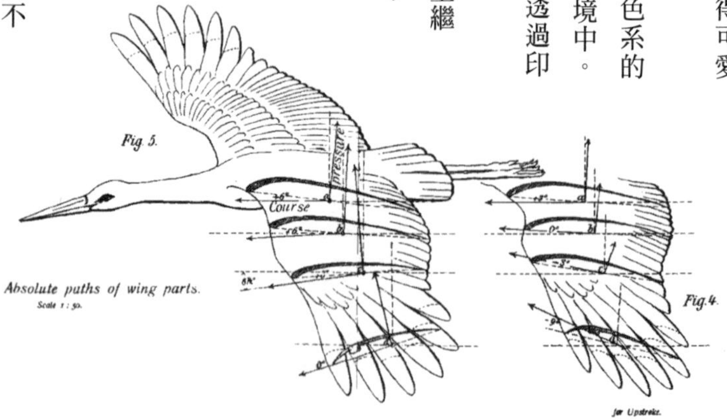


圖 4-4　李林塔爾的速寫。很明顯想模仿鳥。

是李林塔爾先產生了人能模仿鳥的念頭，或許萊特兄弟也無法因為嚮往天空而完成飛機的設計。

另外魔鬼氈的發明也是一種擬態式的發想。發明者喬治・邁斯楚（George de Mestral）在一九四一年時對自己衣服沾黏的牛蒡種子性質產生興趣。這些種子會沾附在衣服上，但拿下來之後上面的芒刺卻不會壞掉或受損，可以重複沾附許多次。於是他開始仔細觀察，發現了芒刺尖端的鉤狀結構。他模仿這自然界的機構，發明出可以重複剝離的魔鬼氈。之後魔鬼氈被應用在從運動鞋到太空裝等廣泛領域中，至今依然可以在全世界各種日用品中看到。

擬態式思考在當代藝術中特別顯著。各位知道還在世的藝術家中，目前為止世界上以最高價格成交的藝術作品是什麼嗎？那就是彫塑家傑夫・昆斯（Jeff Koons）的「兔子」，在二〇一九年拍賣會中創下記錄[26]，成交金額高達一百億日圓左右。他彫

圖 4-5　希望變成鳥的李林塔爾，可惜在實驗中因強風吹襲而身亡。

塑的主題十分明確，就是氣球兔子，素材為不鏽鋼。昆斯運用這種手法來投射出美國白人社會的媚俗。

就像說話打比方一樣，仿效相似的東西，可以加深人對全新物件的理解。我們每天傳送的電子郵件也是將數位訊號擬態為信件，從虛擬住址（郵件住址）和信件（電子郵件）的定義來看，這確實是一種擬態式發想。開發網際網路前身阿帕網（ARPANET）的雷・湯姆林森（Raymond Tomlinson），在一九七一年首次開發出可以在不同作業系統之間互通電子郵件的機制。根據二〇一六年的一項調查，全世界每天約有二一五三億封電子郵件的往來，而且這個驚人的數量還在日益增加中。除了這項技術本身相當優異，他也成功地運用信件跟郵筒的比喻來讓使用者更容易了解這種未知的概念，

圖 4-6　魔鬼氈的原案，沾附在衣服上的牛蒡種子。

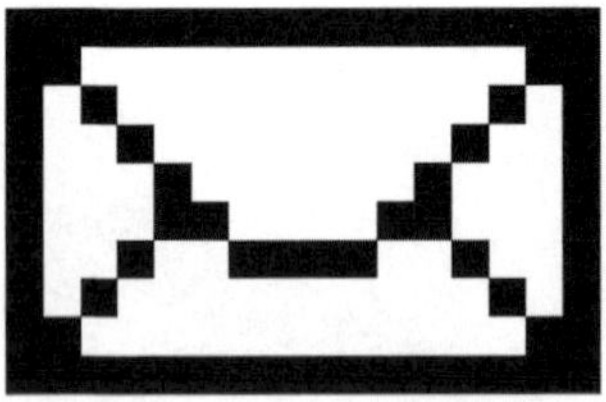

圖 4-7　擬態為信件，讓使用者毫無障礙地接納新文化。

直覺地進行數位世界中的文件往來。

要讓使用者了解未知的概念，這種擬態發想非常有效。例如最早的智慧型手機，蘋果的iPhone，首先必須是一隻Phone（電話）。假如iPhone是一支沒有電話功能的月租制電子筆記，我想很多人可能都不會購買。要讓使用者理解一種全新網路裝置的契約方式，最快的方法是擬態原有的手機。使用者只需要把過去使用的電話改為這種新裝置就可以了。智慧型手機現在也被稱為電話，但使用傳統通話功能的比例遠遠不及網路功能的使用。

擬態發想有時會超越人類的意圖而偶然發生，成為各種象徵。有一天，大學的餐廳裡有人在丟盤子玩。看到盤子搖搖晃晃飛過的理察・費曼（Richard Feynman），忽然想到要將眼前的晃動化為方程式。他以這套方程式與電動力學和量子力學融合，贏得了一九六五年諾貝爾物理獎。偶然，有時也能產生強烈的創造性。

學習、應用其他形態，再融入創造中，就有機會碰觸到藏在形體背後的理由，催生出新的創造。

## 設計「擬態」

我也曾經用擬態發想來設計。二〇一一年設計的「THE MOON」燈具，便是徹底模仿月球的作品。我利用 JAXA（宇宙航空研究開發機構）衛星「輝夜號」所觀測到的月球 3D 數據，成為史上第一盞用 3D 列印重現的精巧滿月。地球史上不斷照亮暗夜最明亮的光，無疑就是月球。也就是說，各種照明其實都是月球的擬態，於是我想出了這個設計。我設計的圖片經過許多媒體的介紹，全世界出現了數百種仿冒品。以製造量來說總計應有幾千萬盞，儼然形成了一項商品類別。雖然這也代表我在維護智慧財產權上的疏失，不過確實也是擬態發想催生的設計之一例。

學生時期我第一次嘗試家具設計時，也用了擬態發想的手法。我運用顯示樹木成長模式的碎形幾何學，設計了戶外用桌子「Arborism」。這張桌子放在戶外庭院，

圖 4-8 THE MOON 直接將地球史上最古老的照明「月亮」形狀以 3D 印表機列印輸出的燈具。

可以融入周邊的草木當中。希望讓自然物與人造物形成一體，創造出有機的風景。之後這款桌子正式上市成為KOTOBUKI這間老字號家具店的旗艦款，至今在羽田機場仍然有一百張左右使用中。

再介紹一個案例。我們在工作、執行作業的空檔，會需要片刻休息重拾活力精神，藉此轉換心情或者消除疲勞、放鬆身心再投入新的行動。人類的行動中不能缺少這種「喘息」、「休息片刻」的時間。這個專案的對象便是在這種時候使用的產品。能不能運用現代技術，重新發明讓現代人享受喘息空間的東西？一家新創公司解決了這個問題，我們參與協助設計，構思以「深呼吸的升級＝BREATHER」為產品概念，專為片刻喘息時間設計了新的呼吸裝置「ston」。ston是一種可以吸入溶於蒸氣裡的咖啡因或GABA（γ-胺基丁酸），享受風味及香氣的裝置。基於人在森林、高原、河畔等自然環境中身心最感舒適的假設，造型上也盡量追求接近自然的岩石。

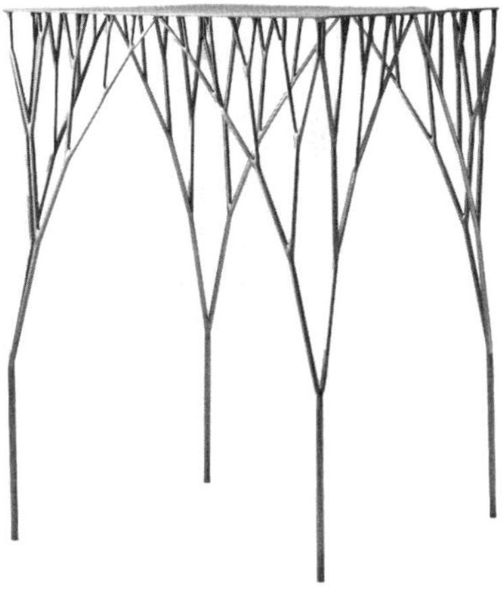

圖 4-9　Arborism 像樹一樣的桌子。

在網路上限量銷售的「ston」，上市幾小時後便售罄，獲得極大迴響，也在亞馬遜的健康家電及家居、廚具類排行榜中創下銷售冠軍的佳績。很多人都開始在工作空檔使用它，講究健康休息的生活形態也漸漸普及。我們期待能讓當代生活中的「喘息時間」更加健康，讓社會上增加更多健康幸福的人。

這類擬態式思考在過去人類史幾千年期間中，曾經以「比擬」、「隱喻」等方式被運用在各種文化領域的發想手法中。在創造上活用擬態思考，可以在短時間內激發出許多發想。從其他物件的形態上學習，了解其特質，能夠打破我們容易受視覺影響的僵硬觀念，成為創生出嶄新發想的強力工具。希望各位都能學會懷疑眼前各種理所當然的形狀，從採納其他形狀的擬態發想中，找到新的可能。

圖 4-10 石頭般的呼吸裝置。充電器也是石頭形狀。

**☑ 演化習作04　擬態I（～型x）〔60分鐘〕**

尋找x可以模仿的東西。創意來自偶然。尋找擬態發想時，必須最大限度地運用視覺。逛賣場、走在街道或自然中時，都試著去想像假如眼前的東西是x會如何。假如以電話為對象，那麼就試著將眼見的一切都當成電話。然後把腦中想到的東西一一寫出來。如果有一個小時，應該可以寫下超過一百個擬態發想。

**☑ 演化習作05　擬態II（了解模仿對象）〔60分鐘〕**

聯想出擬態的候補後，接著開始試著面對該對象（假設為y）的狀況。假如想打造貓型機器人，就必須先仔細觀察貓，才能做出好的機器人。從基於必然性的「選擇」觀點來觀察y的周圍和內部如何相連？y中是否具備與x的演化相關的因子。

# 偶然變異 3 消失

## 試著減少標準的裝備

「這件事捨我欺誰！」嗯，是要欺騙誰呢？太可惜了。仔細一看還真是令人難為情。差一個字內容就完全不同，偏偏文法上還說得通。語言可以分成不同區塊，即使落失某個區塊有時也依然能成立。所以發生這種筆誤時，有時候對方可能不會發現，就這樣以訛傳訛下去。

不僅語言有容易缺失的性質，其實人本來就很容易遺忘。忘了說、忘了記。甚至忘了自己的忘記。有時我們會用「脫線」來形容這種狀況，在日常生活中忘了什麼、掉了什麼，都很稀鬆平常。這雖然令人困擾，但我們的大腦的設計原本就容易忘事。因為這種性質，我們才會想盡辦法用會議紀錄、錄音等種種方式來留下紀錄。可見在我們常見的錯誤中，必然會存在「消失」這一項。

反過來說，這個世界上有很多是因為這種消失錯誤偶然引導出的創造。藝術家和發明家也會刻意運用這種性質。希望各位能學會這種在自然和創造中共通的「消失」變異模式，將其放進能引起偶發的發想抽屜中。

## 生物演化中的「消失」

在語言和生物表型的變異中都可以看到這種消失性質。生物變異中經常會出現這類遺忘，並且往這個方向繼續演化，就像我們在語言中的遺忘一樣。比方說無尾熊和塔斯馬尼亞袋熊雖為鄰近種，但無尾熊卻沒有尾巴，蜥蜴的鄰近種蛇並沒有腳。還有一些生物並不是形態上的消失，而是顏色的消失。許多物種都會出現一定比例無色素的個體，也就是所謂的白化症。人類約兩萬人中會出現一個白化症。原本身上應該有圖案的美洲豹或鳥類當中，

圖 5-1　失去腳的蜥蜴演化為蛇。

也會出現沒有圖案的個體。演化中頻繁地出現這種失去某些部分的表型變異。

發生變異或消失、使得個體失去某些部分，有時反而是比較理想的狀態，歷經好幾世代後，整體物種可能都會變成缺失了這些部位的個體。以語言來說，大概就是忘了說某些話，但卻帶來好結果的狀態吧。我們也會將這種消失式變異的偶然運用在農業上。例如將因突變產生的無籽蜜柑，運用在雜交育種改良上。

## 創造中的「消失」

這裡有一張舊圖面（圖 5-2）。看起來應該是馬車吧？不過這輛馬車前端卻沒有馬。因為這正是賓士所發明的世界上第一輛汽車的圖面。他徹底應用了過去累積起來的馬車科技。組裝這輛車的地方是馬車工廠，外觀也跟馬車

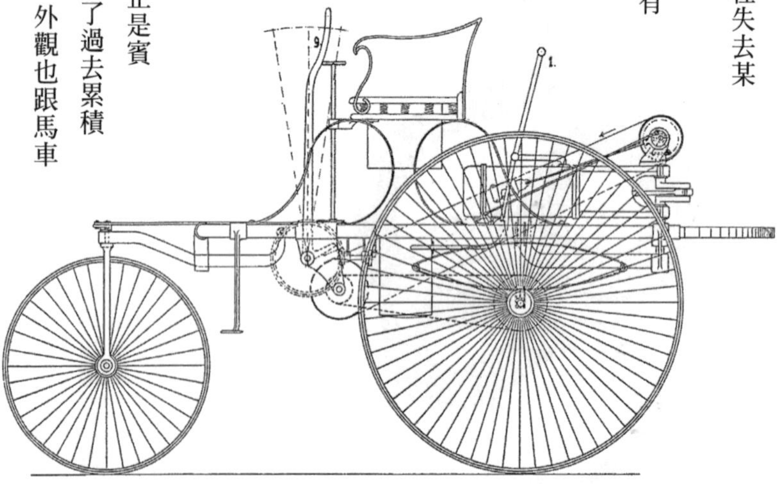


圖 5-2　沒有馬的馬車「賓士一號專利電機車」（Benz Patent Motorwagen）專利申請圖。

很像，但他在這上面加裝了小型引擎，只移除了馬。

在創造中經常有這種刻意移除某些部分的變異模式。在傳說故事中，會有類似野篦坊這種無臉妖怪、沒有腳的鬼，或者沒有影子的幽靈出現，歌曲或小說及節目名稱也會有類似「無名的顏色」、「沒有出口的海」、「無題音樂會」等，這種缺失了某種原本應該存在部分的發想經常可見。

就像賓士汽車一樣，在目前為止的發明中，也頻繁地出現了消失的現象。戴森推出了無扇葉的電風扇，山葉也有無音箱（與振動音共鳴的箱體）的靜音吉他、小提琴、大提琴。除此之外還有無現金、無紙、無鑰匙、無性等，不勝枚舉的「無~」式發想，基本上都屬於這種模式。

消失式思考對於改善日常中的物件也很有幫助。當我們想進行改善時，大致可能會有兩種模式。那就是加入有幫助的新概念，或者是從既有物件上移除不合理的部分。消失式思考並不困難。解剖物件之後，自然會發現不合理的地方。只要出現想去除這些不合理的念頭，就能刺

圖 5-3　YAMAHA 靜音大提琴 SVC110S。

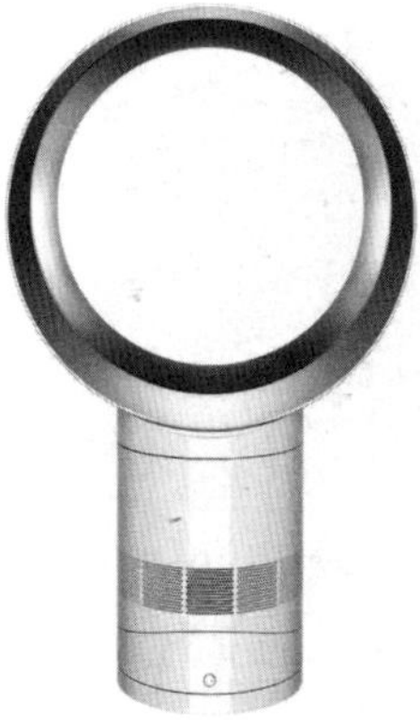
圖 5-4　DYSON 無葉風扇 Air Multiplier。

激出消失式發想。

當我們假設這個世界上並沒有所謂「某些東西的存在是理所當然」的概念時，科學或社會便有可能迅速發展。例如〇這個數字。我們知道「零」是西元三五〇年左右開始在印度數學中使用的概念，西元一二〇二年費波那契（Fibonacci）再次發現印度數學中零的概念，大幅推動了數學的前進。

有些人認為眼前的空氣是不存在的。一六六二年，羅伯特・波以耳（Robert Boyle）運用裝置打造出「真空＝沒有空氣的狀態」，證明了火焰燃燒需要氧氣，以及在真空中聲音無法傳播等事實。

細菌的發現也一樣。一八六二年路易・巴斯德（Louis Pasteur）跟克洛德・貝爾納（Claude Bernard）發明了加熱殺菌法，驗證了食物腐爛的原因來自眼睛看不見的細菌之作用，在經過妥善管理的環境下，生物並不會自然發生。

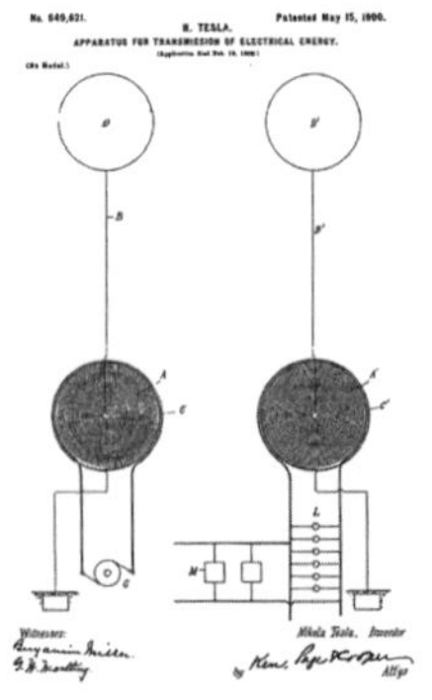


圖 5-5　特斯拉開發的無線機專利圖。

圖 5-6　進行實驗中正在閱讀的特斯拉。

不透過電線等實體途徑就無法傳遞資訊，也是一種錯誤的想法。一八九六年尼古拉・特斯拉發明了無線通訊，從電視到手機等各種家電產品，無須佈線的通訊戲劇性地改變了這個世界。

看來理所當然的歧視，理應也不需要存在。有時候對歧視者來說，歧視已經是一種常識，他們並沒有認知到那是一種歧視。讓大家知道這種常識在未來會成為非常識，應該盡量消弭，也是一種創造。

在歷史上莫罕達斯・甘地（Mohandas Karamchand Gandhi）、馬丁・路德・金恩（Martin Luther King, Jr.）的「非」暴力運動，就是代表性的消失式變異。要屏除歧視，暴力不見得是有效的方法。認同彼此的存在，排除暴力透過對話互相理解，才是更有效的方法。金恩牧師的運動成功讓美國議會通過關於選舉權等重要法案的議決。之後也影響南非共和國納爾遜・曼德拉（Nelson Rolihlahla Mandela）的活動，於

圖 5-7　以徹底非暴力運動成功爭取黑人公民權的金恩牧師。

一九九一年終結了種族歧視隔離政策。這兩人都獲得了諾貝爾和平獎的肯定。進入二十一世紀後，陸續有反歧視黑人運動「Black Lives Matter」，或是替性騷擾、性別歧視發聲的「#Me too」運動。不要讓偏見或歧視成為理所當然，要相信這是可以消除的。

世界上有許多發明都出自「無～」的缺失式發想，其中對二十世紀社會影響特別大的例子，應該是內燃機和馬達的出現所帶來的「無人」，也就是「自動」的概念吧。

二十世紀是以無人化為目標的世紀。人類運用各種技術，將過去耗費龐大勞力進行的作業自動化。蒸氣機取代了勞動力，機織工匠花費漫長時間織的布，自動織機可以瞬間完成，機器人從組裝到塗裝都能全自動完成。從工廠的生產現場到農業、生活服務，各種產業都朝向無人化發展。

藉由這些發明，我們開始包圍在標榜全自動的各種創造中生活。日常生活也因為無人化概念出現了戲劇性變

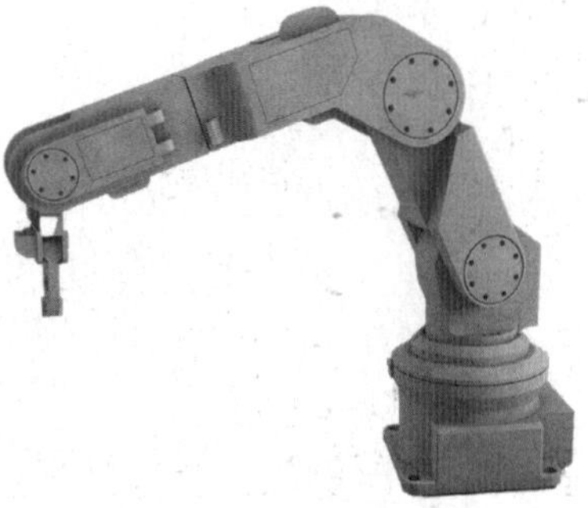

圖 5-8　工業用機器人。

圖 5-9　掃地機器人 Roomba。

化。電話答錄機、自動剪票口、掃地機器人、全自動洗衣機、自動熱水器、自動門、自動駕駛、無人飛機等，不勝枚舉。

## 設計「消失」

有沒有哪些可以破除既有觀念、不需要存在的物件？盡量減少沒有也無所謂的物件，這種思考過程將可以帶來最佳化（詳見263頁的「解剖」）。

活用這種思考過程，說不定可以大量減少垃圾。以下介紹幾個我們將消失式變異的想法應用在設計上的例子。

因為工作的緣故，我們經常需要思考商品的包裝設計，可是其中的無謂浪費也總是讓我們傷透腦筋。包裝的目的是希望在店面展示時讓商品更具吸引力，往往開箱之後包裝立刻成為垃圾。如果不想讓包裝成為垃圾，大可根本不包裝，可是在市場競爭激烈的現況下，這個目標並不容易實現。

但我們很幸運地獲得一次能夠以消失式變異來實現包裝設計的機會。Asheet 是一間製造銷售拋棄式紙製鞋墊的公司，這種產品可以讓鞋子更加耐用。我們有幸負責該公司從品牌概念到包裝的重新設計。首先，我們將品牌定位從「腳臭的人使用的物品」，轉換為「想赤腳穿鞋的人使用的配件」，命名為「SUASI」（譯注：日文「素足」的發音，意為赤腳不穿襪）。

SUASI 的鞋墊結構基本上跟單片瓦楞紙板相似。我們決定讓包裝本身變成商品。以往商品都是裝在盒子裡銷售，但是我們直接將商品的形狀和材質用於包裝上。包裝的正面和背面都可以作為商品使用，以五＋一雙的套組方式銷售。就結果來說，成功減少了九十二％的包裝重量。很幸運地此案設計對象本身就是紙製品，不過在其他領域中假如也嘗試包裝再利用或者減量，將有助於明顯改善垃圾問題。

近年來由於生態環境的惡化，也出現許多反向開發的現象，例如拆毀過去開發的水壩，讓生態環境復活，或者透過交通工具的進化刨除柏油路，改建為公園等等。

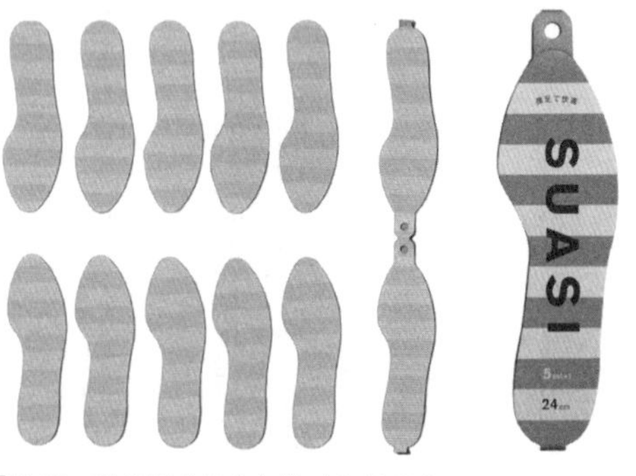

圖 5-10　SUASI「沒有包裝（包裝即商品）」，成功減少了 92%的垃圾。

普立茲獎作家、生物學家威爾森曾經提倡「半個地球」（Half Earth）概念。他認為地表的四分之三都被人造物覆蓋，假如要維持生物多樣性，必須將地表的一半留給自然。現今的世界上，人類的作為逐漸有過剩的傾向，我們該如何將過往的部分開發放手還給自然？今後這類觀點想必會愈來愈重要。

追求「沒有也無所謂」的狀態，說到極致跟設計思想甚至人生哲學也有關係。禪的思想中有所謂「喜捨＝歡喜捨棄」和「知足＝知所滿足，不妄求」等，在修行中實踐如何放棄原以為不能沒有的物件。自然界的造形也同樣在演化的過程中逐漸削減掉不必要的部分，終至消失。演化過程中存在這種趨向最佳化的選擇壓力，不斷淬煉著形態。到最後只留下必要部分、恰到好處的自然姿態總是十分美麗。

試著想像過去一心以為應該存在的物件萬一不存在的狀況。運用「消失」思考觀察各種元素，說不定可以發現如何除去過去誤以為「不能不存在」的元素。

---

**☑ 演化習作06　缺失（沒有～的x）〔15分鐘〕**

試著想像如何除去過去一直以為理所當然存在的物件或過程。例如「沒有馬的馬車＝汽車」，隨著技術或者時代的變化，「無～」改變了歷史。現在理所當然存在的物件，十年後可能理所當然不存在。盡量寫出從「沒有～的x」「無x」「自動x」「非x」等描述可以想像到的東西。

---

## 偶然變異 4

# 增殖

### 試著反常地增加數量

前職業拳擊手石松葛茲（Guts Ishimatsu）挑戰世界冠軍時被問到有什麼感覺，當時他是這麼說的，「這個嘛，心裡大概有一半害怕，有一半覺得可怕吧。」

……那不就是一〇〇%在怕嗎。後來他贏得世界冠軍，這句話也成為了傳說。遇到這種重複出現的錯誤，我們總會忍不住莞爾。

很多讓人聽了開心的詞彙都是疊詞。嗶嗶嗶~。啪啦啪啦~。咚鏘咚鏘。反過來說，任何詞語只要反覆地講，聽起來就會覺得輕快有趣。這真的真的真的一點也沒錯。真的。……漫才中也會多次運用相同的哏來逗笑聽眾，這種基礎技巧稱之為天丼。同樣模式說好幾次，最後吐槽的一方會大喊「夠了吧！」。之所以稱為天丼，據說是因為天丼的碗蓋掀開後，會看到幾條一樣的炸蝦（素材）擺在一起。從古至今很多搞笑藝人都會運用這種天丼技巧。

語言具備的增殖性質，衍生了很多單字。一一、再再、脈脈、等等。也有許多商品命名運用了增殖性質。PayPay、Francfranc、HoiHoi、CoroCoro、bonbon 等，都是實際存在的商品或企業名稱。

## 生物演化中的「增殖」

如同這些反覆帶來的口誤、喜劇技巧和命名方式，語言很容易發生增殖錯誤。與語言具備類似結構的 DNA，也同樣會頻繁地發生增殖式的變異。DNA 也會發生同樣的重複錯誤。或許是因為這個原因，實際上在演化過程中獲得的表型，如果同樣重複、增殖，也會頻繁發生增加式的變異。

生來多出手腳指頭的多指症，以手指來說是每四百人會出現一人的先天異常。傳說中豐臣秀吉（Hideyoshi Toyotomi）就是多指症，他有六根手指。機率這麼高的先天異常，歷史中出現幾位多指症人物也不足為奇。根據發育生物學研究，在四肢發育第三階段中用到的同源異形基因如果發生突然變異，就會改變手指數。另外還有其他部位數量增減的變異。例如腰椎通常是五節，但五到十人中有一人會有六節腰椎。因為並不會帶來特別的不便，很多人並沒有發現。

這些事實確實都顯示出在演化中很容易發生增殖、重複的變異，就結果來說，這種容易增殖的性質會產生多樣的生存策略。

生物內臟重複的例子，最有名就屬牛的四個胃袋。去烤肉店時也可以看到店裡區分瘤胃、蜂巢胃、百葉胃、皺胃等不同部位販賣。牛、羊、山羊等反芻動物具有四個胃，因為牠們吃難以消化的草，吞進第一胃的食物會經由第二胃送回嘴中，反覆咀嚼後再次吞下。經過充分咀嚼的食物在第三胃和第四胃中轉化為養分。這四個胃當中正確來說有三個其實算是食道的變形，但是從外型上看來很明顯是多了幾個胃袋。牛在適應演化的過程中，透過增加跟胃具備同樣功能的部位，得以吃下其他生物不屑一顧的雜草。

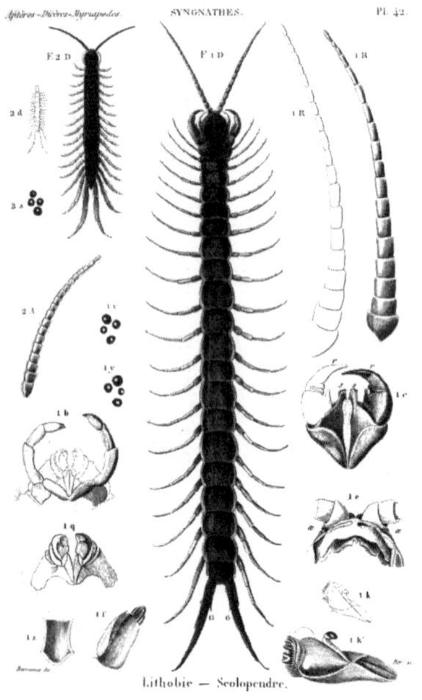


圖 6-1　節足動物中有許多腳會增殖的變異。

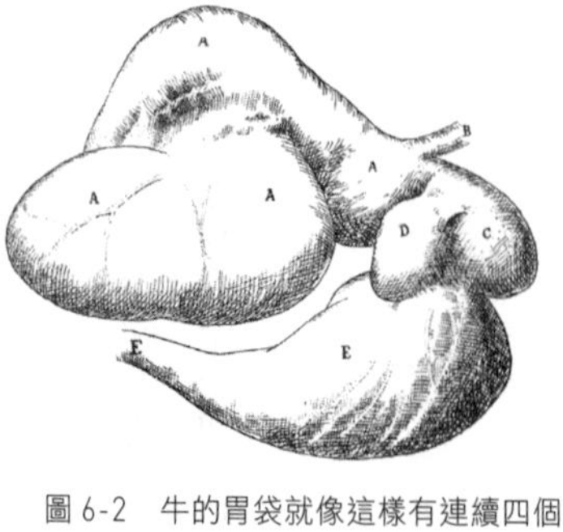


圖 6-2　牛的胃袋就像這樣有連續四個。

單純增加數量的生物演化戰略，我們還會想到蜈蚣的腳。在DNA中稱為Distal-less (Dll)基因的共通部分之增減，一般來說跟動物的腳或者翅膀數量相關。棲息在澳洲的一種馬陸*Eumillipes persephone* 竟然有一千三百多隻腳，是二〇二一年為止已發現最多腳的生物。但是不同個體之間腳的數量差距極大，很多類似蜈蚣或馬陸等多足亞門的生物，腳並沒有確切的數量。對他們來說，有幾隻腳其實沒什麼差別。

另外世界上牙齒最多的生物竟然是蝸牛，總共大約有兩萬顆……。實在難以想像。每一排約八十顆牙共數百排，這些牙齒就像磨泥器一樣可以磨掉各種東西，甚至可以吃掉混凝土。

說到有很多眼睛的生物，大家馬上會想到昆蟲或甲殼類中擁有複眼的生物，根據物種的不同，數量也有很大差異。蜻蜓約有兩萬個；蜜蜂三千到五千個；家蠅是兩千個；南極磷蝦約

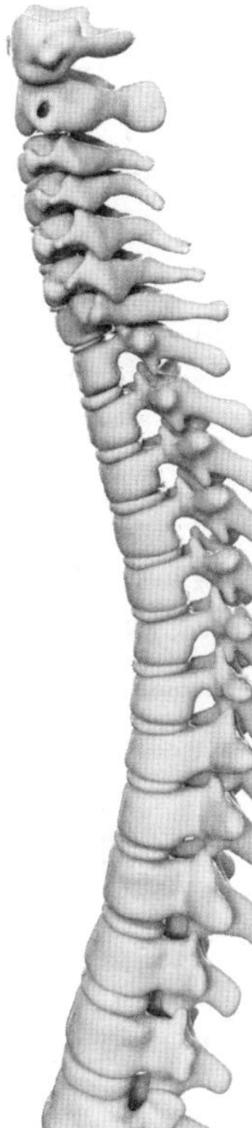

圖 6-3　人類的椎骨模型 由同樣單元相連而組成。

一千個，差異相當大。

同樣是脊椎動物中，椎骨的數量也因生物而異。青蛙的椎骨大約有十塊，但蛇大概會超過三百塊。物種間數量的差異真的很大。

從上述各種演化的事例來看，生物演化似乎跟發明一樣，從零到起初的開發（獲得）很困難，不過要重複開發過的元素就簡單多了。

## 獲得「成群」的性質

生物可以製造出無以數計的種子或卵。比方說翻車魨，據說會產下天文數字高達數億的卵。有人說約有三億個，但數量實在太多，沒有人實際數過。翻車魨雖然是個比較極端的例子，但確實有不少生物都採取製造出大量繼承自己ＤＮＡ的個體的生存策略。也有的會在其中形成群體。在生物的演化中，許多物種會將個體在群體中的關係，運用為一種有效的生存策略，有些物種的整個群體宛如一個生命體，能夠在協調的狀態下行動。

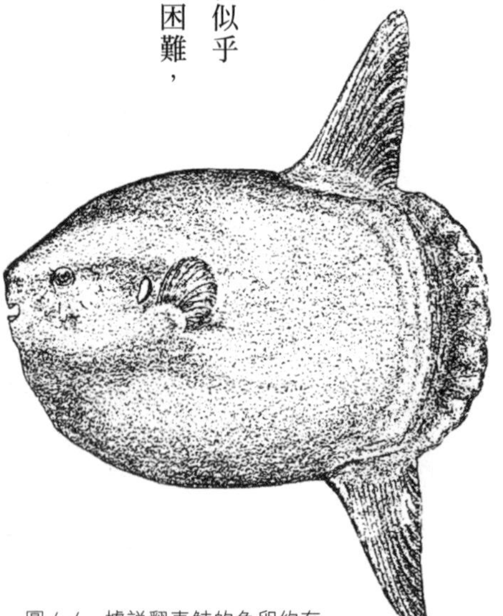

圖 6-4　據說翻車魨的魚卵約有3 億個 出乎意料地多子多孫。

例如沙丁魚或鯖魚會跟幾萬隻夥伴一起形成集合體，餌球（bait ball）。在橫濱水族館裡可以實際觀察到七萬隻沙丁魚餌球，牠們協調的動作和形態十分美麗，讓人百看不厭。

灰椋鳥的鳥群也一樣，會在空中勾勒出美麗的造形。當然之所以會演化出這種習性，是因為這樣才能逃過天敵、容易繁殖等適應上的理由。

在群體中並非每個個體都認知到整體，然而整體卻能像一個完整的生命般和諧地運動，這是為什麼呢？個體只是看著自身周遭的環境，企圖與其他個體維持一定的距離，但這樣的法則卻能夠讓整體合而為一。當每個個體根據共通性質發揮自律的相互作用時，就展現出該集團的特性。

群體並不一定總是有利，但在許多狀況下，形成群體都能提高個體的生存可能。假如對生存有利，就結果來說個體將會花費漫長時間來演化，獲得形成群體的習性。例

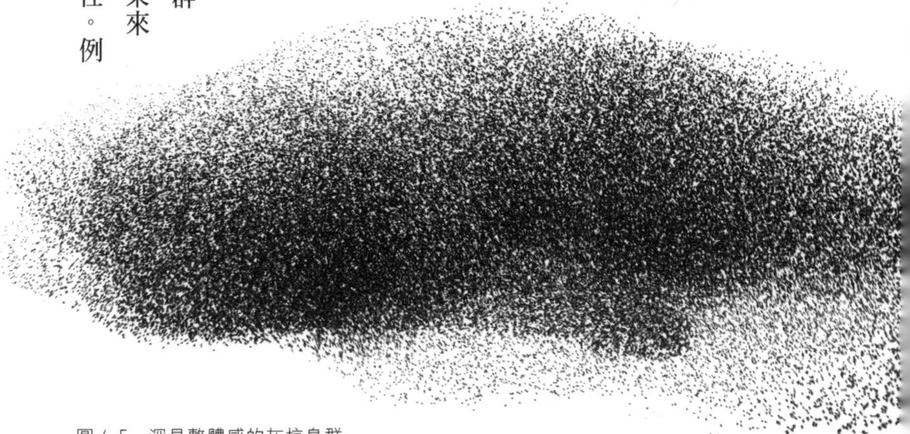

圖 6-5　深具整體感的灰椋鳥群體，看似一個完整的生命體。

如對於集團越冬的昆蟲來說，聚集成群對克服凜冬較為有利。獅子和狼成群之後獲得獵物的成功率也會提高。蜜蜂可以共同收集食物、養育下一代。狐獴聚在一起之後察覺危險的能力會提高。對於某些物種來說，獲得成群習性是生存上不可或缺的變異。

## 創造中的「增殖」

生物透過增加來適應的性質，也同樣可以套用在人類的組織或創造上。如同生物在演化過程中會增殖某些元素，形成群體，設計、藝術或者發明中也經常會透過增加內部元素的數量來創造。列舉一些例子如下。

將各種（排列和組合）相似但有些微差異的東西組合在一起的撲克牌、色鉛筆、指甲油。在包裝中放進許多一樣的東西如洋芋片、香料、迴紋針、橡皮筋、藥品。透過增加鏡片數量來獲取新功能的望遠鏡或顯微鏡。可以堆疊的椅子或收納盒。可以增加踏板數量的梯子。連接許多同樣環狀的鐵鍊。收集字彙資訊的字典。收藏許多書籍的圖書館。聚集許多小店舖的購物中心。一棟建築裡有許多類似房間的集合住宅。堆疊同種封包的數位數據。聚集了電晶體的積體電路。將改變元素數量的創造定義為「增殖式創造」，就會發現日常生活中有無數這種發明。

比方說書也是增殖式創造的一種。紙張問世之前，從石板到古埃及莎草紙的出現，數千年間開發了許多造紙方法。與紙張發明的輝煌歷史平行，綑綁大量紙張的需求產生，大約在兩千年前，出現抄本（Codex）等書籍製作技術，開啟了書本的歷史[27]。直到現代，又發明出線裝和膠裝等裝訂方法。

單獨一根線並沒有太多功能，大量集結成束、製成布，也是一種增殖式創造。最早的布由誰發明已不可考，不過三萬四千年前，具琉耳（Gurujia，喬治亞共和國的日文舊譯名）已有使用纖維的跡象，據說六千年前已有布製衣物。另外一種有效率讓布增殖的發明，是兩千兩百年前在中國開始使用的原始紡織機。手織布是很辛苦的工作，有時可能得花上幾年才能織出一塊布。之後的兩千年間紡織機慢慢演化，布也漸漸普及到日常生活。織機的速度跟音樂一樣，都用 rpm（每分鐘轉數）來表示。初期的手織速度據說約每分鐘五轉，自動梭織機則提升到一〇〇轉左右，近年的無梭織機可以二〇〇〇轉以上猛烈的速度織布。於是布不再是奢侈品，已經廣泛使用在各類日常用品上。

光是看到這本書所使用的紙和花布，就可以知道我們周圍有許多東西都來自增殖的發想。閱讀電子書的讀者看到的數位畫面也不例外，一個元件增殖為幾千萬個後，構成了螢幕。用這樣的角度來觀察世界，會發現許多創造都源自讓模組增幅這種單純的發想。即使一個行不通，聚集大量個體後，有時候可以發揮完全不同的機能。什麼東西增殖之後會出現有趣的結果呢？接下來就讓我們來看看這類增殖式的發想吧。

## 增殖1　增加部位

許多道具都產生自增殖該道具某個局部的創造。比方說鋼琴、打字機、鍵盤等，原本都是一個一個獨立的按鍵，但不聚集在一起就沒有任何意義。另外像是LED，單獨存在只有發亮的功能，將多個排列在一起並且加以控制後，就能成為顯示器。磚塊、電車、鐵道等，也都是以這種增殖性質為前提想出的發明。

增殖式創造的背景，永遠與設定共通規則、也就是規格化有關。交換時也牽涉到規格化，例如設計為可交換的乾電池，同時也是能使用多顆電池的增殖式創造。交換與增殖往往必然地成為密切相關的現象。

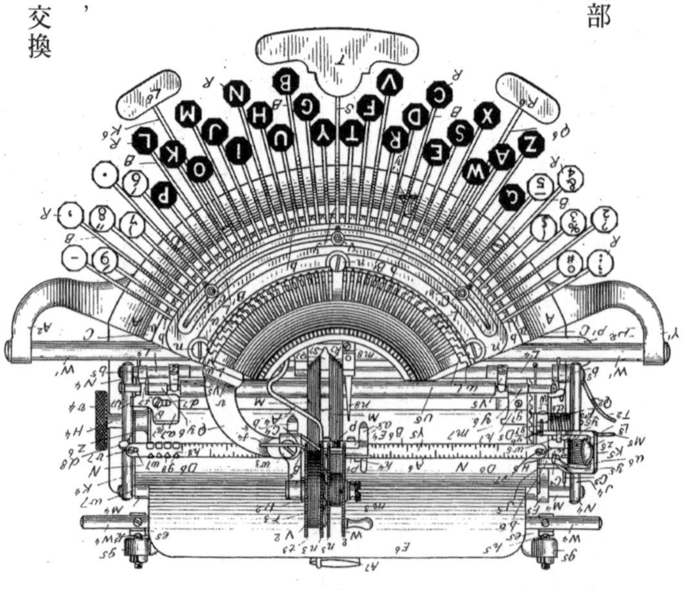

圖 6-6　打字機的專利圖。一看就能了解是屬於增殖式的發明。

## 增殖2　形成群體或蜂巢

有時候要增殖某樣東西時，必須另行創造基礎建設來接收。比方說因為車子增殖，需要有停車場，因為貨櫃物流增加發明了貨櫃輪船，也建置了貨櫃場。數據往來的增加，開始需要伺服器和資料中心，因為垃圾增加，需要垃圾處理場。諸如此類，有東西增加，相關的基礎建設便隨之增加。原本單一的東西增加為多個，增殖式創造就會像築巢般發生。

許多增殖式創造的元素之間都有共通性質。沒有共通性的增加，也只是單純匯集在一起而已。不過其中如果有共通規則，就像魚形成群體一樣，整體會具備整合的功能。就像個別積木可以自由裝卸的樂高般。正因為有自律的共通規則，整體集合才能統一。

圖 6-7 停車場就像是社會上車子增殖後產生出的巢穴。

群體或巢穴跟與其群集分開的分離式變異也有密切關係。人類社會的組織也一樣，假如個體維持共通性質而行動，整體就能發揮功能，但如果各自基於不同性質分別行動，整體將無法整合。希望各位在進行變異思考時，可以將這種增殖或群體的性質放在腦中。

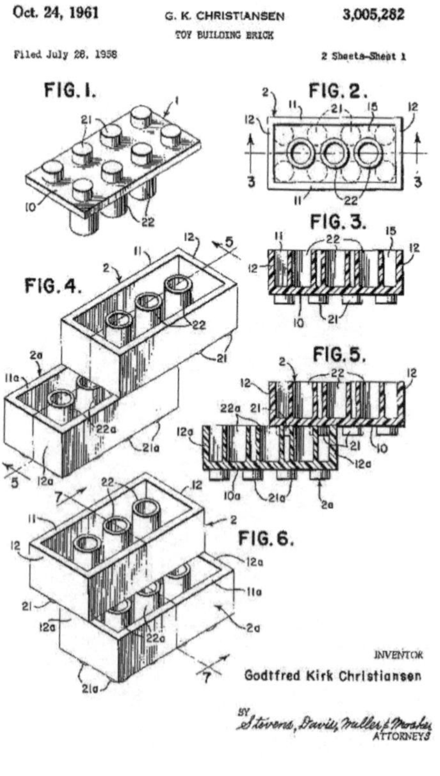

圖 6-8　樂高專利圖。成為群體後才具備意義的產品。

希望有新發想的時候，請養成想像增加後狀態的習慣。內部的部件如何呢？有沒有哪些零件增加之後會變得有趣？還是增加延伸到外部的組織機制或人數？變成群體會如何？希望各位能記住，即使現在覺得是一般常識的數值，也有可能改變。

打破對數量的既有觀念，帶著增加後可能引發不同現象的觀點，說不定就會從中誕生偶發式發想。

## 設計「增殖」

個別存在時微不足道的東西，透過增殖式思考去看待，有時可能會產生新的價值。例如廢棄物的資源化，也可以應用這種增殖式發想。NOSIGNER 的辦公室便是基於這種發想所設計的。目前日本國內的工業廢棄物中，建築廢棄物約佔兩成。相較於新建，翻新既有建築物是大幅降低環境衝擊的有效方法。儘管如此，在拆解內部裝潢的過程依然會產生大量的建築廢棄物。該如何才能減少發生在我們生活中隱而不見的大量廢棄物呢？

NOSIGNER 點交新辦公室前，前往既有裝潢的拆除現場，親眼目睹了原本固定石膏板牆的約兩噸輕量鋼骨殘骸。我心想，能不能將這些素材用在我們的裝潢上，於是拜託拆除業者將廢棄物原地留置。

我們開始挑戰使用建築廢棄物來設計新辦公室。若能讓廢棄物當場升級再造，成為翻新的元素，是對環境帶來最小衝擊的廢棄物處理方式。於是我們將大量輕量鋼骨廢棄物隨機裁成不同長度，依相同方向排列，設計出具有獨特表情的天花板百葉飾條。這些百葉飾條包含了燈具、投影機等功能，也能遮蔽無法移動的大量配線及管道。不只是這些廢棄的輕量鋼骨物，我們還大量運用了混合廢材燒成的磁磚「SOLIDO」，以及回收的工業用鋁箔，空間設計所使用的材料多半都來自廢棄物，完成前所未見的永續辦公空間。我們的辦公空間也被刊載於英國皇家建築師協會（RIBA）發行的永續裝潢設計教科書中。

現在全世界的拆除現場，依然會出現大量的廢棄輕鋼骨。我認為重新將廢棄物視為資源、賦予新價值，是現今的設計應該有的目標之一。要讓運用廢棄物的行動更加普及擴大，需要許多創造性的巧思。為了更接近永續的未來，希望我們都能盡其所能，點滴累積。

圖 6-9　Regene Office NOSIGNER，運用現場產生的建築廢棄物等，幾乎全以廢棄物設計而成。

**☑ 演化習作作07　增殖（增加了～的 x）〔15分鐘〕**

微不足道的單一個體，但是增加後卻意外能發揮作用。寫下所有你所想到「增加了～的 x」。除了增加對象物本身，也可以試著增加它的內部結構。試著解剖 x，會發現許多內部的元素。試著增加這些元素。或許有些東西增加後發現很無謂，但這也無所謂。畢竟本來就只有少數發想能夠順利適應。試著天馬行空地想像增加後的狀況。透過「增加」這個單純的思考，很有可能遇見新的發想。

**☑ 演化習作08　群化（x 的群體）〔15分鐘〕**

如果增加 x 使其連動，會有什麼跟以往不同的結果？需不需要足夠空間提供給增加後的 x？試著想像發想對象或其內部部件的元素聚集之後的群體性質。例如停車場之於車子，或者主機板之於積體電路，有時候這些增殖的發明可能會催生其他的需求。x 的群體或許會打開新的可能。

# 偶然變異 5 移動

## 試著尋找全新的場域

澳洲昆士蘭州西南邊有座古老的小鎮，小鎮名字源自原住民語「熱風吹過的平原」，那就是伊羅曼加盆地的伊羅曼加鎮（Eromanga）（譯注：日文發音同「色情漫畫」）……。因為這個名字，小鎮在日本小有名氣。身為日本人，我對當地原住民感到有些抱歉。另外在荷蘭的南荷蘭省海牙有個海灘度假勝地席凡寧根（Scheveningen）（譯注：日文發音近似「色狼」），也是在日本很受歡迎的地名。席凡寧根也舉辦天體沙灘，冬天還有身穿比基尼躍入海中的活動。聽說是個不愧其名，深受歡迎風光明媚的約會景點……。不只這些。美國亞利桑那州有個地方叫阿荷（Ajo）（譯注：日文發音近同「笨蛋」），捷克東部有一個叫赫盧欽（Hlučín）（譯注：日文發音近同「露鳥」）的地方。印尼峇里島還有個叫金塔瑪尼（Kintamani）（譯注：金塔瑪日文發音近同「男性睪丸」）的村莊……。但村人可能並不知道這些意義……。這些稀奇地名形成了一個有趣的類別，聽說還有專好此道的稀有地名癖好者。日本或許也有些讓外國人聽了瞠目結舌的地名吧。同音的字可能因為換了地方意義就完全不同，沒有經過移動就不會發現這些事實。這些偶然的移動可能會引發出變異式發想。

## 生物演化中的「移動」

獲得移動的習性，雖然無法定義為形質上的變異，但是在生物演化中卻經常可見。例如候鳥、種子會飛散的植物、各種動物在樹林草原中的大移動等等，自然界中有數不清的移動戰略。有時候人為的移動可能會引發慘劇。

各位聽說過杉葉蕨藻嗎？在觀賞用水族箱裡，這是很常見的美麗海藻。一九八〇年代初期，為了在摩納哥海洋博物館的水槽裡展示，從東南亞運來了杉葉蕨藻。某一天，杉葉蕨藻隨著排水一起流入了地中海。或許是水槽中嚴酷的環境，讓杉葉蕨藻發生突然變異，帶有毒性。這種外來生物在外海大量蔓延，短短幾年之間便導致原生種海藻滅絕，帶給地中海生態系毀滅性的傷害。現在依然在地中海中大量繁殖，也已經擴及到澳洲、美國等世界各地，成為大家聞之色變的殺手藻。這可怕的教訓讓我們了解到為什麼得小心外來種的擴散。同時在這個例子中我們也看到物種因為移動成功地在新環境下大量繁殖。

杉葉蕨藻對生態系的破壞是個可怕的例子，不過實際上轉移對許多物種來說都是很重要的生存策略。想要逃離危險或生存困難地方的本能，結果超乎預期，引發出形形色色的轉移。不只是暫時性的移動，例如太古時代魚類爬上陸地變成四肢動物，或者哺乳類走入海中變成鯨魚等等，在生物演化中，曾經數度發生伴隨巨大身體變化的移動帶來的演化。

蒲公英等許多植物獲得能將種子傳播到遠處的形態，或者花演化為有利於授粉的形態，也都屬於移動式生存策略的一種。說到提升在天空中飛行移動習性的生物，候鳥和候蝶就是其中的典型。北美大陸的帝王斑蝶竟然會花上好幾代移動五千公里，往返於墨西哥和加拿大之間。也有些生物會特地挑選其他物種絕對不想去的地方，這也是一種生存策略。比方說日本擬鼻高蜂（*Bembicinus japonicus*），這種蜜蜂會挑選攝氏五十度以上的滾燙沙地

圖 7-1　蒲公英的種子。有時生物會演化為容易轉移的形態。

築巢。說到蜂巢，大家腦中可能會想像出一個很大的形體，不過位於灼熱沙地中的蜂巢卻相當小，每個巢剛好養育一隻幼蜂。在這種炎熱的地方，天敵螞蟻也不會對幼蜂下手。蜜蜂刻意將巢轉移到危險的地方，好保護珍貴的後代不受外敵攻擊。如果有安全又有豐沛資源的移動目的地，生物將會漸漸演化，獲取可移動的習性。在演化中還有現有基因流用（co-option）於跟以往不同用途的現象，或者因某種作用而演化的性狀現在成為其他作用的擴展適應（exaptation）。這些看似被轉用的變異，在「進化思考」歸類於變異模式裡的「移動」。

## 創造中的「移動」

許多道具跟生物一樣，也具備移動式策略。實際上在各種創造領域中，經常發生跟其他領域間的知識水平轉用。達爾文的演化論，也受到移動式發想的影響。據說演化論受到了馬爾薩斯（Thomas Robert Malthus）《人口論》（*An Essay on the Principle of Population*）以及詹姆斯・赫頓（James Hutton）的地質學等生物學以外專業領域的極大影響而生。知識會出現偶發性的移動。從達爾文這種巨大發現的背景，就可以看出不受限於專業知識、積極進行知識移動的重要性。世界上確實也存在無數因移動式變異而生的創造。比方說「在~上的~」或者「為了~的~」這類形容，都很有可能是運用了移動的創造。例如下面這些例子。

放進嘴裡的刷子——牙刷　　　　　戴在手上的鐘——手錶

專為女性設計的西裝——香奈兒套裝　給孩童的職業體驗——BabyBoss

試著尋找研究這些移動式發想，應該會發現我們身邊其實有不少。移動式的創造非常多，為了方便大家尋找及發想，我試著簡單將其分成三種模式。那就是「物件的移動」、「人的移動」、「空間的移動」。每種轉移都各有特徵，讓我們一一來觀察。

## 移動1　物件的移動

這台印刷機宛如新星，將可消除無知的暗夜。

——約翰尼斯・谷騰堡[28]

我們現在能閱讀書本，都要多虧了谷騰堡發明活版印刷機。其實他發明的印刷機，是改良自製造紅酒所使用的葡萄壓搾機。活版印刷機出現之前，葡萄壓搾機就已用於如捺染的布料印刷上。谷騰堡由此獲得靈感，發明了史上第一台活版印刷機。在谷騰堡的出生地美茵茲（Mainz）

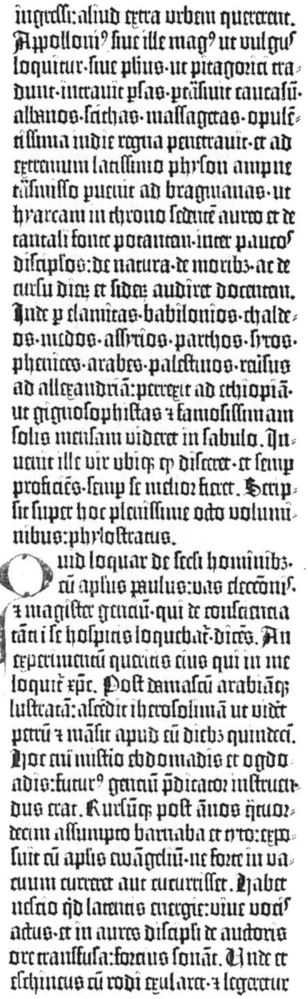
ingressi: aliud extra urbem quererent.
Apollonius sive ille magus ut vulgus
loquitur·sive philosophus·ut pitagorici tra-
dunt·intravit persas·pertransivit caucasū·
albanos·scithas·massagetas·opulē-
tissima indie regna penetravit·et ad
extremum latissimo phison amne
transmisso pervenit ad bragmanas·ut
hyarcam in throno sedentē aureo et de
tantali fonte potantem·inter paucos
discipulos: de natura·de moribus·ac de
cursu dierum et siderum audiret docentem.
Inde per elamitas·babilonios·chalde-
os·medos·assyrios·parthos·syros·
phenices·arabes·palestinos·reversus
ad alexandriā: perrexit ad ethiopiā·
ut gignosophistas et famosissimam
solis mensam videret in sabulo. In-
venit ille vir ubique quod disceret·et semp
proficiēs·semp se melior fieret. Scrip-
sit super hoc plenissime octo volumi-
nibus: phylostratus.
Quid loquar de seculi hominibus·
cum apostolus paulus: vas electionis·
et magister gentium·qui de consciencia
tanti in se hospitis loquebatur dicens. An
experimentum queritis eius qui in me
loquitur xpc. Post damascū arabiāq;
lustratā: ascendit ierosolimā ut videret
petrū et mansit apud eū diebus quindecim.
Hoc enim misterio ebdomadis et ogdo-
adis: futurus gentium predicator instruen-
dus erat. Rursumq; post annos quatuor-
decim assumpto barnaba et tyto: expo-
suit cū apostolis euangeliū·ne forte in va-
cuum curreret aut cucurrisset. Habet
nescio quid latentis energie: vive vocis
actus·et in aures discipuli de auctoris
ore transfusa: fortius sonat. Unde et
eschineus cū rodi exularet·et legeretur

圖 7-2　谷騰堡印刷的《聖經》之一部分。

的博物館中，展示著改造葡萄壓榨機而製成的活版印刷機。受惠於印刷機的發明，我現在才能寫書出版，連帶著對葡萄壓榨機的感謝之情也油然而生。忽然想喝點紅酒。

在轉用的技術史中，石油也有過一段極有趣的變遷。人類從西元前開始使用石油，當時的石油跟現在的用途相當不同。根據記載，在美索不達米亞和波斯，石油可能用於保存木乃伊。另外在一三〇〇年左右，石油也曾經被當作能治百病的萬靈丹，以現代的眼光看來，實在無法接受將石油外敷或內服。總之，石油這個謎樣物質終於迎來了轉機。一八四六年，亞伯拉罕・格斯納（Abraham Pineo Gesner）等人確立了製作燈油的精煉技術。除了燈油外，也陸續開發了種種用途。如同各位所知，從各種動力的燃料、塑膠、纖維、界面活性劑等，現在有大量素材都來自石油。其實保溼用的凡士林也是精製後的石油，依然保留著古時塗抹身體的用途。從詭異的萬靈丹到龐大產業，石油實現了規模壯闊的水平轉用。

很多技術的水平轉用都出於偶然的發現。一九四五年，珀西・斯賓塞（Percy Spencer）開發雷達裝置時，發現放在口袋裡的巧克力溶化時，讓他感到很不可思議。他由此發現微波可以提高溫度，發明家家戶戶必備的微波爐。一想到現在每個家庭中都有軍用雷達裝置的一部分，實在很奇妙。

日本也有這種例子。樂天製菓的研究團隊在研究脫氧劑時，發現鐵粉氧化的過程中會發熱。發熱的鐵粉當然無法用在零食上，但是他們應用這個原理，發明了史上第一個拋棄式懷爐「暖暖包」。作為脫氧劑雖然失敗，但這卻是個成功的重大發明。這種現象帶來與預期不同的創造，也是創造中某種類似分化的現象。出於某個目的而開發的技術，不一定會在原本的目的上發揮功能。偶然是創造和演化之友，有時也會有超越意圖的精采結果。透過重複發生的偶發，水平轉用衍生出許多的創造。

自古以來的傳統產業經過水平轉用後產生的新產業也很有意思。日本首屈一指的半導體廠商「京瓷」，便是將清水燒技術水平轉用於精密陶瓷，奠定了根基。書法用筆產量占日本國內八成的廣島縣熊野筆，在毛筆產業急速蕭條時，將技術水平轉用至化妝的刷具，因而繼續屹立，現已成為傲視世界的化妝刷頂級品牌。其他諸如音樂盒構造影響了電腦結構；源自玻璃技術的玻璃纖維製成光纖；帶動全世界網際網路高速化等等，在技術史上經常出現這類因其他目的而製作的技術移動後發揮價值的例子。

此外，也有一些出於意外的物件移動，因而引發創造性的例子。一九二八年夏天，亞歷山大・弗萊明（Alexander Fleming）在他骯髒的研究室裡培養細菌。他一不小心讓培養皿長了黴。本來覺得自己犯了不該犯的大錯，仔細一看，黴菌周圍並沒有細菌。他在偶然間發現了青黴素，獲得諾貝爾生理醫學獎。偶然的移動式錯誤開啟了抗生素的研究，之後拯救了無數的人命。

物件的移動也可以應用在設計上。開發出火狐（Firefox）瀏覽器的知名公司 Mozilla，是世界最大的開源社群，我們負責設計它的日本辦公室。既然是開源社群，我建議不如讓辦公室設計也成為開源資源，設計出放棄了著作權、任何人都可以下載圖面的辦公室。為了選用人人都

圖 7-3　Mozilla Factory Space 使用物流用塑膠容器的自動給水盆栽。

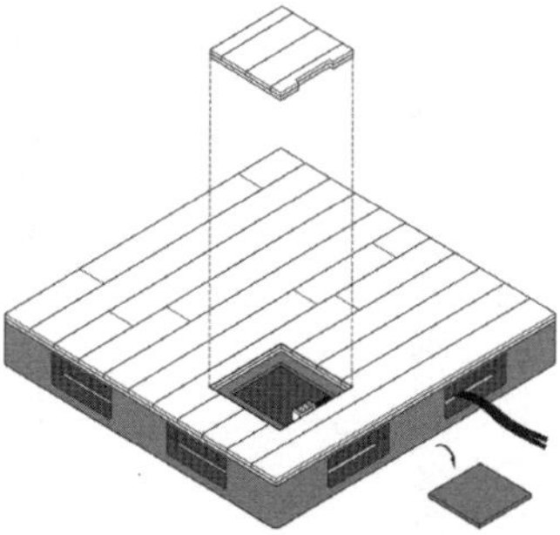

圖 7-4　使用物流用棧板的 OA 地板。

可能取得的材料來設計，我們選用了原本用於不同途的物流用棧板和塑膠容器。這項計畫深受全世界喜愛，模仿這種辦公室設計的例子瞬間遍佈世界。

## 移動2　人的移動

不只是物件的移動，人的所在地或者功能轉移，也是一種變異模式。比方說現代各科的醫學院學生都必須在醫院內實習。這項制度的前身是一八九三年威廉・奧斯勒（William Osler）建立的住院實習醫師制度。醫療現場有人手不足的問題，而醫學生如果沒有親歷醫療現場也無法進行扎實的學習。而醫療現場的實習制度正是用移動式發想連接起這兩種需求的好例子。這項制度不僅成為醫療教育過程中優異的教育課程，更有減輕醫療現場人力負擔的效果。

巧的是同樣在一八九三年，紐西蘭成為世界上首個承認女性參政權的國家，女性進入了過去由男性獨占的政治領域中。克服歧視的發想，往往可以靠移動式發想來解決。讓奧運模式套用在障礙者身上的帕奧（Paralympic Games）誕生等，也是這種移動式發想的例子。

由穆罕默德・尤努斯（Muhammad Yunus）創建的孟加拉鄉村銀行（Grameen bank），提供貸款給傳統銀行不願服務的貧困者。貸款給缺乏社會信用的人士確實有還款機率的風險，而孟加拉鄉村銀行是如何克服這個問題？孟加拉鄉村銀行刷新了對信用的思考，認為有愈多朋友願意擔任保證人的人士，愈是認真、值得信賴的人。他透過「團結組」，讓同組內的五人擔任彼此的貸款連帶保證人，開創了小額貸款（之後也運用於其他機制上）。借用既有的連帶保證人機制，建立一個貧困階層也能貸款的社會，提高了大家對工作的意願和生產性。因為發明這個機制，尤努斯榮獲諾貝爾和平獎。只有特定立場的人才能擁有某些權利，這或許也成為過去社會所生的幻想。要跨越歧視、獲得平等，移動式發想是非常有效的方法。

過去除了有轉移人的位置或角色的發想，同時也數度發明過遠距溝通裝置。例如古時的狼煙或者信件。另外特別顯著的就是貝爾發明的電話（telephone），以及費羅・法恩斯沃斯（Philo Farnsworth）發明的電子式電視（television）。如同其名中的遠距（tele）所示，這些裝置都成功地讓人的一部分移動到遠方。之後又陸續出現了融合這些技術的視訊通話，以及在新冠肺炎蔓延時迅速普及的網路視訊會議系統或者智慧型手機等，這些讓人類身體移動到遠處的發想，為人類行動的自由帶來莫大影響，也加速了社會的變化。

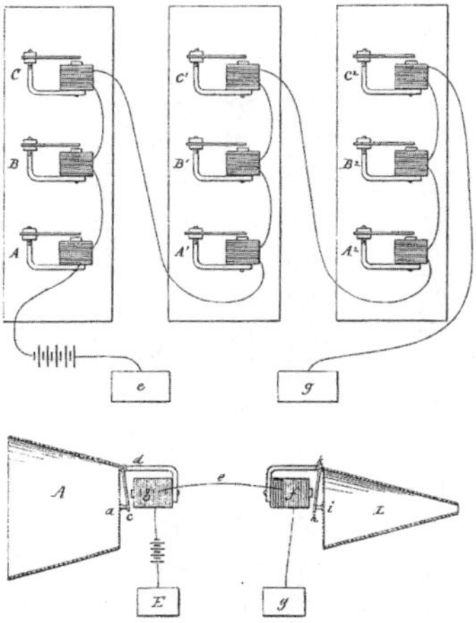

圖 7-5　格拉漢姆・貝爾的電話專利圖。

## 移動3　空間的移動

如同外來種在其他地方迅速繁殖，創造性如果來到跟以往完全不同的空間，有時會因移動式發想迅速帶來傳遍社會的創新。讓行駛路面的電車移動到地底的地下鐵，將橋移到船身裡的汽車渡輪等，這些都可以說是從移動空間的發想所產生的變異。一開始的發想或許有其意圖，但無論是否為偶然，試著將原本的發想移動到其他空間，可能會意外地順利。這類發想我相信一定還有很多。

我們也可以移動過去的銷售市場，轉而經營其他內容。以電腦遊戲席捲全世界的任天堂，原本是生產花牌，也是日本第一間生產撲克牌的公司。在開發娛樂用機器的過程中，發展出電視遊戲產業。儘管原本是門外漢，但是任天堂最大限度地運用了類比遊戲時期培養起的通路網，迅速將全新的電腦遊戲帶入全日本的市場。回想我小時候，玩具店跟電視遊戲的關係似乎比現在更深厚，因為任天堂已將市場從玩具轉移到電視遊戲。

而現在對社會帶來最大影響的移動，就是從實體到數位的服務移動。九〇年代初期，世界上還沒有所謂數位空間中的市場，而傑夫・貝佐斯（Jeffrey Bezos）看準了這個商機，在一九九五年創立了亞馬遜（Amazon）。緊接著它們的腳步，數位商城席捲社會，我們的消費瞬間從實體轉移到數位空間中。亞馬遜的成功讓貝佐斯在二〇二〇年時成為坐擁二十兆日圓資產

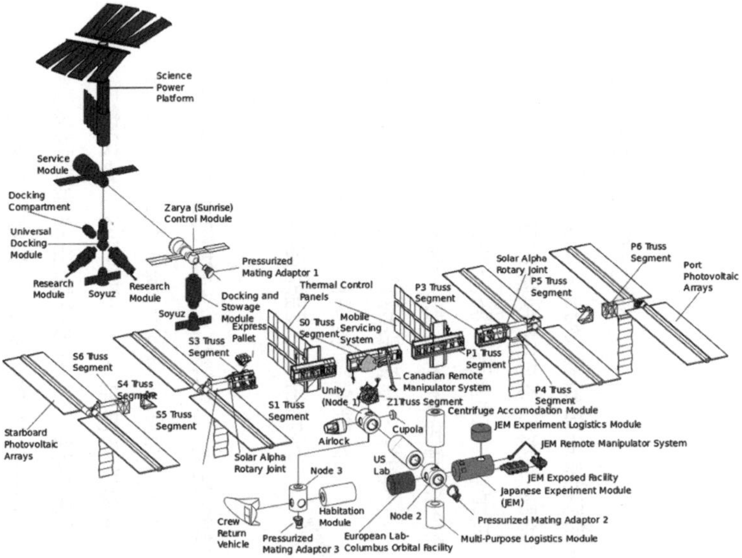


圖 7-6　ISS 國際太空站的結構。

的世界首富。這也是一種壯闊的移動，將既有服務大規模地移轉到廣大且未開拓的數位新天地。

說到新的文明移動地點，近年來宇宙開發領域發展相當蓬勃。要在宇宙裡打造停靠火箭的太空站原本就是一種移動式思維，這關係到如何將地上各種物件移動到宇宙空間的技術面，為人類史上首見的龐大移動挑戰。民間宇宙開發也相當蓬勃。過去各國投資開發導彈技術的技術轉用至宇宙火箭，大家想當然地認為發射後的火箭只能就此拋棄。不過由伊隆・馬斯克（Elon Musk）創建的太空探索技術公司（SpaceX）開發出透過機器人控制讓火箭再次回到發射台的技術，有機會大幅降低成本，因此匯聚了民間投資，形成新市場。離開地球、走入宇宙空間的商機依然是未開拓的領域，太空旅行或者太空生活所需的基礎建設等技術也尚未確立。總有一天這些創造或許會催生出誕生於宇宙、能適應宇宙空間的人類。聽起來像是出現在機動戰士鋼彈裡的宇宙移民者（Spacenoid），從地面轉移到太空中的大遷徙，會有什麼在等待著我們呢？現在的我們並不具備能適應宇宙空間或者其他行星的身體，但是從今以後的創造，或許可以實現這個願景。

移動到其他空間、應用在完全不同的領域，這些都需要很大的勇氣。在不習慣的領域中，往往要嘗到許多失敗。但是不管我們是否願意，在這個世界上誕生的創造，都有可能移動到其他空間。就像生態系棲位被填滿，儘管錯誤頻仍，未知領域還是會自然而然被開拓。光是留在現在身處的地方，很多創造根本無法發生。唯有抱持勇氣大膽轉移到其他地方的人，才能幸運地與嶄新的創造相遇。

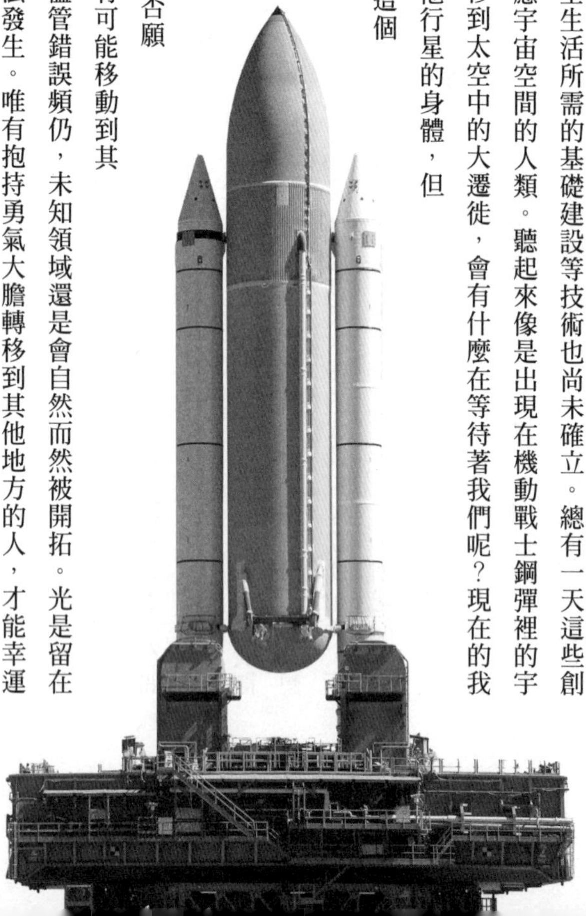

圖 7-7　目標宇宙空間，挑戰壯闊的移動。

**☑ 演化習作09　移動（在～上的x、為了～的x）〔15分鐘〕**

如果一個地方不開花，其他地方還是有開花的可能。不管是人或者物件，移動到跟過去不同的場域，就有可能發揮全新的價值。請試著在思考中導入這種移動式變異。

技術的移動：這種技術有沒有可能應用在其他領域？
人的移動：有沒有可能改變相關人或者其配置？
空間的移動：有沒有可能把物件移到另一個地方？

有沒有可以從「在～上的x」「為了～的x」這些句子中能聯想到、令人出乎意料的答案？試著幻想移動到完全不同的空間或人身邊的樣子。盡量寫出腦中想到的關鍵字。想像這些移動，嘗試造出新詞。例如「青空教室（讓教室移動到青空之下）」，先想像出能表現移動目的地特殊性的名稱，會更容易接近具體的形象。

偶然變異 6

# 交換

## 試著替換為其他物件

「明天我們就要畢業了，以後也要繼續禿破自我，一起走下去喔！」

……選字錯誤毀了美好的青春場景。在同一種語言中，也可能頻繁發生字詞的交換，語言的錯誤總經常跟交換有關。語言是字詞的連續，串聯起字詞、形成文章。這些字或文章假如是相同等級的資訊單元，彼此就有可能互換。因為有這種交換可能性，才會發生口誤、誤聽等語言中特有的錯誤。這些交換的錯誤往往有可能誕生過往不存在的字詞組合。

變異源泉DNA，也具備類似語言的可交換性。我們將運用這種具有生命的可交換性質，人為地運用在基因重組技術上。在演化中，有些物種其生物的表型彷彿出現了局部的交換。生態系裡也能觀察到許多物種演化出實際交換的行動。在「進化思考」中，我們以「交換」這種變異模式來解釋交換式的表型演化，以及交換某些部位的行動演化。

## 生物演化中的「交換」

讓我們來看看生物在演化上獲得的交換行動，寄居蟹背上的螺殼是常見的例子。寄居蟹是介於蝦跟蟹之間的動物，會在脫皮後成長。不過寄居蟹並不像蝦或蟹一樣擁有發達的甲殼，牠保護自己的生存策略是背上其他個體留下的螺殼。透過這樣的方法，牠可以不耗費生產成本就穿上強大的鎧甲，但是每當脫皮後身體變得更大，螺殼便會不合身，需要定期交換。因為需要與身體大小成正比的螺殼，寄居蟹們會按照大小排成一列，依序一一更換更大的螺殼，同時搬家。

水鳥也會在體內巧妙地運用交換功能。浮在冰點下寒冷湖水中的水鳥，為什麼不會患上低體溫症？把腳放進冰冷的水中，體溫應該會漸漸降低。但水鳥體內具有從腳部流出的冰冷靜脈跟流向腳部的溫熱動脈這種交雜的結構，能夠在血管之間進行熱交換，藉此讓動脈來溫暖靜脈中的血液、維持體溫。這也可以說是一種靜脈和動脈的融合（於205頁「融合」中詳述）。這種熱交換的機制有個帥氣的名字，叫做「迷網」。

另外布穀鳥的托卵，也是一種透過交換來適應的演化。不只布穀鳥有托卵的習性，小杜鵑、喜馬拉雅中杜鵑，非洲的針尾維達鳥還有北美的褐頭牛鸝等，世界中大約有八十種、占整體約

變異≫　變量　擬態　消失　增殖　移動　交換　分離　逆轉　融合

一％的鳥屬於托卵鳥。托卵是一種將卵產在其他鳥巢寄養，瞞騙寄生的技巧。當然，被騙的鳥為了自己後代的生存，也必須努力識破這種伎倆。欺騙跟被欺騙雙方在演化上的軍事競賽，就這樣綿延了數百萬年。這就是所謂的「紅皇后」（Red Queen）競爭。經過這種協同演化後，托卵鳥的卵在顏色及形狀上會擬態為被欺騙的一方，甚至有些物種連雛鳥都長得很像。另一方面，能識破這些偽裝的能力也愈來愈高。

布穀鳥會先將巢中的卵丟掉其中一顆後，再產下自己的卵。奇妙的是，這顆卵的顏色漸漸跟巢中其他的卵相似，企圖瞞過親鳥的眼睛。不過接下來才是重頭戲。布穀鳥的雛鳥比其他的卵先孵化，在眼睛還看不見時，就把其他的卵全丟出巢外。如此一來就能獨佔所有食物，甚至長得比親鳥更大，直到此時親鳥還是會持續餵養食物給這冒牌的孩子。如此驚悚的生態簡直能媲美推理劇。這種交換之所以能成立，是因為冒牌貨跟本尊十分相似。要從生物身上學會交換式思考時，與想交換的東西擬態具備相當重要的意義（於118頁的「擬態」中詳述）。因為具備某種共通性質，才有可能發生交換。

## 創造中的「交換」

人造物的設計或發明遠勝生物，有幾乎數不清的交換式發想。例如規格化製品，皆以可交

圖8-1　原子筆筆芯，可交換的設計。

換作為前提。在社會上實在有眾多的交換式發想，為了方便說明，以下大致分為「實體交換」；「意義交換」；「概念交換」這三類來進行說明。

## 交換1　實體交換（WHAT）

大小或性質相近的東西，可以進行實體交換。例如電池，還有不同顏色的原子筆芯。或者是硬碟、空氣清淨機的濾網、垃圾袋、底片、內褲、印刷用紙、遊戲卡匣、光碟片、自動販賣機裡的寶特瓶飲料、日式建築的透光格子紙門、紙拉門、榻榻米等，實體交換是一種創造的模式。為了確保可交換性，市面上有許多規格化的材料。

經過規格化的東西往往設計為方便交換。規格化發展順利，也能加速技術進步。因為擁有規格化的安裝座，才得以從白熾燈

圖 8-2　燈泡和安裝座是以交換為前提而設計。

泡順利地交換為LED燈泡。

為了進行交換，必須統一尺寸或者物理性質等特質。氣體填充是其中一例，洋芋片的包裝袋裡原本填充的是空氣，但替換為氮氣後可以防止氧化。便利商店的飯糰內餡可以膠狀充填，大小相似的玩具能放進扭蛋裡等等，實體交換的先決條件是交換物件彼此之間的物理性質相似。反過來說，為了提高偶發式發想，我們也可以練習讓自己挑戰慣於替換相同尺寸的東西。比方說把果醬塞進飯糰裡，說不定會意外地好吃。

圖 8-3 儲存媒介具有各自的容量，往往會經過規格化設計讓彼此可以交換。

## 交換2　意義的交換（WHY）

即使是實體並不相似的東西，與具備相同意義或目的的物件交換，往往可以引發前所未見的創新。比方說解剖某個物件，更換為具備相同目的的其他技術，有可能為創造帶來戲劇性的進展。以引擎取代馬，再以電動機取代引擎，雖然形狀都完全不同，不過同樣具備帶來動力這個共通目的。

為了追求方便性和節能的光亮，夜晚的光源從蠟燭、煤氣燈、白熾燈，進展到了ＬＥＤ燈。又如同電腦的儲存設備，從打孔卡到磁片、硬碟，又更換為固態硬碟（ＳＳＤ），不斷演化，這也都是交換為具備共通目的的其他東西。交換為具備相同目的的東西，我將之定義為「意義交換」。意義交換的先決條件是交換對象彼此須能達到同樣目的（ＷＨＹ）。

創造是物件的演化，必須從選擇端而非適應變異端去探究才能一窺真貌。沒有方法確實無法達到目的，但目的永遠應該優先於方法。選擇的方向是基於目的而決定，變異則是其方法的發生。創造性誕生於兩者間的往返。相對於壽命較短的方法手段，目的往往持續幾萬年都不會改變。這麼一來在技術史上必然會發生基於相同目的的交換不同方法的現象。

## 交換3　概念交換（THAT）

在人類社會中，還有種類獨特的交換式變異，單純為了在概念上形成交換而出現的創造。我們立刻能聯想到的就是貨幣。貨幣本身由金屬跟紙張製成，不具備任何功能，但是因其在社會上的信用，可以進行交換作為價值的代替品。因為有這樣的代替品，我們不需要用大量的米或者蔬菜等物體來進行交換，非常方便。

比方說買郵票寄送貨物、買門票入場、買車票搭電車、刷卡換取里程、買股票獲得工廠、買保險換取將來的保障、交換合約換取彼此間的約定、透過暗號來確認夥伴的存在等等，這些都是先設定了價值代替品後方便進行交換的交換式發想，交換跟創造之間的關係密不可分。可以做為交換代替品的機制有很多。其中有些並不一定有實體形態，因為連結到社會信用，使交換得以成為一種約定。最極致的就是語言，這是一種讓彼此無法交換的思考進行概念交換而發展出的道具。

至今為止，透過「實體交換」、「意義交換」、「概念交換」誕生出許多發明。反過來說，學會了交換式思考之後，就等於取得了一種創造中的常見發想方法。進行發想時，請隨時提醒自己交換的可能。

圖 8-4　世界上最古老的硬幣，琥珀金（electrum）（原寸大小）。

圖 8-5　世界上第一張郵票「黑便士（Penny Black）」（原寸大小）。

### ☑ 演化習作10　交換I（將～換成～的x）（15分鐘）

如同LED燈泡取代了白熾燈泡、CD取代了唱片，我們有沒有可能用效率更好的東西，來取代既有的物件呢？

請試著聯想「將～換成～的x」的各種可能。假如想不出來，可以先試著解剖x。接著觀察x的元素，想像有沒有可能交換為跟這些元素具備相同性質的東西。把想到的東西盡量寫下（解剖將於216頁中詳述）。

### ☑ 演化習作11　交換II（x的代替品）（15分鐘）

我們的生活中有很多類似貨幣、能夠進行概念意義交換的機制。請想像有沒有其他類似這種機制，發行可以代替x的東西，以提高流動性的機制。實體交換會面臨流動性的問題，但是轉換為概念交換後，或許可以提高流通的速度。

但是概念交換總是容易被盜用。請想一想為了防止針對這些機制的偽造或駭客，該如何提高這些機制的信賴性。

# 偶然變異 7 分離

## 試著區分不同的元素

「語言是不可分割的」

「語言　是　不可　分割的」

「語　言　是　不　可　分　割　的」

「ㄩˇ ㄧㄢˊ ㄕˋ ㄅㄨˋ ㄎㄜˇ ㄈㄣ ㄍㄜ ㄉㄜ˙」

說話方式好像愈來愈奇怪，不過就像上面所寫，語言具備可以分離的性質。語言有音節、有文字、有詞語、有子音跟母音，每個部份逐一疊套，語言結構本身就是由好幾層可分離的機制所套嵌而成。在第三章的「解剖」裡還會再詳述，各種物件跟語言一樣，都包裹在好幾層概念的膜之下，內部可以進行階層式的分離。不只語言，物件和生物也都具備可分離的結構。分開之後可進行交換，各自負擔不同功能，也更容易移動到其他地方。各種人工物件也經常將應用此性質，儼然形成一種模式。

## 生物演化中的「分離」

我們的身體中也存在各種為了分離內外而發展出的分離結構，雖然區分為多層，卻能整體合而為一發揮機能。

在演化歷史中也數度出現生物體內形成新的膜狀物，區隔開生理機能。能包覆在膜中，就表示可以將膜內側視為獨立存在，避免內外之間的干涉。獲得膜之後，各部位才得以分離。乍看之下膜並不具備功能，但其實是很重要的存在。從極小單位細胞到最外層的皮膚，膜在體內重疊數層，生物也藉由膜帶來的分離獲得了各種生理功能。

這麼想來就會發現，各種生物的皮膚正是為了隔絕外界對身體內部的影響而演化出的分離功能。皮膚分為可恢復的表皮；形成外

圖９１　植物導管也分離為無數個。

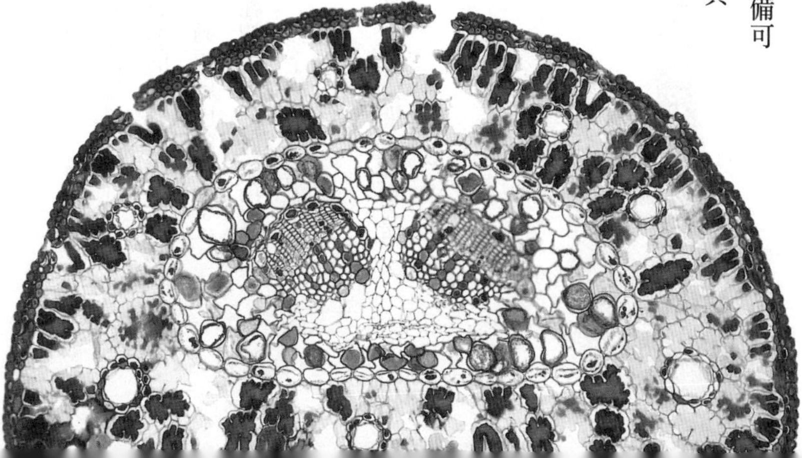

變異≫
變量
擬態
消失
增殖
移動
交換
分離
逆轉
融合

界影響緩衝層的脂肪，得以靠靈活彈力承受外界的打擊，安全守護內部不受外部影響。很多物種的外皮有時也會演化為諸如犰狳、烏龜，或者獨角仙、螃蟹等具有堅硬外殼來保護內部。

有些生物因為其所獲得的分離能力，發展出相當有趣的生存策略。最有名的就是斷尾求生的蜥蜴。如同大家所知，蜥蜴在遇到危險時會截斷自己的尾巴，趁隙逃生。蜥蜴尾巴的椎體之間有容易斷裂的連結處，皮膚也有缺口，所以尾巴很容易斷裂。這也是一種讓體內分離結構發達的變異。而且尾巴斷掉後有一段時間會像有生命一樣地擺動、扮演誘餌，甚至還能以驚人的速度再生。

生物巧妙地在演化中運用分離，讓身體適應。無論是在身體內部的各種元素之間，或者是區隔身體與外部的皮膚，分離策略在各種生物身上都是自然發生的形質。

圖 9-2　蜥蜴尾巴可以分離。

## 創造中的「分離」

跟生物的分離式演化一樣，道具的創造也運用了分離式發想。

其實光是能妥善分離物件，就已經很有價值。袋裝洋芋片裡如果混入頭髮或小蟲，就失去了價值，同樣的道理，某些成分要能被獨立區分出來，才能發揮作用。廢棄物回收再利用也是如此，依據素材分類，提升其作為資源的價值。精煉石油或藥品製成也一樣，是否能分離雜質是製程中的重要關鍵。也就是說，如果能從混雜在一起的東西中分離出某種成分，將可以帶來價值。

只要有分離，就一定會存在分離壁。仔細想想，人類過去曾經發明過無數次分離壁。在我們的生活中也使用著許多種用來分離、膜般的道具。膠囊、外包裝、塑膠容器、杯子、罐子、瓶子、鍋子、便當盒、抽屜、鞋子、袋子、綳帶或者衣服等布料、窗簾、保險套、上下水道、牆壁、天花板、房間等，不勝枚舉。這些日用品幾乎都相當於一種膜，運用各種不同素材製成的分離壁，層層包裹。另外還有付費會員跟免費會員、垃圾分類、團體對抗賽等，這些概念上的分離也是常見的發想。

除了發明形成分離壁的素材和機構外，我們也看過許多種局部連接膜內外的開口發明。鈕扣、軟木塞、鋸齒狀瓶蓋、鞋帶、拉鍊、墊片、鑰匙、門、窗簾軌道、閘口、逆滲透膜、剪票口，這些都是為了讓內部和外部得以往來才出現的開口發明。除了實體的膜開口，另外像是電氣開關、阻擋垃圾信件的過濾器等，也都屬於這類發明。還有像是巧克力的刻痕、紙張的撕線、防偽安全貼紙等，設計為不可逆的開口設計也屬此類。也有許多諸如濾茶網、滲透膜、透析器、篩網等過濾裝置，還有類似離心分離機等，專為區分出不同成分的發明。廣義上來說，分解髒汙的肥皂和抗菌劑等也屬於分離式變異。這些分離模式是典型的創造式變異之一。分離式發想如果從膜和開口這兩種角度來思考，會比較容易了解。

以下介紹幾個歷史上出現分離式發明的實例。

十八世紀末，拿破崙一世（Napoléon Bonaparte）為了軍隊的糧食補給相當苦惱。於是他懸賞徵求優異的食品保存方法，呼籲市民提供發明。

一八〇四年，糕點師傅尼古拉・阿佩爾（Nicolas Appert）發明了將食物加熱後裝瓶保存的方法。這

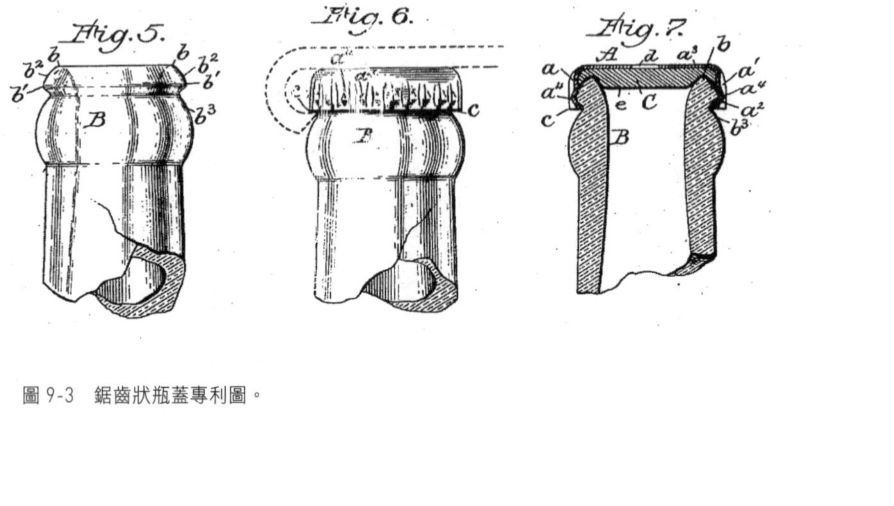


圖 9-3　鋸齒狀瓶蓋專利圖。

也是一種膜的發明。因為有阿佩爾發明了這種瓶裝法，一八一〇年英國的彼得・杜蘭德（Peter Durand）才能發明出金屬罐頭。

一八九二年，為了解決過去用作保存瓶蓋的軟木塞有腐爛、氣密性低等問題，威廉・潘特（William Painter）發明了鋸齒狀瓶蓋。儘管領域不同，但這也是一種挑戰膜的不同開口方式發明。日本人熟悉的「好咖哩」（Bon Curry），是一九六八年首次問世的調理食品。對人類來說，病原細菌可說是最大的威脅，如何保護食物不因細菌而腐敗，是與生命息息相關的問題。不僅如此，這些讓食物得以長期保存的技術，也可以幫助少量糧食發揮其最大限度的功用。這些發明都算是一種與食品保存相關的膜。

另外，與鋸齒狀瓶蓋發明幾乎同時，威特康・賈德森（Whitcomb L. Judson）構思了某種發明。不擅長綁鞋帶的他，一想到全世界的人每天都被這麼麻煩的事剝奪一段時間，覺得愚蠢至極。於是他開始思索更簡單的綁鞋帶方法，經過種種嘗試與錯誤，最終在一八九三年發明了拉鍊。這個發想如各位所知，不僅運用在鞋子，日後擴及到服飾、帳篷等建築領域、和雜貨等許多產業，讓我們的生活更加方便。拉鍊也是一種在膜上形成開口的發明。

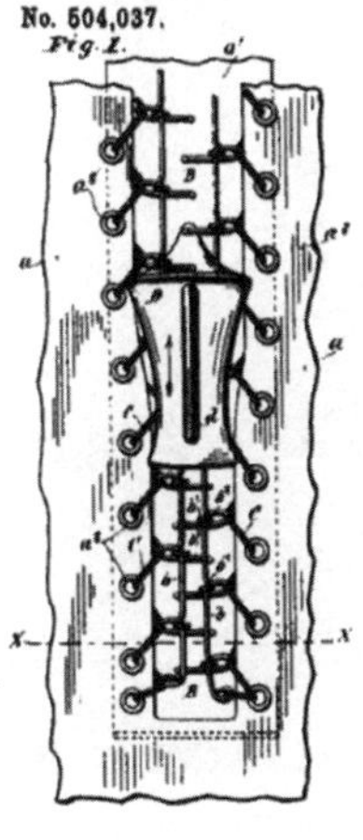


圖 9-4　拉鍊專利圖。

## 設計「分離」

提到這些歷史上的重要發明，可能會覺得門檻很高，但實際上在我們日常生活中有很多大家容易想到的道具，正是源自這種分離式變異思維模式。密封罐或油罐等各種容器自然不用說，皮夾、筆筒、收納家具等也都屬於為了分離所發明出的膜，可分離的拆卸式提包、把手可拆的平底鍋、單鍵拆卸的相機雲台、利用磁鐵吸附的連接器等，這些都是運用分離性質來創造的例子。

以下介紹我曾設計過的案例。

PLOTTER是家專門為創意人士提供類比工具的文具品牌，NOSIGNER為該品牌整合企劃，其中也負責一款網狀小包

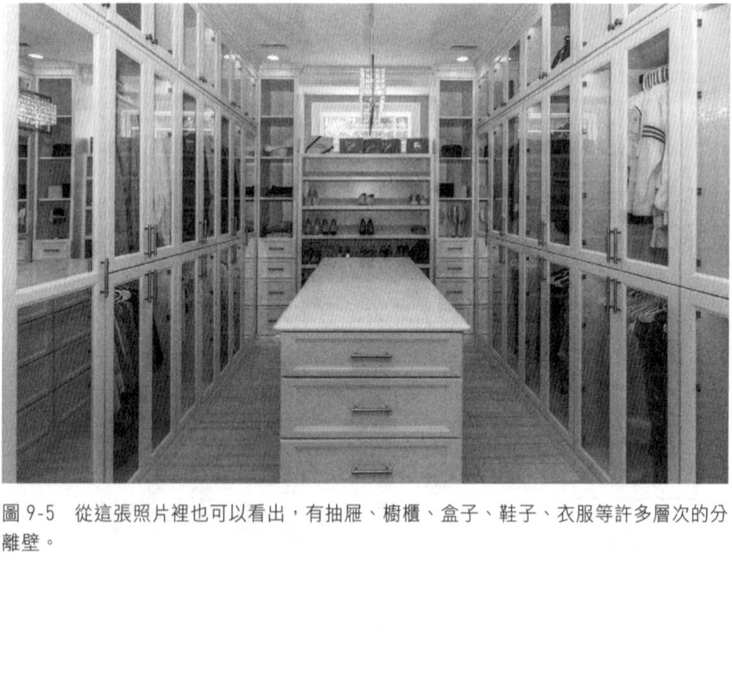

圖 9-5　從這張照片裡也可以看出，有抽屜、櫥櫃、盒子、鞋子、衣服等許多層次的分離壁。

的改良設計。

過去的小包通常設計以拉鍊開啟，需要多費一道拉拉鍊的功夫。我們在開口處採用攜帶式菸灰缸等常用的彈口夾機構，可以瞬間開啟這個網狀小包。以往的小包從打開到取出東西大約要花五秒的時間，我們所設計的這款網狀小包只需短短一秒。除此之外，在設計上只有單面為網狀，內部為雙層結構，所以不希望被一眼看穿的物品可以收納在隔層，使用上更加便利。其實這兩種設計上的工夫都屬於膜跟開口的一種，雖然稱不上發明，但是重新檢視開口，確實為我們帶來了新的發想。

圖 9-6　PLOTTER 改良開口提升使用方便性的 PLOTTER 網狀小包。內部也分成兩層。

## 將不可分的東西分離

分離的模式會衍生出疑問，「真的無法再繼續分離了嗎？」永遠能夠引導出新發現。比方說，有人會思考「光不能再分解了嗎？」白光透過稜鏡會折射出彩虹，這種現象自古就已經知道，但是過去一直以為這是一種白光上了色的現象。不過艾薩克・牛頓（Isaac Newton）卻以完全不同的思維面對。

他假設白光中原本就包含著各種顏色，透過稜鏡分離白光，將可看到彩虹。這就是所謂哥白尼革命式的發現。他以稜鏡將白光分離為七色彩虹，然後再次以鏡片集光恢復為白光，接著再次以此白光製造出彩虹，透過這場優雅實驗，他確認了白光中包含著無數顏色的光，相反地，將包含許多顏色的光束聚合在一起就會變成白光。當然，這項發現讓光學有了巨大的進展。

也有人不斷思考，物質到底可以細分到什麼程度。

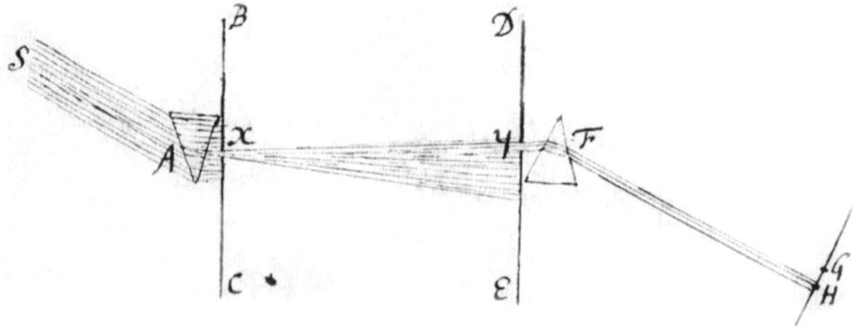


圖 9-7　牛頓親筆畫下的光的實驗草圖。牛頓認為就連光也有可能分離。

圖 9-8　「鐳放射線的影子」由鐳衰變為氡過程中產生的 α 粒子描繪出的影子。宛如一幅藝術作品。

古希臘的留基伯（Leucippus）和德謨克利特（Democritus）等人曾經幻想，假如把物質徹底區分到無法再區分的小單位，最後會留下什麼？他們的結論是，應該是小到眼睛看不見，無法再細分的微細粒子。無法再切分的細小粒子。他們結合了希臘文中意指「無法」的字根「a-」，加上意味著切分的「támnō」，組合成「Atom」原子這個概念。這種具先見性的概念十分正確。

之後又過了兩千三百年，研究鈾的瑪麗・居禮（Marie Curie）和皮耶・居禮（Pierre Curie）夫婦，提出鈾原子會釋放出放射線的假設，推測出其實原子並非不可再分離。居禮夫婦因此獲得諾貝爾獎。定義為無法再分離的東西，還是有可能分離。這種對可分離性的挑戰，大大推動了科學發展。

牛頓、德謨克利特、居禮夫婦等人的共通之處，在於他們不受常識拘泥的思維模式，別人深信不疑，認為不可能再分離的東西，他們依然相信有分離的可能。唯有擺脫成見的人，才能分離空氣、光，或者其他物質。

假如我們更細緻地面對某種現象，過去認為合為一體的東西上，也可能找出可分離的方法。可分離性將可帶來更高的純度，也能促進代謝。這種探究也是打破常識的方法。

**☑ 演化習作12　分離（將x分離為～）〔15分鐘〕**

想像分離的樣子。思考如何盡可能地分離，可以提高我們對一個物件的思考解析度，讓我們更容易駕馭。有時候可能只是我們自以為「x無法再細分」。該如何才能分離？

首先要徹底解剖、觀察內部。分解到認為不可能再分離的地步後，再進一步思考分解該部位的方法。或者也可以試著思考有沒有為比現在更有效率的分離方法？

1　**膜的分離**

要區分過去無法分開的物件，應該將其放進什麼樣的膜中？如果過去使用的容器有問題，該如何解決這些問題？

2　**開口的分離**

如果膜的內側跟外側需要頻繁出入，其開口部應該是什麼樣的形式？有沒有辦法用不同於以往的方法來製造開口？

偶然變異 8

# 逆轉

## 試著思考相反的狀況

舉世知名的企業家，軟體銀行創始人孫正義（Masayoshi Son），曾針對在推特上開他頭髮惡劣玩笑的人，留下這句名言：「並不是我的髮際線往後退，而是我在往前進」[29]。這句回覆引起網路上「無『髮』同意你更多了！」的強烈共鳴，甚至一片感動。在不傷害任何人的前提下，靠逆轉的發想將誹謗中傷轉變為感動，實在是位了不起的人物。

語言永遠具備逆轉及否定的性質，也有可能被解讀為完全相反的意思。日常對話中，我們經常會否定對方的認知、企圖校正，或者試圖辯解，運用反諷來強調等等，否定、逆轉表現在語言中帶有極重要的性質，讓溝通增添不少趣味。正負、上下、左右、男女、貧富、幸福與不幸、黑白等，許多詞語都已經有熟知的相反詞，中間則為模糊地帶。實際上兩者之間即使有灰色地帶，我們也會受到語言性質的影響，想清楚地區分出黑白，傾向於將世界一分為二，單純看待事物。排除曖昧有時可能很容易產生偏頗的觀點，也可能導致社會上的各種斷裂。語言並非萬能，正因為如此，我們才應該琢磨自己的變異式思考，掌握中庸之道，學習靈活地以其他觀點來看事物。

## 生物演化中的「逆轉」

其實在生物演化過程中，也頻繁發生著逆轉。例如每六人中大約有一位左撇子，出現左右逆轉的現象，每十三人約有一人屬於性別認同逆轉的ＬＧＢＴ（性少數者）族群[30]，兩萬兩千人中有一人出生時內臟反轉，也就是體內所有內臟都鏡像般左右反轉[31]。這些反轉並不特別，確實會以一定的機率出現，也是促進演化的多樣性之一。ＤＮＡ或者生物的生理機能，已經具備了偶爾會出現逆轉性變化的性質。

演化上也有很多生物，為了生存都以逆轉發想來達到適應。舉個好懂的例子，上下反轉倒吊的蝙蝠還有樹獺（樹懶）都屬此類。這些動物不知不覺中以與我們完全相反的方法來適應重力。我們會覺得這樣不會腦充血很不可思議，這是受限於既有觀念；對於血管中有止回閥的牠們來說，倒吊生活就像呼吸一樣理所當然。反過來說，對牠們而言或許覺得，「那些傢伙竟然用雙腳站立，那麼危險的姿勢還能站得住！」

逆轉式變異中，也有比較奇怪的例子。比方說光聽名字就已經很古怪的奇異多指節蛙（日文發音近似安部神戶），學名是（*Pseudis paradoxa*）。這種青蛙連學名裡都包含弔詭（Paradox）！奇異多指節蛙在蝌蚪時期非常巨大，但是成為青蛙之後體型反而變小了。變成大人不一定比較大。

有些種類的海馬每次會生出兩千隻左右的小海馬。這個數字固然有意思，但是更有意思的是，生孩子的不是母海馬，而是公海馬。公海馬身體裡有育兒囊，母海馬會將卵產在裡頭。幾週之後，公海馬在體內養大孩子、生產。對牠們而言，生產和育兒都是公海馬的工作，實在是非常出色的主夫制度。

還有一個有趣的例子。二〇一七年榮獲搞笑

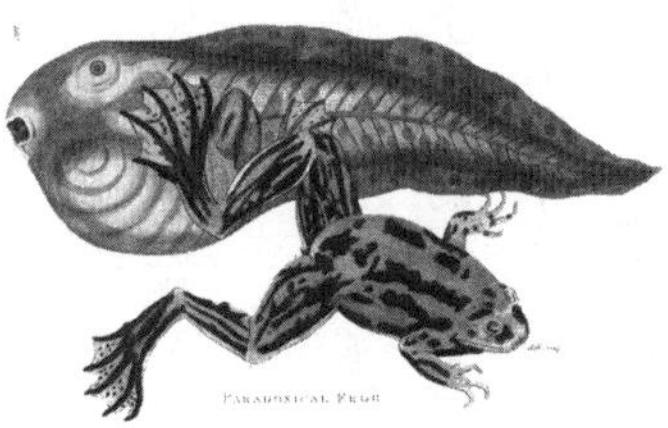

圖 10-1　親子尺寸逆轉的奇異多指節蛙。

圖 10-2　倒吊著生活的狐蝠。

諾貝爾獎的日本人，研究的是尼歐托格拉（Neotrogla）這種昆蟲的生態。尼歐托格拉是嚙蟲的一種，雌性個體上有細胞突起，會插入雄性個體生殖器裡受精。共同研究者吉澤和德（Kazunori Yoshizawa）表示：「『女生身上也會長小雞雞』，這是個連孩子也能懂的驚奇，我單純覺得是個很有趣的研究。同時，這個研究也改變了我們對性的印象，在演化和性擇上具重要意義。」發現這點的人真厲害。這個世界是如此廣大。有很多上下顛倒、左右逆轉、凹凸互補、顏色反轉等等，出現逆轉式變異的生物。

另一方面，除了這種物理性逆轉，還有些從我們人類的認知看似乎演化為顛倒狀態的物種。例如「不是～的x」、「重回～的x」「～相反的x」等，看來狀況剛好逆轉的物種。舉幾個例子。

明明跟馬還有貓是近親哺乳類，但會在天空飛、倒掛在樹枝或天花板下的蝙蝠也是「不在陸地生活的倒吊貓」，充滿許多與我們認知顛倒的習性。明明是河馬的近親卻在海中悠游的鯨魚，曾經從魚演化為可以在陸地生活，卻又回到海中，可以說是種「回到海裡的河馬」。古代人可能認為鯨魚是魚、蝙蝠是鳥吧。據說曾經指出鯨魚是胎生動物（現稱哺乳類）的，就是亞里斯多德。真不愧是亞里斯多德，如果受限於固定觀念，就不容易看出鯨魚和魚的不同及其生態本質。「說不定是相反的？」養成放下偏見思考的習慣，說不定可以帶來偶發的發現。

## 創造中的「逆轉」

「逆轉式發想」是導引出創造性點子的典型之一。創造總是從想像與常識相反的地方開始。從跟過去完全相反的方向看事物的觀點，總是推動著道具的歷史前進。試著反向思考吧。要養成逆轉式發想的習慣，可以區分為「物理式發想」、「意義式發想」、「關係式發想」來思考。

### 逆轉1　物理式逆轉

上下、左右、前後、表裡、凹凸、互補色、運動方向等，這世界上有數也數不清源自物理式逆轉的發想。

剪刀和吉他等左撇子專用道具都是鏡面反轉的物件，也有很多像蝙蝠一樣倒掛的紅酒杯和平底鍋等廚房用具。你的衣櫃裡可能也會有幾件可以內外反穿的衣服。

這種單純的發想有時可能會給社會帶來重大的影響。一般相機的觀景窗，是為了拍下拍攝者前方的被攝體，不過智慧型手機等的內建相機卻可以逆轉這種關係，讓拍攝者成為被攝體，能從螢幕上看見。這個結果戲劇性地變化改變了我們的溝通。沒有錯，就是自拍功能跟視訊通話。透過逆轉，全世界的人得以透過視訊通話看著彼此的臉進行溝通。電梯和手扶梯讓建築移動，而非人類，這也大幅改變了建築物內的移動，足以讓街景劇變的偉大逆轉式發想。伊萊沙・奧的斯（Elisha Otis）在一八五二年首次開發了足以安全搭乘的電梯。他創建的奧的斯公司成為全世界最大的電梯公司。電梯的發明讓建築得以沿垂直方向往上延伸，將我們從大型建築必須以水平方向擴展的既有觀念解放。都市開始有高樓林立，街景為之一變。伴隨電梯的誕生出現的超高樓群，從某種意義來看，也是將都市形象從水平逆轉為垂直的發想。

另外，也有些逆轉不可逆時間的創造。我們立刻可以聯想到的是錄影帶的倒轉等，除此之外再介紹一個未來備受期待的技術。玻璃一旦碎了就無法恢復原狀，而且又很容易碎，每年都得處理大量的廢棄玻璃。假如破碎的玻璃可以再恢復原狀會如何？真的有人開發出這種夢幻玻璃。東京大學的相田卓三（Takuzō Aida）教授等人在二〇一七年開發了可以自我修復的玻璃。這種以聚醚硫脲為素材的玻璃，碎裂之後只要緊壓一小時到六小時，就可以自然修復、恢復同等強度，就像皮膚的傷口重生。這類自我修復素材的研究，可能會讓建築和道具的使用年限有大幅成長。

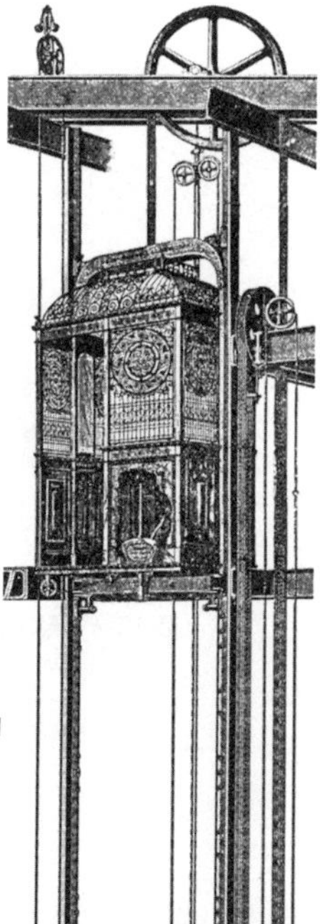

圖 10-3　1911 年，顯示奧的斯公司電梯功能的插圖。

## 逆轉2　意義式逆轉

逆轉式發想除了物理上的反轉之外，也有很多意義反轉的例子。許多話語都有相反詞，也可能從相反意義產生出新的發想。逆轉已經廣為世人所知的概念，可以更加突顯出發想的對比。

世界上許多學校都使用黑板，而「白板」的出現透過反轉顏色解決了黑板的不便，近年來反而是白板更常見。另外照明技術的發達，也產生了「黑光燈」這種不亮的燈具。這種燈具可以照射出紫外線，可以跟螢光塗料組合，呈現出ＫＴＶ包廂的特殊氣氛，或者用來消除病毒細菌、黏接紫外線硬化樹脂等，在許多地方都可以看到它的身影。「潛艦」這種一開始就沉入水中的船隻出現後，對軍事戰略以及安全保障帶來了莫大影響。速食是席捲全世界的龐大產業，所以才會產生相對應的慢食概念。

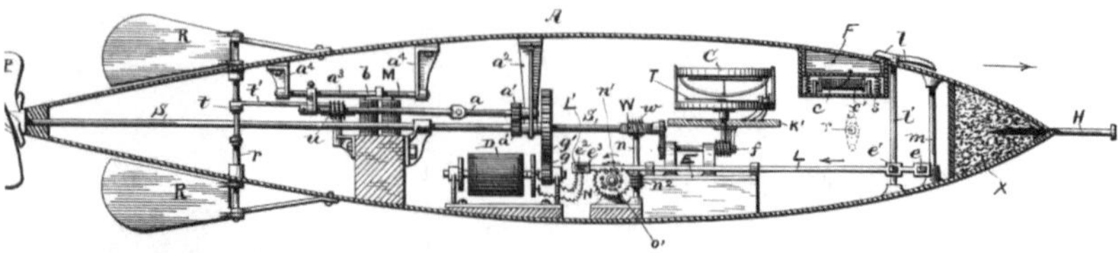

圖 10-4　最早期的潛艦專利圖。也是一種「已經沉沒的船」的逆轉式發想。

二〇一二年，荷蘭的阿姆斯特丹出現了一位代表夜間經濟的人物「夜間市長」。確立起「密碼」這種讀不懂的文字後，可以避開敵人耳目將資訊送給我軍，還能應用在網路上的安全措施及加密貨幣技術上，密碼發展為支撐資訊社會的重要基礎建設。數也數不盡的逆轉式發想，幾度改變了世界。當然，即使不是這種重大發明，一樣可以應用逆轉式發想。

我也曾經設計過一款「已經破掉的傳單及海報」。結構很簡單，第一張是面具，刻意撕破露出臉龐。這個設計用於由宮城聰（Satoshi Miyagi）先生所率領SPAC劇場為中心、持續在靜岡舉辦的「富士之國⇅世界戲劇節」品牌推廣，希望表現出戲劇本質在於面具之下的人性。撕下的紙也沒有浪費，製成戲劇節的掛旗點綴會場。

這種溝通手法獲得高度肯定，在WOLDA（世界標誌設計大賽）這項世界性商標設計比賽中，戲劇節的品牌榮獲識別部門的首獎。



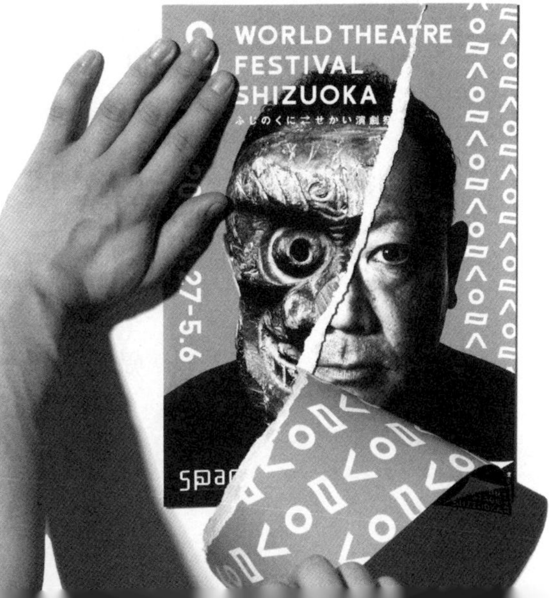


圖 10-5　富士之國⇄世界戲劇節 已經破掉的傳單。

## 逆轉3　關係式逆轉

即使覺得一切都很不順利，要放棄也還太早。不順利這個事實，一樣能以逆轉式發想來運用在創造上。有一天，喬治・德海韋西（George Charles de Hevesy）從知名科學家拉塞福（Ernest Rutherford）手中接收了一個看似有放射性鐳在內的鉛塊，受託將其中的鐳D分離出來。但是他再怎麼努力都無法順利分離。這也難怪，因為現在我們已經知道，這種放射性物質是鉛的同位素210Pb。「看來實在沒辦法。」這時他腦中出現了一個逆轉式發想。既然無法把鉛跟鐳D分離，這就表示可以反過來用鐳D標記普通的鉛。這種將放射性同位素用作示蹤劑的方法，成為大幅推動世界科學進展的重要發現。

阿爾伯特・愛因斯坦（Albert Einstein）也從計算怎麼都兜不攏的算式中些微的矛盾，打破了空間與時間是絕對的這種成見，發展出唯有光速才是絕對、空間與時間僅是相對的論點。這種逆轉式發想讓他發現了狹義相對論（Special relativity）。

我們深信不疑的東西，真的是絕對的嗎？說不定會有完全相反的可能。這種逆轉式發想讓德海韋西和愛因斯坦都獲得了諾貝爾獎。立場逆轉、時間軸逆轉等等，歷史上也曾經出現過許多因為關係的逆轉而發現的物件。

## 逆轉4　逆轉地球環境危機

面臨生態環境崩壞的我們，現在最需要逆轉式發想的或許就是資源領域。要讓文明持續，必須在所有領域上都具備足以大幅逆轉生態負擔的創造性。我們每天大量產出的垃圾，真的毫無價值嗎？逆轉式發想可以讓垃圾化為資源化、升級再造，也能修復廢棄物，重新賦予垃圾價值，再度安放於社會當中，而要達到這個目的，還需要發揮許多的創意。

讓各種素材升級再造，比方說現代電子機器或家電製品報廢後產出的電子垃圾，被稱為都市礦山，包含了黃金以及許多稀有金屬。假如能由此回收稀有金屬，將深具意義，可是一旦被製成複合材料，要從中單純取出一種物質可說相當困難，目前還沒有太多有規模的實踐，可說是今後備受期待的領域。最早提出都市礦山這種逆轉式發想的，其實是傳奇漫畫家手塚治虫（Osamu Tezuka）。他在一九六七年創作的《原子小金剛》續篇《小金剛今昔物語》[32]中，描繪了堪稱都市礦山的先驅概念。一想到當時嚮往他的漫畫世界的孩子，現在都已經長大成人，並且確實著手實現這種願景，就令人百感交集。一個發想可以帶給其他人靈感，超越時代、世代相傳，或許會逆轉將來某個時代。目前的生態環境已經突破了限界，針對這樣的狀態，我們是否也能試著寫出一部逆轉神話？

## 設計「逆轉」

下面為各位介紹一個我經手過的逆轉式發想。這個案子對個人來說，可以說是最沉重也最困難的課題，為了成功在日本設置放射性廢棄物的最終處置場，業主希望我運用「進化思考」來規劃出概念案，讓居民接受。

核能電廠產出的放射性廢棄物危險性很高，但難有妥善的去處，對世界各國來說都是相當棘手的問題。就像「沒有洗手間的公寓」這個比喻一樣，儘管沒有用過核燃料的最終處置場，卻還是每天不斷地製造出放射性廢棄物。為了完成放射性廢棄物的最終處置所提取的部分電費，現在已經超過一兆日圓。不過事情沒有那麼簡單。建設最終處置場需要當地居民同意，可是卻完全找不到贊成的地區。日本因為二〇一一年福島核災，國民對核能政策的信賴度極低，說明會上也往往出現許多反對者。當然，即使現在立刻廢核，總有一天還是需要進行放射性廢棄物的最終處置。而且放射性廢棄物必須安全地隔離數萬年。自從有了語言，我萬萬沒想到身為核能門外漢的自己竟會牽涉到這個如此困難的問題當中，只好試著絞盡腦汁整理了一份建言書。

關於放射性廢棄物最終處置場的設計策略，大致為如下內容。

1　將放射性廢棄物管理政策與核能發電政策切分（變異／分離）

NUMO（核能發電環境整備機構）和原環中心（核能環境整備促進、資金管理中心）名稱中的「核能發電環境整備」改為「放射性廢棄物安全管理」，從推動核能的概念逆轉，在政策上也完全切分。日本導入電氣的歷史還不到兩百年，數萬年後的我們不可能跟現在一樣還依賴著核能。首先在政策上應該加以分離。

2　展現出在福島事故中的反省及學習（選擇／系統）

真誠面對福島核災事故的原因，將從該失敗中的所學傳遞出去。既然安全神話已經瓦解，那麼從失敗中反省、學習日後的安全對策，才是形成共識之路。

3　告知民眾最終處置場將遠比現況安全（選擇／生態）

假如完成最終處置場的建設，危險性將比現在的狀況更低。因為日本各地的核電廠中，已經有總計數千隻的已使用的燃料棒，在海拔零公尺的已使用核燃料貯存池中等待處置。福島核災就證明了，依照現在的狀態放置不管，才是最危險的狀況。把已使用的核燃料封存在地下三百公尺深處地層的最終處置場中，才能確保國家的安全。

4

打造希望之丘（變異／逆轉）

將設置最終處置場的地點，逆轉為可再生能源政策中日本最重要投資據點。使其成為人類的「希望之丘」。我們可以聽見很清楚的反對意見，認為與其推動核能政策，不如發展可再生能源。承受過福島之痛的日本，沒能趕上其他各國腳步，順利轉換為迅速成長的可再生能源產業，是十分遺憾的事。假如可以運用耗費數兆日圓預算的放射性廢棄物最終處置場政策，或許可以實現地球未來的希望。

5

世界最大的蓋格計數器（Geiger-Müller counter）（變異／變量、擬態）

將處置場隧道挖出的大量沙包堆成一公里見方的大型太陽能發電廠（變異／移動），命名為全世界最大的發光蓋格計數器「HAPPY GEIGER」，成為傳遞安全訊息的聖地，在幾公里前就開始透過觀光進行科學溝通。直到運用結束之前，都能發揮促進世界理解的功能。

6

認真思考數萬年後未來的場域

語言大約在五萬年前出現。幾萬年後，這個世界上的生命可能已經是與現在完全不同的知性生命體，或許也不再使用一樣的語言。在這個前提之下打造出一個能夠以未來學角度進行探討的場域，研究無論面臨何種狀況，都能確保未來知性生命之安全的方法。

我們跟相關單位合作，共同整理出上述內容的建言書。對於將核能政策和可再生能源政策視為對立方法的人來說，我們期待這種逆轉式發想能夠帶來一線光明。這是個涵蓋複雜狀況的問題，我們並不確定實際上是否能夠依照建言執行，但是真切地期待能在日本、或者世界某處實現這樣的構想，在落實放射性廢棄物安全管理的同時，利用巨額資金加速永續社會的變化。

**☑ 演化習作13　逆轉（不是～的x）（15分鐘）**

懷疑理所當然的東西，聯想與其正好相反的物件。上下、左右、表裏等物理性逆轉，明暗、敵我等意義上的逆轉後，能發現什麼樣的可能？歡迎各種瘋狂的想像。盡量舉出多一點例子。運用「不是～的x」「反x」這些句式，刺激自己的逆轉式發想。

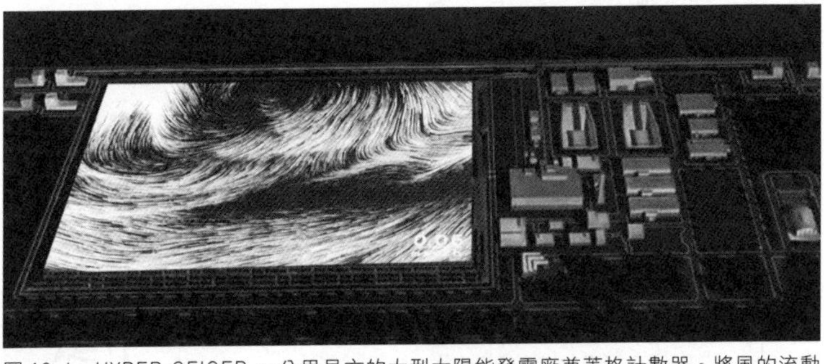

圖 10-6　HYPER GEIGER 一公里見方的大型太陽能發電廠兼蓋格計數器。將風的流動可視化。

# 偶然變異 9　融合

## 試著打造意外的組合

當我們發生口誤時，有種狀態是不經意地多說了些話。女友生日那天，想稍微奢侈地送對方 BVLGARI（寶格麗）珠寶，一旦說錯成「這是你最愛的 Bulgaria（保加利亞）」，瞬間成了請女友吃保加利亞優格。不小心把六本木 Midtown 說成「我們去六本木 Midnight town 吧」，大家腦中可能會浮現出戴著太陽眼鏡的三個詭異男子，深夜裡開車飛馳在路上的模樣。這種加法型的錯誤，也可以反過來應用在各種物件的命名上。咖哩＋烏龍麵、繪＋本、廁所＋紙張、塑膠＋袋，網路＋相機、網路＋拍賣。上面這些詞語的共通點，就在於它們都是由語言中的加法性質所構成的。不只人的語言，從數學、音樂，到編寫程式，各種語言中一定都具備融合的性質。在這種性質的導引之下，我們在生活中會偶發性地不斷融合各種概念。這些偶發的概念融合之後，又能接續創造出全新的概念。

## 生物演化中的「融合」

其實生物身上不斷發生著加法式演化。特別是原始生物的演化，與這種加法現象關係更加深厚。想想身邊的例子吧。包含我們人類在內，所有真核生物的細胞裡都有粒線體。人類身上約有三十七兆個細胞，每一個細胞都有三百到四百個粒線體存在。粒線體是提供細胞能量的重要器官。其實粒線體原本是跟我們大不相同的生物。粒線體這種細菌具備從氧氣和營養中有效吸收ATP（三磷酸腺苷）這種能量來源的能力，根據推測，二十多億年前真核生物誕生的過程中，可能透過共生關

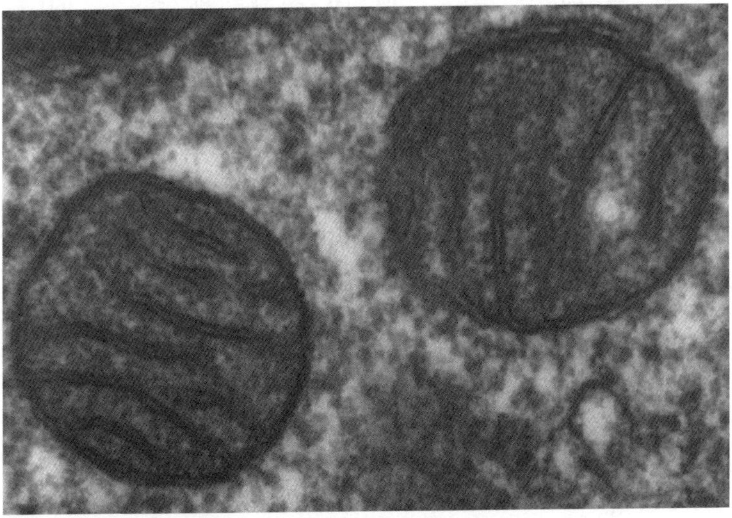

圖 11-1　真核生物的細胞裡，住著大量的古代生物粒線體。

係將該功能連同粒線體一起吸收到細胞中。粒線體含有跟母體的我們完全不同的ＤＮＡ，就是這項推論的證據。聽了真是叫人坐立難安，我們的身體裡竟然住著多達一京（一萬兆）的古代生物。

跟我們共生不可分的可不只粒線體。比方說腸內和皮膚的菌叢，也是一個例子。我們腸內有約一千種、共計約一百兆個細菌。多虧了這些細菌，才能幫我們消化食物。跟這些微生物共生，我們得以從外敵手中保護身體。另外像是口腔細菌、皮膚的共生菌、寄生蟲等，我們身上到底住著多少京的生物呢？在演化過程中經常可見這種與其他生物合而為一的現象。

珊瑚就是一個例子。珊瑚將小的海藻引入體內，用自己的外表來保護海藻長大。藉此珊瑚可以從海藻身上獲取營養跟氧氣。對珊瑚來說，海藻已經跟自己融合，成為不可分的存在。

另外，ＤＮＡ內其實也有融合現象。一九四〇年代左右，人類發現微生物透過基因水平移轉進行交配。原本以為這種融合式變異是罕見的現象，不過一九九〇年代隨著ＤＮＡ解析技術的發展，證實了這種微生物間ＤＮＡ移轉進行得極為頻繁。結果出現了兼具多種生物形質的個體。

嫁接就是一種運用生物各種融合性質所發展的農業技術。將某種植物體截斷，在該斷面接著其他植物體，之後成為兩者融合為一的植物個體。如果想要增加新品種果樹，假如仰賴生殖，由於基因無法固定、可能出現改變，這時便可以活用這種融合性質來讓果樹增殖。

## 創造中的「融合」

創造中也經常可以見到融合式變異。甚至可以說，創造遠比生物演化更容易融合，歷史上所有的創造幾乎都與融合型思考有關。演化和創造中的融合性質差異，我想可以用「犬男」為例來思考。

生物學上就算人類跟狗交配，也不會生出狗人。遺傳上的距離愈遠，交配成功率就會愈低。不過在創造中我們可以馬上幻想出像狼人故事般的融合。創造中並不存在融合的限制（於308頁「歷史」中詳述）。

我們在無意識間加入各種物件，而這些幻想也帶來的新的創造。在我們身邊也存在著相當多以融合式思考發明的物件。咖哩烏龍麵、弓箭、寶特瓶、水陸兩棲車、瑞士刀、照相手機、即可拍相機、奶油泡芙、電暖爐桌、吊車、輪椅、電動自行車、合金、調和式威士忌……真要列舉幾乎可以寫滿整本書，各種藝術、發明、傳承等創造中，都存在著無數的融合式變異概念。

> 七份硝石、五份新鮮榛樹枝、和五份硫磺放在一起，將可以創造雷鳴與閃電
>
> ——羅傑・培根（Roger Bacon）
>
> 33

培根一二四二年的這句話，揭示了合成火藥的配方。除了眼睛看得見的道具，素材的融合帶來的各種發明，也改變了世界。一旦世界上發現、發明新素材，周圍就會自然而然地產生各式各樣的融合式變異。例如諾貝爾發明的火藥，也是因為弟弟喪生於硝化甘油爆炸事件中，為了研究出安全的爆炸物而做出了硝化甘油與矽藻土的融合。而諷刺的是，這項融合發明促成了可安全利用於軍事用途的炸彈之開發，最後被用於戰爭上之後剝奪了更多人的性命。意外披上「死亡商人」汙名，同時累積起鉅富的諾貝爾，沉痛地留下遺言，創設了諾貝爾獎。

當素材或機制等基本元件發明出來後，就會像推倒骨牌般連鎖地出現這類融合式發明。諾貝爾的火藥固然是一種，從歷史上也可

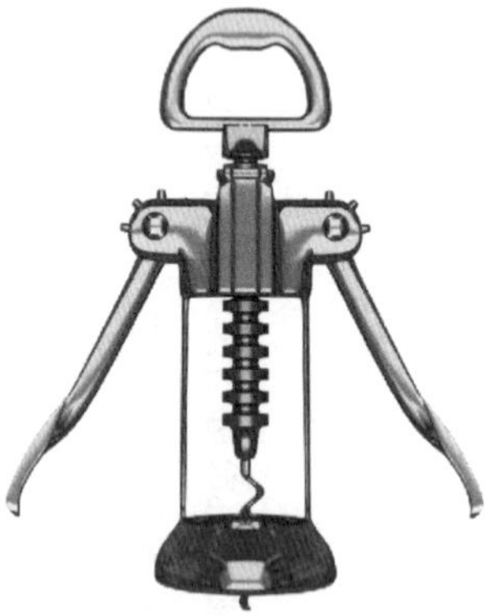

圖 11-2　開酒器＋開瓶器。

圖 11-3　咖哩＋烏龍麵。

以發現，諸如馬達、車輪、電池、引擎、顯示器等具備通用性的裝置一旦開發出來，轉瞬間就會出現納入這些裝置的融合式發明。

比方說一八八五年戈特利布・戴姆勒（Gottlieb Daimler）和威廉・邁巴赫（Wilhelm Maybach）兩人提出了汽油引擎前身的專利。原以為僅此而已，後來他們旋即將這具引擎裝載在二輪車、馬車以及小型船舶，瞬間成為各式交通工具的創始先驅。當時他們逐一嘗試將引擎裝載在各種交通工具上，一九二六年與賓士公司合併，開發出的技術帶給社會多大的衝擊，相信各位眼前的道路就是最好的答案。現在各個領域中也迅速地研究如何融合電池和馬達以取代引擎。

對融合的挑戰也開啟了嶄新學問領域的大門。一九二九年，德國年輕醫師沃納・福

圖 11-4　Xiaomi Corporation 馬達＋滑板車。

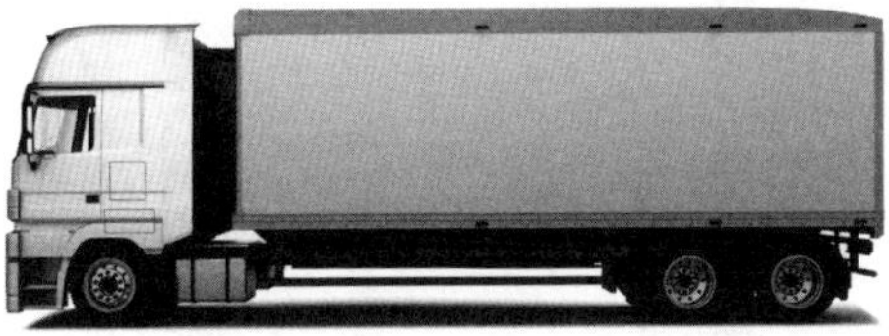

圖 11-5　汽車＋倉庫。

斯曼（Werner Forßmann）發現可以透過血管將一條細管插入人類心臟，但是沒有人會許可這麼危險的人體實驗。於是他割破自己的手腕，在血管中放入導管，將導管到達心臟的狀態拍下X光片發表實驗結果。實在是賭上性命的危險融合，儘管這項勇敢挑戰日後拯救了無數人命，當年他被視為危險人物，遭到大學解雇。不過福斯曼對危險融合的挑戰，經過十多年後獲得肯定，在一九五六年贏得了諾貝爾生理醫學獎。

發現DNA結構的詹姆斯・華生（James Dewey Watson）和弗朗西斯・克里克（Francis Harry Compton Crick），兩人的共同研究方法本身就是一種融合。華生是生物學家，克里克是物理學家，他們堅守本位，同時融合兩個不同領域持續探究真理，終於揭開了現在我們所知的生命符碼之謎。學際融合可以加速研究的腳步。

看似靈光乍現的學術或技術上之融合挑戰，有時會悄悄改變世界。約瑟夫・熊彼得（Joseph Alois Schumpeter）將這類概念稱為「新組合」（new combination），定義其為經濟發展上不可或缺的條件。後來他改將這種現象稱之為「創新」（innovation），被稱為創新之父。

也就是說，「創新」原本是為了說明融合式發想的概念而產生的詞彙。由此可見，融合跟創造從根本上就具有密不可分的關係。各種發明中都充滿著融合元件帶來的發想。

## 設計「融合」

智慧型手機上追加功能的發明，到底有幾種呢？電話、計算機、音樂裝置就不用說了，另外像是字典、遊戲、相機、機票、皮夾、指南針、地球儀等，各式各樣的功能都已經跟智慧型手機融合在一起。我曾經在 ggg 的個展上嘗試，假如把這些實際的物件都收集展示出來會是什麼狀況。我將寫下融合後的各種功能，並且排列出來後，眼前的光景十分驚人。如此龐大物量的發明，現在都收納在數位空間，掌握於你的手中。光是看到這一幕，就能了解數位化帶給社會的衝擊。過去的發明在融合某些東西時，總不免會生出一些多餘的形狀。不過數位沒有質量，可以不受實體限制地增加功能。數位加速了融合，代替生活中所需的各種道具。今後的智慧型手機還會融合什麼東西呢？當我們開始思考這件事，就表示已經跨出發明新手機的第一步。

當然，融合不見得總是順利。發想新手機時，並不是任何物件都適合融合。比方說如果把現有手機用膠帶纏上一瓶寶特瓶固定，就是具水壺功能的手機。但是這種新手機恐怕只會淪為笑柄，並不會贏得消費者青睞。提倡創新的熊彼得也說過：「即使把郵務馬車一輛接一輛相連，也不可能產生出鐵道。」換句話說，融合的發想中，不能缺少增加後依然保有簡單狀態的設計。

形義一體，想要增加意義，就必須增加形狀。要讓融合成功不能光是添加，還必須讓這些形態能美麗地互相融合，形成一個協調的整體。音樂的和音或許是個好例子。同時發出不整齊的樂音，多半都是不協和音。但是如果能找出對的組合，就可以像和音一樣超越加法，孕育出乘法的價值。世界上的道具不斷增加，尚未發現的嶄新融合可能也隨之增加。讓我們一起隨機嘗試融合，以美麗的融和為目標，探究新的可能吧。這正是創新的源流。

---

**☑ 演化習作14　融合（～＋x）（15分鐘）**

一一寫出認為有可能的融合。

想出許多融合的點子的訣竅，在於運用偶發性。現在眼前所見的景色中，就藏著許多可能的融合元素。環顧周圍，試著融合眼前的各種物件。沙發、白板、電視、桌子、椅子……在幻想中反覆融合，其中或許百件中會有一件值得期待的演化。

---

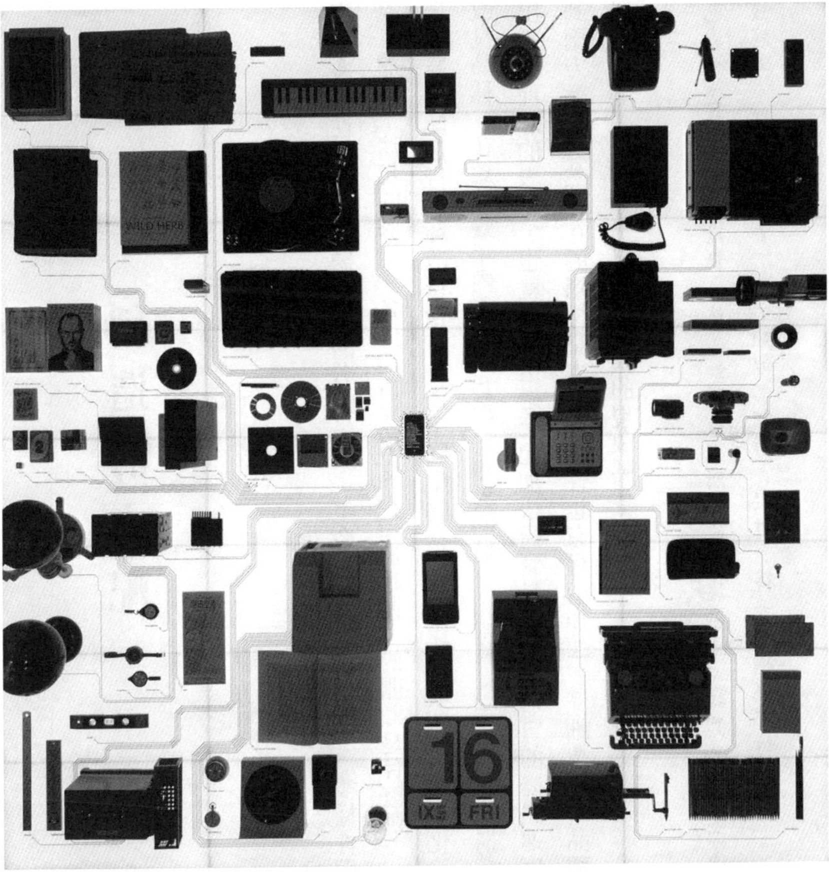


圖 11- 6 ggg 將融合在智慧型手機中的部分類比工具、數位工具排出來，就能了解數位化在社會上帶來的創新威力。

# 創造的交配

由於獲得多樣性和不同個體交配的有性生殖，生命的演化得以加速。多樣性與交配。由此產生的變異，加快了演化的腳步。各位知道達爾文《物種起源》的開頭是什麼嗎？《物種起源》先指出透過人為交配進行品種改良還有分別不同生物物種的困難，然後引出演化論的假設。透過雜交來改良品種，在短短幾年內不斷人為進行變異的結合和選擇，讓我們不需要等待幾萬年，就能演化出人類理想的表型。也就是說透過交配加快達到具備期望形質的變異速度，由於必須同時考慮到兩方元素必然存在的選擇壓力，創造性也有可能加速。仔細想想，品種改良跟創造是相當類似的行為，但創造中也有交配式的現象嗎？

點子也需要受精。故意擾動自然，如同亞里斯多德所建議，「我們必須接二連三地擠出各種思考，從一個到下一個，類似、相對、接近，得一一推進才行」。

這句話出自五十年前想出「腦力激盪」概念的奧斯朋著作中。思考概念的受精是什麼意義，將會發現這句話有著獨特的深意。他引用了兩千三百年前亞里斯多德所言，其中也提到思考交配的重要性。創造也能交配嗎？但奧斯朋先生，這到底該怎麼做呢？我好像聽見了這樣的聲音。不要緊。跟我們一起探究「進化思考」到這裡的各位，其實已經掌握了方法。

——艾力克斯・奧斯朋[34]

創造的交配。其實也就是同時思考多種「演化對象」的思考過程。之前我們將創造的對象定義為 x，接下來可以一個接一個軸轉到其他對象例如 y 或 z 身上。而這些對象透過重複「變異和選擇」，也會出現不同對象連結為一體的瞬間。就像品種改良一樣，無論是生物或者創造，選擇其他東西上優異的性質加以組合，會更容易獲得想要的結果。

創造跟生物的雜交不同，許多物件都有交配的可能（於308頁「注意演化節點」詳述）。此時創造的對象會出現動搖。如同過去我們所探究，變異中有「融合」、「擬態」、「交換」、「移動」……等，誘發與其他物件交配的變異模式。同時我們也不應從單一中心的主觀世界（Umwelt）來掌握世界，而要具備有其他軸心的多中心式思考，從「解剖」、「歷史」、「生態」、「預測」來觀察，如此一來世界將會更為寬廣。擴展發想對象的幅度，與其他具備想獲得性狀的東西進行選擇性交配，描繪出物件的演化。

## 交配式思考下的創造過程

透過交配獲得的有性生殖，可以加快演化的速度。這麼一來，交配式思考或許也可以提高我們的創造性。思考創造的交配時，最好不要侷限於一個對象，養成預見創造與其他東西結合的多中心思考習慣。

具體來說，不要將想演化的「對象x」限定為一個，對於其他對象y或z也同樣觀察其選擇壓力，思考適應的變異發想。嘗試之後會發現其實並不困難。以創造的交配過程為例，假如想要演化的對象是x、希望讓x與y交配，試著重現實際的思考過程。

---

**Q　有沒有一個已經解決目前課題的其他東西（y）？**

例1　如果現在的問題是學校的「學習（x）」不有趣，那麼線索可能藏在「遊戲（y）」中。若根據同樣理由來思考「教科書（x）」，「漫畫（y）」可能會成為線索。

**Q　如果問題出在空間（x）上，那有沒有一個已經解決了該問題的其他空間（y）？**

例2　將無法刺激創造情緒的傳統「教室（x）」想成「美術館（y）」或「公園（z）」，或許就會出現截然不同的裝潢設計。

---

讓幾個點子交配，可以選擇性獲得其他對象 y 或 z 所具備、但創造對象 x 身上沒有的理想形質。在這個例子中，為了讓課堂演化，嘗試與「遊戲」進行交配。對於授課而言，不有趣可能是最大的痛點。這時，能不能以遊戲為主體來認真思考授課的心態就很重要。如果概念能交配，課堂有可能瞬間變得有趣。

想到與既有概念交配的 y 或 z 等元素後，可以運用下一章介紹的「時空觀學習」（解剖、系統、生態、預測）來考察其周圍和內部的關係，找到發想的切入點。讓我們再深入思考一下先前的例子。

將視點轉移到不同對象「遊戲（y）」來觀察其選擇壓力，就會發現在讀取「學習（x）」時未能發現、讓我們的學習更加有趣的線索。

---

例1　如果現在的問題是學校的「學習（x）」不有趣，那麼線索可能藏在「遊戲（y）」中。思考讓「學習」擬態為「遊戲」的變異方式。

↓

**解剖——y（遊戲）是由哪些元素的集合所形成的？為什麼？**

**系統——將 y（遊戲）歷史畫成系統樹，其中不變的是什麼樣的心願？**

**生態——y（遊戲）周圍的人或道具，相互存在著怎樣的連結與關係？**

---

——預測——預測y（遊戲）的未來，會看到什麼樣的不安或希望？——

創造的交配是一種聯想遊戲。從某個起點開始，像連鎖反應一樣不斷改變思考的對象，邊從內部和外部皆進行考察，將可達到不受限於單一觀點的多維度發想。本書到目前為止解釋了超越角色和專業的跨界重要性，以及超越自己框架、保持自我和他者的連結關係的重要性，這樣的思維模式似乎也同時具備了促使創造的交配發生、加快演化速度的效果。要解決特定問題時，專注力固然重要，但在創造性課題中卻不僅止於此。頻繁地跨越各種領域來思考，更能提高產生創造的交配的偶發性、提高創造性。

各位可能也已經發現，這樣的聯想遊戲將可以無限延伸。y可以再換成其他東西，繼續增加種類。觀察新對象的選擇壓力，從變異不斷偶發地產生大量點子。於是我們可以永遠持續這種創造式聯想，無限延伸點子。尋找創造的交配可能性的過程，就像有性生殖讓演化加速一樣，也可以加快創造性的腳步。

以下只是一個例子，我試著依照變異模式一一提出了新點子，還請各位參考。習慣變異思維之後，要想出這些點子並不困難。短短五分鐘就可以十個左右偶發式的點子。依照這個速度若能想出一百個左右新的想法，總有一天一定可以偶然遇見出色的企劃點子。到那之前，請繼續提高自己思考的偶發性吧。

**變量——有什麼因數量極端改變的遊戲所構成的學習？**

〔例〕十秒課堂。比賽在極短時間內可以教會對方多少內容。

**擬態——什麼是乍看之下不像遊戲的遊戲？**

〔例〕塗鴉考試。在答題紙塗鴉上的藝術分數，可以加算到考試分數上。

**消失——有什麼是某些東西消失的遊戲構成的學習？**

〔例〕假扮為老師。老師不在，由學生穿上寬大的西裝來教學。

**增殖——如果遊戲中某些部分極端增加會如何？**

〔例〕世界遊戲模擬考。課堂與全世界相連，開始一場遊戲戰爭。

**移動——如果在平時不玩遊戲的地方玩會如何？**

〔例〕打工社會課。向打工現場的人實際學習社會知識的課堂。還可以領薪水。

**交換——遊戲中的某個東西跟其他東西交換後會如何？**

〔例〕老師跟「信長的野望」。跟歷史老師玩日本史遊戲，了解這段高潮迭起的故事。

**分離——試著將遊戲區分為不同元素？**

〔例〕骰子時間表。用遊戲中常用的骰子來決定課堂時間表。

**逆轉——如果遊戲中的關係相反？**

〔例〕書呆子遊戲。在班上競爭、破角色扮演遊戲的關卡。但是使用英文版。

**融合——有什麼可以跟遊戲合體的學習？**

〔例〕躲避球英文單字。丟球的人說出英文單字、接球的人用日文回答。

## 變異的總結——偶發的可能性

我試著將熟悉變異式發想的共通基本思維整理為下面這一句話。

增加變異數量，提高偶發性。並且做出極端的突破。

到目前為止，我們介紹了演化和創造中共通的九種變異模式。在藝術和設計這些創造領域中，具備不同於其他的新意是種不成文的規則。因此在創造性的領域當中，模倣被視為某種罪惡。概念的關鍵在於明快，必須有極高的變異特質。新穎、明快、犀利的概念，讓創造性煥發光采（變異概念於500頁中詳述）。明明是新穎而極端的變異，卻是適應了狀況的選擇。明明極為瘋狂，卻是社會需要的東西。許多點子王都為此絞盡腦汁。在這裡，我們學會了九種變異思維。變異模式可能還有更多，其中也可能有些重複的概念。但重要的是，發想確實存在著模式。變異思維是一種打破固定觀念、讓思考出現偶然錯誤的過程。

演化始於偶然。也是無數偶然變異罕見適應後出現的壯闊結果論。而變異的模式就等於創造式偶然容易發生的模式。先試了再說，先改變了再說。理由之後自然會出現。提高偶發性之後，一定會從無數錯誤中出現適應狀況的結果。演化現象教會我們，最重要的是不斷朝沒有前例的方向旋轉扭蛋。

隨機發生的變異，正是演化的骨幹。實際上在未來的環境中究竟是什麼會受到自然選擇？直到狀況來臨前誰也不知道答案。正因如此，在創造性當中，對於偶然的挑戰永遠具有價值。活用語言容易引發錯誤的特質，讓你的思考和行動都具備積極引起雜訊和錯誤的特性吧。創造也一樣始於偶然。偶然的錯誤導出的創造式發想，有時甚至能改變世界。這就是變異思維的要點。

當然，極端變異可能是良藥，也可能是毒藥。太少了沒有功效，無法瞄準目標又會偏移目的，大多無法順利，也形成一種成本。可是也唯有跳脫常識的挑戰才能帶來變化。請不要害怕面對未知，從不符常識的挑戰，掌握住演化的祕訣。世界上並不存在「非如此不可」的方法。常識永遠在改變，新方法也不斷誕生。在我們的日常生活中，存在著無限多不同於現在的未來可能，正在等待有人去發掘。能夠引領變化的永遠是想出超乎常識方法的人。當個蠢材吧。錯誤愈多愈好，發想的品質大可之後再琢磨。享受變化吧。歷史性的發明也都是從意想不到的偶發中發生的。

# 第三章

# 選擇

WHY

Chapter «III»

色と質感を変え、環境に適応する

*Adapting to the environment by altering color and texture*

以質感接近蝴蝶翅膀的紙張進行比較（TEXTURE）：ggg 企畫展「NOSIGNER Reason behind forms」

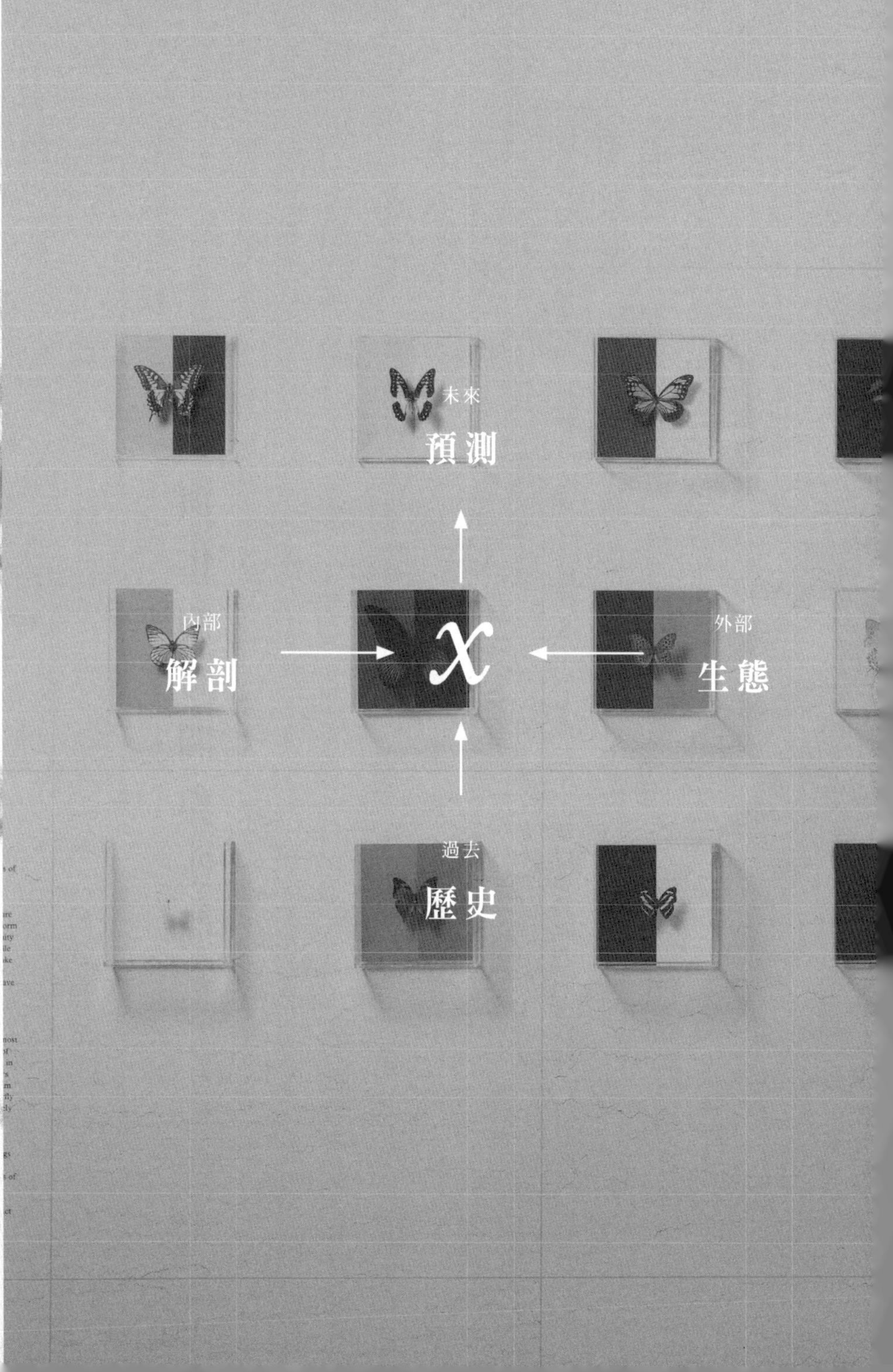

# 精鍊演化的時間與空間

愛迪生二十一歲時用盡打工賺來的錢製作他最早的發明「電子投票記錄機」。看到支領高薪的政客在議會裡漫不經心投票的樣子，愛迪生發明了電子投票記錄機，只要按下按鈕馬上就能知道投票結果，可以縮短議會無謂的時間，讓政治家更認真工作。

有良好的政治，市民一定能更加幸福。這可說是非常重大的發明。他原以為會獲得市民的喝采，沒想到他去議會推銷時，卻沒人感興趣。因為他並不了解這項發明的周邊狀況：投票時政黨間的關係，以及導入這種機器的利害關係等等。年輕的天才愛迪生慘遭敗北。人生第一個發明遭到否定，用微薄打工費投入研發的他，想必一定很不甘心吧。他從這次失敗學到了什麼？這次經驗為他帶來了什麼？從日後留下的這句話，可以看出他面對失敗的態度。

我並沒有失敗。那不能說是錯誤。

應該說是一次學習。

——湯瑪斯・愛迪生

……實在是很強韌的精神。他並沒有因為失敗而放棄創造，對他來說失敗只是一次學習過程。愛迪生記取這次的教訓，接二連三地發明出燈泡、放映機等改變世界的發明。

假如人人都能像愛迪生一樣，擁有堅韌的創造力就好了，但是類似他這種欠缺思考關係的天真發想，很有可能無法適應社會而遭到淘汰，假如產品已經上市就更加辛苦。好不容易花費時間、金錢和努力產出的東西被淘汰，這種經驗比在發想階段時遭到否定更難受。面對創造，我們該如何跨越這個難關呢？

一般而言，人出於本能會想避免自己的想法遭到否定。當提出的發想被別人否定時，會有種宛如自身被否定的錯覺，感到心痛。如果會被別人否定，還不如別做。人透過逃避本能來保護自己。但這並不是自然的態度。「痛苦」這種個人主觀讓原本的選擇壓力更加膨脹、背離現實。因此我們的主觀經常會出錯。將重點放在並不重要的事情上，卻忽略了真正重要的部分。

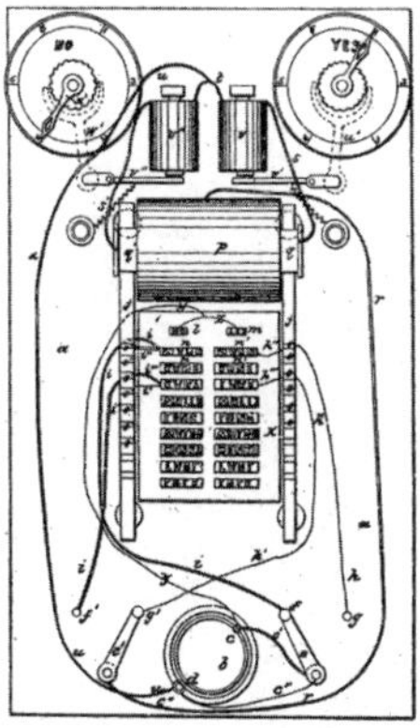

圖 12-1　愛迪生的電子投票記錄機專利圖。跟他後來發明的電話有幾分相似。

選擇 ≫ 解剖 歷史 生態 預測

我自己也在幾次挫折中體驗過這種失敗，相信各位也多多少少有過經驗。要能冷靜觀察、接受現實，必須在被別人點出問題之前，先自行觀察，由衷接納這種必然性。

放棄根據自己的主觀意識所進行的選擇，透過觀察來探索原本應該被選擇的必然性。要達到這個目的，我們需要的是培養了解世上各方關係間的客觀觀察能力，這就是必然的「選擇思維」。是什麼讓創造如此精巧？創造也跟生物一樣，要適應狀況、發揮價值，在時代中存活。製作物件的人一邊犯錯一邊挑戰創造，而有缺陷的、不受需要的東西總有一天會被淘汰。創造本身也會發生酷似自然界的生態系機能，所有物件都承受著自然選擇的壓力。創造變得更精巧完善，是由於使用者、市場、自然環境這個生態系的自然選擇所造成的。朝向這種適應的選擇壓力，是一股肉眼雖不可見，卻能夠引導創造的力量。

跳脫自我的成見，仿效自然選擇的思考模式可能不是件簡單的事。但是當今的我們已經沒有時間和資源等待淘汰，必須養成能從客觀的必然性中做選擇的、深度觀察能力。鍛鍊這種觀察力的選擇思維，可以從確認自然界中的選擇壓力和生物適應的觀察方法中來學習。必然選擇的反覆，可以提高創造的品質。經過適合於所在情況的選擇後，創造會慢慢趨近於必然的樣貌。世界上各種時空都佈滿這種朝向適應的選擇壓力連結網路。從狀況的觀察引導出最直接的方向性，這是我們在進行創造時必備的能力。這種理解廣泛關係性之大趨勢的能力，可以幫助我們遠離個人的成見，讓心思更加單純直接。

## 觀察時間與空間的地圖

人們只相信他們想相信的東西。

——尤利烏斯・凱撒（Gaius Iulius Caesar）34

我們每個人都在經歷過各種經驗後，漸漸累積起自己的既有觀念。如同凱撒大帝所說，人只能用自己心裡那把尺來衡量事物。這麼一來，我們漸漸對構造的物件失去自覺，也無法察覺周圍的關係連結，更不再正視過去留下的恩惠。於是我們心中產生了成見。一旦有了成見，我們會自以為了解一切，難以發現自己的無知。所以看到跟自己不同的見解，很容易會以為對方是錯的。網路上的匿名批判多屬此類。在自己已知的範圍內批判，卻不知道實際上可能只是自己對此外的世界一無所知。

當然，如果連眼前的物件都無法理解，根本不可能創造出新物件。想具備創造力，必須能夠觀察遍布於這個世界上看不見的關係本質、培養移除自己成見的方法。這件事並不容易，但是至今為止，人類的各門學問中都普遍存在足以提供線索的觀測手法。那麼為了挑選能適應狀況的點子，我們該如何何全面性地觀察關係性呢？

為了從多種層面了解生物的行為，曾經有學者試圖整理出觀察關係性的手法。建立動物行為學（ethology）而榮獲諾貝爾生理醫學獎的尼古拉斯・廷貝亨（Nikolaas Tinbergen）提倡過「四個問題」以了解生物的適應關係。

構造　（生物的身體構造如何發揮作用？——主要為解剖學式的觀察）
個體發育　（生物身體發育的過程為何？——主要為發育生物學式的觀察）
系統發生　（生物演化的歷史經過為何？——主要為系譜學式的觀察）
適應　（生物在環境中展現什麼樣的適應關係？——主要為生態學式的觀察）

廷貝亨根據這「四個問題」，建置起全盤研究生物行為的學術領域。「四個問題」的方法是一種聚焦於從過去到現在的時間軸，試圖理解生物生態的全面性方法，但套用在創造性的探討上還稍有不足。人是放眼未來的動物，我認為要觀察創造力以及世界的未來，不能缺少「預測」未來的觀點。當然，在實際的天氣預報等未來預測，或者保護瀕危動物時的回溯法等自然科學領域中，也都廣泛運用了預測手法。

「進化思考」希望能將廷貝亨的方法再往前推進一步，將解剖學式的觀察和發育生物學（Developmental biology）式的觀察整合為「解剖」，再加上考察未來的「預測」手法，運用「解剖」、「歷史」、「生態」、「預測」這四種分析手法來觀察選擇壓力。併用這四種觀點來觀察世界，我將之稱為「時空觀學習」（Space-Time Adaptation Learning）。

這麼說或許太過粗略，不過我認為各式各樣的觀察手法都源自這四種觀點。因為我們能觀察的只有空間跟時間。在自然科學中執行的這些分析手法，各自對應著從微觀（解剖）到宏觀（生態系）的空間，以及過去（系統樹）到未來（預測）的時間，是可以網羅時間和空間的框架。因此，幾乎所有調查都能整合在這當中，四種觀點齊備之後，我們才能夠全盤了解各種現象。這四種方法是人類史中培養起來的強力思考法，也是自然科學中常見的觀察手法，很少人會將這種智慧運用在創造上，卻幾乎人人都默默地在執行。

這四種觀察是人類為了了解世界的各種關係，經過不斷淬鍊而產生的超強力思考工具。單一觀點已經十分強大，結合四種更能發揮力量。假如創造的對象是 x，x 一定會受到過去到未來的時間影響，也一定會受到內部到外部的空間影響。以這四種方法論來分析「適應性」，可以在時間、空間上全盤考察其關係性，理解某些想法受到選擇的基準，或其背後關係的必然性，提高創造的品質。要能數度否定自己的選擇而不受傷，就必須具備諸如時空觀學習這種明確且本質性的判斷基準。擁有這樣的客觀基準，將會成為在自己內心孕育出強韌創造性的土壤。

另外我還發現到一件事。這些觀察似乎有比較容易推演思考的順序。觀察某個事物時，首先先從解剖學式觀察開始。眼睛能看到的觀察對象比較好理解。接著進行分類、系統式的觀察。從既有的歷史事實也比較容易學習。再來可以連接到生態式的觀察。要掌握複雜狀況並不簡單，

## 時空觀地圖：時空觀學習的四種觀點

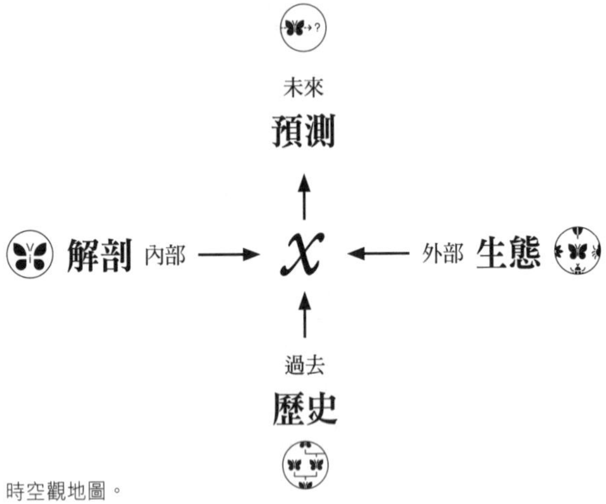


圖 12-2　時空觀地圖。

這時針對形成該狀態的系統性探究就能派上用場。在最後進行預測，三種觀察可以幫助我們提高看待未來的解析度。很奇妙地，這個順序跟各種科學觀察的歷史發展順序幾乎一致。我認為這個順序不只在學問上，跟我們想學習、達到某種目標時的順序也是一致的。了解機制（解剖），了解前例（系統），從社會（生態）發展到目標和預測（未來），這或許正是各種探究中最自然發展的順序。

「進化思考」將根據這些探究的順序「解剖」、「歷史」、「生態」、「預測」來發展觀察手法。

解剖——區分內容、觀察理由（238頁「解剖」）
歷史——知道事物自古以來的脈絡（282頁「歷史」）
生態——理解物件與人的關係（324頁「生態」）
預測——發現未來課題、描繪願景（426頁「預測」）

「時空觀學習」中這四種觀察手法，不只可以鍛鍊創造力，也可以幫助我們培養正確掌握狀況的後設認知能力。若能在日常生活中養成用這些觀點思考的習慣，讓該探究的本質性問題更加明確，自然選擇的方向顯得更為明瞭，將可減少無謂的思考。此外，因為擺脫受限於既有觀念來判斷關係，更容易交出具創造性的成果。實際上我也因為習慣了這些方法，自覺比以前更能直接坦率地面對創造。

在事業上也一樣，既有調查手法具備很多結構上的共通點。因此時空觀學習可以整合各種與創造性相關的調查手法。以下列舉一些例子。

解剖——逆向工程、物料清單（BOM）、食譜、組裝圖等手法
歷史——歷史、藝術策展、程式設計中的分叉（fork）等手法
生態——行銷、價值鏈、民族誌、對話場域等手法

預測——未來預測、情境規劃、願景、科幻等手法

過去幾乎每年都可以看到有人提倡在行銷或工程領域的新分析手法，但我們真的需要記住每一種手法嗎？這些手法之間明明有共通的起源，但彼此之間的關係以及整體結構或許還沒有被整理為體系。時空觀學習可能可以成為展示其全貌的地圖。

「時空觀學習」對於調整事業的平衡也很有幫助。比方說將既有技術開發手法與時空觀學習的四種觀點進行比較後，將可發現不足之處。我們可以發現，誕生於二十世紀的創新和開發為目的的調查手法，多半著眼於解剖和歷史，基於生態和預測觀點進行的分析往往受到忽略。不去理解跟銷售額或股價無關的影響，欠缺對環境和未來觀點的經濟發展，終究破壞了我們的生態系。盡速將世界從失衡中校正，是我們的當務之急。假如改善物件的「解剖」和根據過去分類形成的「歷史」是二十世紀的分析手法，那麼今後將不能缺少重拾人與自然連結的「生態」式觀點，還有為未來而創造的「預測」、幫助我們擴展創造性框架的觀點。

所謂好奇心，正是我們探究時間與空間的渴望。時空觀學習的四種觀點可以教會我們如何看世界，這是數千年來科學不斷精研、將好奇心發揮到極限的思考地圖。自然科學中明明有如此優異的觀察體系，但現在的學校教育中是否教會了孩子們理解各種事務的觀察手法？當我們腦中意識到四種本質性的觀察，就會發現一般的學習課綱與從觀察理解世界的方法相去甚遠。

光靠要求在考試範圍內正確作答的評估基準，孩子們是否能培養起足夠的智慧，讓他們在未知世界中挑戰沒有答案的問題，實在令人懷疑。要讓孩子從小培養能做出適切選擇的觀察能力，這四種自然科學式的觀察一定能帶來幫助。

不僅如此，這四種觀點其實也可以應用在現有的教科中。如果課程本身加入觀察的過程，孩子們將會更容易理解每一門課何以重要、與自己有什麼關係，同時也更能看出教科之間的關係。「生物」課中的生態系跟「社會」課的政治經濟有密切關係。世界史與科學技術史和美術史密不可分。生物的解剖正如同家政科擺出烹飪材料的思考過程。不管什麼樣的課程，古今中外都有優秀的教師不自覺地傳達觀察的重要性。假如其中具備共通的體系，將可以成為各種探究的基礎。

日本最大的教育企業倍樂生公司（Benesse Corporation）旗下的倍樂生教育綜合研究所，召開了思考創造性未來教育的委員會。我擔任二〇二二年度「高等教育未來思考委員會」的主席，提出一份「讓學生懷抱野心：培養具備野心的學生之高等教育未來願景」建言書，倡議透過自然科學式觀察讓學生自我判斷的重要性。我的目標之一，就是讓諸如時空觀學習的四種觀點等整理成體系的自然科學，這類觀察式學習能普及到孩子們的基礎教育中，讓孩子們在遇到未知課題時可以透過觀察理解現象，增加更多能運用創造力來解決問題的人。

☑ **演化習作15　時空觀地圖（15分鐘）**

前面我們介紹過，時空觀學習這種工具，是一種站在時間、空間觀點俯瞰適應，進行觀察的時空觀學習過程。讓我們運用「時空觀地圖」來試著體驗。將現在想要探究的對象 x 置於中心。再次確認遍布於內部、外部、過去、未來的連結，其中一定藏有許多亟待我們發現的線索。

1 準備模造紙，折成圖 12-3 狀。

2 把演化對象 x 置於圖中心。

3 解剖式觀察：寫出對象內部不可或缺的部位。

4 歷史式觀察：寫出與對象為共通分類的前例。

5 生態式觀察：寫出與對象狀況相關的人或物。

6 預測式觀察：寫出與對象未來相關的變化徵兆。

時空觀地圖沒有所謂正確答案，用筆記的感覺將想到的東西一一寫下即可。這個時空觀地圖的習作可以作為今後「解剖」、「歷史」、「生態」、「預測」探究習作的熱身。如果是團隊共創，也可以藉此加深彼此的共通認識，還請務必實踐看看。

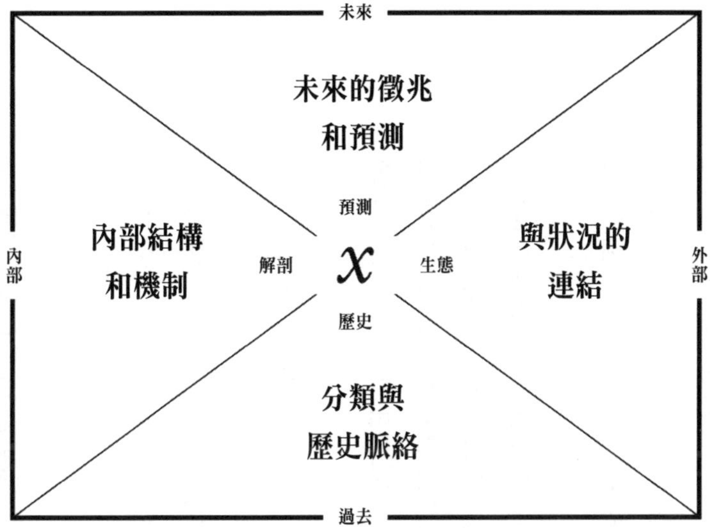


圖 12-3　摺疊紙張，或是利用投影片，照著製作時空觀地圖。

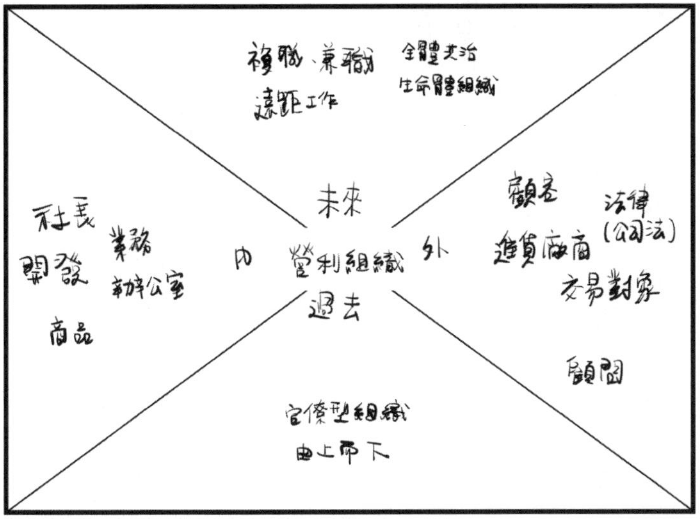


圖 12-4　將「營利組織」作為對象 X 時的時空觀（嘉村賢州提供的範例）。

### ☑ 演化習作16　自己的時空觀地圖（15分鐘）

在學習「進化思考」的社群中，很流行運用時空觀地圖來加深自我理解。方法很簡單，把自己當成中心的 x，讓對自己重要的內部、外部、過去、未來連結可視化。如果不知道該設定什麼作為 x，或者想要探索自我時，這都是有效的手法。

1 準備模造紙，折成圖 12-5 狀。
2 把自己置於圖中心。
3 解剖式自我觀察：寫出自己擅長的事和擁有的東西。
4 歷史式自我觀察：寫出對自己帶造成影響的記憶或經驗。
5 生態式自我觀察：寫出自己跟周遭社會的關係。
6 預測式自我觀察：寫出自己未來的目標和不安。

透過「解剖」、「歷史」、「生態」、「預測」的觀點加深對自我的理解，可以發現自己與眼前計畫的關係性，依循各種指導方針的線索，或許我們更加容易遇見值得窮盡一生探索的主題。還請務必一試。

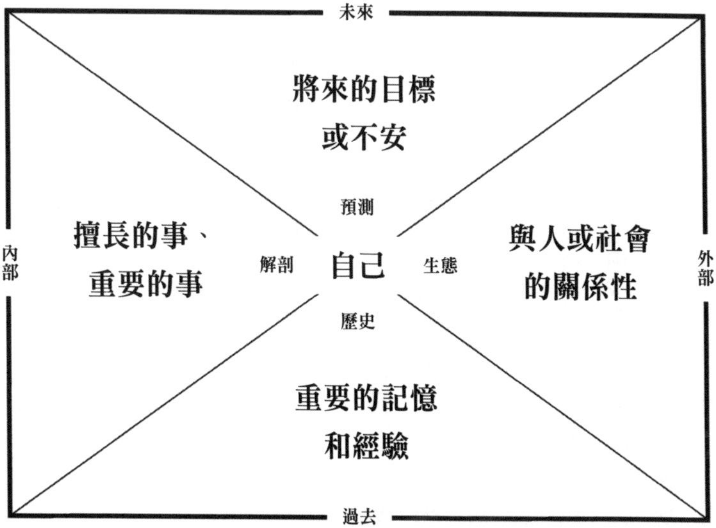


圖 12-5　在紙張或投影片上，如上製作自己的時空觀地圖。

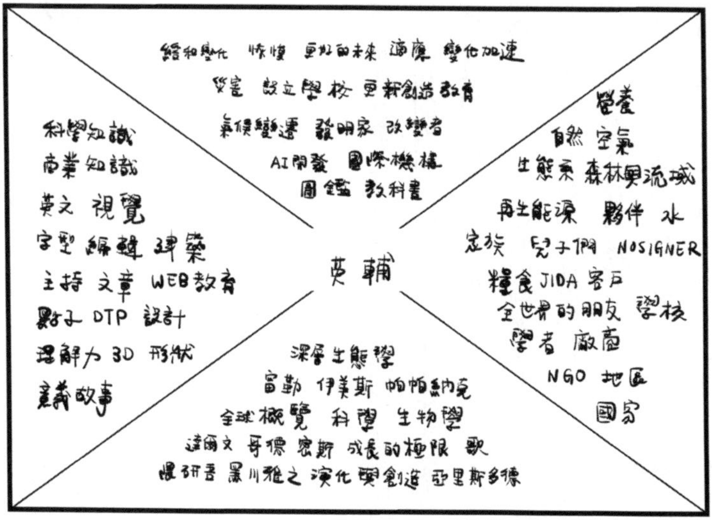


圖 12-6　把「自己」當成對象 X 時的時空觀地圖參考範例。

# 必然的觀察 1 解剖

## 了解內部結構與意義

這個世界充滿了奧妙。我們出生之後便理所當然地生活於自然環境中，人類的生活環境中充滿了電腦等各種創造物，但是我們這些物件基於什麼樣的機制、發揮什麼樣的功能卻從來不曾懷疑。一旦試圖說明，會發現包圍在自己身邊的都是莫名所以但又奇妙無比的東西。

人類遇到陌生的東西，會試圖仔細去解剖、觀察。我們透過反覆的解剖過程漸漸釐清這個世界的奧妙。無論再怎麼複雜的機制，只要仔細拆解元素後進行觀察，就會發現其實都是透過很單純機制連鎖所構成的。人透過解剖，了解各部位的連鎖發揮著什麼樣的功能。

對人類來說，距離最近也充滿最多謎團的物體就是自己的身體。能不能了解這個複雜的機構，確實是攸關生命的問題。西元前二六三〇年左右，古埃及大祭司印和闐留下目前所知最古老的醫學書籍，書中的醫學知識據說就是醫學的起源。他運用解剖的智慧，讓人體結構及生病受傷時該如何處理等知識廣為流傳。

印和闐是歷史記載最早的醫生，也是實踐解剖的人物，不僅如此，他同時也是世界上最古老金字塔的建築師。因為這些偉大功績，他死後被尊崇為「智慧、醫術與魔法之神」。

根據印和闐留下的紀錄，四千六百多年前已經有人為了了解自然界中的關係；或為了發揮更廣範圍的創造性，深入運用解剖技巧。要追蹤更早的紀錄已很困難，但假如早在印和闐之前解剖已經普及，表示人類在數千年前，就已經嘗試透過解剖來探究世界。在歷史上，解剖始終是人類理解世界的根源性方法。

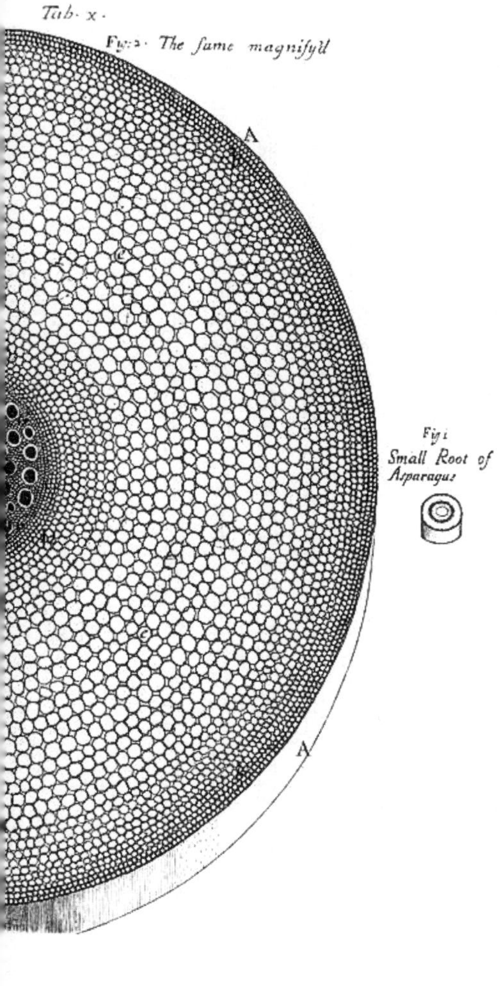


圖 13-1　出自尼希米・格魯的世界首張植物解剖圖。

不僅醫學，最早期的生物學也一樣始於解剖。活躍於西元前三百五十年左右的亞里斯多德也是一位企圖透過解剖來揭開世界之謎的偉大探究者。這位在政治、科學等各領域發揮其偉大智慧，建立起哲學概念的知識巨人，在科學領域最重要的功績，就是自然學和動物學的發育生物學。他解剖各種動物、留下紀錄，由此可以看出他希望深入了解自然的機制。

距離亞里斯多德時代約兩千年後的一六七〇年代，現代生物學重要領域的起點也一樣始於解剖。原本是醫生的尼希米・格魯（Nehemiah Grew）認為應該可以把醫學的解剖知識應用在植物上。於是他將過去曖昧不清的植物結構區分為根、莖、葉、花、果、種等部位，再針對各部位進行詳細解剖，釐清其複雜結構。假如可以共享這種醫學解剖手法，其他許多學者將可運用相同的手法來探究植物中蘊藏的謎題。格魯等學者細緻的研究，奠定了現代植物解剖學的基礎。從古代到當代，生物學以解剖為研究骨幹，一路發展至今。

在創造的歷史中也屢見解剖智慧的登場。因為解剖的智慧正是創造性本質的元素之一。文藝復興時期代表性的發明天才李奧納多・達文西，也是著迷於解剖魔力的其中一人。

達文西在繪畫和發明領域的成就，即使到了當代依然獲得最高等級的肯定，但是在他的遺稿中卻意外地發現了醫學解剖書。他從一四八九年起長達二十年間解剖了三十具遺體，留下七百多張數量龐大的速寫。遺憾的是，達文西在執筆著書前身亡，要等到十九世紀後人才發現他留下的草稿。安德雷亞斯・維薩里（Andreas Vesalius）《人體的構造》（*De humani corporis*

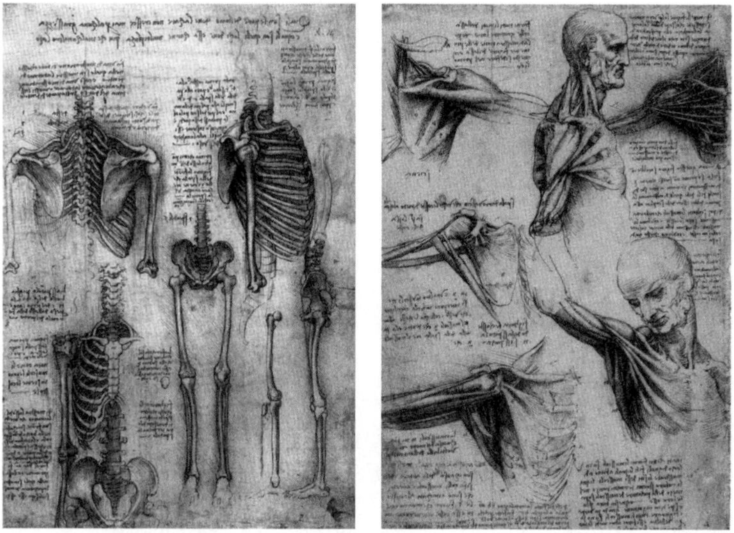

圖 13-2　達文西繪製的解剖圖。注記著他的觀察。

*fabrica*, 1543）是史上第一本現代人體解剖書，假如達文西完成了他的解剖學書籍，醫學進步有可能加快五十年左右。無論如何，透過目前為止所發現達文西據說多達八千多張的各種速寫，明顯已經可以一窺他解剖式思考之片段。直升機、戰車、引擎、太陽能、計算機等未能實現的龐大發想速寫，都能清楚看出各個零件之間的關係，精細到足以製作模型，具有等同於解剖圖的表現能力。要發揮跨越發明、發想、藝術、醫術的整合性創造力，或許必須具備如同印和闐或達文西解剖式理解事物的能力。

　解剖和創造性似乎有著深厚的關係。進入現代之後，許多改變二十世紀歷史的發明都出自解剖式發想。例如二十世紀初葉擔任蒸汽機車機械員的沃爾特・克萊斯勒（Walter Percy Chrysler），曾買下一輛皮爾斯飛箭（Pierce Arrow）進行分解。他購買這輛當時超昂貴的汽車，只為了解剖，從中學習。透過解剖，他發現當時汽車有許多可改良之處，之後出任別克（Buick）汽車總裁，並且創了立克萊斯勒汽車公司。搭載於四輪上的煞車、提高乘坐舒適性的大輪胎等，現在我們已經認為理所當然的功能，都是當初克萊斯勒解剖後的改進。經由這些細部改善所誕生的克萊斯勒汽車，乘坐起來相當舒適，在當時深受歡迎。

其實在日本也有一位因為解剖汽車而大獲成功的人物。一九三三年，目睹美國汽車產業的迅速成長，原本經營紡織機公司的豐田喜一郎（Kiichiro Toyoda）決心挑戰汽車產業。他將一輛雪佛蘭（Chevrolet）汽車帶進工廠一角解體，以當時還不成熟的日本技術重現了這輛汽車。成功開發汽車的他創立了豐田汽車，現

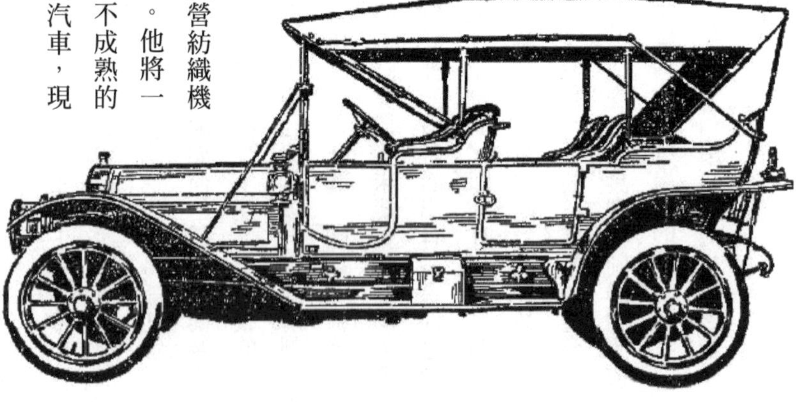

圖 13-3　克萊斯勒解剖的皮爾斯飛箭（Pierce Arrow）汽車廣告插畫。

在已經成為名留青史的世界規模汽車品牌。解剖其他公司產品，學習其功能或結構的手法，在研發領域中稱之為逆向工程，也是最常見的技術分析方法。

現在許多領域的產品開發，也都應用著「解剖式觀察」的智慧。甚至可以說，二十世紀致力於分析競爭對手的各種產業，其根基都來自解剖式發想。

## 解剖學——形態・生理・發育生物

我們總以為自己已經理解眼前各種物件。用過東西一次，就以為自己知道一切道理。但事實上如果不了解這些物件基於什麼樣的機制而動、如何製造及其內部結構，都說不上真正理解。真正理解機制和做法之後，才能將過去的偉大創造的過程應用在自己的物件創作上。

日文中的「知道」（分かる）語源來自於「分別＝分解、解剖」。確實，仔細地分解某個物件後，的確可

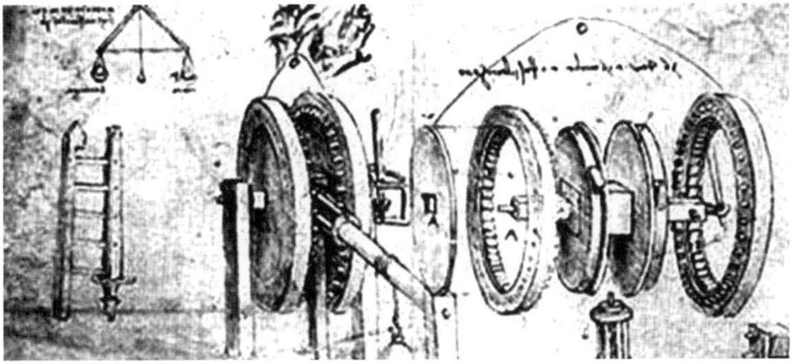

圖 13-4　達文西所繪製世界最早絞盤的爆炸圖。

以獲得難以數計的智慧。不管再怎麼困難的事，都是簡單機制的集合。這也是我自己個人相當重要的覺察。

高中時某一天，站在舊書店裡翻閱，我偶然發現了繪本中一個段落，「遇到困難問題時，只要把這個問題當成階梯來分解，然後一階一階爬上去就行了。不懂的問題只是代表我們跳過了那層階梯……。」世界上沒有真正的難題，再怎麼困難的問題，其實都是簡單問題的集合，這樣的想法在記憶中莫名留下了很深刻的印象。在那之後每當遇上難題，就會試著將其分解到簡單的單位。如果各位也面臨了覺得困擾的問題，也不妨試著將問題區分為更細小的單位。難題其實是許多簡單問題的集合。

對已知事實進行精細的解剖，我們也可以因此遇見新的未知。解剖探究的歷史，是一連串從內部觀察與未知的邂逅。先人們確立起的解剖式觀察，除了能釐清自然奧秘，其實也是一種能對創造領域有幫助的智慧，在各種科學領域上都帶來了深遠的影響。作為有助於各種技術開發的探求手法之一，直至今日依然發揮著看不見得強大影響力。生活在當代的我們，幾乎每年都會看到許多新的分析手法問世，正因為如此，有時我們更需要回歸這種歷經好幾千年時間淬煉、位於歷史根源的分析手法。

讓我們來看看在解剖學中具體是以什麼手法解剖的呢？解剖學的體系大致可以分為以下三種概念。

1 將內部物件分類、觀察形態——形態學式解剖（WHAT）
2 了解各部位為何存在——生理學式解剖（WHY）
3 釐清各元素如何發生——發育生物學式解剖（HOW）

「進化思考」也仿效這種概念，運用解剖式觀察深入理解對象的WHAT、WHY、HOW，梳理潛藏於內部的必然性關係。實踐這三種解剖，將可理解「分解形體」、「理解形體意義」以及「懂得如何製造」的方法論。即使是自己覺得已知的東西，透過解剖也能再次確認其中的結構或目的，比過去更能深入理解對象。

## 1 形態的觀察——觀察元素的細節

我們很容易被外形矇蔽。認識物件時會先從視覺認知開始，所以我們往往容易讓意識過度傾向形體。我們以為已經了解以前看過的東西，相反地，常見的東西如果外形稍有改變就會感到困惑。日常生活中這或許不會帶來什麼不便，但如果要創作出新的物件，懷疑形狀的能力就相當重要了。物件有形狀，各種物件內部塞滿了好幾層形狀。這些形狀中如果有無謂的部分，在結構或製程中也會產生冗贅。我們必須能仔細拆解形狀、了解整體結構，培養起對形態的洞察力。

開始解剖後，不管是生物或者無生物，其內部都是各種部位的集合。不管是整體的形狀或者局部的形狀，所有形狀的出現都有其理由。首先要理解內部結構的元素，然後深入觀察各個元素的形狀，再試著想像藏在背後的理由。

## 想像疊套結構

實際解剖生物之後會發現，有硬如骨頭的部分，也有柔如軟袋的部分。各部位的內在還有其他元素，身體器官被好幾層膜給包覆住。

我們可以試著觀察人類頭部垂直縱切後的狀況。從最外側的頭髮開始，依序為頭皮、腱膜、骨

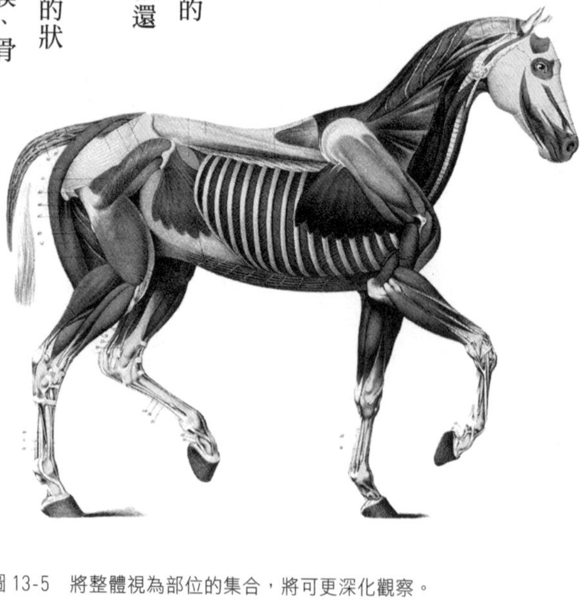

圖 13-5　將整體視為部位的集合，將可更深化觀察。

膜、頭蓋骨、腦硬膜、蜘蛛膜、軟腦膜、腦細胞膜、核膜，一直到DNA，至少有九層以上的膜呈疊套狀，構成形狀。這種疊套結構就像是人偶裡還有人偶的俄羅斯娃娃。而定義每個部位形狀的，也正是這些膜。

這種疊套結構不僅出現在各種生物身上，在大部分的人造物件上也可以觀察得到。讓我們試著來解剖電腦。從主機板CPU上斬斷電腦外殼，從外層塗膜開始，可以發現電腦外殼、電路板、CPU散熱器、散熱膏、CPU封裝、CPU核心、運算單元、電路導線，以及在CPU內流動的電子等，同樣是好幾層的疊套結構。解剖之後必然會遇到這些膜，就像是檔案系統中的目錄結構，將內部進行階段式的分類。解剖時請時時試著想像這種多層結構。

無論是生物或無生物，透過各種膜的區隔，讓元素成為元件，得以進行交換，例如器官移

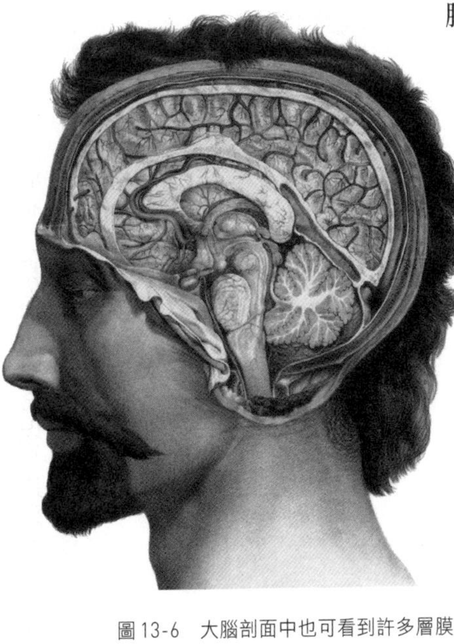

圖13-6　大腦剖面中也可看到許多層膜。

植或者電腦的記憶體升級等等。更換了內臟之後身體還能活動，想想也真是不可思議，我們的身體本身也是由許多共通部件所構成的。為了讓複雜的機構發揮功能，區分內外的膜重疊數層，形成疊套結構，各個部位都具備不同功能，相互連動讓整體發揮功能。

解剖時如果事先理解這種疊套結構，就更容易想像整體的樣貌。以這種疊套結構的存在為前提，試著徹底寫出構成的元素，將會發現無論是生物或者創造，都會自然而然產生分類的階層。每個元素中還有更細小的元素，重複這樣的步驟依序記錄，最後可以畫出一張樹狀解剖圖。了解內部結構後，讓我們繼續來仔細觀察藏在物件中的形狀。各位一定會發現，透過形狀的連結，整體功能運作得更加順暢。先解剖內部元素後，再來探究整體的結構。

### ☑ 演化習作17　創造的解剖圖（20分鐘）

請試著用解剖手法來分解演化對象的內部（可參考下面的解剖圖）。假如可以實際拆解最好，也可以寫在筆記或者便利貼上，在想像中進行分解。

1 逐一寫出內部部位的名稱。

2 觀察每個部位的形狀，思考為什麼是這種形狀。

3 觀察其疊套結構，進行分類，試著畫出解剖圖。

這樣解剖之後，即使是原本以為已經很了解的東西，都能更深入認識其整體。透過這樣的觀察，可以在短時間內加深對演化對象的理解。

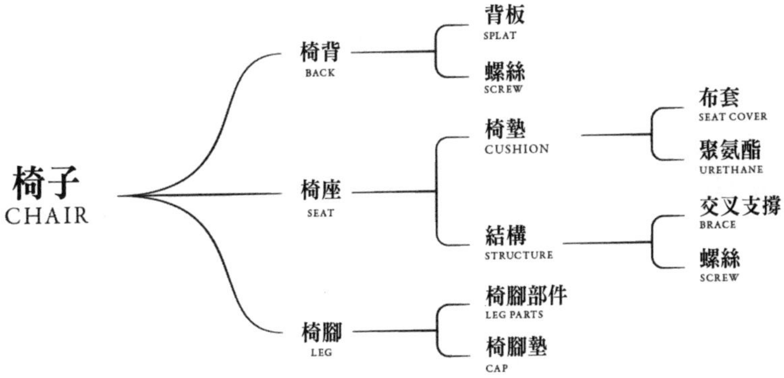


圖 13-7　探究解剖圖中各種物件的種類和形狀。

## 2 生理的觀察——思考元素的意義及元素之間的關係

物件為什麼能發揮功能？每個部位對於其他部位而言有什麼意義？當你注意到這個觀點時，就表示已經跨出了解剖的下一步。

解剖後進行觀察，可能會發現「原來這些機制之間有這樣的關係」。物件當中充滿了相連的機構，也就是各種連結。各種物件對其他物件都或多或少發揮著某些功能。觀察元素之間的連結、了解各部位意義的學問，在生物學中稱之為「解剖生理學」。

創造內部跟生物一樣，是各種理由的匯集，所以透過解剖了解元素之間的連結後，可以看清其中的本質。原以為已經理解的物件，解剖後觀察元素之間的關係，可以在極短時間內理解其本質。

以下介紹一些實例。左頁這張照片是將構成「橄欖樹」和「電風扇」的零件排列出來的模型作品。在過去的一場展覽中，為了表現出解剖的概念，我將橄欖樹和電風扇分解後，跟工作人員一起重新排列。一邊分解一邊寫下各部位的功能和意義，可以爬梳追溯這些藏在細節中連動結構的構成緣由。

在創造中，這種功能的連接會自然而然地產生。不過當我們接觸到某種機構時，眼中往往只會看到在我們操作下引起的反應，幾乎不會意識到在內部發生的連鎖反應。我們知道打開開

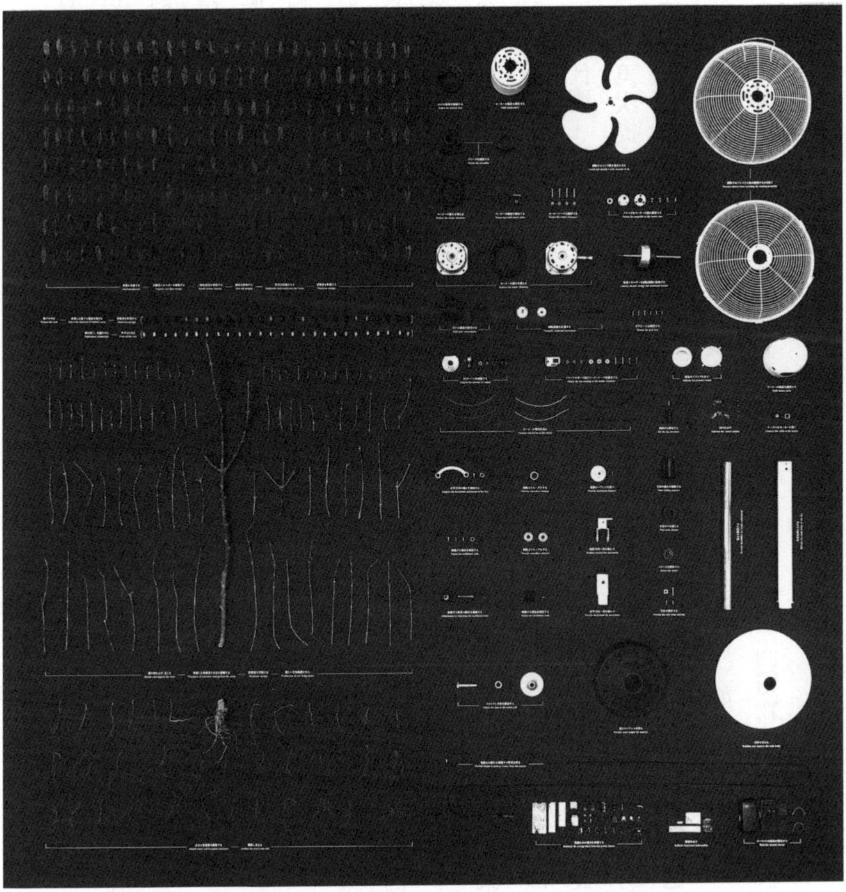

圖 13-8　左邊是橄欖樹的解剖圖。右邊是電風扇的解剖圖。生物的部位功能整合得遠比人造物好。

關就會有電，點擊圖示就能啟動軟體，卻沒有想過為什麼。

換句話說，這些機制的本質藏在看不見的背面。正因為如此，製作物件時才需要知道其背景之間的關係。將這些元素以解剖生理學方式進行解體，讓其連接的關係性一一顯現，就可以掌握讓這個物件進一步演化的線索。

每個物件的目的（為何存在＝ＷＨＹ）都會對其他物件或狀況發生作用。因此，各個部件的目的就像向量一樣，具備相連結的方向性。桌板的意義是「放置物件的平面」，但是必須先有「要放在上面的物件」存在，才會產生這個目的。所以如果上面沒有放置任何東西，空有桌板也不具備意義。因此「桌子」跟「用餐」在目的的向量上互相連結。這種目的的向量，也就是物件與人的關係，就是創造背後那看不見的連結之真貌。

說來有點抽象，在這裡我想稍微補充，其實目的也有所謂的疊套結構。例如桌板的目的如果是「放置物件的平面」，那麼我們還可以再試著追問背後的意義。再次思考「放置物件的平面」的意義是什麼。這麼一來，我們將會發現「放置碗盤等器物，以方便用餐」這些上層目的。從這個角度，再次提出問題：「方便在用餐時使用碗盤等的平面」為什麼對人類有幫助？這時便會出現下一個上層目的：「希望全家團聚時可以享用美味的餐點」。反覆這個過程，就可以從單純探究桌子這件事中，發現「人類的生活共同體中建立互信」如此弘大的目標。

這麼一想就會知道，挑選桌子時並非只是購買這塊平面。回歸物件的本質性目的，將可再次確認物件具備何種重要的角色。站在「打造能讓群體建立互信的場域」這個本質觀點來設計桌子，我想最後一定將會設計出完全不一樣的物件。潛藏在物件深處的目的，從疊套結構的內側不斷往外側擴張。愈是去探索往外延伸的本質意圖，就愈能發現這些意圖可以連接到人類史上的普遍觀點，內部連接到外部的生態關係，連接到過去一脈相連下來的系統關係。

前面提到的桌子只是一個例子，理所當然存在的各種道具背後，都具備這種目的的疊套結構，連接至文化與文明。愈接近物件的本質目的，就愈能發現重要的意義。各種物件在歷史上和社會上都緊密相連。創造過程中我們也應該在製造物件時意識到從上層意圖到下層意圖的流動。

反過來說，一個出現停滯的領域、不成功的創造，往往是因為不知不覺中已經悖離誕生之初的本質目的，欠缺與社會或使用者之間的連結。

各種創造中都不能缺少透過生理學式觀察對目的和意義的探求。藉由內部解剖和其生理觀察，來解讀出物件原本具備的意義和目的、功能。針對上層理由無數次自問自答，將會看見物件原本的存在理由和自然選擇的方向。

### ☑演化習作18　創造的解剖生理學（20分鐘）

藏在物件中的各種元素，都有著什麼樣的意義呢？

確認在「解剖圖」中發現的各種元素之意義，試著深入思考每個零件的存在意義。這樣的內部探究，可以幫助我們解讀出物件背後看不見的存在理由。如此一來，將可以提升創作物件的意義。

1　寫出解剖圖中分類的各元素目的（WHY）。

2　目的（WHY）一定跟某件事有關，具備其作用的方向性。試著用箭頭來連結不同元素之間互補的適應關係。

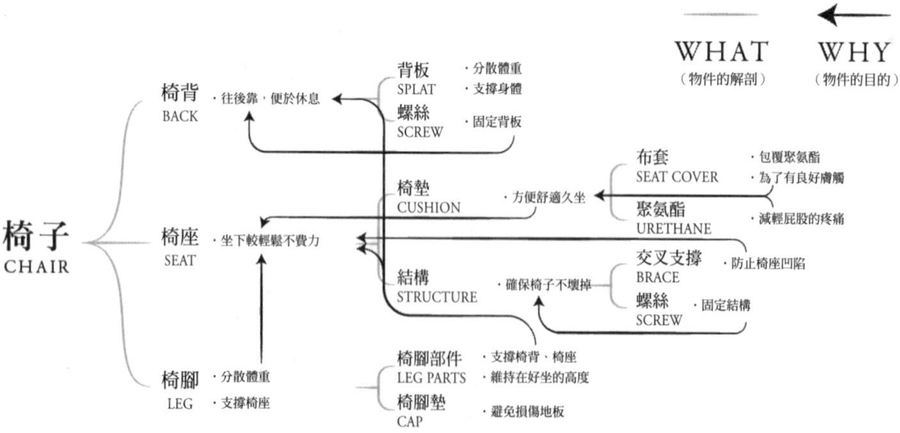


圖 13-9　「解剖生理學」解讀蘊藏在物件內部之部件的意義。

## 3 發育生物觀察——思考創造的順序

生物是如何誕生的？這個疑問自古以來就不斷刺激著人的好奇心。這些探求可以上溯到西元前三五〇年左右亞里斯多德的《動物的繁衍》（*Generation of Animals*）[35]及其之前的著作。他分階段解剖動物生下的卵，觀察器官形成的過程。這種研究生物誕生機制的領域，在當代生物學中稱為「發育生物學」。

每個物種的生物形態都不一樣。但是如果進行發育生物學式的觀察，會發現即使不同生物，受精之後的發育過程也極其相似。

卵子和精子受精後形成受精卵，之後經過多次細胞分裂，形成身體。魚類、爬蟲類、哺乳類的幼生時期形態都十分相似。生物自此開始成長，最後變成各個不同物種。生物的發育過程是如此奧妙，彷彿在短短幾個月內完成了三十八億年的演化。

那麼物件又是如何被創造出來的呢？生物和人工物的產生過程完全不同。生物的發育是從一個細胞開始，最後成長為巨大的生物，而製作物件的過程則會因素材而異。對創造而言，生物的發育過程就相當於了解物件的製造過程或生產方法（ＨＯＷ的解剖）。

生物的發育過程和創造的生產過程雖然是極為不同的現象，但是經過解剖、考察後可以發現，人造物也有人造物特有的創生方法。物件的製造過程就像烹飪食譜，一定會需要按部就班的組裝步驟，以及構成物件的零件和材料。

解剖物件後，可以知道物件是聚集了金屬、木材、石頭、塑膠、玻璃等各種不同素材而成立。這每一種素材都有著不同的製造過程。混凝土澆灌、木材加工、塑膠成形等，每種素材都有體系化的製造過程。另一方面，同樣素材則有共通的代表性加工法，不分用途，每種素材的製造方法可說大致相同。

如果能夠精通每種素材的製造過程，那麼光看一眼就可以了解製作步驟。知道物件製造的過程，對創造來說具備著難以衡量的價值。說來也是理所當然，畢竟假如不知道製作方法，即使腦中有新的發想也不可能實現。反過來說，如果知道製造過程，不僅可以實際製作，或許還能夠想出改善製造過程的方法。改變製造過程，有時可能因此創造出過去不可能製造的物件。

學習製造過程最好的方法，就是實際到製作現場走一趟，親自了解。過程盡在眼前的製造現場，可說是靈感的寶庫。立志成為設計師的學生時期，我也經常跑工廠，希望能獲得實驗製程的機會。金屬、樹脂、木工、印刷等，我依照不同素材列出一張工廠清單，遇到價錢便宜的加工廠，就會帶著設計前往請工廠幫我打樣。在生產現場實際接觸物件的經驗，是學校裡學不到的珍貴知識。

假如不方便去工廠，那麼利用解說製造過程的書籍來充實知識也是個好方法。即使是近在

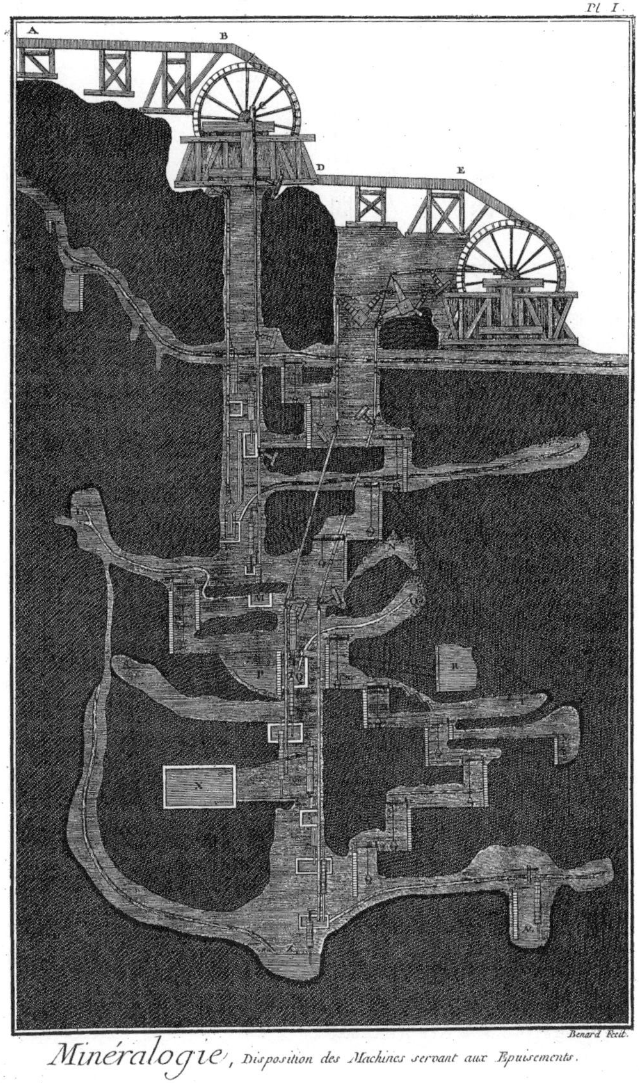


圖 13-10　礦山挖掘機的機制。

身邊的物件，一旦想製作，也會發現很多不懂的製作方法。了解製造過程，可以看見物件誕生的相關原有特性。

## 「設計」這種自然現象

接下來，我們將試著運用解剖思維探討形態出現的過程，打造出優異創造，迫近設計的本質。

選擇思維中，可以觀察到各種能夠有效琢磨創造性的必然選擇壓力。想要模仿自然耗費長時間進行自然選擇的過程，觀察選擇壓力將很有幫助。我將這些必然選擇壓力如左般加上了「自然選擇」這個標示，還請參考。

## 自然選擇　張力——關係與形狀是否一致？

目前為止我們學習到透過解剖物件來探究內部元素的方法，而這些元素的形態又是如何決定的呢？讓我們一起來探討什麼是設計造形時的決定因素。此時不妨再次回想起膜的概念，將會更好理解。當膜的收縮應力跟內部壓力互相

圖 13-11　泡泡之所以美麗有其物理上的原因。

拉鋸時，表面會出現張力。這種張力正是決定各種不同形態的關鍵。

比方說液體的泡沫，泡沫正是帶有張力的表面集合。每顆泡沫的表面都永遠有朝內側拉的表面張力在作用。這是一種企圖讓面積來到最小的力量。同樣體積表面積最小的形狀就是球形，所以飛散在空氣中的肥皂泡都形成了美麗的球體。當不同的氣泡結合，兩者的表面張力開始互拉，又會變成曲面盡可能面積最小的形狀。氣泡本身不需要運用任何知性，最後就能描繪出美麗又純粹的幾何學形態。此時三個氣泡相連的面會維持一二〇度、四個泡泡則為一〇九・四七度。如果要算出能維持內部氣體的最小面積，自然會變成這個數字。

也就是說，氣泡本身就具備最佳化的性質，自動被設計為美麗的造形。十九世紀的物理學家約瑟夫・普拉托（Joseph Antoine Ferdinand Plateau）發現

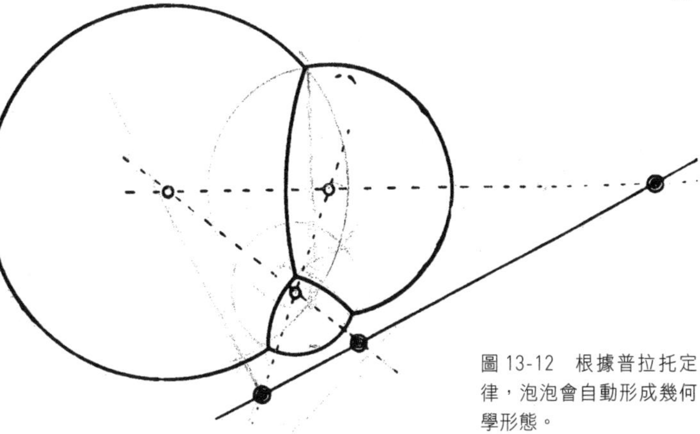

圖 13-12　根據普拉托定律，泡泡會自動形成幾何學形態。

的這個知名幾何學性質，後來以他為名稱為「普拉托定律」（Plateau's laws）。

放射蟲（Radiozoa）因具備各種幾何學結構而知名，其結構和氣泡十分類似。泡泡的形狀是以最少的材料製作而成，狀況適合的情況下，在演化上也是有利的結構。由許多層膜包覆的生物，也具備透過表面張力自動形成最小面積的性質。

人造物的設計也跟氣泡一樣，會因張力的拉鋸而決定形態。下圖這個巴克敏斯特·富勒（Richard Buckminster Fuller）的網格穹頂（Geodesic dome），是完全重現氣泡形狀的建築，我們日常生活中也將天然氣儲槽、汽油瓶、水桶等各種膜用為道具使用。所有的分離壁都跟張力帶來的形態決定因素有關。

張力帶來了絕美造形。握著繩索兩端自然

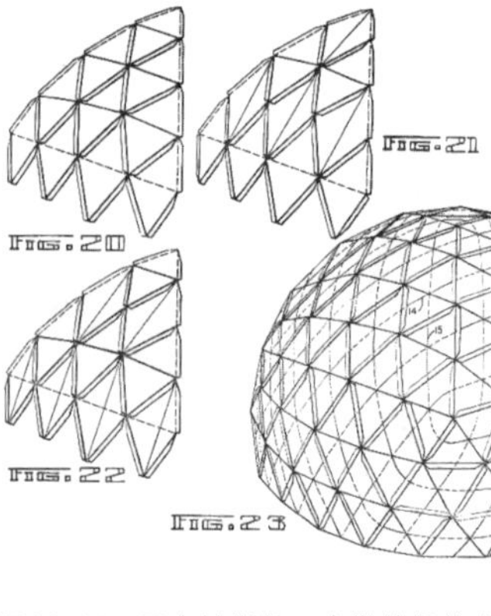

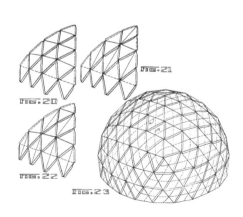

圖 13-14　巴克敏斯特．富勒的網格穹頂，讓人聯想到泡沫和氣球般的張力。

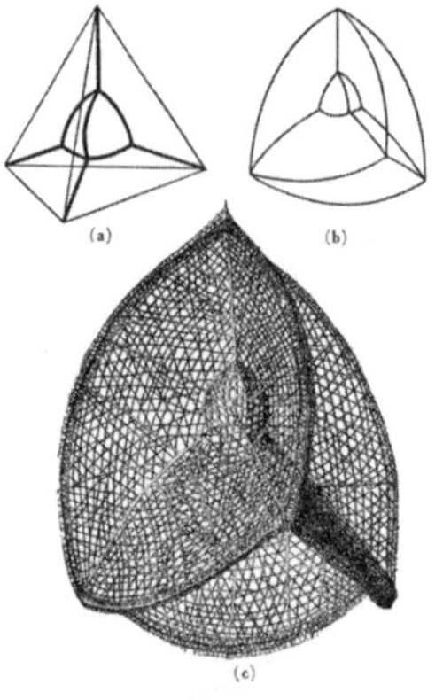


圖 13-13　鐵絲框上的肥皂泡膜跟放射蟲的骨骼形狀一樣。

垂下時，因張力自然形成的曲線稱之為懸垂線（Catenary）。有一種說法指出，在人類眼中最美的曲線就是懸垂線。這種最單純回應流經繩索內部應力（施加於內側面的力量）的造形，確實非常美。不僅如此，以此曲線形成的拱型結構同時也是最能消除應力的最強拱型。

我們可以看到許多導入這種懸垂線性質而設計的人造物。高第的代表作，巴塞隆納的教會「聖家堂」結構，就是根據懸垂線而設計。高第將垂下多條繩索的模型上下倒轉，定下聖家堂的基本造形。他的設計深受自然思想影響，造形根據也源自自然界的張力。始於一八八二年的工程彷彿永遠也不會結束，歷經一百四十多年的歲月，終於公布即將在二〇二六年完工。

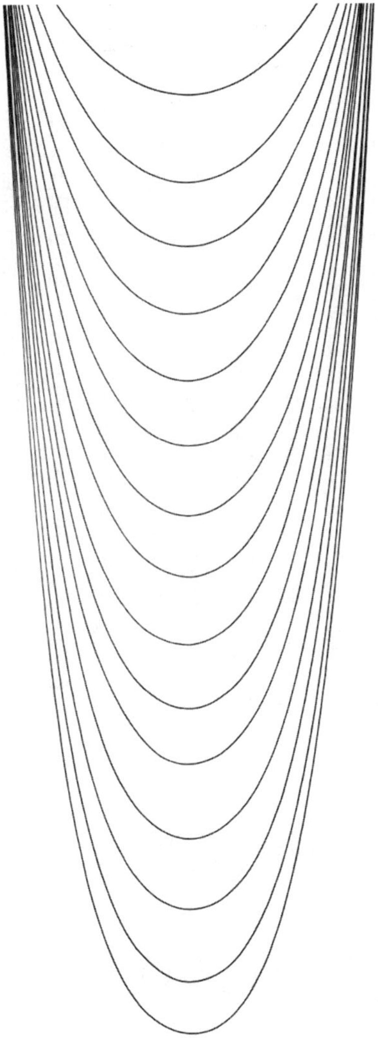

圖 13-15　ggg 在作者個展中運用 15 根繩索讓懸垂線可視化。

早於高第兩百年前，日本也有一位具備相同想法的天才匠師——兒玉九郎右衛門（Kurouemon Kodama）——所設計的錦帶橋位於山口縣岩國市，是舉世罕見的巨大木造橋梁。勾勒出優美旋律的這座橋，也同樣採用了懸垂線設計。

我覺得對張力的感知似乎是設計師的一種內隱知識。不只是建築，在產品、視覺、藝術等各種設計領域都可以看見類似的現象。能巧妙掌握張力、加以運用的設計師，也幾乎半自動地決定了形狀。視覺設計師調整文字字距或者海報版面時，會看到相同元素之間彼此作用的拉力。汽車設計師則會感受到車外流動的空氣壓力和車內側乘坐空間壓力之間的對抗。

形態與關係永遠在互相拉鋸，受到自然選擇。這種掌握張力對抗的感覺，成為淬煉所有造形的根基，與設計的決定密切相關。而因為張力受到自然選擇的造形，也必然會變美。自然選擇壓力遍布在設計周圍的張力，可以讓一個物件更加有效率，達到最佳化。

什麼是更好的設計？這個問題雖然沒有答案，不過我認為應該是「能以最小形態創造出美

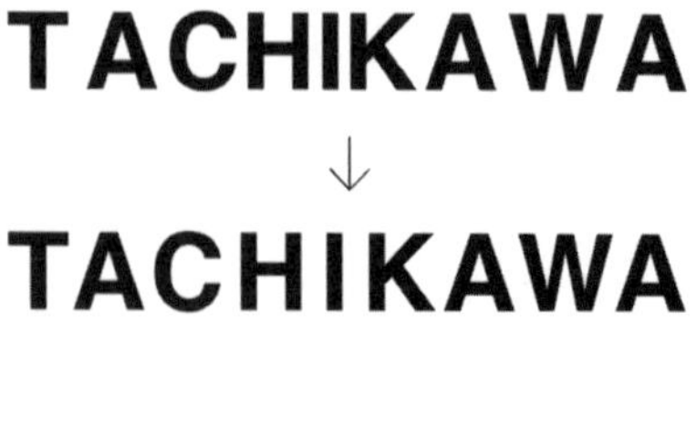


圖 13-16　改變字距是一種文字之間張力的調整技術。

麗的關係」。物件中若想導入新功能，形狀多半也會增加。不過能不能維持較少形態而依然成立，就要仰賴設計技術了。

## 自然選擇 最佳化——是否已徹底消除無謂？

持續不斷探究簡單的結構，物件必然會愈來愈美。這種最佳化的智慧也是設計中不可或缺的觀點。

結構力學中的最佳化，是指以朝向零件不過多也不過少的狀態。自然界中的各種膜，都存在著企圖維持在最小的小小張力。生物的身體裡始終有這種膜的最佳化壓力。不必要的部位總有一天會在演化過程中消失。例如人類和猿猴共通祖先原有的尾巴，現在在人身上只剩下極不明顯的尾骨。河裡的石頭歷經漫長時間往下游前進，在過程中漸漸變圓，同樣地，生物的形態在演化過程中也不斷承受著減少壓力。歷經漫長歲月後，有許多形質漸漸消失。

帶著這種觀點來比較橄欖樹和電風扇將會發現，自然物跟人造物的最佳化程度可說完全不同（圖 13-8，251頁）。橄欖樹大致可以分為果、葉、枝、根、花這五種部位，它們都是由擁有共通結構的植物細胞所構成。每個部位具備多種功能，雖然構成元素如此單純，植物卻能實現眾多功能，例如生殖、創造能量、汲水、驅蟲等等。

相較之下，電風扇由一百多種零件組成，每個零件所包含的意義卻極少。各零件的形態都存有簡化空間。與橄欖樹兩相對照，除了能產生風之外沒有其他功能，十分沒有效率。站在設計的觀點，孰優孰劣一目瞭然。生物的設計也還不完美，有許多缺乏效率的細節，但儘管如此，依然比人造物更有效率也更美。

製造物件的我們，最好能永遠意識到這種最佳化的程度。因為人工物創造的物件不如以細胞為基礎的生物具備那麼高的靈活度，即使發生以最佳化為目標的張力，假如不特別提醒自己可能無法察覺到。物件當中有沒有無謂，是否能再透過整合而減少元素、質量、能量等等？這真的已經是最小的構成元素了嗎？如果是自然，會怎麼解決這個問題呢？

這種壓力讓生物達到最佳化，有效率地呈現美麗形態，不管任何一種生物都具備這種令人咋舌的高效機構。除了生物的部位，在細胞或者分子等級也一樣會出現這種將無謂減至最低的最佳化整合現象。這種最佳化的機構能夠幫助我們減少材料、工序、能量的浪費。對於以永續社會為目標的我們來說，其中必定蘊藏可用的智慧。

以「少即是多」（Less is more）表達設計的本質的，是史上最出色的建築師之一，包浩斯第三任校長路德維希・密斯・凡德羅。他巧妙地運用最佳化的概念，提倡通用空間（Universal space，可用於任何用途的房間）概念。雖然是近百年前的建築概念，但已是各種辦公大樓的基本概念。

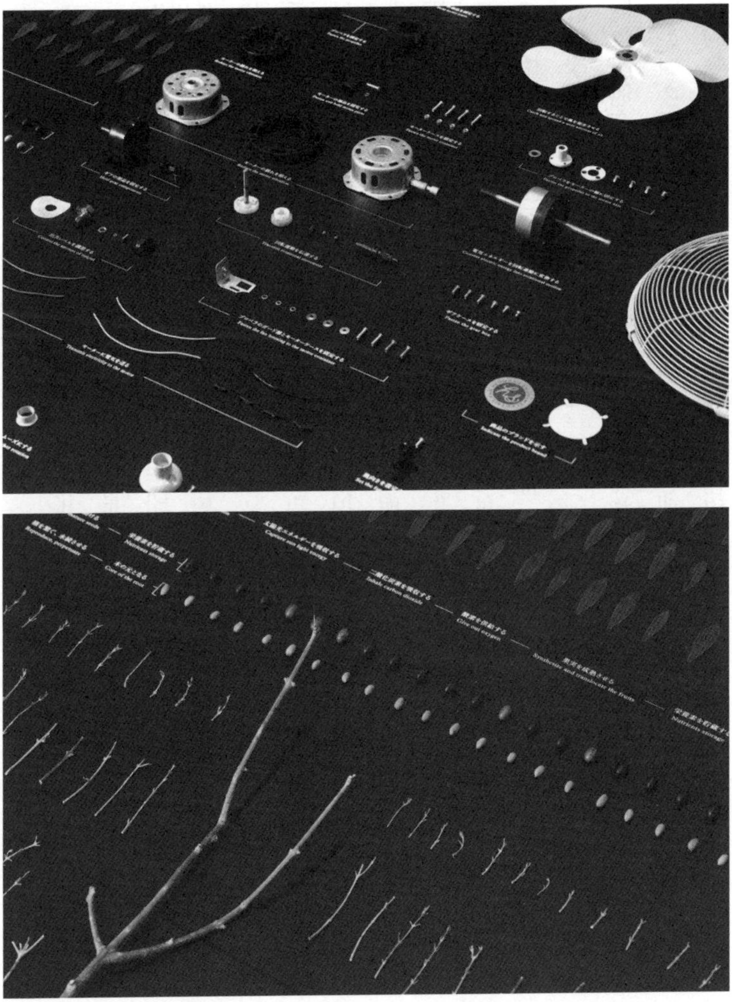

圖 13-17 ggg 電風扇和橄欖樹的解剖比較。

他曾留下另一句話，「上帝就在細節裡」（God is in the details），密斯・凡德羅企圖從建築的各個細節，達到整體的最佳化。懷抱著對密斯・凡德羅的敬意，提出「以少創多」（More with less）的富勒也是我們在談論設計最佳化時不能不提到的建築師。他也是曾經提出「地球號太空船」（Spaceship Earth），倡議保護唯一地球之重要性的哲學家。他提倡一門新科學，將最佳化和整合性融合為體系的「協同論」（Synergetics）。他新造的詞彙「協同論」，詞源來自現在經常提起的相乘效果（Synergy）。他對於最佳化進行無盡探求的結果，發明了前文介紹的單純以棒狀和連結點即可建造的史上最輕「網格穹頂」。他企圖透過這種新結構，實現地球環境與文明的共生。之後科學家發現與這種穹頂結構十分相似的足球狀碳結構，遂以他的名字命名為富勒烯（Fullerene）。

也有極力追求簡單造形的傳奇設計師，那就是因設計電動刮鬍刀在日本也廣為人知的德國百靈（BRAUN）產品設計師迪特・拉姆斯（Dieter Rams）。他簡單的設計哲學成為當代產品設計的原型之一。二〇一六年拉姆斯訪問日本，我有幸獲得機會與他交談，他跨越產品與視覺疆界，強調「最小限度的設計」(As Little Design as Possible) 的設計思想讓我深受啟發。他的思想也帶給曾任蘋果電腦首席設計長的強尼・艾夫（Jony Ive）深刻的影響，運用在iPhone或Macbook等產品上。

圖 13-18　范斯沃斯宅（Farnsworth House）。體現了密斯・凡德羅的通用空間概念。

相關的例子可說數也數不清，歷史上的設計師們都不約而同地意識到最佳化。

我們能減少多少無謂以達到最佳化呢？最佳化的重要性不僅在於形態，也在於過程。過程自然是愈少愈好。我們的社會上充斥著許多諸如行政手續等等無謂的流程。究竟是不是真正的無謂，必須經過觀察才能確定。以更少的材料和過程為目標的最佳化思考可以提高社會的流動性，這是一種讓文明從無謂時間和能量中解放的挑戰。

人造物充滿了無謂浪費。假如不運用設計減少，這些無謂將會繼續增殖。看看我們的垃圾場就一目瞭然。之所以會發生這種無謂，其中一個原因就是過剩供給。過剩供給來自於「擔心份量不夠所以多做了」或者「反正很便宜那就盡量做」這類想法。

當這種過程變得理所當然，物件漸漸就會成為滿是贅肉、毫無美感的物件。結果我們不斷在丟棄三分之一的生產糧食，也不斷在廢棄充滿過多無謂的設計。有時這種過剩供給帶來的汙染導致物種滅絕、資源枯竭。可以減少的無謂最好盡量減少，為此，我們應該師法自然，學習最佳化的智慧。

## 對稱性與週期性

當一個小肥皂泡要形成完整球體時，對周圍作用的力量愈簡單，出現的形狀對稱性就愈強。

或許是因為這樣，許多因為生物在演化上獲得形態的最佳化，都具備對稱性。例如放射蟲或者病毒這類小而單純的生物往往具備美麗的點對稱造形，即使像人體如此複雜的生物，外觀上也維持著面對稱性。

當對稱性出現，必然就會出現幾何學圖案。比方說立體點對稱的正多面體可能有正四面體、正六面體、正八面體、正十二面體、正二十面體等五種，平面點對稱的造形則有圓形或多角形。放射蟲、病毒、結晶結構中，有許多接近這種純粹幾何學的形態。這種美麗對稱性不僅出現在生物上，在許多無機物的結晶也能看見，特定環境下必然會發生。

我們看到幾何學式圖案時，會知道這是一種極其成熟、無法動搖的美麗，有時甚至能從中感受到神聖。所以諸如大教堂的天花板或裝飾藝術等創造形態，經常會採納純粹幾何學。無可撼動的成熟造形。這種足以永恆留存的造形，或許可以說是幾何學設計的特徵。古埃及金字塔和基督教大教堂這類跨越時間的文化資產，以及幾何學造形之所以具備共通性質，可能並非偶然。

但另一方面，具備張力的膜經過一段時間固定化後，一旦確立為某種造形，因其高成熟度，形狀可能難以改變。固定化產生扭曲後，內部應力會漸漸提高。當外部施加的強大力量超過極限，表面便會破裂，出現力道強大的流動。

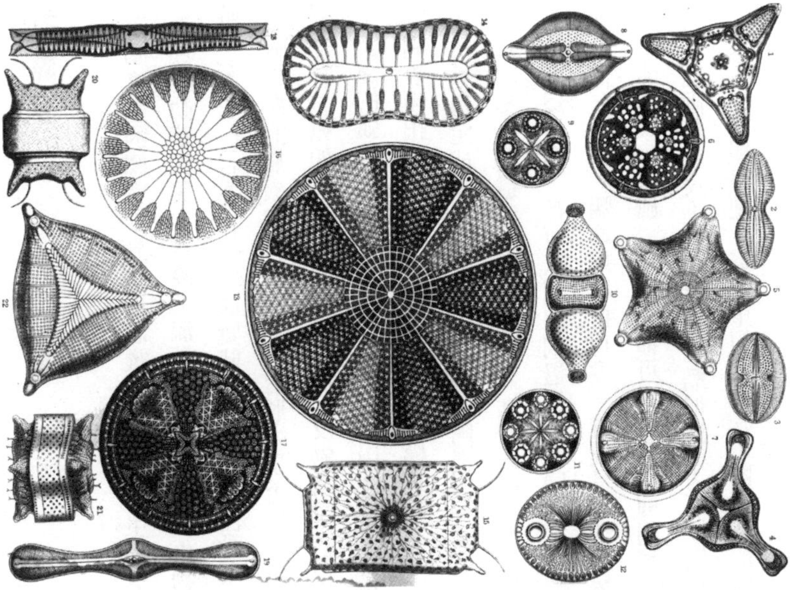

圖 13-19　恩斯特・海克爾（Ernst Heinrich Philipp August Haeckel）描繪的矽藻。

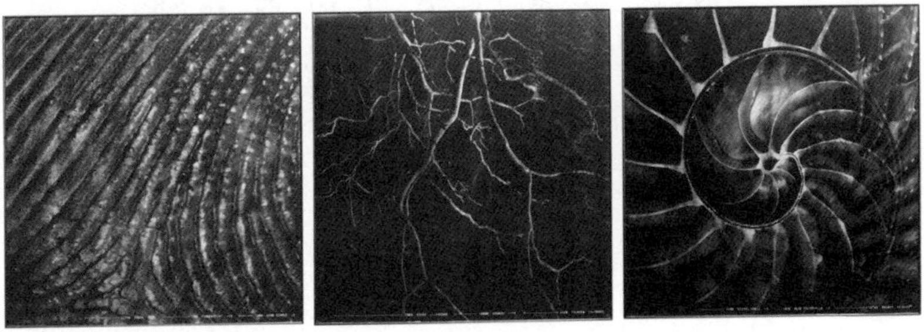

圖 13-20　ggg 由左起分別是圖靈紋、分枝、碎形渦旋。

## 流動與碎形

流動產生的圖案十分不可思議，雖然是無生物，卻像有生命一樣，充滿了深具躍動感的美。實際上流動產生的形狀和生物的多樣形態有相當多共通點。圖 13-21 是我在 ggg 展覽時，讓沙緩緩流動所製成作品的局部特寫。一個毫無生命的無機物質流動，在造形中是否呈現出形似生物的形狀呢？各種生物都有著宛如流體流動般的造形。反過來說，河川的流動可描繪出樹木的形態，美麗的弧線猶如蛇行，流動所創造出的造形顯示了如同生命的特定傾向。這些法則表現出自然結構中的某些本質性模式。

當流動穩定成長時，會出現兼具「隨機液體流動」和「協調的對象性」兩種性質的新圖案。在這種成長圖案中，基本規則就是從小到大不斷重複狀態，在自然界的各種造形裡，都可以觀察到這種重複同樣結構的自我相似性（碎形）。比方說如圖 13-22 所示，鸚鵡螺維持角度一邊成長，持續著跟過去較小自己的相似性。在水渦、龍捲風、颱風、銀河等都可以看到這種圖案。

另外從兩萬公尺上空可以看到酷似樹木形狀的河流分支，同樣的圖案從落在腳下的葉脈也能觀察到。這些重複分岐、不斷成長的圖案，出現在血管、樹木、

圖 13-21　流動創造出生命感。

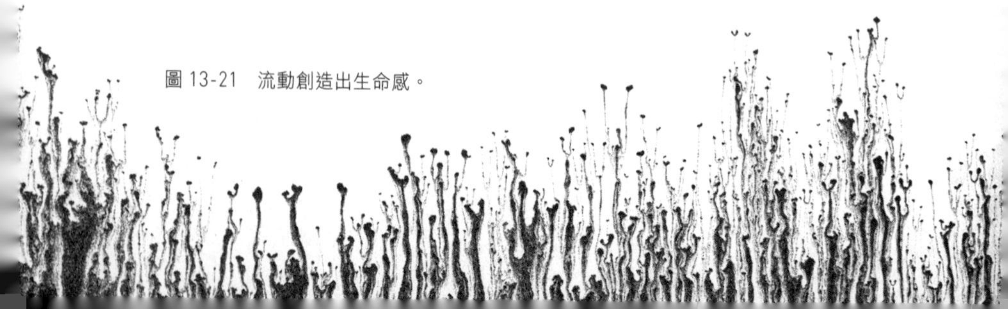

昆蟲翅膀、雷電的形狀上，形成樹木形狀的結構。

生物成長時出現的碎形結構中，經常會看到可以用費波那契數列來表示的圖案。費波那契數列是指當子孫或細胞呈等比增殖時自然發生的數列。更有趣的是，從這個數列導出的幾何學造形，對我們來說是相當賞心悅目的設計。比方說黃金比例的四邊形，是一個呈螺旋狀由中心往外側依照費波那契數成長的形狀。除此之外向日葵種子呈螺旋狀排列的形態規則，也跟費波那契數列有關。

## 視覺性表面的形成

流動不僅可以產生出結構。被譽為計算機科學之父的數學家艾倫・圖靈（Alan Turing）在一九五二年的論文中表示，各種動物身上所刻劃的圖案都能用反應擴散方程式說明[36]。他的意思是說，發生於生物表面的

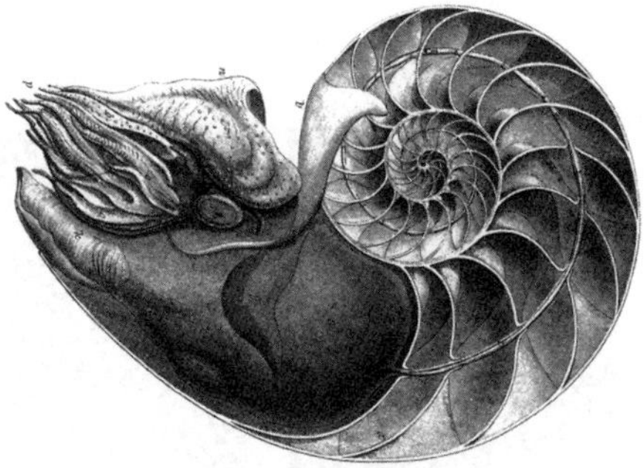

圖 13-22　鸚鵡螺的剖面圖。

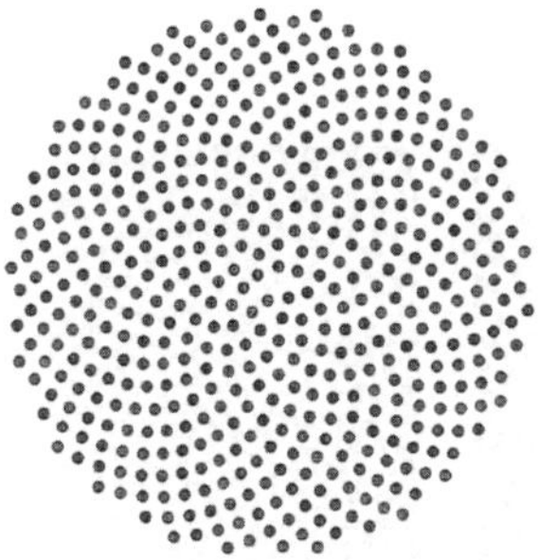

圖 13-23　向日葵種子依照費波那契數列排列。

各種不同圖紋，都可以用兩種液體的對流現象來說明。這個假設暗示著，生物表面圖紋也是由促使流動發生的波形所引起的。

二〇一二年，生物學家渡邊正勝（Masakatsu Watanabe）和近藤滋（Shigeru Kondo）等人對斑馬魚某個基因人工施加突然變異，重現了斑馬或豹等野生動物體表會出現的圖案。這項研究顯示，生物體表形成圖案時，圖靈紋扮演了很重要的角色。

許多生物都依照這個原理獲得皮膚表面的不同表現，由此而生的多彩圖案中，唯有適應環境的圖案會留存下來。

自從在寒武紀獲得了眼睛後，似乎就成為以視覺為優勢的世界。因為對方如何看自己、或者看不見自己，成為了決定生死或繁殖之成功的最重要因素。生物透過擬態隱身於環境中，或者妝點身體散發魅力吸引異性，不斷演化其視覺生存戰略。演化的結果獲得了顏色、圖案等深具個性的視覺表面。

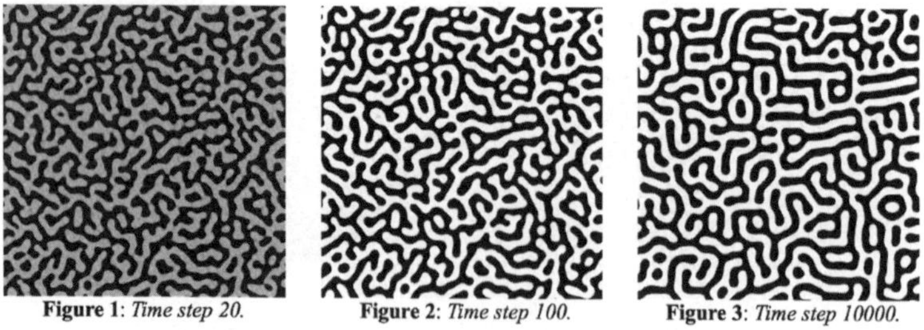


圖 13-24　圖靈紋可自動描繪出多種動物的圖案。

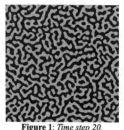

我們人類遠比動物更生活在一個視覺優先的世界中。因為透過顯示器等創造，我們開始能夠竄用視覺。挑選商品時也會用顏色和形狀來判斷好壞。有趣的是，在人類的認知中，類似胡蜂或辣椒等紅、黃危險色的商品特別引人注意，褐色或綠色等可以聯想到樹木、土地的大地色就屬於沉穩的商品。我們的色彩認知跟自然界中原有的圖案或顏色意義相似，這一點相當有意思。或許早在文明誕生之前，藏在我們ＤＮＡ裡的色彩和資訊都本能地展現在這些感覺上。

## 膜的表面與質感

膜的表面就是連接內部與外部的介面。因此膜也具備調節內外關係的功能。無論是在生物演化中獲得的皮膚表面或者各種物件的外部表面（比方說輪胎的溝紋），都是適應內部和外部後經選擇的結果。

膜的表面具備多樣質地。緊繃的膜表面光滑，萎縮形成

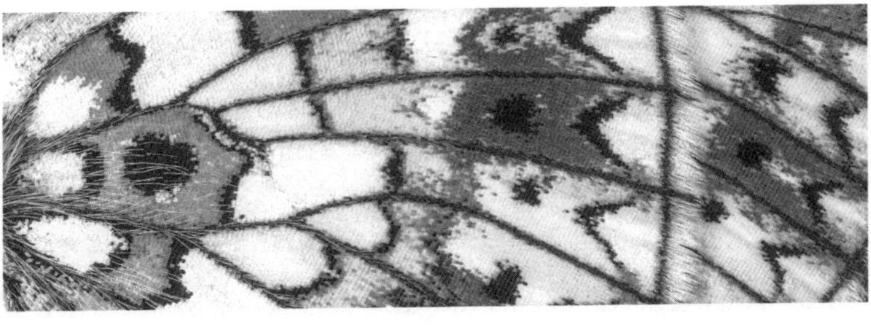

圖 13-25　生物的圖案是由流動所生、在狀況下經過自然選擇的結果。

皺褶表面便會形成凹凸。粗糙表面是為了提高摩擦力，覆蓋在人手指表面的指紋演化為具備凹凸的形態，以防止滑動，工具握把部分通常也同樣基於提高止滑度的理由，打造成粗糙質感。凹凸表面除了提高摩擦係數之外，根據使用方法，有時還能因增加表面積而發揮散熱效果。比方說大象身上沒有汗腺、發熱量高，所以會演化出多餘的皮膚形成大量皺褶。這些皮膚皺褶發揮類似散熱器的功能，有效率地將高熱釋放到空氣中。反之，生長在寒地的生物會在細胞與細胞之間長出毛茸茸的毛髮，將空氣保留在絨毛內側，以適應酷寒環境。

## 設計的趨同

為了跨越各種制約、產生更美的形狀，必須精通物件形狀的意義及其做法。如同前面所述，流動和張力決定了許多生物和物件的形狀。生物經過狀況下的自然選擇，獲得適應

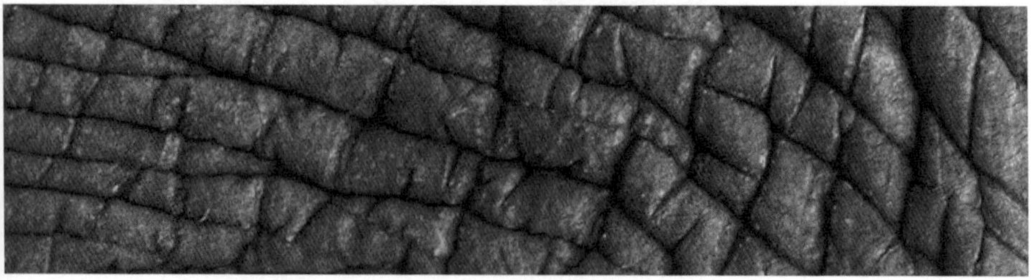

圖 13-26　大象皮膚的凹凸可以幫助散熱。

的形態。當環境中發生複雜選擇壓力的張力相互拉鋸時，生物也會配合狀況，歷經漫長時間在形態上出現複雜的變化。

創造也一樣。因應狀況所需的性質，選出最適當的質地和膜的素材。比方說吉他表面會選用有良好發聲的雲杉或巴西黑黃檀，廚房會使用容易清潔油汙的不鏽鋼或琺瑯，地板則使用不易打滑、適當摩擦係數的材質。平滑、粗糙、乾爽、黏膩、蓬鬆……每種質地都有其理由。各種表面都有內與外的關係。對內部和外部的適應度，就已經大半自動選擇了膜的性質。

生長在類似環境中的生物，形態的發育理由也具有共通性。承受相同生態系壓力的生物，由於其選擇壓力類似，必然會產生類似形態。比方說鯊魚、海豚、企鵝，游泳時的形態幾乎一模一樣。這是因為適應選擇壓力的膜的形態受到自然選擇的結果。即使歷經完全不同演化過程的物種，處於相同選擇壓力下，會出現類似的形態來適應，這種現象我們稱之為趨同演化（Convergent Evolution）。

在物件上我們也可以發現一樣的趨同演化現象。比方說時速三百公里的跑車，考慮到引擎的位置、大小；駕駛座的視界等內部狀況，與必須承受猛烈空氣阻力的外部壓力之拉鋸，往往會設計成能感受到空氣流體的流線型。相反地，廂型車這類家庭用車則會努力膨脹讓內部空間最大化，往往呈現長方體般的外型。另外還有市場需求或者法律等選擇壓力，最後我們會發現，類似用途的車輛往往都具備相似的形態。這種典型的設計趨同出現在各種產業上。

即使用途不同，創造具備類似原型的造形時都是依照共通理由，逐漸趨同。例如世界上有很多圓筒形的道具，花盆、茶杯、水桶、電池等，多半都是類似的圓筒形。這是因為圓筒形具備可在內部吸收壓力、放在地面時不容易傾倒，還有容易製造，造形要求不高等共通優點。類似的關係可以誘發出共通形態的設計，創造中也可以見到這種趨同演化。由解剖式觀點來看，如果仔細觀察發生在膜上的張力抵抗，就會發現許多形成趨同設計的必然性。當我們意識到這些壓力，一定能夠更接近如此的設計。

請各位回想一下本書序章沒有正確答案的問題，「何謂『美』？」美當然不止來自形狀，但如果我們聚焦於形狀來回答這個問題，那麼答案可能會是「美麗的形狀是指張力和流動自然選擇之下，最能打動我們本能的自然形態」。

自然界中各種力量的抗衡產生的圖案，能讓我們感受到藝術之美。其中似乎藏有遍布世界的協調之謎。決定設計時我們應該了解到，自然界中早已具備能自動選擇出最適合設計的機制。跟這種大趨勢相抵抗，不可能成為好設計。我認為一個設計師最出色的工作就是順應趨勢來打造形狀。許多優秀設計師都會自行尋找制約，當我們能發現愈多引發關係張力產生的必然因素，就愈能確立必然的形狀。

挑選美的形態，往往會淪為無謂的品味好壞之爭。這些無意義的討論有時會剝奪掉許多人對創造的自信。實際上每種形狀背後的成因都與張力的流動有關，習慣用解剖式觀察看待張力後，就能掌握美麗形狀的方向及理由。依循張力和流動的力學，幾乎必然地自然選擇出形狀。什麼樣的形態會出現在這裡？讓我們學會注意內部和外部力量的方向性，觀察由此產生的流動和張力吧。

自然選擇

## 生產性——能否有效率地實現？

想創造任何東西，第一個問題都是可行性。「真的有可能實現嗎？」所有的新提案一定都會面臨這個問題，假如無法說明，想法再好也只是空畫大餅。我們真的知道實現一個物件的製作過程嗎？實現所需的知識、預算、時間還有人力等資源都足夠嗎？假如沒有這些資源，有可以替代的方法嗎？如果無法回答上面這些問題，就表示還沒有為實現做好準備，首先請徹底做好調查。設計者必須能深入理解製作方法，假如不能理解一個物件的製作方法，根本無法站上創造的入口。除了了解方法，也必須考量到資源和流程等層面，是否能有效率地實現。製程也相同，愈少愈好。不只形狀，物件也持續承受著製作方法的最佳化壓力。要實現相同目的，當然希望能盡量減少時間或材料的無謂浪費。如何才能提高效率？最佳化的結果可以催生出製程之美。右頁是艾菲爾鐵塔巨大圖面中的局部。製作物件需要龐大的工序，這些圖面僅僅是工序的一小部分，卻可以從中感受到企圖產生美麗過程的熱愛。創造就是不斷在理想與現實之間煩惱。充分理解物件的發育生物學，了解製造過程並加以應用，一起以創造美麗製程為目標吧。

**☑ 演化習作19　創造的發育生物學〔30分鐘〕**

各位知道經內部解剖後所見的各零件該如何製作嗎？試著徹底調查各種物件的製造方法和組裝過程吧。

1 從頭開始依序說明物件製作的過程。想像組裝過程，依序寫下。

2 同樣素材或結構的物件，或許可以應用相同的做法。

一一調查各元素中包含的素材製作方法。了解製作物件的工序，正是與創造直接相關的智慧。

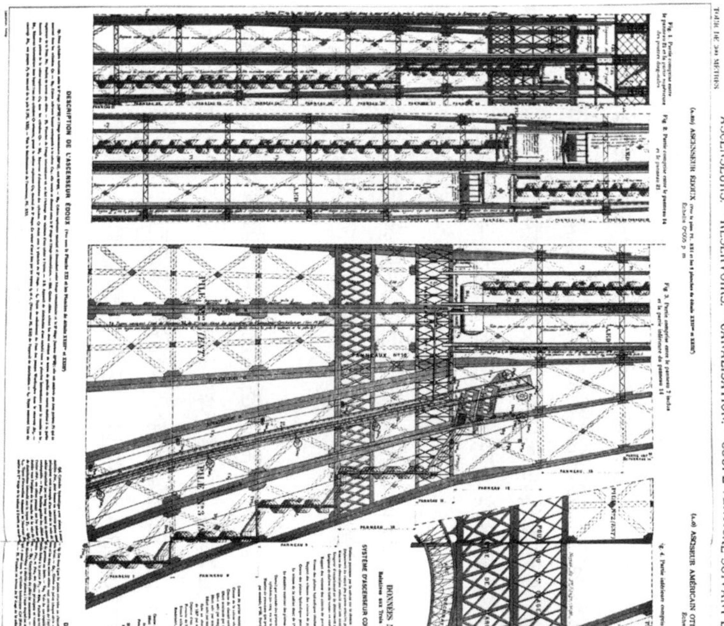

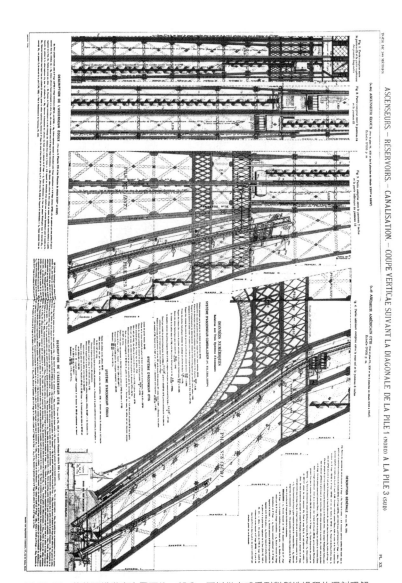


圖 13-27　艾菲爾鐵塔龐大圖面的一部分。可以從中感受到對製造過程的深刻理解。

## 解剖思維的觀察與選擇——對潛藏可能性種子的愛

仔細觀察、理解深藏物件內部的樣貌，思考物件原本的意義，了解物件形成方式，這一切的行為都源於我們對物件的愛。在解剖過程中，我們可以看見潛藏於物件內部的可能性種子（SEED）。原本以為不足一提的物件，發揮其原本能力時，有時會開啟一道嶄新可能性的大門。先得有人發現潛藏於內部的可能性，物件才能煥發光芒。不管是物件或人，或許都是一樣的道理。

隨時提醒自己，再次確認自以為已經了解的各種物件內的關係。仔細解剖後觀察物件的機制，多半都能發現可以改善的地方。乍看之下已經完成的東西，有時內部結構還沉睡著許多技術上未開拓的領域。

習慣了理解物件形狀、理由、製作方法的解剖式思維後，就能擺脫認為沒有方法的思考，或者之後可能變得脆弱的規格，專注於可改變的部位。想像我們可以提昇可變更處的效果，這樣的創造也將更有效果。同時也更容易想像如何改善，成為更有效率的方法。

物件內部充滿了可能性。解剖後看到的所有零件，都是經過證明有可能實現的物件。不過物件的用途也不限於此。當我們能了解機制，就能夠進一步思考應用方法。運用變異思維來應用機構，說不定能解決完全不同的問題。原以為微不足道的東西，只需稍微改變想法，就能開花綻放。

這種解剖式思考原本是人人都具備的能力，但是依然需要時時反覆練習和習慣，才能提醒自己實際運用。試著每天都帶著新鮮目光，用解剖來挖掘社會上嶄新可能性的種子。假如每個物件都能發揮本領發揮，那麼或許可以開啟新的創造可能。關鍵可能還藏在看不見的內部深處。

**☑ 演化習作20　潛藏的可能性（SEED）〔20分鐘〕**

重新檢視解剖後的物件之形狀及其功能。可能性的種子（SEED）或許還沉睡其中。能不能想出更有效率的改善方法？或者，這些內部機構有沒有可能應用在其他領域？

請試著從效率不彰的機構上，想像零件的新用途和如何改善製造過程。或許可以從中發現新的可能。

請帶著鼓勵孩子成長的心情，凝視物件內部可能性的種子，可能會因此發現讓物件更能發揮本領的新天地。

# 必然的觀察 2

# 歷史

## 承繼過去的譜系與脈絡

首先想跟各位聊點往事。學生時期跟朋友聊起設計時，對方曾不經意地說了一句話，那句話猶如芒刺，一直留在我腦中。

「這個世界上有數不清的人、數不清的設計，所有設計想法應該都已經用盡了吧？」

確實，地球上有七十億人，我們腦中的乍現靈光很可能其他人早已想到、執行過。說不定已經不存在沒人想到的點子。但果真如此嗎……

對於當時心裡那股說不出的異樣，現在的我可以如此斷言。

「不是的，因為所有的創造都還未完成，就像演化一樣，還會不斷變化下去。」

世界上確實已經存在幾千萬種道具。各種創意彷彿已經出盡，現有的物件都面臨著嚴酷的競爭。但是再過一百年，現在我們所使用的道具，絕大部分一定都會變成其他形態。之所以敢如此斷言，是因為現在我們確實已經不再使用百年前普遍使用的大部分道具，它們已經在我們的日常中絕跡。

就如同人類過去創造的道具曾經超越種種限制而誕生，今後不管在任何時代都會出現企圖超越制約的新方法。世界上沒有完美無瑕的生物，同樣地，世界上也不會有完美無瑕的道具。當狀況改變，道具也永遠需要隨著改變。在這樣的反覆中，世界漸漸被設計填滿，但同時這百花齊放的設計也都還是現在進行式。

設計新東西，就是在譜系上書寫新的歷史。果真如此，那麼我應該也算在人類史上留下了微薄的貢獻。發現這個道理後，對於設計的想法有了很大的改變。既然一切都還未完成，那任何人都可以懷疑現在、發想新價值，在歷史上留下自己的痕跡，包括讀者諸君在內。

那麼從過去到現在的演變中，我們該如何有意識地為自己的創造找到定位?首先，第一步應該是了解創造的歷史脈絡。如果有創造者認為自己從未受到過去任何影響，這個人不僅傲慢，更是無知。觀察那些被視為優異創作者留下的偉大作品，他們對歷史的理解之深，往往與其創造力之高旗鼓相當。

回顧周遭善於創造的人，很多都對世界史或藝術史的脈絡瞭若指掌。我的恩師隈研吾先生和黑川雅之（Masayuki Kurokawa）先生雖然是建築師，但卻擁有足以令歷史學家瞠目的豐富歷史知識。了解歷史背景，或許可以發現潛藏在脈絡中的必然性。

所有創造都像演化一樣，透過遺傳的方式承接過去的影響，以變異的形態產生。正因為如此，我們才能夠從歷史譜系中學習到關於創造的許多知識。對過去的偉大創造懷抱敬意，探究其中的脈絡，是追求創造性時不可或缺的心態。始於過去的龐大創造脈絡代代遺傳，現在世界上也持續發生著新的創造。在「進化思考」中，我們將本於上述觀點探討存活於歷史中的必然選擇壓力，稱為「歷史」的思考。

生物演化的過程中，並不會發生細菌突然變成魚，或者魚一夕之間成為哺乳類這種跳躍式的演化。生物經過漫長時間，一點一點重複著微小的變異，連續地逐漸演化。換句話說，如果沒有祖先這些生物，許多生物都不會誕生。

創造跟演化相同，天才並不會突然發生「從零而生」的突發現象，都是透過既有物件的一連串變異式錯誤，並且受到過去創造和自然機制的強烈影響而出現。人類史上應該沒有真正能夠從零開始，產出大爆炸般創造的人。沒有李林塔爾的滑翔機，萊特兄弟的飛機就無法實現，而李林塔爾則參考了鳥類的飛行。沒有馬車，賓士的汽車無從誕生。少了煤氣燈的基礎，不會出現愛迪生的燈泡。創造當中也可以追溯物種的起源，代代相傳。承繼過去的成果，不斷演化。無論任何發明或設計，都有其受到影響的先行創造。

那麼，什麼才算是原創發想呢？當我們將某個東西視為原創發想時，往往是指其具備變異式的創造性，能夠精采地扭轉過去至今的趨勢，以順利適應不同的狀況。也就是說，在原創性當中也同時需要具革新性的變異和適應性的選擇這兩者。承繼積累於過去脈絡中的睿智，用一步步刷新歷史的態度來面對創造，說不定未來你也能有親手製作出歷史性作品的那一天。

參照過去的歷史思考，並不僅是封存經典的保守思維。要創造新事物，不能不了解過往的案例，也能觀察到改變歷史的發想如何誕生，歷史中存在著帶來革新的智慧。

例如想在大企業中被要求提出新事業構想時，光靠自己提出意見並不容易獲得認可。但假如創業者曾經留下暗示挑戰該事業的話語，上司自然無法否定。因為創業者畢竟是上司的上司。如同這個例子，對於歷史的探究可以引導出創造的方向，成為助長革新的力量。從過去脈絡中尋找新挑戰的助力，借用祖先們的力量來推動變化。

雖然說歷史的探求與創造性直接相關，但是在技術開發現場卻經常被忽視。如果可以運用系統觀點導入能刺激創造性的機制，那麼現在大街小巷中的博物館將不是單純保存古老紀錄的地方，而能夠轉化為創造新價值的舞台。接下來，就讓我們一起來探究能引領我們進入深奧廣大創造演化史的「歷史」思考過程吧。

# 收集與譜系

## 1　博物學——收集、比較、分類現在的現象

收集是很愉快的行為。石頭、貝類、昆蟲等自然物，或者汽車、衣服、超市塑膠袋等，各種領域都有以收藏為樂的人。不需任何人教導，孩子們總是會著迷於收集某樣東西，由此可見，人身上或許具備著收集、比較、分類的本能。而這樣的特質跟創造性也有著關係。

收集同一領域的東西後加以比較分類，掌握其差異之背景，加上標注資料，俯瞰全貌，最後欣賞自己的成果，感到心滿意足。包含這一整套流程的興趣，就是所謂的收藏。收集具備著難以言喻的魔力，對於有些人來說，收藏甚至可能昇華為人生目的。就算被家人埋怨占地方，也捨不得丟掉；被冷眼視為御宅族也無所謂。收藏家多半都帶有這些性格。各位既然會拿起品味奇特的本書，我想應該或多或少有些類似經驗吧？

生物學將收藏的過程稱為博物學。博物學是一種收集自然標本，進行解剖觀察後比較其細部結構的差異，在區分為不同種類的學問。所以很多博物學家往往同時也是分類學家或比較解剖學家、譜系學（phylogenetics）家。

將有序整理自然界的方法確立為分類學的，是瑞典的神學家卡爾・林奈（Carl Linnaeus）。

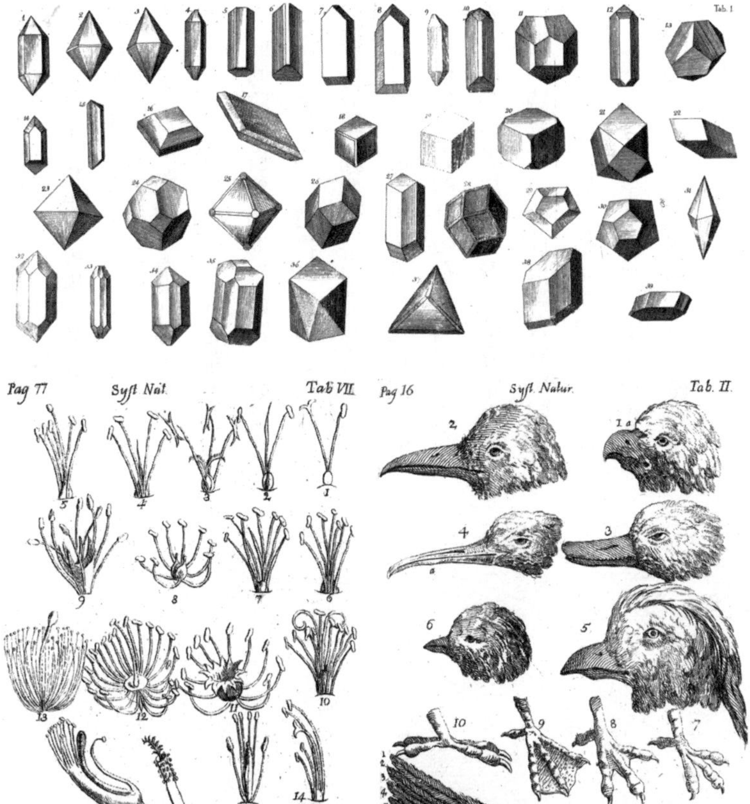


圖 14-1　卡爾・林奈的《自然系統》，分類學自此開始。

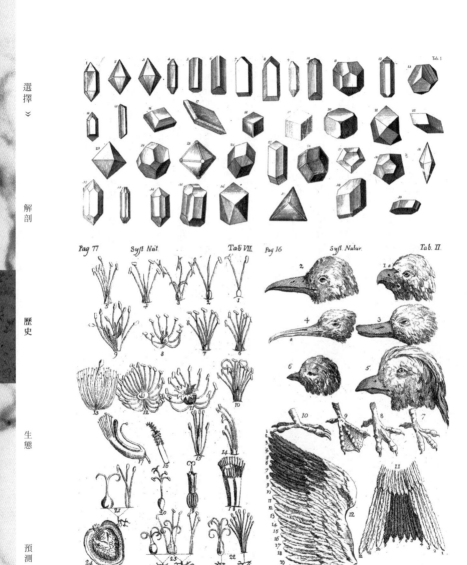

空前的博物學家林奈用他的收藏改變了歷史，可說是人類史上最偉大的收藏家。他在著作《自然系統》（*Systema Naturae*, 1735）[37]中以美麗的繪畫介紹了他的收集，其中對知識的探究令人雀躍不已。林奈徹底收集自然物進行觀察，將世界的物體分為動物、植物、礦物三大類，再依據其形態種類進行更細的分類。

在林奈之前也有人進行過自然物的收集，但是過去的分類在命名和分類的定義上沒有共通規則，看不出分類之後物件間的關聯性，因此很難找到不同收藏之間的連接。於是林奈將規則明快的分類定義為分類學，重新以兩個拉丁文詞彙的二名法來訂定學名。這種命名規則沿用至今，成為自然科學的骨幹。

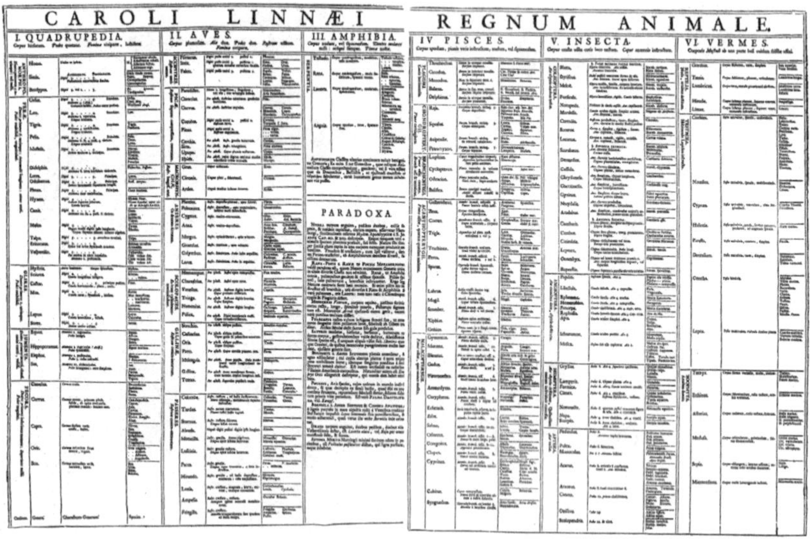


圖 14-2　林奈在《自然系統》中寫下了龐大的自然物清單。

分類學的出現讓生物學有了飛躍式的進步。分類學的基本在於徹底梳理出哪些東西屬於相近的譜系，為其命名，替沒有定義的物件取新名字，豐富該類別。重複進行分類，每個類別就會出現檔案夾式的疊套結構。生物學史上不斷探究的結果，現在已經可以將生物由上往下依序用域、界、門、綱、目、科、屬、種等八階段的分類檔案夾。

分類學思考（ＷＨＡＴ的系統）跟提到解剖時我們說的形態學（ＷＨＡＴ的解剖）思考很相似。雖然說考察對象一個位於內部、一個位於外部，但是在針對「這是什麼（ＷＨＡＴ）」進行定義、分類這一點來說，探究方法是相同的。分類學的探究，也可以說是將某個類別的物種整體視為一體、加以解剖的過程。從這種分類學的方法學會整理各種領域資訊的方法，將可以培養出基於自己興趣去覺察世界之豐富的感受性。

乍看之下以為毫無意義的東西，在整體收藏中也可能有助於創造性。人可能透過收藏的過程熟習脈絡，經過對細微差異的比較分類，開始理解何謂品質。這些知識讓收藏得以對創造性帶來正面的影響。

實際上能發揮優異創造性的人，往往都是熟知該領域比較分類的脈絡狂熱份子。這是因為博物學式的收集、比較、分類的過程中，藏有創造性的價值。那麼，比較分類為什麼能對創造性帶來正面影響？

其實我們的認知機制有個特質，反覆比較微小差異後，會將微小差異漸漸認知為重大差異。

也就是說，比較分類可以鍛鍊我們的感受性，用較高的解析度來掌握競爭的評估基準。想要知道評估基準，可以試著把世界上頂尖品質的物件跟一般物件相比較，自己試著定義造成兩者差異的因子。重複這個過程後，就可以培養起自己的評估基準。只要能理解評估基準，就能進一步反向重新建構基準，創造出超越前例的物件。

對於企圖超越前例的人來說，收集、比較、分類前例，並且加以理解的智慧，都可以成為創造性的土壤。讓我們懷抱著好奇心，一起來探究過去的偉大挑戰。

---

**☑ 演化習作作21　博物學（WHAT系統）（20分鐘）**

要製造出比現在更好的物件，首先，必須要精通該領域裡的既有事例。請試著徹底寫出與演化對象 x 系統相近的物件。

若你的對象是汽車，那麼請寫出電車、機車等交通工具的種類，還有巴士、消防車等車輛種類。諸如上述聯想相近領域的東西，可以幫助自己更加理解對象 x 的脈絡。

寫出這些物件後，試著依照種類進行分類、寫成清單，俯瞰這些物件的譜系。

---

## 2 譜系學——理解過去的譜系

收集物件進行分類，會發現不管是生物或創造，每個種類的誕生都跟歷史背景有密不可分的關係。不管是威士忌或者偶像歌手，一個熟悉特定領域的人，到最後通常會相當熟知其歷史淵源、脈絡。收集資訊或物件的過程中，如果想知道為什麼會演變為這種形狀，勢必得從歷史中找答案。生物學也是一門這樣的學問。理解演化歷史中的時間關聯，描繪出演化系統樹的這門學問，在生物學中稱之為譜系學。

生物從約三十八億年前的起源開始，在演化過程中歷經分岐與滅絕，漸漸呈現多樣化。歷經難以計數的分岐結果，讓我們的世界上充滿了多樣的生態系。如果用圖來顯示這多樣的物種分岐，可以畫出宛如大樹由主幹分枝的圖。達爾文在《物種起源》中也曾繪製圖表表現系統發生（phylogeny）。這張看起來像樹一樣的圖，讓許多人從中獲得靈感，因而了解生物獲得多樣性的過程。尤其是畫家、生物學家海克爾，他受到這張圖的強烈影響，以其優異

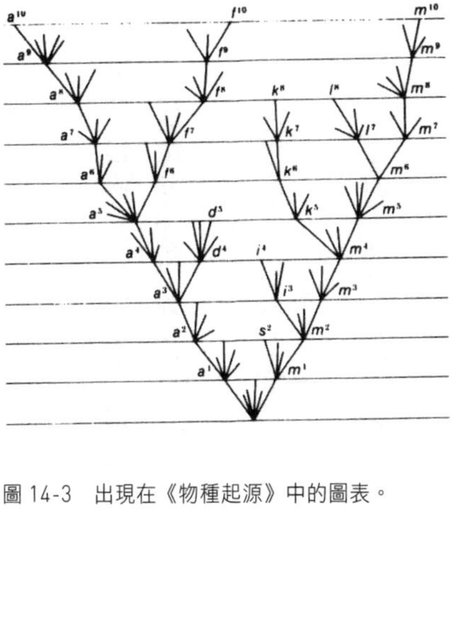


圖 14-3　出現在《物種起源》中的圖表。

的繪圖能力畫出了「生命之樹」。透過海克爾等各領域科學家的共感，進化概念隨著系統樹，漸漸廣傳全世界。

無論是生物或創造，我們可以發現將對象分類後，一定能發現根源。分岐的起點就象徵著各個領域的起源。早在達爾文提出演化論之前，這種系統樹式的圖像分類就已經應用在家族譜等圖表上。

隨著達爾文演化論的廣傳，演化系統樹成為生物學基礎，之後也對許多領域的思考和哲學帶來強大影響。

在這裡讓我們稍稍離題，回顧一下演化論誕生之前的系譜，一方面也等於探討屬於本書的系譜。創造和演化在歷史上有著非比尋常的密切關係。

## 追溯演化論的歷史

演化論的歷史也是關於上帝的創造與自然演化論戰的歷史。

約在十六世紀之前的一神教宗教觀，認為各種生物都是出自上帝之手完美無瑕的形態。不過進入十七世紀後，關於偶爾能在內部發現生物痕跡的奇妙岩石，也就是化石，開始出現新的解釋。當時的博物學家約翰・雷（John Ray）認為這種化石可能是已滅絕生物留下的痕跡。不過

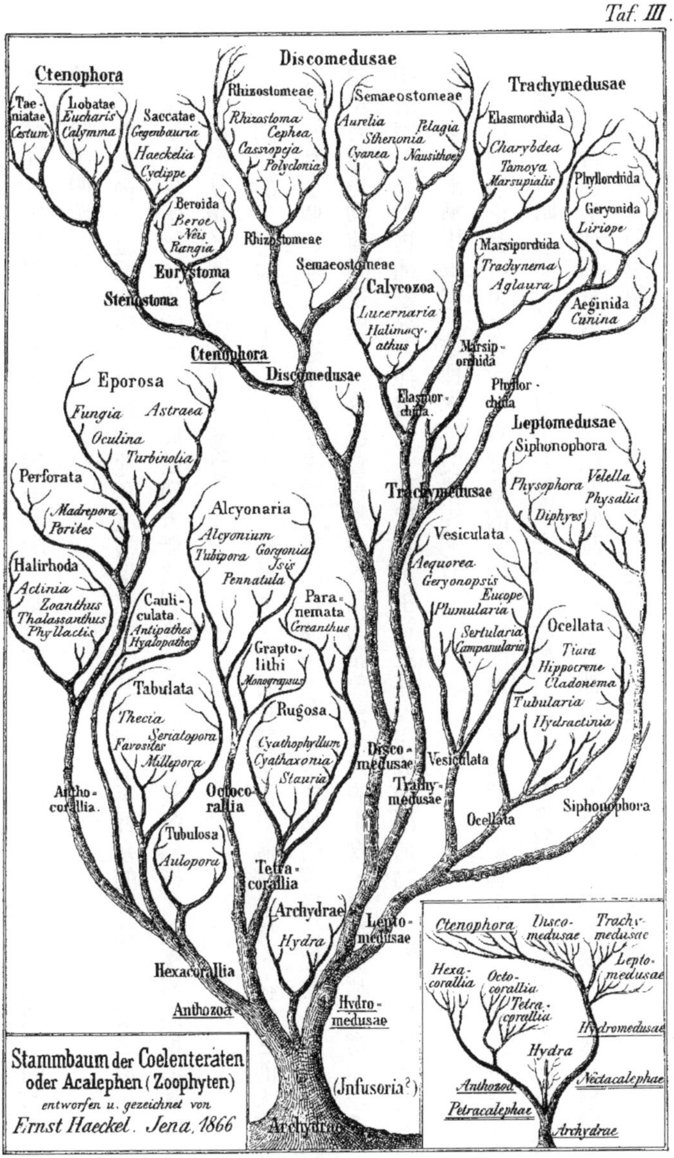


圖 14-4　恩斯特．海克爾繪製的生命之樹。

根據《聖經》的記載，神以完美無瑕的形態創造了所有生命。為什麼理應完美的生物會滅絕呢？為什麼那些生物跟現在的生物形態不同呢？當時的人們無法對橫亙於科學和宗教之間的這個問題，給出明確回答。

對生物的這種疑問，也從其他角度被提出。十八世紀前半林奈的分類學出現之後，各界學家開始共享生物分類的方針。於是過去無法明確定義的物種整體結構，也漸漸出現清晰輪廓，在分類與分類之間看出物種的關聯性。

同樣的父母親生下的孩子都不同，同樣地，所有物種也都有個體差異，在此之前大家就已經認知到這個道理。不過生物學家所分類的物種中，有許多物種的差異依然難易判斷究竟是個體差異還是物種間差異。也難怪會有學者看到個體差異太大的生物，會認為應是物種差異。假如個體差異跟物種差異有連續性，那就表示生物並非已完成的創造物，而在不斷地變化。自然科學家中漸漸出現提倡這種說法的演化論者。

這種演化論可說是當時宗教權威的眼中釘。因為這個原理的結論不僅否定了上帝完美無瑕的創造，也暗示著人類並非特別的存在，只是猿猴的一種。最後教會判斷演化論屬於危險思想，是對上帝創造性的冒瀆。這也是因為當時各國教會都擁有國家權力，必須竭力確保其權威。最後如同先前天動說和地動說的激烈論辯，提倡演化論觀點的科學家也受到了基督教的打壓。生物究竟是自然演化而成，還是由神所創造的？一場效應一直延續到現代的歷史論辯就此引爆。

在演化論的黎明期，有個我們不能忘記的人物。那就是達爾文的祖父，伊拉斯謨斯・達爾文（Erasmus Darwin）。他在《動物法則》（*Zoonomia*, 1794）[38]中，談論自己所提倡的演化論，同時也已經在書中用到「演化」（evolution）這個字。現今已經很少提到伊拉斯謨斯的功績，頂多只會說到是「達爾文的祖父」，不過他其實是個擁有豐沛創造力的人物。

從歷史片段中所見的他，是深受王室信賴的名醫，也是想出複印機和飛機等相關原理的天才工程師，對詹姆士・瓦特（James Watt）的蒸汽機也帶來強烈的影響。他除了是提倡演化論和光合作用，擁有創新思想的自然科學家，同時也是知名詩人，跟達文西一樣，屬於萬能型的創造天才。達爾文自己並未提及這位偉大祖父對他的影響，但伊拉斯謨斯的演化論觀點想必給了年輕查爾斯莫大的啟發。

林奈分類學誕生後經過五十年左右，十九世紀初葉開始出現對伊拉斯謨斯演化論這類新自然論的反證。其中出現了一位持有自然科學觀點的神學家，那就是威廉・裴利（William Paley）。他主張這個世界的生物結構之所以被設計得如此美麗，都是要歸功於上帝將生物設計為能夠這樣生存，他在《自然神學》（*Natural Theology*, 1802）[39]中提倡「設計論」，認為生物細緻結構正體現了上帝的創造性。他以上帝之名本於邏輯說明生命經過精巧設計的理由，並且表示自然界的精細結構正證明了神的存在，這套理論廣受當時社會接受。於是，自然神學開始成為一種主流。

但諷刺的是，裴利的出現加速了自然科學的發展，也讓歷史更接近演化論的核心。跟裴利同時代的科學家，法國的拉馬克（全名為Jean-Baptiste Pierre Antoine de Monet, Chevalier de Lamarck……非常長）對當時流行的自然神學存疑，在近代提倡生物學（biologie）。這位偉大學者不愧於其長長的名字，有著相當傑出的貢獻。

拉馬克認為，假如上帝設計生物時帶有某種目的，那麼生物的型態也未免太明顯地展現出其各自的生存戰略，他提出生物其實是自行往期望方向演化的假設。於是拉馬克在《動物哲學》（*Philosophie zoologique*, 1809）[40] 中主張以「獲得性遺傳」為基礎的演化論（拉馬克主義），認為生物企圖獲得的能力會遺傳給後代。比方說長頸鹿脖子長，是因為上一代不斷伸頸想吃高處的葉子，所以後代的脖子就逐漸變長。

如同拉馬克所想，假如生物出於某種目的改變形態而演化，這將可以直覺地說明生物適應環境的理由。因此拉馬克的演化論受到部分人士的狂熱支持。但是拉馬克認為生物是由存在身體內部的力量而改變這種假設的真實性卻受到激烈質疑，多項研究都指出其錯誤，於是拉馬克主義漸漸走向終點。

拉馬克主義之後過了五十年，猶如彗星般登場的是達爾文和華萊士在十九世期中期發表的自然選擇之演化論（一八五七），以及之後達爾文的《物種起源》（一八五九）。《物種起源》以重複數世代的偶然變異和自然選擇所發生的現象來解釋演化，巧妙地克服了演化論的問題，大幅刷新過去的自然觀。達爾文等人深知歷經百年的演化論論戰歷史，因此在其理論結構和驗證上都十分嚴謹，力求達到高完成度。因此《物種起源》的演化論比過去的演化論提出了更為龐大的生物學證據。發表之後獲得湯瑪斯・赫胥黎（Thomas Henry Huxley）和海克爾等一流科學家的強力支持，譽為人類史上最偉大的發現。

在此之後也陸續發明了可補強達爾文他們提出的演化論之科學證據。一八六五年有說明

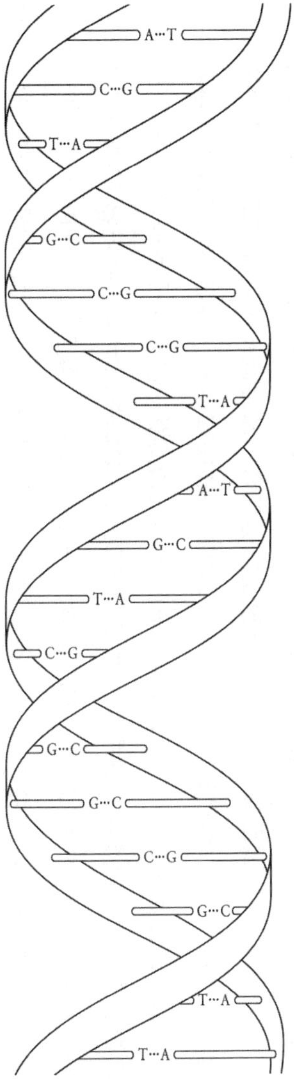


圖 14-5 瓦森和克里克發現的 DNA 結構。

遺傳機制的「孟德爾定律」（Mendelian inheritance），一九〇一年，許霍・德弗里斯（Hugo de Vries）提倡「驟變說」（Mutationism），整合各種生物學研究了解演化的「演化綜論」（evolutionary synthesis）因而誕生。另外詹姆士・瓦森（James L. Watson）和弗朗西斯・克里克（Francis Crick）等人在一九五三年發現了遺傳根源的ＤＮＡ結構。此外還有學者提倡遺傳漂變（genetic drift）帶來的中性演化、累積有害基因之重要性等與ＤＮＡ相關的理論，目前這些都成為補強達爾文學說的理論，根據演化是反覆進行ＤＮＡ的複製錯誤帶來的「變異」以及生存競爭和性擇等「自然選擇」這個前提，發展到企圖揭開具體演化結構的階段。

歷經數百年，演化論和創造論的歷史系譜猶如大河滔滔，延續至我們的時代。創造和演化的浩大論戰，最終形成了現在的演化生物學。看似創造現象的生物形態，並非由個人之力所設計的形態，而是演化帶來的自然形塑現象。

假如演化是自然發生，那麼設計或藝術等創造性，或許也並非出於個人意志，而是一種由偶然和必然引導的自然發生現象？過去我們一直以為發揮創造性的工作唯有偉大天才才能企及，因而放棄，但這個事實或許是一大福音。

「進化思考」從演化論系譜中學習，攀上知識巨人的肩膀，企圖揭開創造現象之謎。創造是否具備本質性的結構？或許有人會說，這個問題沒有答案。但是我深信，這其中一定存在結構。如同達爾文所說，只要重複變異和自然選擇的過程，即使其中不包含任何人的意圖，也會發生演化。同樣地，創造也是一種超越意志的現象，透過偶然變異和必然選擇的往返，任何人都可以提高創造發生的機率，這就是「進化思考」的概念。「進化思考」的挑戰是從生物演化的過程中學習，釐清創造式發想的過程，打造讓更多人能培養出創造性的教育。並且基於將創造性視為演化現象這個前提，重新連接起創造與演化中間斷裂的兩百五十年，尋找產出倖存概念的共通結構。

## 試著描繪創造的系統樹

> 現在我們所使用的道具，基礎都來自史前時代初期製作的物件。
>
> ——安伯托・艾可（Umberto Eco）[41]

試著思考我們身邊道具的起源，或許可以從原始方法中想到它們的祖先。例如廚房的瓦斯爐始於焚火烹調，椅子可能來自岩石或者斷株等自然物。文字應該始於刻在洞窟牆壁、岩石、樹皮等自然物上的繪畫。

世界各地的許多創造，都源自具備共通目的的原始創造。雖然目的相同，但隨著時代的演進，使用方法的變化，創造也逐漸演化。因此在創造中可以發現類似生物演化的遺傳現象，如同物種分化般，出現各種道具。創造和演化的基本現象相似，所以發明也可以畫出一棵演化系統樹。實際上在「文化演化學」這門學問中，確實會描繪出物件的系統樹。我試著實際將生物和無生物的系統樹做比較，在個展中收集許多交通工具和動物模型，製作了立體系統樹作為作品。

雖然想到這個點子，也收集了一四六種動物模型和一〇一種交通工具模型，但過程相當不容易。令人驚訝的是，這個世界上從眼蟲藻到鴨嘴獸，幾乎所有生物都有模型。交通工具也一樣，從貨輪到登月小艇、滑板車，各種種類幾乎都有模型。世界上存在的絕大多數道具，或許都存在迷你模型。

在我買來這類模型和玩具車之後進行分類，製作系統樹的過程中，有了許多發現。有趣的

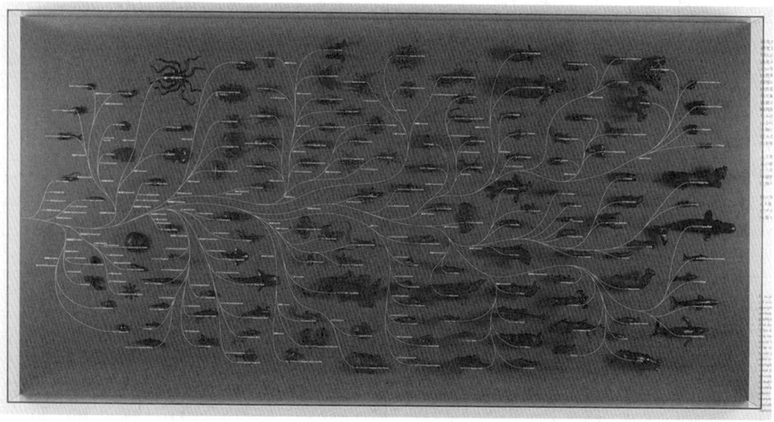

圖 14-6　ggg 動物的系統樹模型。

是，當我製作交通工具的系統樹時，也試著尋找相關的基礎研究，但並沒能找到適合的研究。創造系統樹相關的研究並沒有想像中的發達。不過描繪創造系統樹確實有其價值。實際上製作創造系統樹，可以發現許多對創造性有幫助的觀點。

觀察系統樹，可以發現各領域起源的原始發明。例如交通工具的起點很可能源自西元前三十五世紀發明的滾輪。其起點應該是搬運金字塔巨石的台車。排檔等動力基礎科技，也是從車輪轉用而來。各個時代需要的交通工具都因時而異。在國與國間霸權爭奪使得交通工具成為主流的時代，以及跟人民開始大量移動的時代，重視交通工具的角度都大不相同。伴隨社會情勢改變的用途，蒸汽機或馬達等主流動力的變化，反應流行的形態變化等，在數千年

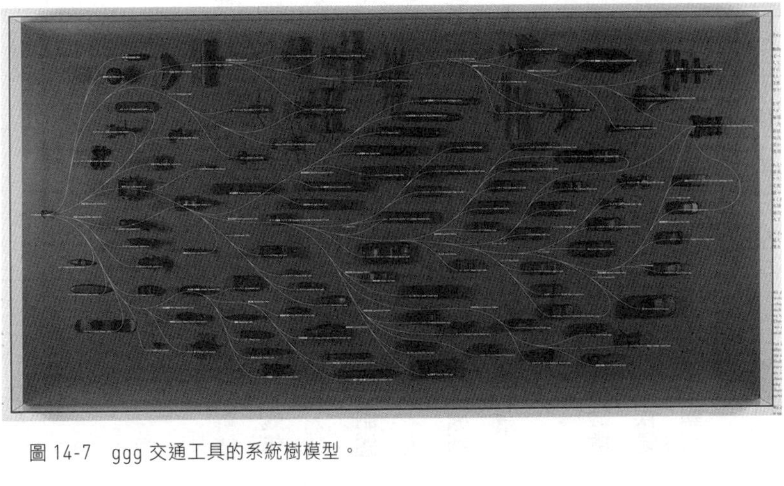

圖 14-7　ggg 交通工具的系統樹模型。

期間催生出多種多樣的交通工具。理解這些歷史起源後再進行創造，觀點將會大大不同。

## 系統樹間隙中的發現

一邊研究歷史一邊整理系統樹，可以發現關於創新性質的有趣現象。例如可以了解到新技術對產業整體帶來何種影響。比方說蒸汽機開發之後，跟船或馬車等既有科技融合，短短幾年時代就有了改頭換面般的變化。基本技術以遠超過我們想像的速度，橫向挪用到各種產業上。

各位知道電動車最早的專利是什麼時候申請的嗎？近年來汽、柴油車轉向電動車的話題方興未艾，各位覺得是什麼時候申請專利的呢？我曾對參加「進化思考」課程的學員提問，大家多半回答一九六〇或八〇年代。不過實際卻遠比這些時間早。電動車的專利竟然可以上溯到一八三五年，比達爾文的演化論還要歷史悠久。進入二十一世紀後終於成為矚目焦點的電動車，其實竟然是將近兩百年前的舊技術。

那為什麼電動車花這麼長時間才能正式問世呢？電動車之所以終於受到關注，是因為鋰離子電池的技術開發，以及平行發生的石油資源枯竭，還有國際間開始重視石化燃料導致氣候變遷問題等，種種因素疊加的結果。完成了選擇的準備後，過去將近兩百年都沒有發生的電動車轉向這種選擇，現在已成了迅速發展的必然趨勢。

就像電動車這個例子，許多發明其實在很早以前就有出現的徵兆。這些發明雖然假設已經成立，但是要落實到社會中可能還缺乏某些技術，或者空有技術但還沒發現適當用途，與社會之間存在斷層。

各位都知道發明飛機的是萊特兄弟，帶給他們強烈影響的李林塔爾早於萊特兄弟多年，就已經不斷地進行加裝內燃機的實驗，可是內燃機的小型化卻沒能趕上他的腳步。換句話說，萊特兄弟的發明是內燃機小型化所帶來的成果。

最尖端的創造並不一定是由最前沿的發想帶來的。很多具有社會衝擊性的創造就像電動車一樣，因為過往的發想復興而激發出的靈感。

當內部各個部位狀況和周圍的生態狀況完備後，新技術才會成為時代的標準。要預見未來，必須將觀點擴展到內部機構的系統性變化（解剖），和外部連結的系統性變化（生態），並且了解何謂選擇壓力。



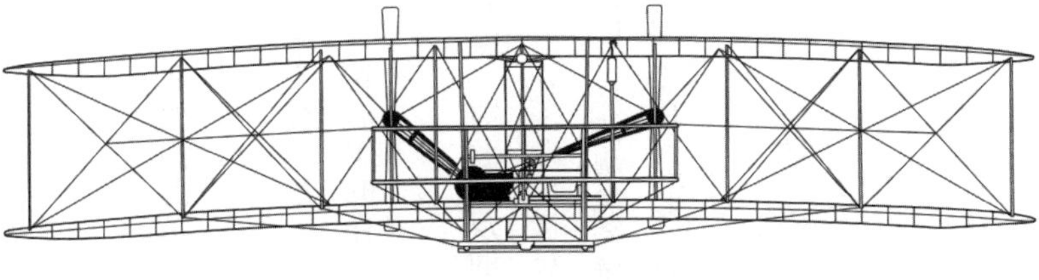

圖 14-8　受到李林塔爾研究影響的萊特飛行器。這就是所有飛機的雛形。

## 效法前例，超越歷史

在研究歷史的過程中，會遇見至今為止數萬年間人類史上的各種創造。假如創造是製造出史無前例的新物件，那麼在創造之中會發現自己不斷地與過往的案例競爭。

藝術或設計名作，歷史性的發明等精采創造物，這些過往的先例確實都十分出色。憧憬之外，假如我們不試圖從中獲得史無前例的新穎性，就不能說帶來新的創造。新發想的存活率很低，不過如果順利，或許可能發現利基，成為搶佔先機的犀利點子。

在製造新物件之前，除了對先例的敬意之外，抱持懷疑也是重要的心態。前面提及的萊特兄弟，激發他們開發飛機的慾望，來自對於李林塔爾的崇拜。李林塔爾留下許多滑翔機翼剖面的速寫，萊特兄弟嘗試將這些形狀應用於飛機上。但是依照李林塔爾的圖面，無法讓機體懸浮。於是他們反覆進行風洞實驗，找出最適合的機翼剖面，成功設計出史上第一架有人飛行的萊特飛行器。

由這個過程也可以知道，想超越先例，抱持敬意向先例學習和拋出疑問的心態，兩者都很重要。重複敬意和疑問來超越先例，這樣的創造才能名留青史。

## 描繪系統樹

譜系是了解創造的歷史脈絡、釐清本質的強力思考道具。要進行這些整理，不妨先學習如何畫系統樹。若能在腦中想像出系統樹，並且實際畫出來，將可以掌握過去創造中所包含的意圖，讓新的創造在歷史大脈絡中找到定位，也就能進一步延續歷史。此時重要的是，對脈絡的好奇心，實踐先前介紹的分類思考，就等於已經做好準備。實際上畫系統樹並不困難。描繪創造系統樹的方法，就如同從分類學到系統學的發展，大致會有以下的過程。

愈是探究脈絡，就會發現系統的智慧這條路既深且遠，永無止境。但是只要學會用這種觀點來看世界，就會成為受用一生的本質性智慧。我可以保證這一定會對各位的創造性有幫助，請務必挑戰。

1　首先製作對象清單，根據種類將其分類。分類會形成疊套結構，全部相連之後就能清楚俯瞰種類整體的結構。

2　調查對象和種類在歷史上何時發生，排列出其與分類內外的種類之關係。這麼一來譜系自然會相互連接，自動形成樹狀圖。

## 系統樹有正確答案嗎？

要實際畫出創造的系統樹，最好先理解其性質。在這裡補充說明兩個特別希望各位注意的觀點。擁有這些觀點，應該可以更容易畫出系統樹。

首先，我希望各位知道，系統樹並沒有絕對的正確答案。不只是創造，在生物學中也一樣，直到近年我們都無法保證生物的系統樹是絕對縝密且正確的。其實要將自然界中的生物分類，嚴格來說是一項相當困難的工作。生物在演化時並沒有明顯區分，比方說：「這生物原本是魚，現在開始變成青蛙！」也就是說，我們只是只是單純將自己認為屬於「魚」的物種，在分類上命名為「魚」而已。不僅如此，如同前面所述，生物一直在不斷變化。我們無法對自然發生的些微差異都加上名字，所以只能用人類容易理解的方式來區分。也就是說，綱、目、科等生物學上的類別只是為了方便讓人理解而取的名字。

另外，進化系統樹的生物順序也並不明確。如同前述，系統樹原本始於分類學。那麼過去的生物學家是如何決定順序的呢？是透過觀察形態的類似性、是否共享衍生性質，如果是古生物便觀察地層年代的不同等等，透過學會或論文的方式與其他專家交換見解後決定。當然，其中也會有讓人不知該如何定位的生物，或者無法妥善說明的化石，在未能確定根據的狀況下就決定順序的情況。

林奈之後又過了將近兩百五十年的歲月，在二十世紀末分子生物學抬頭之後，才終於能畫出正確的系統樹。透過ＤＮＡ的分析技術，人類得知了系統的正確順序。其實在進入本世紀的二十年來，生物系統樹出現了順序的大變動，生物教科書也迅速更新了內容。但希望各位不要誤解，系統學並不會因為不正確而失去價值，在追求正確的過程中，我們看見了系統學探究的本質，也得以理解系譜演變的全貌。事實上數百年來，儘管並非嚴謹的正確答案，但演化系統樹的探求就整體來說已經充分發揮功能，對於我們理解生物的演化有著相當大的幫助。

相較於生物學，創造的系統樹當然更不存在客觀的標準答案。即使實際的發明者受到其他人強烈的影響，也很少有人能留下客觀紀錄。假如沒有留下紀錄，就無法正確推測該發明的開源之祖。儘管如此，探究系統對於了解對象、創造新物件上，依然具備難以計量的價值。如果要基於創造性的目的運用系統性智慧，說得大膽一點，不妨徹底調查，不畏錯誤地忠實畫下與創造系統樹相關的脈絡。既然沒有標準答案，那麼正確與否也並不重要。描繪系統樹的過程中所發現的巨大脈絡，要來得重要多了。首先抱持著為了自己的理解而描繪系統樹的心態，不必顧慮太多勇於挑戰。試著研究歷史，探索自然脈絡的演變，畫下自己能接受的創造系統樹吧。

## 注意演化節點

對比生物和創造的演化系統樹時，會發現出現特別大差異的就是交配。自然界中相隔較遠的物種即使交配，也無法留下子孫。不管再怎麼相愛，人跟狗之間都無法生下孩子。生物擁有歷經數百萬年經過自然選擇後的基因，任意混雜基因，可能會被排除在適應之外。唯有近緣種之間異種交配才能成立，這就像是一種安全裝置。

相較於此，在創造中則頻繁地發生異種交配。例如我們會在幻想中創造出狗跟人的孩子「狼人」。在發明上，各種領域都能看到屬於不同系統的物件進行異種交配（於204頁「融合」中詳述）。比方說車輪加上馬成為馬車，船加上汽車成為水陸兩用車，在創造中即使是異種之間也可以簡單地融合（將在214頁「創造的交配」中詳

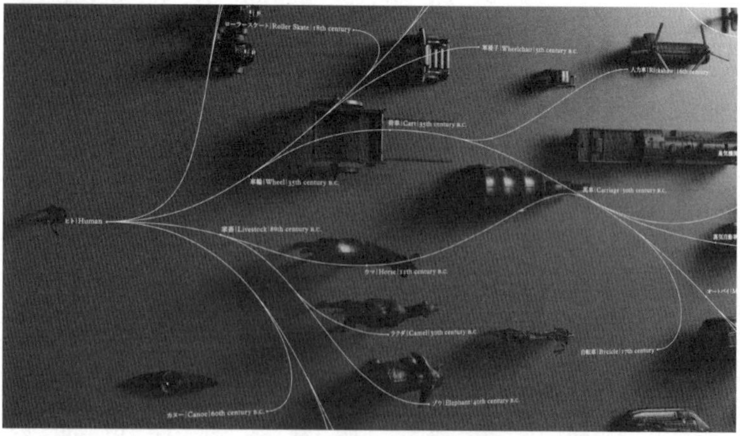


圖 14-9　ggg 交通工具的系統樹模型。仔細看看會發現有分岐相連的部位，馬跟車輪在此交會。

述）。因異種交配式的融合發生新種時，系統樹也會出現變化。在創造的演化系統樹中，不僅會出現分岐，分岐的前端會再次形成節點，頻繁出現網狀連接。這種創造系統樹上頻繁出現的再結合，我在「進化思考」中將其稱為「演化節點」（evolutionary knot）。創造的系統樹中會頻繁看到這種演化節點，希望各位特別注意。

如同前述，生物並不容易發生這種演化節點。儘管如此，創造跟生物的演化依然非常相似，在生物演化上也會出現相同現象。特別是原始生物，其實經常可以觀察到「演化節點」，也就是基因水平傳播的出現。

近年來透過ＤＮＡ分析，已經確知不同生物之間的外來基因交換會留存在ＤＮＡ中。比方說被稱為最強大微生物的水熊蟲，分析其基因體的結果，發現其中可能包含大量來自不同生物界的ＤＮＡ。水熊蟲發現的外來基因有細菌（十六％）、菌類（〇・七％）、植物（〇・五％）、古細菌（〇・一％）、病毒（〇・一％）ＤＮＡ，讓學者們為之驚愕。

自然界中像水熊蟲一樣自然發生演化節點的例子，還藏有很

圖 14-10　水熊蟲的顯微鏡照片。

多謎題。其中的機制可能跟ＲＮＡ有很深的關係，真正的原因今後應該慢慢會揭曉。另外，由於近年可自由編輯基因的CRISPR-Cas9等技術出現，ＤＮＡ編輯技術也有了大幅提升。現在這種技術已經被用於多種動植物的品種改良，這些技術一定也會應用到生物的人為演化上。

---

### ☑ 演化習作22　描繪對象x的系統樹（60分鐘）

物件跟生物一樣，也有其祖先。一個物件受到什麼脈絡影響才演變成現在的形狀？請試著畫下系統樹來思考。

1　準備好「演化習作20」（281頁）中製作的分類清單。
2　調查清單中各元素出現的時期，依照時間順序重新排列。
3　將覺得有關聯的元素以線相連結，畫出系統樹。

俯瞰完成的系統樹，應該可以理解從過去到現在的歷史脈絡。接觸到過去偉人的創造性，相信自己心中也可以湧現充沛的想像力。

---

自然選擇

## 性狀的保存——長期承繼的適應性性狀

這個世界上沒有不受過去影響而突然出現的生物。所有生物都受到從祖先身上承繼的性狀相當強烈的影響。也有些性狀因為在適應上相當優越，所以歷經數億年依然保存了下來。例如我們熟悉的蟑螂，據說從約三億年前的古生代石炭紀至今都沒有太大改變，腔棘魚從約四億年前的古生代泥盆紀到現在，所發現的化石也幾乎一模一樣。這些生物有時被稱為活化石。

請試著環顧自己的四周。我們確實幾乎不再使用百年前的道具，但是百年前的鋼琴跟現在的鋼琴形狀幾乎一樣，由此可知過去對於現在的創造帶來了深刻的影響。即使創造者沒有自覺，各種創造都是受到系統式強烈影響而出現。我們身上應該具備的創造力並不是從零開始打造，假如了解承繼譜系的趨勢從中做出些微適應性變化也是一種創造，那麼自然能了解師法過去的意義。也就是說，世界上並不存在完全的原創。這樣想來，我們就會發現世界上充滿了演化的可能。

仔細觀察系統，就能看出歷經漫長時間始終不變的價值。讓我們一起解讀過去的失敗，理解過往失敗的原因，抓著那些永遠不變的特質，來迎接新的挑戰吧。新價值總是會在超越前例之後產生。

自然選擇

## 發現失敗——從過去找出變化的可能性

在歷史上，具備適應性的東西應該會優先存活。但是承襲於過去的東西全都是正確的嗎？當然不一定。歷經時間淬煉出的生物設計有著令人咋舌之美，但現在跟過去可能已經面臨了不同的狀況。這個世界上，也沒有完美的生物。正因為有某些地方不完美，生物才一路不斷演化。

那麼在生物演化的機制中，又是如何抑制失敗的呢？演化上的失敗，可能發生了對生存或繁殖有害的變異。變異往往是有害的，這是演化上的一種成本，自然選擇對於去除「變異失敗」，也是一種有效的機制。另外，對遺傳性的系統制約，還有相近物種才能交配等，都是將失敗作為抑制作用的一種遺傳機制。應該改變的東西出現改變，不需要改變的東西將會留存。當這兩者能保持平衡時，便會產生適應演化。

不存在完美的東西、受到過去系統制約強大影響這兩點，在創造也一樣。任何東西都多多少少會有失敗。明明有更好的方法，但還沒有人發現這個事實。

> 不適合會成為變化的誘因。一個讓人無話可說的狀態，無法產生任何東西。
>
> ——克里斯多福・亞歷山大（Christopher Wolfgang Alexander）[42]

建築師亞歷山大領悟到失敗的發現正是創造性變化的源泉。於是他將透過創造性帶來變化的人，評為「單純的代替執行者」。因為只要能從失敗中覺察到異常，並且想出解決方法，那麼人人都有可能創造。我非常理解亞歷山大將創造稱為「代替執行」的心情。因為我也認為創造這種現象是過去的性狀在適應的選擇壓力引導下，自然發生的些微變化。許多發明家都曾經表示，發現既有物件的不合理，是帶來下一個創造的原動力。我們的創造意志很難說是出自個人的意志，或許也是基於從過去到現在各種選擇壓力下默默地自然發生。

變與不變。我經常從老字號企業經營者口中聽到類似的話。日本有幾間千年以上的法人。全世界創業超過兩百年的公司有五五八六間，其中一半以上約三一四六間是日本公司。我曾經參與過創業三三三年，日本最早的煎茶商號山本山（Yamamotoyama）的品牌優化專案。他們有著老字號共通的獨特智慧，那就是傳統與革新的平衡，也就是所謂的「不易流行」（譯注：堅守本質，求新求變）。偶爾在明知失敗的前提下接受挑戰，變和不變保持平衡時，我們將有機會選擇讓沿襲自過去的脈絡運用在當前的時代中。代代承繼傳統的古人深知這個道理。當我們站在繼承歷史的觀點，必須能再次回顧歷史，從譜系中去探索「應該改變的東西」。

圖 14-11　山本山 333 週年標誌 不管由上或者由下讀都一樣是「山山山」。

## 需求系統樹

系統樹可說是存活理由的結晶。系統樹的根部，有許多現在已經消失的物件。另一方面，也有存活了數千年甚至數萬年的原始創造。能經歷漫長時間考驗的創造，都保存了其成功因素，也具備對失敗和變化的耐受性。

製作創造系統樹時，會看到每個物件開發的社會背景及其回應時代需求的選擇壓力。看著系統樹仔細思考後可能會產生一個疑問：我們的欲望和意志，真的出自我們自己嗎？浮現於系統樹上的生理需求，或許包含某種結構。在心理學領域中非常盛行這種將我們的欲望化為結構的研究。

首先我們可能會想到欲望金字塔。心理學家亞伯拉罕・馬斯洛（Abraham Harold Maslow）在一九四三年將人類本質上具備的需求區分為「生理需求」、「安全需求」、「社交需求」「尊嚴需求」「自我實現」等五個階段，用金字塔型予以定義。不過近年來有人對此金字塔提出疑問，又開始提倡新的需求金字塔。

最近開始有人將演化論概念運用在心理學上，發展出所謂的演化心理學這門學問。道格拉

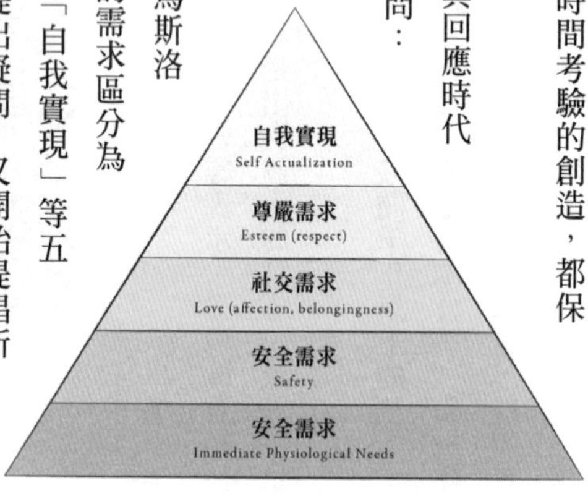


圖14-12　馬斯洛的需求金字塔。

斯・肯瑞克（Douglas T. Kenrick）等人基於這些研究，提出了新的需求金字塔，他們認為在演化上正確的需求階段應該是「自我防衛」、「迴避疾病」、「合作關係」、「地位」、「獲得配偶」、「維持配偶」、「養育家人」。這種對需求順序的分類跟生物在演化上獲得的慾望相符，非常具有說服力。特別是身體演化會產生生理需求這個想法，非常有意思。

受到這個研究的啟發，我真切地感受到可以從系統樹反向讀解出演化理由，因此想出透過系統樹來理解本質需求的概念，稱之為「需求系統樹」概念。如果能習慣這種整理，大家就更能理解自己畫出來的系統樹伴隨著什麼樣的理由，以下請容我稍做介紹。

首先，把自己能想到的人類需求盡可能列出來，再跟生物的系統樹相疊合。這麼一來就可以發現，我們能推測出在系統樹中人類需求在什麼時候發生。

假如生物會呼應身體的演化去獲得本能的慾望，那麼不只是人類，其他物種也會自然發生同樣的身體需求。這麼一來或許可以在系統樹上看出人類跟其他生物的共通需求。應用這樣的想法，是不是可以提高生物跟我們之間的共感。

下一頁開始，我們將沿著演化到人類的過程，說明「需求系統樹」的概念。

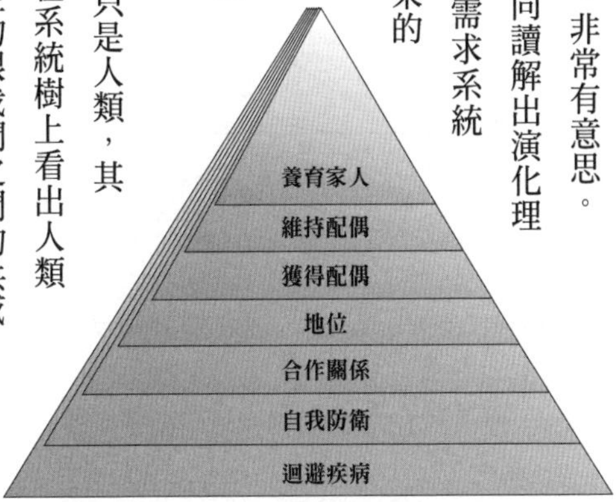


圖 14-13　肯瑞克的慾望金字塔。

**二十億年前起「需要營養」**
成為真核生物之後的生物，
透過粒線體將養分轉換為能量。

**十二億年前起「希望獲得異性」**
獲得有性生殖後，
生物開始跟異性交配，留下子孫。

**五億年前起「在意眼前可見的東西」**
有眼睛之後，開始可以透過視覺
溝通魅力或危險。

**三億九千萬年前起「也想吃硬的東西」**
下顎發達，硬的東西也可以成為食物。

**兩億兩千五百萬年前起「想長久、小心地養育孩子」**

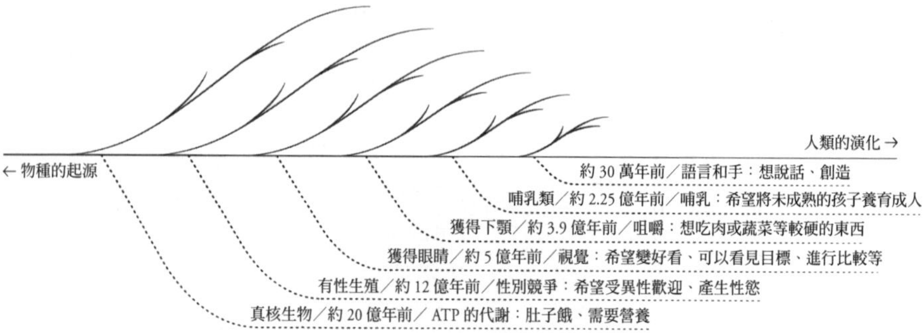


**發展至人類為止的需求系統樹**

PHYLOGENETIC TREE OF DESIRES
LEADING TO HUMANS

圖 14-14

成為哺乳類後，透過哺乳建立起親密的親子關係，這種長期育兒成為生存的一大前提。

右圖所示的是從系統樹讀取的一小部分要求。無論生物是否具備能力去認知到這些身體要求的需求，生物在演化中都同時獲得了這些要求。在這裡，我們將這些順應要求的本能視為「需求」。於是需求的階段便自然出現了。

在系統樹中擁有相同骨幹的物種，或就結果來看具備類似性狀的物種，即使生存戰略方法不同，也容易具備超越物種的共通本質需求。基於演化過程中獲得的能力，要求的方向性也成為多重且複雜向量的合成，化為多樣的慾望出現在個體身上。哪一種向量會被優先選擇，端視個體和狀況而異，或許就是這種平衡的差異，讓個體自然出現了「需求的個性」。在這裡很重要的是，這種心理學的觀點不僅適用於人類，也適用於所有動物。如果生理需求會隨著身體的演化而發達，那麼觀察譜系，或許除了人類以外還可以推測、同理各種生物內在具備的本能需求。這就是「需求系統樹」的概念。

「需求系統樹」的思考可以幫助我們了解自然如同了解自己，是與自然共生時不可或缺的觀點。比方說我們對寵物會感到憐愛，這應該是出於自己跟寵物擁有共通需求所產生的同理情感。

有性生殖的生物都會對「想獲得異性」有共感，所有哺乳類也都可以對「每個未成熟的孩子都應該好好珍惜疼愛」這件事有共鳴。正因如此，以此觀點重新檢視自然界生態系，能與寵物等取得共感，了解人類以外物種的「心情」，建立同理關係。要求系統樹的概念可以幫助我們人類將自然視為自己的延伸。

系統當中充滿我們本能的要求，理解這些要求跟理解他者也有深厚的關係。當我們從「需求系統樹」開始，將整體系統都納入視野，理解其根本，就可以發現除了人類社會以外，跟廣大生態系共生的線索。我們人類總是不太擅長同理人類以外的生物，不過在生物多樣性逐漸喪失的現在，我們必須具備對各種生物和自然的同理心。要擺脫以人類為中心的文明，潛藏在演化系統樹中的老舊記憶，或許會協助我們重拾對自然的共感和憐惜。

**「需求系統樹」的要點**

1 在身體演化過程中獲得的能力，如果具備適應特質將是維持生命的本質需求，因此會自然發生本能的需求。

2 演化上獲得的本能需求之方向性，不同個體會合成出不同的平衡配比，有時會顯現為獨具個性的需求。

3 不同物種在共通系統樹的分岐之前，也具備共通的本能需求，透過這些線索，可以掌握到人與狗等等異種之間的同理共感。

自然選擇

## 遺志——能否背負本能願望？

上面提到的這些與我們的創造性有什麼關聯呢？其實需求系統樹跟創造的系統樹可用同樣的方式來解讀。所以觀察系統樹，就可推測出每種發明出現的理由。理解過去的譜系，就能解讀至今為止在歷史上對這個物件的本質需求。

比方說二〇一九年特斯拉公司發表的新電動車「Cybertruck」引起熱烈討論，各位應該記憶猶新。這款最尖端的電動皮卡具備了自動駕駛功能，也可以客製貨廂，是相當優異的新車款。這種發明的本質目的何在？我想應該是「希望輕鬆快速地將自己或重物以最省力有效率地運送到遠處」。那麼我們可以再回頭想想，五千五百年前出現的「車輪」，其本質目的又是什麼。車輪的目的是否也一樣是「希望輕鬆快速地將自己或者重物以最省力有效率地搬運到遠處」呢？最新發明跟太古之前的發明，兩者的本質顯示出完全相同的目的。也就是說，觀察道具的系統樹可以發現方法（HOW）會隨著時代變異，可是本質的創造目的（WHY）卻大致安定不變。

解剖汽車後，可以看到一輛汽車中融合了許許多多的零件。每一個元素背後都有其歷史。比方說人類史上發明「屋頂」的時期，應該是大約兩萬年左右前的竪穴式住居的屋頂。從此，創造出防雨避風的設施就被認為理所當然。如果說「動力」的起源是家畜，那麼人類早在一萬兩千年前就開始仰賴自身之外的力量，已經不需要依靠雙手來搬運。安全帶的始祖「繩索」源自一萬六千年前，繩索很早就被運用在安全用途上。車輪大約在五千五百年前開發。隨著人類的巧思，開始能輕鬆地搬運物件。大約四千年前發明了椅子之後，舒適地坐下也成為理所當然的事。了解各元素的系統，就能夠感受到現在汽車企圖實現的各種本質需求。

這些目的都在漫長歷史中存活了下來。因為這些目的的根源來自身體在演化過程中獲得的生理需求。這二十萬年來，人類的身體幾乎沒有變化。不管時代再怎麼演進，我們一樣會餓肚子，定期排泄，冬天會受凍，手拿重物會疼痛，時常腰痠背痛，也希望受人歡迎。只要身體不變，我們本能的需求也不會改變。而創造也彷彿在給予一種擬似演化過程，不斷地對人類普遍不變的需求提供新方法。

包括我們在內，所有生物的行為都具備雙重

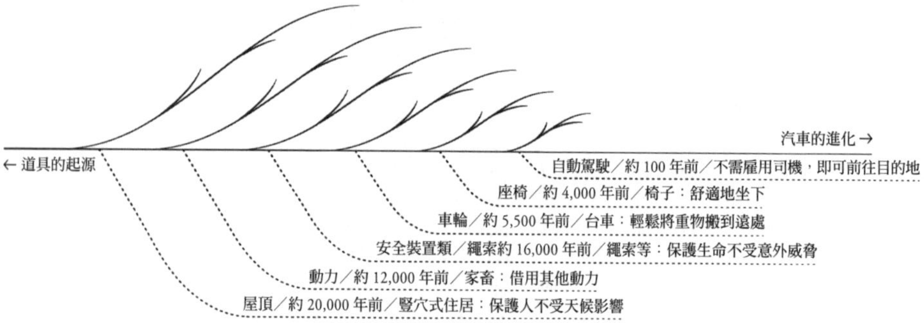


**發展至汽車為止的需求系統樹**

PHYLOGENETIC TREE OF DESIRES
LEADING TO THE AUTOMOBILE

圖 14-15

性，一是為了回應透過演化先天獲得的本能性、普遍性需求，一是回應透過後天學習獲得的多樣性特殊需求。

一項創新能不能在社會普及，關鍵在於能不能在上述雙重性中，找出新的方法來連接本能需求。

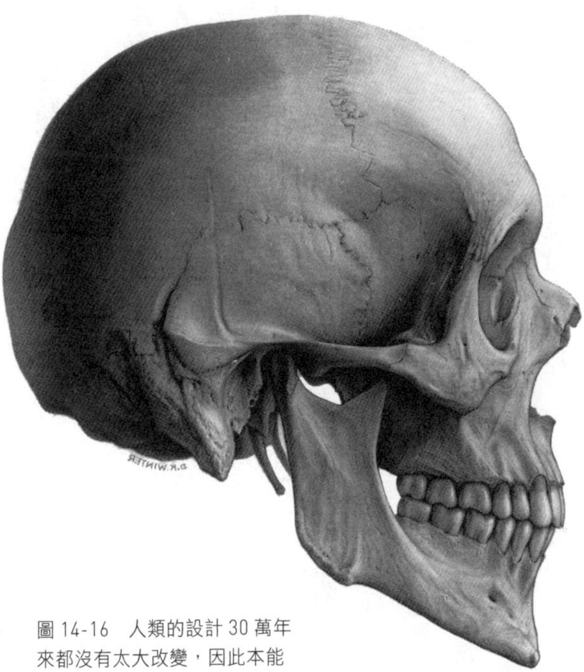


圖 14-16　人類的設計 30 萬年來都沒有太大改變，因此本能的需求也沒有改變。

## 譜系思考——接收不變願望的敬意

創造的系統樹中存在著連接至我們本能，超越個別特殊願望的脈絡性願望。探索歷史的過程，同時也等於踩著過去創造者留下的足跡，承接他們所挖掘出人類普遍的願望。這種歷史的探究，等同於對過去的敬意。同時也是以新方法達到不變目的的重要暖身運動。我們的眼睛看不見這種不變的需求，如果不刻意關注譜系，就無法注意到。有時現在普及的物件可能已經喪失原本的目的，產生背離。更不用說，一個迷失原本普遍願望、僅陷入個別特殊性的創造十分脆弱，會迅速被淘汰。潛藏在譜系中的需求，正是創造目的本質的一部分。重新確認本質目的，也能成為創造性的源泉。現在包圍我們身邊的各種道具，都承襲了普遍歷史的需求。

譜系思考就是一種懷抱著對過去的敬意，讓歷史中脈脈相承的本質需求（ＷＨＹ）與因應時代的全新方法（ＨＯＷ）系譜再次相遇的過程。有系統地掌握這兩種趨勢，才能往前推進歷史中的創造。整理系統樹除了可以理解過去的物件，也可以接觸到創造演化的過程，看到對創新而言的尚未開拓的新境地。掌握住歷史中本質的選擇壓力，再帶入新的變異方法，我們才能讓創造系統樹上發出新芽。

在系統的分岐中，可能還有通往其他譜系之路，還在沉眠等待綻放。動手創造時，我們也給系統樹提供了新的方法，成為巨大譜系的一部分。我們就這樣連綿不斷透過不同方法

（HOW），讓相同目的（WHY）傳承到未來。讓我們一起帶著敬意，面對過去，承接人類連綿的祈求，永恆不變的心願吧。

---

**☑ 演化習作23　永恆不變的需求〔20分鐘〕**

描繪創造系統樹時，會發現每個分岐點上都有分歧發生的必然性，也就是永遠不變的自然發生需求。讓我們承接下這些看不見的需求吧

1 俯瞰創造系統樹，觀察分岐上存在什麼樣的需求。
2 物件不變的需求是什麼？試著想像，將其一一寫出。
3 有時可能需要解剖對象，對其組成元素的系統也進行一樣的調查。

回顧目前為止的創造所承繼的不變需求，借用過去偉人的力量，懷抱自信持續推動創造向前走吧。

---

# 生態

必然的觀察 3

## 觀察往外部連結的關係

我們在不知不覺中，依賴許許多多的人事物而生。此刻我身穿的睡衣是在附近的商場購買的，查看標籤，Made in China，看來是在中國縫製的。布料本身應該來自其他工廠，織布之前的線應該也是由地球上某個人撚線染色。線的原料棉花可能來自某個有機棉花田，但是並不知道由誰栽種。射出成型的樹脂白色鈕扣，來源可以追溯到某個油田。這些素材需要集中在工廠，製成商品後運送到賣場，但我並不清楚由誰搬運。

只要稍稍發揮想像力，就可以發現光是製作一件睡衣，背後就包含著不下數萬人的連結。一想到僅僅為了完成一件睡衣，不知耗費了地球上多少資源，我就覺得有些心痛。但是坦白說，直到寫下這些文字之前，我從來沒有意識到睡衣背後竟然有一個如此龐大的故事。

我們身邊所有的物件都有這類故事。用寶特瓶喝國外進口的水時，發現上面寫著這瓶水來自地球另一端。這瓶水在店面展售之前，需要經過採水、陸運、海關、海運、裝瓶、貼標、跟超市採購交涉、出貨、客戶服務等過程，才終於進入我們口中。但是當我們將水送到嘴邊時，完全沒有察覺這些事。

在商品開發的工作現場，會擷取這浩大故事的一部分，稱為價值鏈、行銷，又或者是進貨管道等等。但其實我們並不能單獨看待這個整體的局部。那麼該從哪裡著手才好呢？

在「進化思考」中將理解這些連結的過程稱為「生態」觀點。生態中的連接遠比解剖或者系統般疊套構造或樹狀連結更加複雜，形成奇特形狀的網狀結構。所以在探究選擇式思考的時空觀學習四項觀點，也就是「解剖」、「歷史」、「生態」、「預測」中，生態或許是最難進行探究的一種智慧。

不過只要我們開始，就能以遠勝於現在的寬廣想像力關注「生態」的連結，或者掌握其結構。幸運的是，現在的我們可以隨手立刻輕鬆搜尋，當下得知地球的另一端發生了什麼事。

帶著跨出一步的勇氣，一起來探索這個廣大連結的故事吧。因為對連結的理解就是創造的根本智慧。

## 生態學——多樣相互作用的連結

記得有人說過，「人間」（譯注：日文中「人類」之意。）這兩個字，指的是人與人之間的關係。我們都活在連結之中。因為父母親生下我們、養育我們才有了現在，朋友成為我們的心靈支柱，師長願意責備教導，我們活在很多人相互影響的關係網絡。這些關係有的是類似考試或比賽的競爭關係，有的是店家與店家之間的同業競爭，不見得都是正面的關係。不過就結果來說，競爭關係也有可能擴展我們的可能性，或者有助於讓大家以適當的價格接受服務。無論是好的關係或者壞的關係，連結的連鎖都能夠帶動社會成長。沒有這些連結，我們無法一個人生活在這個世界上。

不只是人類。各種生物都活在與其他生物的連結中。地球上數千萬種的生物中，幾乎沒有物種可以存活在不與生態系相連結的環境之中。被稱為最強微生物的水熊蟲可以單性生殖，能耐受真空狀態或放射線，就連水熊蟲也得靠吃其他微生物才能活動。

生物不僅相互依存而活，更大的前提是生物依存環境而活。因為有陽光植物可以行光合作用製造能量，因為有空氣陸上動物可以呼吸，因為有海多樣的海洋生物得以棲息。

小到人際關係，大到自然環境，我們都仰賴連結而生。就像我身上的睡衣，整體連結相當複雜，很難掌握全貌。在生物學中將這種探究環境和生命連結的學問稱為「生態學」。

生態學的英文是 ecology。大家是否覺得很耳熟？經常跟環保畫上等號的生態運動（Ecology movement）就來自這個字。現在我們所謂的生態運動，只用於「購買善待環境產品」的狹義解釋，其實原本的意義是揭開「各種生命連結」之謎的學問。

ecology 的誕生跟演化論也有很深的關聯。介紹系統時，我們曾經提過對演化論而言非常重要的人物，海克爾。他是將達爾文的演化論以美麗系統樹的方式廣為傳播，極具藝術性的生物學家。《物種起源》出版後七年（一八六六），海克爾以 ecology 為名建立一門學術領域。生態學能夠激發人類對各種環境和生物之間連結的無邊想像力，不只在科學領域，在哲學領域也以各種形態擴散。

理解連結的能力愈來愈重要。因為社會已經跟以前不同。二十世紀之前的事業開發，只需要理解從製造到銷售中，跟業績相關的狹窄範圍內的連結。不過現在，在此連結的延伸存在的汙染、勞工壓榨、物流帶來的環境負載、顧客使用後廢棄時對環境帶來的影響等，對生態系的影響已經來到臨界點。也就是說，這是一個不能缺少對生態系之深入洞察的時代。此刻，生物多樣性喪失和氣候變遷已成為重大問題，我們亟需一套讓人人都能具備生態觀點的新教育。該如何才能擺脫短淺的眼光，擁有寬廣的視野和深沉的思考呢？

## 立於森羅萬象的視野——5W1H

「為什麼?」「那是什麼?」「那是誰?」孩子總會不斷向我們丟出問題。就像外星人在陌生星球上登陸,這個世界對孩子們來說充滿了不可思議。所以他們出於本能會希望理解連結。世界的連結雖然複雜,但是了解這些連結的方法其實很單純。沒錯,其實孩子們已經知道答案了。

我身邊有六位不會說謊的誠實助手。
(這些人會告訴我所有我想知道的事)

他們的名字分別是:
「何事?(WHAT)」、
「為何?(WHY)」、
「何時?(WHEN)」、
「何地?(WHERE)」、
「如何?(HOW)」,
還有「何人?(WHO)」。

——魯德亞德・吉卜林（Joseph Rudyard Kipling）[43]

吉卜林在繪本中告訴孩子們，只要使用5W1H的問句，就可以全盤了解森羅萬象的連結。自從這本繪本問世以後，這種人人都出於本能執行的思考整理術，開始被稱呼為吉卜林方法（Kipling method）。

在語言發達的過程中，文明會自然而然地建構起說明事物的文法體系。最後只要使用5W（「何時」、「何地」、「何人」、「何事」、「為何」）和1H（「如何」），就可以說明各種狀況。吉卜林方法是理解複雜連結的有效道具。即使覺得已經了解全貌，一一確認5W1H還是很有幫助。

人這種生物，經常會假裝理解自己其實不懂的事。就像身上這件睡衣背後浩大的故事，直到意識到連結為止，從沒想過會跟數萬人產生關係。在這個世界裡，每個人都置身於複雜的連結中，但即使不理解它們，我們也都能生存。難道沒有意識到的東西就不存在嗎？當然不是。我們丟掉的垃圾可能在出乎意料的地方奪走人類或動物的生命，給我們帶來幸福的東西可能是其他人淚水的產物。細想下去可能會覺得難受，但我們確實都活在憑各自主觀所打造出的既有觀念中。為了練習擴張這些認知範圍，我們需要再次確認自以為明白的關係當中，存在多少其實並不清楚的部分。讓我們再次面對5W1H的觀點，將其作為踏出第一步的工具箱。

## 想像出場人物——WHO

我們身邊存在著許多人，同樣的，在連結的故事中也有許多不同性格的出場人物。解讀生態系連結故事的第一步，就是關注出場人物。其中希望各位特別注意的，就是通常不會出場的人物，因為這些人很容易被忽略。在正常生活中，我們往往只會看見出現在眼前的人物。我們幾乎不會意識到例如朋友的親戚、店員的客戶等人物的存在。但在廣大的世界中，無數人緊密相連，大家都是故事中的一部分。

例如在企業活動中，從開發到行銷總是把重點放在成本跟銷售業績的最佳化上。所以有時會發生「對生產者或資源強加龐大的負擔，以至於無法永續發展」，或者「即使出現瑕疵，顧客購買後就與我們無關」等部分最佳化的極端偏誤現象。甚至可能並沒有發現產生偏誤。這麼一來對距離較遠的地方，或者未來的世代將會帶來龐大的負載。要改善連結的偏誤之前，必須先具備能廣泛俯瞰的觀點。因為偏誤本身除了是需要解決的課題，反過來說也可能是一種需求，成為未來的新服務或道具。聯合國以二〇三〇年為期程推動的永續發展目標（SDGs）中，特別強調「不遺漏任何人」。如果可能，當然希望可以摸索出好方法，以避免不知不覺中增加因此受傷的人，或不合理的狀況。為了深化我們的思考，請試著盡量擴大範圍，來想像連結故事中出場的人物。

### ☑ 演化習作24　製作出場人物清單〔15分鐘〕

請試著盡量寫下與接下來要創造的主題相關的人物類型。試著以寬廣的視野，關注平時沒有意識到，或者根本沒發現的人物。

例如素材生產者（農家、一級加工者、經營者等）、生產現場（工作人員、業務、經營者等）、物流（管理者、司機、港口職員、經營者等）、流通（採購、銷售人員、經營者等）、顧客（購買者、其家人朋友）、廢棄（業者、經營者）、廢棄土地上的居民等。

### ☑ 演化習作25　出場人物的願望〔20分鐘〕

請著試想像出場人物站在什麼樣的立場，懷抱何種心情。可以參考在「演化習作24」中製作的出場人物清單，或者觀察各種出場人物的具體行為，假設自己是當事人，盡可能寫出在其行為背景的想法或願望。

這種手法在行銷領域中稱之為人物誌（persona），如果像戲劇中的人物關係圖，賦予每個具體人物形象姓名、性別、職業、年收入、想法等等，就更容易了解處於該立場的人的心情。養成習慣去關注每個人因不同立場而產生的想法或願望，就更容易看出現在生態系中的複雜糾葛或共生關係。

## 行為學

什麼時候我們才敢說，自己很了解一個人呢？假如只讀過這個人的許多書，聽過他在電視上的談話，光憑這些片段的資訊完全算不上了解一個人。只有跟一個人共同經歷許多狀況，可以從他的舉止或習慣等行為上出現的非語言資訊，感受到他做出獨具個性的選擇背後的思考過程，才真正能說「很了解這個人」吧。假如對方是人類以外的生物，那麼與面對人類相比，觀察更多非語言資訊所獲取的材料就更加重要了。因為對方並不會說人類的語言。

在生態學中，行為觀察是最基本的研究方法之一。詳細的動物行為觀察研究最早可追溯到兩千多年前的亞里斯多德，到了近代，廷貝亨和康拉德・勞倫茲（Konrad Lorenz）等人確立起動物行為學。動物具備各種本能習性，有些行為乍看之下並不容易理解其意義。這些行為是每個個體學習後的結果，但物種共通的本能行為，也是歷經好幾個世代所獲得的適應演化結果。也就是說，在自然選擇和變異的反覆過程中，生物的本能行為也出現了演化。所以即使是乍看之下意義不明的行為，其中也往往隱藏著合理的適應。個體在物種內的關係以及物種間的相互作用中，為了在環境中存活，這些行為代表了什麼樣的意義？

在人類社會，特別是經營學和心理學領域，也以許多形式應用著從動物行為學獲得的智慧。比方說行為經濟學和行為心理學，正是運用動物行為學來觀察人類行動，以理解其傾向和理由的學問。追溯其歷史，可發現在早期發展也受到生態學和行為學的強烈影響。

有時候人甚至無法好好說明自己的行為理由。或許是出於本能或者下意識的選擇，聽來最冠冕堂皇的理由可能都是事後再附加上去的。所以就算用話語來說明理由，也不見得是真的，有時候觀察行為更能正確理解對方。維繫一間企業生命最重要的就是消費者願不願意購買其商品、使用它的服務。因此行為經濟學也廣泛運用在行銷領域中。

---

**☑ 演化習作26　行為觀察〔60分鐘〕**

為了洞察某個出場人物，實際來到可以觀察出場人物行為的地方，仔細觀察。假如可能，直接進行訪談，了解其內在的心情。或者自己也嘗試以使用者的角度體驗。這些民族誌式的行為觀察，可以幫助我們有效理解生態系的連結。所有行為都有其理由，讓我們一起找出來。

---

## 種內關係

對於各種生物而言，在同種內建構起對自己有利的關係性是其生存的基礎，也是一種本能。在集團中普遍存在容易讓子孫留到下個世代的性狀，稱之為適應演化，這同時也代表著在同物種內有利關係的性狀進行了演化。如果在鬥爭中獲勝的雄性容易留下基因，那麼容易獲勝的行為或性狀便容易演化；如果群聚守護彼此的行為容易留下基因，那麼群體的協調行為和對此有利的性狀就容易演化。種內關係的累積會直接出現在生物的演化上，因此了解種內關係對於生態學來說相當重要。解讀生物行為時，特別是同種中展現在彼此面前的行為中，往往藏有許多重要線索，幫助我們了解該物種的適應之謎。

我們發揮創造性時，觀察同種的創造，如相同職業或同類商品也非常重要。因為同種內的相互作用會與生存的結果直接相關。相同業種或職業有時是彼此競爭的對手關係，也有可能是共創的合作者，有些形式也正因為是同種內才有可能發生。由此可見，同種之間的關係不管對演化或創造都有密切的關係。生物和人類社會在這種關係上也有共通之處，以下讓我們用幾個不同觀點，來看看生物和創造在種內關係所發生的選擇壓力。

## 性擇——是否能靠魅力在競爭中取勝？

許多物種同種內的雄性會為了雌性發生競爭，另外還會出現雌性選擇具備某種性狀的雄性，屬於異性之間的選擇壓力。這種競爭稱為性擇，不同物種各自有其特殊且多樣的競爭規則。光是鳥類，就分為比較叫聲、羽毛圖案；跳求愛舞；比較貢獻食物等等，運用許多技巧來討好異性。如果列出性擇中出現的樣式，會發現其實與人類搭訕或尋找伴侶的技巧很像，令人莞爾。

同性內經常可以看到根據不同特殊規則進行競爭的姿態，最終演化會在漫長時間後產生極端。變異雖然永遠會隨機發生，但是會因為性擇出現方向性。這樣的方向性讓各種生物的特徵日益明顯。於是日本獼猴的屁股變紅、鳥囀日益動聽，能較快在卵子上著床的精子在淘選中勝出，基因得以流傳到未來。

為了生殖而進行的激烈品質競爭，有時會偏離存活的實用性，引導出極為特殊的演化。比方說，雄孔雀的翅膀非常美麗，但這樣的羽毛太大也太誇張，實在說不上實用。達爾文也曾經對在生存競爭中理應不利的孔雀羽毛感到困惑，在《物種起源》刊行後又再撰寫關於性擇的書籍。種內競爭容易產生極端的基準競爭，超越實用性，往極限發展。同一物種內的競爭有時會出現不合理的現象，因為在創造的競爭中，也會產生同樣的結構。

另外，這種跟爭取異性關係的魅力相關的競爭，還必須注意是否過度。比方說雄性大角鹿

（*Megaloceros giganteus*）之間為了競爭，頭上有重約五十公斤的角，據說由於角的成形消耗太多鈣質，出現了骨質疏鬆症。當雌性挑選具備某種性狀、深具魅力的雄性這種現象持續，即使這些性狀不利於生存也很容易遺傳，往這方向演化。為了在性擇中勝過競爭對手的演化，對於生存來說並不見得合理。在現今的演化生物學中將這種現象稱為失控選擇。

創造也跟雄性之間的競爭一樣，容易趨向嚴酷的品質競爭。各種創造只要是相同市場上的競爭對手，都得面臨品質的競爭原理。例如汽車銷售競爭、熱門拉麵店競爭、便利商店間的競爭等等，都在各自的評估標準上相爭。我們平時聽到競爭對手是誰時，最先會意識到的往往是同一領域的競爭對手。既然無法逃避競爭，當然不能輸。如果不能比周圍表現得更突出，就無法在市場中取得生態系立足之處。於是競爭愈來愈激烈。

同樣業種內的競爭往往會產生特有的評估標準。跟演化一樣，創造的競爭也漸漸走向極端。當競爭極端化，品質評估標準也可能出現不合邏輯的偏斜、單純化。

圖 15-1　孔雀美得誇張的羽毛。

結果跟演化一樣，會出現類似孔雀這樣超越實用性的競爭。

比方說在百圓店可以買到的石英錶，時間準確，既輕又實用，而要價數千萬日圓的機械錶不準確又重，如果沒有保險甚至不放心佩戴出門。可是奢華手錶還是有喜愛其美觀和歷史脈絡的特定市場，擄獲許多愛好者的心。專業領域內的競爭往往會如此，超越原本的目的走向特殊化。

在各種領域都可以發現競爭所導出的偏斜。例如有一萬日圓能買到的中古車，同時也有要價四億日圓世界最快時速突破四九〇公里的超高級跑車。假如以時速四九〇公里行駛在日本的公路上，先別說超速問題了，很可能因為殺人未遂被問罪，如果是我，人生應該十之八九就此失控了吧。

實際上不管一萬日圓或者四億日圓的汽車，能辦到的事情沒什麼差別，開一輛速度超

圖 15-2　大角鹿（*Megaloceros giganteus*）。

過公路速限的車上路更是沒什麼道理。可是儘管如此，世界上還是有許多車迷熱愛、嚮往超級跑車。這象徵的是人類向極限挑戰，以及不斷以高處為目標的精神充滿嚮往的心態。我們會深受這種品質的高度所吸引。那麼要在這種激烈的魅力競爭中求勝，需要具備什麼樣的策略呢？

其中一條線索就是理解該競爭的評估標準。將歷史上高品質的東西做比較分類的觀察，從中掌握譜系，確認「什麼是魅力的評估標準」。一旦真實的評估標準變得明確化，儘管只有些許分數差異，或許也有可能超過對方。

創造的使命，永遠在於超越先例。如果想追上特定對象，可以透過「解剖」，分析對方「透過什麼結構連結到這些優點」。這麼一來將可以想出提升品質的技術性方法。系統的智慧可以幫助我們看清過往前例所建構的競爭評估標準。就像我們無法駕駛車速太快的車一樣，在狹小範圍內過度的競爭，有時會直接導致滅亡。關於因為過度而絕種的例子，各位也可以參照第二章的「變量」（104頁）。在必然的選擇壓力分析中，都充滿了競爭的智慧。讓我們重新想一想。你創造對象的競爭對象是誰？這競爭的評價標準又是什麼？現在的想法可以在魅力的競爭之下有勝過先例的可能嗎？如果改變評估標準的角度，有可能獲勝的地方嗎？先試著整理出競爭的評估標準吧。同時，也要回頭看看競爭是不是太過激烈，到了不合邏輯的地步。過度的競爭是否帶來負面的影響？希望各位能試著用這種觀點來看待競爭。

### ☑ 演化習作27　魅力的競爭（20分鐘）

1　盡可能寫出在相同領域中的直接競爭對象。最好不只寫下程度相當的對手，也把在相同領域中覺得尊敬、程度較高的競爭對手也寫下來。

2　試著將競爭對手貼在生態系圖上。跟競爭對手進行品質競爭時，盡量詳細調查對方的狀況，了解彼此是什麼樣的關係。

3　思考決定品質成敗的評估標準為何。成本、美觀、素材質感、使用方便性等，可能有許多不同的評估標準。另外，每個魅力的評估標準也都不同。跟許多競爭對手比較，用簡單的一句話寫出所有可能的競爭評估標準。

自然選擇

## 群體——是否具備共同目的？

許多生物都具備形成群體警戒敵人的出現，或者容易捕食的機制。生物的身體會具備在群體個體之間，演化所獲得共通本能應答規範。這種本能規範讓群體帶來團結一致的性質。

比方說，狐獴的群體分工。狐獴有著可愛的外表，其群體是縱向分工社會，有著軍隊般嚴謹的行為規範和分工。為了警戒外敵，牠們每隔一小時會輪流負責監視。發現敵人後一發聲，整個群體就會立刻逃走。另外在群體中只有位居優勢的一對雌雄狐獴才能繁殖，其他個體負責協助，幫忙照看幼小狐獴或餵奶。小狐獴隨著成長發達階段的不同，漸漸學會在群體中的必要能力和角色。群體中甚至還會實施教育。狐獴的教育內容相當徹底，過程也經過驚人的細緻設計。例如教小狐獴捕蠍子時，會先給孩子死蠍子，接著是拔掉毒針的蠍子，最後才讓牠們實際去獵捕。透過三階段的教育步驟，漸漸培養出獨當一面的狐獴。看到牠們出於本能進行這種教育，實在很令人驚訝。

另一方面，我們人類活在遠比狐獴更複雜的

圖 15-3　站立著監視遠處的狐獴。

社會中，形成社團、公司、村落、政黨、團隊等多層群體。只要這些群體都能發揮個體認知的共通規範之功能，就可以形成彼此互助的社群。可是人類社會實在太過複雜，時間一久，規範原本的目的或存在的理由有時會漸漸名存實亡。接著連規則也流於形式，使得整個組織的功能大幅降低。

要產生創造性計畫或組織，重點在於確切訂定共同目的，共享確保個體自律行動之規範。只要團隊不遺忘這個目的，目的本身就可以成為計畫或組織規範的根源。要讓組織發揮功能，必須對於組織內的個人行為規範有共同的想像。

---

**☑演化習作28　組織、目的、規範〔20分鐘〕**

1　請寫出你所屬的組織中共同的目的或規則。有沒有組織成員在無意識之間共同認知、確切遵守的規範？請先確認這一點。

2　請試著確認團隊成員對於組織目的和規範的觀點是否一致。有時規範必須寬鬆才有價值，也有時必須嚴格才能發揮強度。包含這種不明文的默契，請再次確認成員之間是否具備共同認知。

---

## 種間關係

自然中存在許多故事。追捕獵物者、逃跑者、搜刮食物殘渣者、讓殘餘食物回歸土地者、水的滋潤、太陽的溫暖等，物種和個體狀況的故事彼此複雜地延伸相連。棲息在相同環境中的生物，活在複雜的相互作用中。除了同種關係之外，如果忽略了種間關係的相互作用，就無法了解生態系裡的平衡關係。相信各位可能也看過如圖 15-4 般的食物鏈。詳細內容將在後文生態系圖的單元說明，要將這種複雜關係可視化時，這種記述方法相當有幫助。

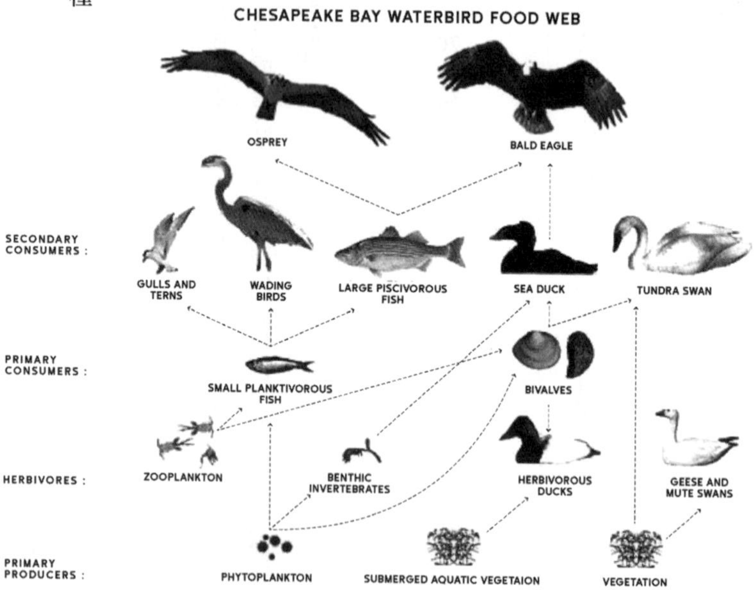


圖 15-4　食物鏈。彼此在生態系中有著複雜的關係。

種間關係有例如食物鏈掠食或者被掠食的慘烈生存關係，也有在不知不覺中爭食相同食物的關係，或者彼此依存共生互相不可或缺的關係等等，生態系中充滿了多到幾乎列舉不完的多樣關係。

複雜的種間關係中，多種多樣的關係出現種種連結，每個物種的個體數量剛好達到理想平衡、呈現穩定狀態，形成過去至今的生態系。但如果這絕妙的平衡因為某種原因出現崩解，那麼穩定的狀態就會瞬間瓦解，很遺憾的是，現在的世界就處於這種生態系平衡瓦解的狀況下。所以現在除了專精生物學的人之外，值得有更多人來學習觀察、記述生態系連接關係的方法。

觀察生物的種間關係，除了站在生態系觀點，其實對創造也有很實際的功效。例如在人類社會中，業種和領域間的各種相互作用，就能從生態系的機制中找出相似形態，成為線索。我們的社會跟生態系一樣，各種業界和產業之間會出現許多相互作用，能夠適應的產業或文化才能存活。在同領域內除了有利的方法可能存活之外，還有可能因為與其他種類的意外關係導致危機發生，或者借用其他業界之力獲得發展，這些情況都跟生態系或者演化相當類似。多樣關係的相互作用也可能帶來社會的穩定。如果喪失多樣性、平衡出現過度偏倚，某一天可能成為導致整體不穩定的因素，這些道理我們也可以從生態系中學會。

自然選擇

## 天敵——是否能輕易毀棄？

生物學上從被捕食的一方看來，會將企圖捕食的物種稱為天敵。生態系中，就像是鳥之於各種昆蟲、昆蟲之於各種葉子，掠食的物種和被掠食的物種就像網絡一樣連鎖相繫。天敵是很容易理解的威脅，另外，在變化激烈的狀況下，本來不存在的天敵，也可能突然出現。例如不會飛的鳥——史蒂芬島異鷯（*Xenicus lyalli*）——據說被人類帶來的貓掠食後迅速滅絕了。

那麼我們人類的天敵是什麼？人類創造了各式各樣的道具，現在儼然成為地球上最強的生物。所以已經很少有物種能夠掠食人類。可是依然有威脅我們人類生存的天敵，那就是病毒或細菌。引發傳染病的病毒或細菌，是威脅我們生命的強力寄生者，在歷史上也曾數度影響過人類的生存。傳染病有時會帶給人類等同於戰爭、甚至更龐大的災害。

百年前流行的西班牙流感，據說奪走了三千萬到一億人的性命。執筆本書時（二〇二一年二月），全世界也因為嚴重特殊傳染性肺炎 COVID-19 失去了約兩百五十萬人的生命[44]。另外，鼠疫等瘟疫發生

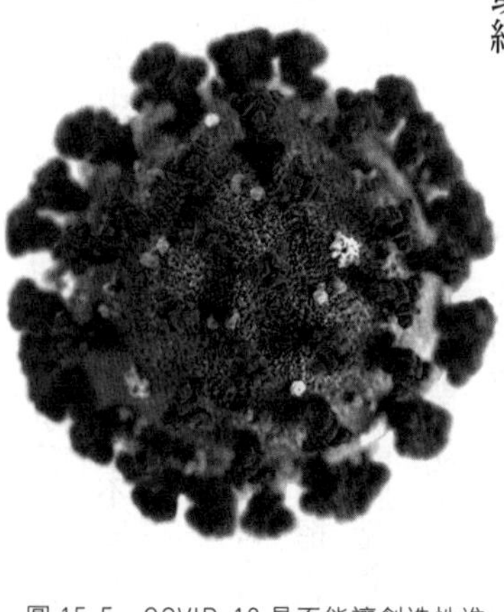

圖 15-5　COVID-19 是否能讓創造性進一步演化？

時間剛好跟文藝復興出現時期重疊，一九一八西班牙流感隔年，代表現代主義培養創意的學校包浩斯創立，可見傳染病這類恐怖威脅也有可能讓我們從瘟疫中重振而更具創造力。過去當我們面臨危機時，我們的創造性刺激了醫學和藥學的發展。這一次在COVID-19疫情中，人類的行動受到限制，自然環境因而得以在短時間內戲劇性地恢復。

讓我們再從其他方面思考天敵的意義。我們所創造的物件也存在天敵嗎？大家或許會認為，既然是物件，應該不會被攻擊、掠食，實際上的確有強烈的天敵存在。對創造而言，最大的天敵是還能使用的物件被認為已

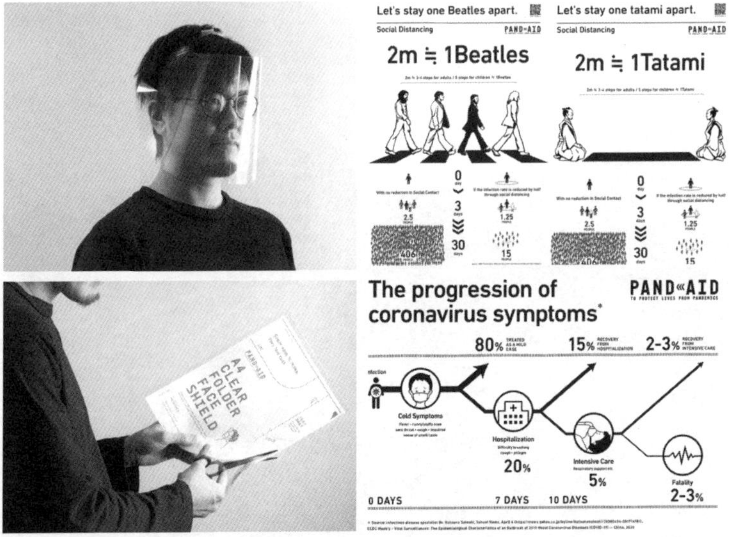

圖 15-6　PANDAID 筆者以非營利方式推動的集眾人之力實現防疫的計畫。

選擇》
解剖
歷史
生態
預測

經失去價值，強制其功成身退的死亡，也就是「丟棄價值」的行為。

過去我們不斷在丟棄物件。除了日常生活中丟掉的垃圾之外，我們也在無意識下丟掉了一些東西。例如在廢佛毀釋運動中毀壞了有千年以上歷史的神社和佛寺；棄置無法繼續開採煤礦的小島；製造出可能持續影響數萬年的高能量放射性廢棄物。

現在我們廢棄的速度又更快了。即使具備高價值的物件，在當代社會中也會很快被丟棄。因為消費者接二連三用完就丟，購買新物件，站在經濟發展或追求利潤的觀點十分樂見這種提高利潤的行為。結果現在物件的壽命漸漸變短，全世界每年會丟棄好幾億噸的龐大垃圾。根據日本環境省的調查，二〇一八年的廢棄物總量，光是日本就已經超過四千萬噸[45]。換個

圖 15-7　被廢棄就跟被捕食一樣。

角度思考，這些垃圾中一定藏有許多尚未充分發揮價值的物件。那麼該如何延長物件的壽命呢？

首先可以想到的方法，是讓物件更長壽。為了延後廢棄的時限，將產品設計得堅固耐用，百看不厭，自然而然就可以延長物件的使用時間。另一個方法是盡量保留物件原型，脫胎換骨發揮其他功能。原本的功能結束後，再經由設計使其發揮其他功能。例如讓不再使用的物件透過回收再利用或者分享的機制，讓他人使用，或在成為垃圾之後透過設計手法使其能有其他用途，將物件到廢棄之前的階段設計為多層階段。也有人說這是一種廢棄物的多階段利用。這麼一來就可以延長物件到完全廢棄之前的壽命。

物件也有壽命。製造新的物件時，必須考慮當它不再被需要時的處理方式，設計為能長久使用的形式。如果大家都能帶有這樣的觀點，或許可以將這個世界設計得更為永續。

---

**☑ 演化習作29　廢棄前，廢棄後（15分鐘）**

1　請寫出物件廢棄之前還有廢棄之後的狀況。將這些過程貼在生態系圖上。

2　請試著想像有沒有可能不進行廢棄，讓物件循環，對其他人帶來價值，延長創造的壽命。

---

自然選擇

## 紅皇后假設——是否能盡快演化？

當與天敵進入長期關係，就結果來看生物便會將彼此視為環境的要因之一，開始適應演化。昆蟲為了躲避鳥，會演化為擬態，盡量融入周圍的景色，而捕食昆蟲的鳥也會演化出能看穿擬態的能力。瞪羚逃跑的速度愈來愈快，所以獵豹追趕的速度也演化得愈來愈快。因為有對手，所以加快了演化的速度。在天敵和獵物關係長期且明確的環境下，經常會發生這種演化上的競爭現象。這種演化競爭會持續到其中一方不再出現為止，因為不持續演化就無法生存。路易斯・卡羅在《鏡中奇遇》（Lewis Carroll, *Through the Looking-Glass*）[46]將這種為了留在原有環境中必須持續奔跑的狀況稱為「紅皇后假設」。

社會活動和技術發展也是一樣的道理。沒有競爭對手的獨占市場宛如死水，最後可能會停止演化，因為

圖 15-8　獵豹 時速 120km 的短距離跑者。

沒有競爭就不需要變化。例如第二次世界大戰後，美國為了跟蘇聯展開太空競賽，設立了太空總署（NASA），讓航太科技及天文學有了大幅進展。近年來迅速發展的智慧型手機市場，如果只有 iPhone，也不會如此快速普及在我們的生活中。因為有較晚起步的競爭對手 Google 的安卓系統，最後發生了「紅皇后」式的競爭，引發共同演化。

就像動物會爭奪相同食物，以相同目標而開發的各種道具，也會爭奪相同使用者的占有率。就算在某個階段沒有太大差異，在這種狀況下能對競爭儘早做出變化的人將會成為最後的勝利者。學習競爭對象的優勢，比對方更快演化，才能存活到最後。

產出新的創造時，為了不被其他競爭對象淘汰，應該明白比周圍競爭對手更快演化的重要性。如果在沒有競爭對手的地方開發出新的創造，或許可以有多一點緩衝時間。儘管如此，你的創造一旦成功，總會有羨慕的人迎頭趕上。創造初期的嘗試成功後，遲早會發生這種演化競

圖 15-9　瞪羚 時速 65km 的長距離跑者。

爭。預先想像，做好迎接演化競爭的準備也很重要，在領域內製造適切的競爭對手，也有助於加快演化。

## 自然選擇 寄生——是否能避免敵人駭入？

一聽到「寄生」，相信大家都會覺得毛骨悚然吧。寄生蟲總讓人覺得莫名可怕。如果可以，最好是共生關係。共生這個詞聽起來還不錯。但是從生物學角度來看，寄生也是共生的一種，只有單方受惠，對另一方來說並沒有特別幫助的狀態，稱為片利共生（commensalism）。所謂共生則是指雙方對彼此都有幫助的狀態，又稱為互利共生（Mutualism）。如果了解生物學上互利共生跟片利共生的差異，就會發現要在人類社會中劃清界線並不容易。

這當中的界線究竟有多模糊，各位可以試著想像一個女性身邊有個長年交往的小白臉男友（其實同物種間原本不能稱之為寄生，但這只是一個譬喻，還請各位多包涵）。不能因為男友是個小白臉，就斷定他是寄生者。因為對這位女性來說，與男友相處也是精神上不可或缺。換句話說，決定是否為互利共生關係的是互相依賴的比重。對女方來說，如果男方的存在是非常重要的寄託，那麼就是互利共生關係，如果認為男方是將自己壓得窒息的沉重負擔，那就是寄生關係。嗯，其中的差異實在很微妙，她或許為負擔而煩惱，但依然留戀舊情不想分手。這其中有著微妙地帶，就算看似對彼此都有幫助，如果負擔大於利益，共生也可能變成寄生。

在自然界中，宿主對寄生者來說是生存不能缺少的環境，也是重要的資源。自然界中當宿主死亡時寄生者身陷危險的例子很多，但話雖如此，寄生者對宿主的生存來說依然是種威脅。因為宿主的營養會被剝奪，行動也會受限。

另外在寄生蟲中，也有一些物種擁有為了尋找更好的宿主而殺掉現有宿主的習性。有一種寄生在蝸牛上的寄生蟲，名叫彩蚴。一旦被彩蚴寄生，蝸牛的大腦就會被侵蝕，開始出現異常行動。平常為了躲避鳥類天敵，總是躲在樹蔭的蝸牛，會開始走出樹蔭到鳥能看見的地方。彩蚴的巧妙之處不僅於此。這種寄生蟲還會將蝸牛頭部顏色和形狀變為酷似鳥最愛的綠色毛蟲。蝸牛的大腦和身體受到控制，連外觀都被改變，很快就會被鳥發現掠食。最後彩蚴就可以更換宿主，寄生到營養更豐富的鳥體內。這種寄生蟲像極了為詐領保險金而下毒、騙人買下房子的結婚詐欺師，深諳推理技巧。在人類社會中寄生者也是一種威脅，即使相安無事，也不能

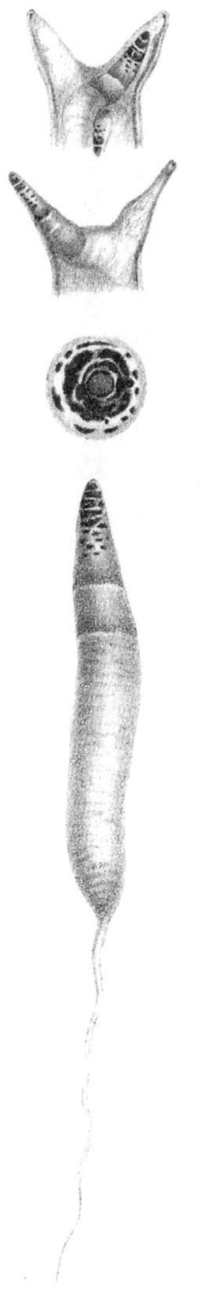

圖 15-10　寄生在蝸牛上的彩蚴博物畫。

掉以輕心。在產業界自然會出現想寄生於成功事業上，想分一杯羹的人。電腦裡的病毒或怪客（Cracker，惡意的駭客）、仿製精品名牌的贗品、謊稱自己很富有的結婚詐欺師、盜用稅金的政治家等，社會上有各式各樣的寄生者。

有時候事業和商品等創造的實踐推展得很順利，但馬上就會出現盜用或剽竊的人，讓之前的努力化為泡影。所以我們最好先事前想像寄生者可能帶來的風險。該如何排除寄生者的入侵，也跟我們的創造力有關。

讓我們一起來思考與寄生者的威脅對峙的適當方法。我想到的方法有以下五種。

1 截斷寄生者或寄生部位——變異：分離
2 增厚防範寄生者防護牆——變異：變量
3 消除寄生者進入的路徑——變異：消失
4 移除寄生者必要的資源——變異：消失
5 讓寄生者轉變成共生者——變異：交換

因應寄生者的對策，也可以透過變異式過程來演化。寫下這些內容的同時我覺得很心痛，因為我們自己也身為寄生者。我們的生活和建構起的社會，對於仰賴這共通自然環境為資源的其他生物以及我們的未來子孫而言，我們正是最強大也最棘手的寄生者。自從有人指出人類社會已經瀕臨成長的極限後，已經又過了五十年，但我們依然無法建構起與自然的共生關係，活在一個大量滅絕的時代中。為了子孫的未來，我們必須認識到自己在無意識之間對生態系的寄生關係，設法減輕生態系中可能威脅到文明永續性的負載。思考如何建構起與生態系的嶄新共生關係，將是決定現在的文明百年後是否依然能存續的重要主題。現在的我們寄生於未來，該如何變化，是所有產業都必須認真思考的問題。

---

**☑ 演化習作30　假如有寄生者存在（10分鐘）**

1　如果創造周圍有寄生者，那會是誰。寫出有可能的對象，貼在生態系圖上。

2　假如想不出寄生者，不妨試著從性惡說的角度想像一個「假如有這種寄生者應該很可怕」的對手。

3　反過來，自己有沒有寄生的狀況？請試著想像假如我們自己或者我們的活動是對他者或自然的寄生者，我們是以何為對象、以什麼形態寄生？

---

自然選擇

## 共生——是否能跟對方產生一體感？

即使不是同種，有時生物之間也會形成互相幫助的群體。前面介紹寄生時也提過，不同物種互相幫助的現象，在生物學上稱為互利共生，或者單純稱之為「共生」。共生的生物會發揮彼此相異之處，對於自己辦不到的事建構起相互依賴的關係。

說明生物共生時，大家經常會舉電影《海底總動員》（*Finding Nemo*）的知名主角小丑魚（譯注：學名為眼斑雙鋸魚 *Amphiprion ocellaris*）為例。

小丑魚雖然非常弱小，但是因為跟有毒的海葵共生，得以抵抗外敵。小丑魚體表的黏液跟海葵的黏液成分接近，所以不會受到刺細胞攻擊。待在海葵裡就不容易被外敵捕食，對弱小的小丑魚來說，海葵是個很安全的居所。另一方面，小丑魚會幫海葵吃掉寄生蟲，還會晃動海葵的身體幫助其代謝。藉由支撐彼此的弱點，建立起良好的關係。

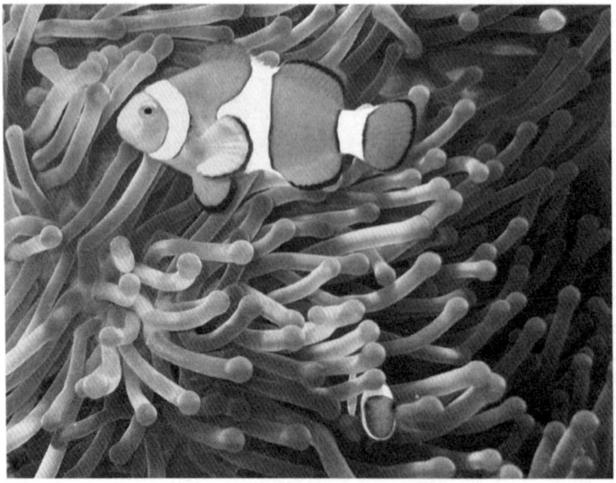

圖 15-11　弱小的小丑魚跟有毒的海葵共生。

同樣的例子還有猙猛的肉食魚鯙跟俗稱清潔蝦的反嘴小紋蝦和弁天小紋蝦之間的共生關係。清潔蝦會自動走進鯙的大嘴中。看似會被鯙一口吃掉的柔弱蝦子，其實並不會成為捕食的對象。鯙大張其口讓蝦子們進入，不過即使進到嘴中，鯙也不會吃掉這些蝦子。這些清潔蝦如同其名，會吃掉鯙嘴裡的寄生蟲等，幫忙清掃，對鯙來說很有幫助。

我們可以在很多地方觀察到這類親密的共生關係，例如藉由昆蟲幫忙授粉，或者乳酸菌跟我們人類之間的關係等等，在生態系中也相當特殊。因為互利共生是以彼此的存在為前提的狀況下進行演化的證明，這樣的演化只會存在這些生物的關係之間。對於彼此生存不可或缺的狀況歷經許多世代而成立，共生生物之間儼然已是一個整體。

這種共生關係在思考創造性時，對於如何產生重要的共感或許可以帶來一些線索。其中之一在於共生關係發生在彼此都能發揮個性的個體之間。也就是

圖 15-12　蝦子進入鯙的口中，幫忙吃掉寄生蟲建立共生關係。

說，要帶來共感，重要的在於能否讓創造成為深入理解個體後的一種表現。比方說，無法強調個人痛楚的反戰歌曲，或者沒有考慮特定服務對象的設計，往往欠缺了感動。相反地，個人的痛苦或經驗的聲音往往會喚起極高的共鳴。「大家要好好談戀愛喔」這種歌很難引起共鳴，但像是「聞到這香水讓我回想起往事」這類出於個人體驗的歌詞，多半都能獲得共鳴而走紅。人類是社會性動物，性狀也仰賴人與人之間的共生關係漸漸演化。人類之所以會演化為能與人同理的發達鏡像神經元；進行利他行為時能增強幸福感，就是基於這個理由。

以產品流通市場的情況來說，是由開發者、製造者、銷售者、使用者、售後服務等許多利害關係人互相幫助、連結，形成每個角色都能發揮所長的生態系。不過要建構真正強韌的共生關係，除了每個角色的分工之外，更需要加深對彼此的理解。例如在大企業裡，工程師和行銷；經營高層跟第一線的員工有時會起衝突，雙方無法互相理解的關係將會變得十分脆弱。

社會上不同立場的人就會有不同觀點，依附的對象不同，創造的形式也會改變。深入了解、貼近特定對象，才能產生共生關係。在創造中使用者等特定對象會產生什麼樣的反應，也是應該關注的重點。是否能夠超越作者的自覺，獲得其他個體的共鳴，決定了能否創造出共生的價值。這種特殊價值除了其單純機能帶來的價值之外，也包含許多感性價值。某款香水的味道可能勾起某人惆悵的回憶，海邊的夕陽也或許會喚起遙遠的記憶。這種極其個人的、打動內心的特殊個體中的價值觀，可以產生淬鍊創造選擇壓力。請試著貼近對方的心，同理對方的特殊。

或許有機會讓兩個不同的個體合而為一。

**☑ 演化習作31　互利共生與夥伴（20分鐘）**

1　試著發現支撐創造周邊值得感謝的存在。
有沒有過去幫助過自己的夥伴，或者對彼此來說不可或缺的共生對象？

2　有沒有今後想要建立起深厚關係的共生對象？
請盡可能寫下來。

3　你是否充分理解這些與自己建立共生關係的對象？
對方真正的需求是什麼？能不能採取為對方設想的行動？
請試著想想，如何才能成為建立深厚互信關係的夥伴。

選擇》 解剖 歷史 生態 預測

## 與不可或缺的物件相連結——WHAT

現在我們知道，將許多人跟物件相連接後，會產生各種狀況。不過就像戲劇表演有大型道具跟舞台，光有出場人物還不足夠，道具也是不可或缺的一項連結。

在住家附近買的睡衣之所以能在店裡銷售，是因為有「貨輪」和「貨物列車」等「物流」的發明才得以實現，如果沒有「購物中心」，我也無處購買。沒有「燈光」的發明，在黑暗的「店鋪」中無法好好挑選睡衣。更基本的是，如果沒有「貨幣」的發明，人類就必須以物易物。當然，製造睡衣必須要有「縫紉機」，「布料」在「自動織布機」出現之前，是非常昂貴的東西。製作布料使用的「棉花」，以及在製造、運送途中所需要的「燃料」等，如果沒有這些「來自生態系的資源」，這件睡衣根本無法出現。

前面用引號標示的物件，都是在我購買睡衣前，支撐這個連結所不可或缺的物件。大家往往認為這些物件的存在無需另外說明，也不會特別加以關注，平時很難意識到。通常只有在失去時，才會感受到這些連結的存在，到那時候就太遲了。所以我們才需要一一確認創造背後受到哪些物件（WHAT）的支撐。在這個過程中，我們應該可以理解自己為什麼要建構起眼前的狀況。

自古以來，在日本無論生物或無生物，向來認為各種物件當中都有神靈存在。每一粒白米都有神靈，所以要用心享用，就連無機的岩石也會被崇奉為神體。因此日本信奉的並非一神教，我們相信這個世界上有超過八百萬的神靈，存活在各種緣分所形成的關係當中。仔細想想，日常生活中使用的物件都源自自然。將物件視為生物的思想，是一種可以避免偏誤，能概觀生態系的自然觀點。

創造生態系的連結跟我們在「解剖」中所探究的方法相同，都可以從「功能（生理）」和「製造（發生）」觀點加以考察。讓我們一起重新來解讀賴以為生的各種物件吧。

---

**☑ 演化習作32　道具的分類〔15分鐘〕**

盡可能寫出創造對象的連結中不可或缺的物件（WHAT），並且加以分類。

試著想像在不經意間提供了自己重要幫助的道具，或者明明不可或缺但過去卻從未發現的物件。這麼一來，這些連結將會更加清晰。發現過去沒能發現的物件連結，這些過程將可以刷新你對創造生態系的認知。

---

## 實驗環境——微型生態池（microcosm）

勞倫茲撰寫的動物行為學入門書《所羅門王的指環》（*King Solomon's Ring*）開頭提到了水族箱的故事，他的水槽跟一般的不同，完全沒有使用幫浦或淨水器等輔助裝置，只是裝進了池水、水草、魚，將一個生態系切分為小世界來進行觀察。後來水槽變成什麼狀態呢？假如其中的水草和魚取得良好平衡，那麼完全不需要多餘的處置，無需清潔，會是水質清澈的水槽。但只要魚稍微多一點，就會因為水中欠缺氧氣，導致微生物死亡。於是以此為食物的細菌便會大量繁殖，最後成為黏稠、腐爛的肉汁，魚類無法生存其中。這個小世界取得自立存活的絕妙平衡，正是勞倫茲口中水族箱的精妙所在。這種類型的水槽稱之為平衡水族箱（balanced aquarium），因為勞倫茲在著作中介紹而廣為人知，因此在同好間也將其稱為勞倫茲水族箱。

這位動物行為學的提倡者為什麼在入門書的開頭提起水族箱呢？可能是因為對行為學來說，微型生態池（模擬生態系）的建構跟觀察都是相當重要的。生物學中所使用的微型生態池當然不止水族箱，有諸如蟲籠、動物園等各種不同手法和規模，但是擷取生態系的一部分加以重現的基本概念都是一樣的。

行為觀察始於持續觀察生物習性，然後為行為的理由建立假設。透過某種實驗證明假設，才終於能發現行為的意義。但次生態系既廣大又複雜，並不容易處理。想了解自然中特定物種或個體的詳細連結相當困難，環境本身也會改變，這樣的龐大實驗實在不容易辦到。在這種時候，微型生態池（microcosm）就能派上用場了。

打造一個擷取出環境基本元素的小生態系，可以非常方便地觀察其中產生的相互作用。藉此，也可以進行模擬環境變化的實驗。例如更換繁殖的配對、刻意讓生物受傷後觀察其恢復狀態跟環境之間的作用等，可以簡單地完成在自然界中困難的實驗。

---

**☑ 演化習作33　微型生態池（15分鐘）**

微型生態池式的概念不只存在於生物學，社會上也有很多類似手法，是創造中不可或缺的工具。（例如編寫程式時的沙盒、架構網站時的虛擬環境、各項政策的特區制度、行銷活動的實驗店、建築或設計的模型觀察等等。）

能不能為現在進行的計畫架構起一個小型實驗環境？想像這個計畫的微型生態池，試著畫下草圖。

---

## 對狀況的想像力——WHEN・WHERE

當出場人物和不可或缺的道具相連結，共聚在一個地方時，就會自然發生具時間性和空間性的狀況。以舞台劇來說，就是舞台已經準備好了。跟物件相關的連結狀況，就像一幕幕切換的的舞台劇一樣，連續上演著限定的情境。

比方說剛剛提到的睡衣，也跟許多狀況有關。這件睡衣是「睡覺時在床邊換穿」的物件，在這之前則「收納在衣櫃裡」。購買之前「放在店裡的架上」，購買之後店員會「裝進紙袋裡」。放上貨架之前需要「裝進紙箱打包，放上卡車棧板堆放」。通過這所有狀況（WHEN：何時，WHERE：何地）之後，現在我才穿上了睡衣。當睡衣帶來了我跟這些地方更深入的共生關係時，睡衣的價值就提高了。

物件會因為所處的狀況，自然發生連結故事。物件創造出狀況，狀況賦予物件價值。生日的夜裡，房間突然變黑，開始播放引人熱淚的影像，心中不禁期待接下來的驚喜。或者在有暴力傾向的伴侶激烈爭吵的情境下，看到沉重的玻璃瓶，我們就會自然想像出悲慘的情境。

物件會訴說故事，並且靜待能加入連結的時刻。對於物件所處狀況的想像力，可以具體顯現出心想的連結，並且創造未知的新連結，成為提高其品質的指南。

試著幻想物件周邊的狀況。親自走一趟，實際感受當地的空氣。假如想創造新的物件，不妨試著想像理想的狀況。如果想銷售東西，那就想像有人搶購物件的情境。假如想要減少浪費，那就試著想像已經最佳化到完美的狀態。假如希望對方能理解某件事，那麼就回想一下自己過往能輕鬆理解的狀況。要符合理想地描繪出適應的情境，在想像地點和時間的狀況時，需要有較高的辨識度。培養出想像已解決狀況的能力，下一個方向就會自然浮現出來。

---

**☑ 演化習作34　想像狀況〔15分鐘〕**

盡可能描繪出創造對象所處的狀況（WHEN・WHERE），替各種狀況命名，分別寫在不同紙張上。比方說「自家裡忙亂的早晨」，或者「傍晚超市收銀機前的隊伍」。

寫出來之後，請閉著眼睛想像那些狀況。如果可以實際體驗這種狀況，請親自到現場去體驗。具體想像情境的能力，就是產生「連結」的能力。

---

## 地理學

世界到底有多大？人類始終受到好奇心驅使，前往遠方的旅人，總是想著該如何將心目中的風景告訴別人。只能看見眼前景物的身體實在很不方便，於是人想出了能夠描摹縮影、俯瞰世界的道具，那就是地圖。用於狩獵和都市計畫的地圖，可以追溯到西元前五千年左右。地圖幫助人類擁有超越視野的想像力。對描繪在地圖上的空間、自然、社會之探究，經歷了幾千年時間，終於形成了地理學體系。將世界以圖顯示的地理學這門學問，包含的範圍極廣。不僅自然科學，包括人文社會等以宏觀視野來掌握世界的學問，都屬於地理學的範疇。地理學也是一種超越專業分工、廣範掌握世界的觀察手法之一。

圖 15-13　柯本氣候分類法（Köppen climate classification）。

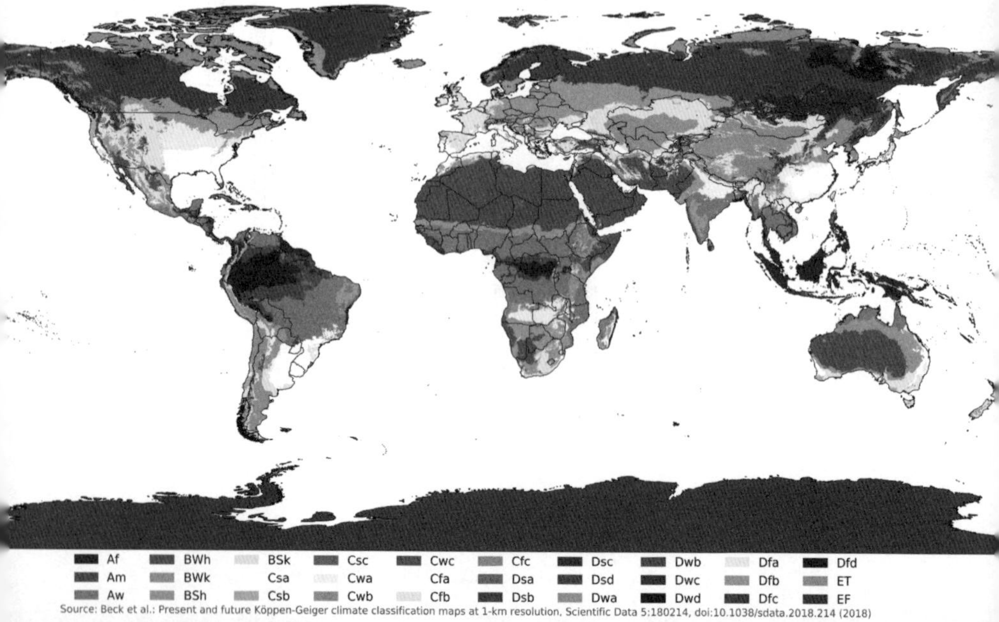

Source: Beck et al.: Present and future Köppen-Geiger climate classification maps at 1-km resolution, Scientific Data 5:180214, doi:10.1038/sdata.2018.214 (2018)

現在使用的麥卡托投影法（Mercator projection）法世界地圖，以垂直經線和水平緯線所描繪出的格狀來表現，從十六世紀初開始使用。這種地圖投影法愈往上、下端形狀就愈失真，但因為直觀和容易了解所以廣為普及。圖 15-13 是用麥卡托投影法畫出的世界植被圖。赤道帶為A、乾旱帶為B、溫暖帶為C、亞寒帶為D、極地帶為E，特徵以小寫標示，呈現全球的氣候。德國氣候學家弗拉迪米爾・彼得・柯本（Wladimir Peter Köppen）從十九世紀末到二十世紀初發展出的氣候區分，至今依然廣泛使用於生態學等領域。針對掌握廣泛世界的氣候科學領域，進行地理學式的整體觀察為一大前提。在創造性的發現中，擁有從微觀到宏觀的寬廣觀察尺度也十分重要。

查爾斯・伊美斯（Charles Ormond Eames）是我很尊敬的設計師。他的影像作品「Powers of Ten」運用了每十秒將畫面比例尺放大十倍的手法，從躺在公園的男人周圍街區開始，漸漸擴大到地區、國家、大陸、地球、太陽系、銀河系、浩瀚無垠的宇宙，走進宏觀世界；同時也反向擴大男人的手，進入細胞、分子、原子、原子核的微觀之旅。這支一九七七年的實驗影像只有短短九分鐘，之所以製作出跨越宏觀與微觀的影像，正代表了他平時進行創造式探究的態度。

現在由於測量技術的發達，地圖出現演化，我們活在一個可以運用攝影機或者人造衛星等工具，立刻看見地球另一端的街道後巷的時代。讓我們盡可能運用彌補近視的各種第三隻眼，帶著地理學家的心情想像寬廣的世界吧。

## 與環境的關係

除了種內關係和種間關係，生物也在與環境的各種相互作用中演化。在此所謂的環境，包括了當地的氣候、大氣壓力、地質和水質，還有重力跟日照等無機環境，以及各種生物複雜交織出的生態系有機環境等整體。因此種內關係和種間關係當然也構成了環境的一部分。環境基本上穩定、不容易變化，但偶爾也會出現諸如大約六千六百萬年前巨大隕石撞擊地表等，突如其來的整體環境變化，環境作用對生物演化帶來的影響非比尋常。

人類社會中，難以抵抗的社會環境變化對於物件、職業和生活所帶來的影響也非常巨大。例如我們正經歷的劇烈氣候變遷所帶來的災害影響，還有生物多樣性的喪失也都對經濟和生活等所有社會活動漸漸出現了顯著的影響。

我們不能忘記，創造具備改變環境、打造新環境的力量。就像內燃機和電腦分別催生出的工業革命和數位革命一樣，有時候也會出現對整體社會環境帶來龐大影響的創造。也有些創造如法律或條約，可以調整社會環境的選擇壓力。而迅速失去生物的生態系環境，也就在我們身邊。我們就活在和環境的相互作用之中，無論進行任何計畫，都不能忽略與環境之間的關係。

## 將環境視為他者

徹底了解自己所依賴的對象到底是誰，會油然產生對對方的感謝。而這裡所說的對象並不僅止於人類。能量或資源的根本為何？物件廢棄之後何去何從？這些答案最終都會導向自然環境。

例如我們為了創造農地，每年燒掉相當於五%的地表面積。許多人類活動都顯著破壞了地球的平衡，但是卻完全沒想到應該傾聽自然的聲音。無言的自然永遠提供給我們價值，但我們卻只懂得單方面壓榨，從未想過應該回饋。要彌補這些欠缺的想像力，以擬人化來想像自然是很有效的手法。假如自然是他者，會對我們說什麼呢？這麼一來，眼前或許會看到完全不同的世界。

舉幾個例子。住在紐西蘭東北地區旺阿努伊河（Whanganui River）流域的毛利族人，稱呼河川為「祖先之河」（Te Awa Tupua），自古以來就相當崇敬河川，將其視為具備人格的存在。不過十九世紀中葉後，隨著歐洲殖民的發展，踐踏了毛利人對河川的敬意，也因為水庫開發等工程破壞了河川環境。原本賦予河川的人權，就這樣被殖民者剝奪。經過一百多年，紐西蘭政府在二〇一七年做出令人驚訝的決定。政府痛切反省過去的作為，尊重毛利人自古以來的主張，承認了旺阿努伊河的人格，正式認可其作為國家法人的權利。換句話說，政府正式承認「祖先之河」，旺阿努伊河是活生生的存在，具備「法人具備的各種權利、力量、義務、責任」，河川奪回了自己的人權[47]。紐西蘭政府透過法制將自然視為與我們相同的「人類」予以尊重，這睿智的決定不禁讓我由衷敬佩。擬人化的手法是幫助我們更容易了解生態系的妙策。

我現在也正好經手一件將自然擬人化的計畫。海洋生態研究機構「水產研究教育機構」的杉本葵（Aoi Sugimoto）博士等人正研究除了以觀光收入，或漁獲產量等經濟指標來評估海洋價值之外，也從社會學、心理學角度發現人類對海洋抱持的主觀價值之方法。

二〇〇一年起，聯合國實施世界首次的生態系服務評估，該評估將重心放在經濟指標上。如果將海洋比喻為母親，這樣的評估就類似「母親給了我零用錢，所以很偉大」。但杉本博士等人針對沿岸地區居民進行一項參與型調查，根據成果進行網路分析，釐清了對個體而言海洋的主觀價值。從這份調查中可以看出，人在自然物大海上，可以感受到和面對自己珍視的人相似的情感價值。

我們認為這項研究證明了「海洋的母性」，因此共同發起了「MOTHER OCEAN」計畫，製作了一套人體資訊圖表。

「MOTHER OCEAN」的目標是將「大海母親」想對我們說的話可視化，將「把大海視為真正母親」這個認知與全世界共享。隨著各種海洋相關問題日益嚴重，揭舉了SDGs的聯合國為了推動對海洋的理解及保護，設立了「海洋科學永續發展十年」計畫，於二〇二一年開始實施。「MOTHER OCEAN」希望與世界潮流接軌，建立起研究者和社會活動者能相連接的活動平台。同時也希望能藉此機會喚起更多人關注幾乎被遺忘的「大海母親」。

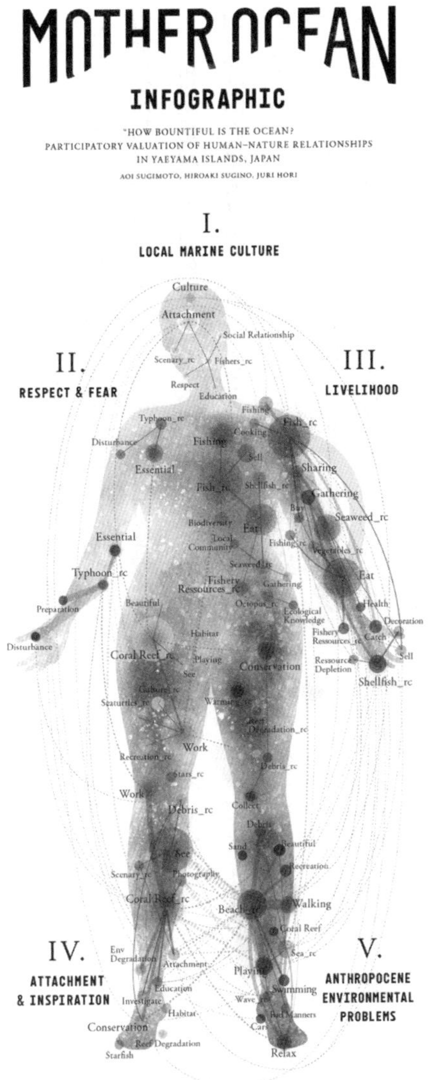


圖 15-14　MOTHER OCEAN：將人心中的海洋擬人化為母親的計畫。

自然選擇

## 資源——資源能否永續？

生物的生態系中，會頻繁發生爭搶相同資源的現象。就像獅子和鬣狗，這兩個不同物種生活在鄰近的環境、吃相同的食物，有時會是彼此相當明確的競爭對手。不過不同物種之間很少會針對食物直接對決，大部分是在彼此沒有意識的狀況下處於競爭關係。

也就是說，在自然界裡通常都處在不知不覺中食物被吃光，而不知道對方是誰的狀況。物種之間的競爭與其說是直接競爭，更類似「最近食物好像變少了呢」這種狀況。例如三百萬年前的袋劍虎（*Thylacosmilus atrox*），或者一百萬年前的巨猿（*Gigantopithecus*）——身高超過三公尺的大型類人猿等等，絕種的原因都是出於看不見的物種競爭。

人類社會也一樣，不同領域的企業、商品、服務之間，往往會爭奪同樣的資源。這裡的競爭主軸並非品質。即使在專業領域外，世界上也有許多關於資源的競爭。人類為了與目的相關的競爭，還有與自然環境資源相關的競爭，進行著許多看不見的資源爭奪。

有些物件乍看之下或許覺得不屬於相同領域，但其實具有相同的目的，這些物件之間就可能發生爭搶顧客的狀況。例如電視和遊戲，都為了爭取使用者打發空閒時間這個目的而競爭。超跑和電車在移動這個目的上也屬於競爭關係。拉麵店和蛋糕店之間針對填飽客戶肚子這個共通目的產生了競爭。

但奇怪的是，即使實際發生競爭，假如屬於不同的專業領域，通常都不會意識到彼此的存在。就像是智慧型手機出現後，字典、雜誌、汽車導航系統等市場式微。從未想像過是競爭對手的物件可能搖身一變，突然成為巨大的威脅。這種關於資源的競爭，直到威脅來到眼前為止都很難發現，也因為平常並未將其視為競爭相手，一旦發生就更為可怕。

反過來說，如何形成更新競爭評估標準的新概念，許多線索就可能藏在其他領域當中。希望各位可以不拘泥於專業，具備能夠發現到這類競爭的寬廣視野。俯瞰生態系圖，意識到廣大的連結，說不定可以發現意外的競爭對象。比方說離乳食品廠商的業績，就跟出生率息息相關。這時就可以站在更宏觀的觀點，了解到提供服務幫助打造出能安心生養下一代的社會非常重要，也可以知道真正應該奮戰的是看不見的競爭對手「導致少子化的因素」。這當中包含著創新的可能性。

有些競爭會互相爭奪「目的」這種資源，同時也有些競爭主要在爭奪另一種重要資源，那就是生態系中的資源。無需贅言，現在各種資源都依存在生態系的服務之上。更重要的是，資源非常有限。甚至可以說，我們正在向未來借用資源。當我們將資源消耗殆盡，就像某一天水龍頭突然擰不出水，可能突然無法製造或者使用物件。

例如仰賴石化燃料的產業，即使還有開採可能，現今二氧化碳導致的氣候變遷已經來到極限，如果立法禁止今後使用，這些產業將會連根動搖。有鑒於這樣的風險，各產業都得迅速切換事業方向。

大家或許覺得「永續」這兩個字的立意在於保護地球環境，但實際上這關乎未來人類能否確保擁有維繫文明的資源，是人類本身的生存問題。

現在理所當然存在的環境，並不保證一定能永遠持續。不知不覺中，地球約七五％的陸地面積已由人造環境所控制，在許多方面都不再能接收來自環境的恩惠。而現在我們正在引發地球史上第六次大滅絕。即使現在的生態系遭到破壞，地球依然存在。如同過往的大滅絕，總有某些生物能存活下來，屆時人類很可能已經不存在，我們就像是作繭自縛的風中殘燭。同時也可以如此解讀，如果無法存活，那麼經濟等等就毫無意義。能夠顛覆眼前狀況的永續、氣候變遷相關產業領域，勢必能產生今後飛躍成長的巨大市場。

未來人類資源的競爭對象是誰？就是現在的我們。思考永續時，最重要的關鍵在於理解資源的狀況和競爭狀態，避免讓自己成為明天的人類看不見的競爭對手。愈了解支撐著我們生活的資源，就愈清楚浪費資源有多麼危險。

☑ **演化習作35　資源的理解與保護〔20分鐘〕**

1　確認資源　我們平時依賴的資源究竟有哪些？請盡量寫下所有想到的東西。

2　資源知識　詳細調查這些資源的現狀。目前的狀況還好嗎？

3　資源保護　假如這些資源將來並非無限量存在，請想想看該如何保護。

☑ **演化習作36　看不見的敵人的真面目〔20分鐘〕**

1　看不見的敵人　除了同一個領域的競爭對手之外，請寫下針對同樣使用者目的的其他領域競爭對象，貼在生態系圖上。

2　確保資源　跟這些看不見的對手之間正在爭奪什麼樣的資源？請思考一下中間的連結。

自然選擇

## 棲位——是否能活用狀況？

生態系中充滿了競爭。但是競爭或者爭戰都很危險，也充滿風險，如果可以，當然希望能避免……相信人人都會有這種心情。在演化中，有時生物最後會偶然來到不容易受競爭所苦的方法或位置。例如以其他大部分物種不感興趣的食物維生、進入競爭對手少的區域等等，透過競爭較少的獨特方法，獲得安定。這種安穩的生態系位置縫隙，我們稱之為生態棲位或者棲位，英文為niche，有凹處、縫隙之意。行銷業界中大家常聽到的「利基」（niche）這個字，其實原本是指生態學中的棲位。

當某個物種先確立了生態地位，其他物種就很難進入同一個位置。此時便需要有更能運用資源的演化戰略。於是出現了在演化上關於新穎性的地位之爭。在地位之爭中，演化過程分化為許多物種時，偶爾會出現採取相當奇特生存戰略的物種。

比方說無尾熊愛吃有劇毒的尤加利樹葉。旁人看來會覺得「那傢伙是認真的嗎？怎麼敢吃那種東西？會吃壞肚子的！」那麼無尾熊真的不受影響嗎？

其實也並非如此。無尾熊並沒有讓尤加利葉完全無毒的能力，一邊吃樹葉會一邊發麻。所以無尾熊只能緩慢地行動，也是最愛睡覺的動物，一天當中竟然可以睡二十二小時。無尾熊啊，你寧可這樣生活也想吃尤加利葉嗎？

由此可見獲取棲位有多麼不容易。互相填補棲位的生態系逐漸發達，經過長達數億年的漫長時間，終於建構起現在這個許多物種可以相互支持的自然界。

取得利基可以說是行銷的根本。其中金偉燦（W. Chan Kim）等人提出的藍海戰略（Blue Ocean Strategy）[48]，提倡應該從競爭對象多的紅海，轉移到競爭對手少的藍海，正是一種模仿生態系的行銷戰略。自然競爭環境有時候跟市場的競爭環境非常相似。

運用空的棲位也有降低環境負載的效果。對某個物種來說的殘渣或糞便，可能會是其他物種的珍貴食物，廢棄物說不定能轉換為價值。我們的社會相當沒有效率地在丟棄一些還具備價值的物件。其實一定還有很多具備價值的棲位。假如能夠賦予彼此剩餘產出價值，就可以提高生態系的效率，使其更加穩定。

---

**☑ 演化習作37　生態系棲位（15分鐘）**

1 尋找棲位。請試著想像對想要創造的對象而言，假如有一個競爭對象不存在的生態地位，那會是個什麼樣的地方。

2 試著思考移動的方法。該如何才能到那個地方？請參考變異的演化習作中進行的「移動」（169頁）這項練習。

---

自然選擇

## 環境的變化——是否能跟上變化的腳步？

不管過去多麼能夠適應環境，當狀況改變，就得採用新的生存方式。但如果環境變化跟適應演化的速度不一致，物種總有一天會滅絕。

兩億五千年前到九千萬年前曾經繁盛一時的魚龍，當時海底火山的噴發讓海洋陷入無氧狀態，因此沒有食物而滅絕。另外恐龍也因為六千六百萬年前巨大的隕石衝擊導致地球寒冷而絕種。諸如此類，環境會因為某些原因發生劇烈變化。此時能夠存活下來的，並不是巨變之前價值標準中的強者，而是能靈活因應偶發變化的物種。許多恐龍滅絕之後，一部份以鳥的型態存活下來。另外還有包含我們在內的哺乳動物，也是一個例子。

比方說有性生殖，也是生物在演化上獲得的一種「容易變化的機制」。無性生殖跟有性生殖相比，沒有異性的存在也可以留下子孫，據說通常利處為有性生殖的兩倍。但是在此同時，有性生殖可以產生出許多不同組合的變異，提高物種適應環境演化的可能，降低絕滅率。偶發性可以提高物種的持續性。要適應環境變化，有時變化

圖 15-15　因突來的火山爆發而絕種的魚龍。

是不可缺少的成本。

如果不能跟上環境的變化，只有死路一條。同樣的道理也可以套用在創造上。甚至可以說，人類自己的創造性不斷招致環境的戲劇性變化。在這番劇變當中，有許多職業或者道具也會毫不留情地被淘汰。比方說在蒸汽機車中負責投入煤炭的火夫工作，在電車普及之後就消失了。過去靠手動來接通電話的接線生，也因為自動交換機的問世而消失。在人類以馬為主要移動方式的時代，城鎮裡有許多馬的醫生「伯樂」，現在只剩下賽馬或者娛樂設施中有少許與馬有關的工作。當瓦斯成為主流，賣柴人的工作也就隨之銳減。發明出更有效率的方法，往往會讓社會環境出現劇烈變化。但是許多東西都被過去的選擇壓力所束縛、無法做出變化。但如同前面在創造中的「移動」（159頁）中所述，也有些公司善於掌握環境的危機狀況，將變化轉化為助力。比方說當傳統花牌遊戲賣不出去後，馬上轉換跑道製作撲克牌，成立電視遊戲事業的任天堂就是一個好例子。在變化劇烈的狀況下，最後能夠留下來的並不是最強的，而是最善於變化的。以「進化思考」的觀點來說，把重點放在變異的挑戰上，就能提高生存的可能。

我們所生活的現代，同時擁有科技迅速躍進，以及產業賴以維繫資源的生態系逐漸崩潰這兩種現象，由於變化太過劇烈，往往不容易預測前景。正因為是這種時代，與其成為強者，更應該以能比任何人都靈活快速地因應變化為目標。試著挑戰變化，透過我們獲得的偶發性，走向能確保存活的演化。

## 各自的意志和存在意義——WHY

畫好生態系圖，就等於做好訴說關係故事的準備了。演員到位，道具準備完成，狀況也已經可視化。所有出場人物都呈現在圖中後，可以試著想想這些人物都帶著什麼樣的心情？每個人的想法就像食物鏈的箭頭方向一樣，形成錯綜的漩渦。每個人物心中的需求都對現實帶來影響，各種意念交雜的結果，自然地開始推動故事前進。

比方說類似東西的買賣這種單純的關係中，也包含了各種不同立場的多樣心理狀況，例如想盡量高價出售的商店；想盡可能便宜購買的顧客；想深化關係的工廠；試著多方詢價的廠商；對目前商品感到不滿意的使用者等等。這些意圖成為方向的集合，顯化在價格或行為上，推動社會的連結。假如我們能掌握住這種意圖的方向性所產生的趨勢，就可以從微觀的連結理解，推測出宏觀的社會動態。而這樣的潮流往往可以成為加速創造性的助力。

讓我們一起仔細地觀察出場人物的狀態和心中的理由吧。他們是否受到生命威脅正在逃跑？若能保護自己，也許會維持眼下的狀況，讓利他性繼續演化。狀況推動了行為，行為產生了跟他者之間的相互作用，這些累積形成複雜的生態系。所以生態學相當重視行為觀察。動物看似無關緊要的行為，其實可能是歷經幾萬世代所獲得的先天性共通習性演化，以及個體學習的結果。而這些行為又會產生對手的下一個ＷＨＹ，出現關係性的連鎖。

## 正面連鎖與負面連鎖——良性循環和惡性循環

生物所吸收的能量，不一定只用在自己身上。自己無法完全消化的剩餘能量可以成為其他人的營養，利他行為也有助於獲取棲位，有時甚至可以藉此形成互利共生的演化。利他行動有長足演化的物種代表，就是人類。

呂貝克大學（University of Lübeck）的學者發現，人類的大腦會因為對別人付出而感到快樂。因為分享，才能建立起共生的連結。這樣想來，大阪的鄰家阿姨們總是喜歡隨身攜帶小糖果跟人分享，或許是一個獲取幸福的划算做法。良好關係的連結，可以創造出更好的狀況。我們會親切對待朋友的朋友，也樂於捐款，儘管只是小額，一樣開心能將這些錢送到遠比自己更能感受到金錢價值的人手中。這樣的循環總有一天會回到自己身上。

相反地，維持負面關係的角色很容易繼續產生負面連鎖。假如訂單價錢壓低得太離譜，承包業者可能會出現強制海外兒童勞動等不公平的交易行為。這些連結帶來的連鎖關係很難預測。沖繩縣北部的山原之森為了開闢林道而在山區開挖，讓紅土流入海中，使得珊瑚礁受到嚴重損傷。開發林道的目的在於提高大家生活的方便性，結果卻嚴重地破壞了環境。聽來實在很無奈。讓我們看看WHY的連鎖產生的良性循環和惡性循環。環境遠比我們想像得更加緊密相連。

## 環世界——尊重跟自己不同、他者所生存的世界

動物看待這個世界的方式是不是跟人一樣？很遺憾，可能不然。例如眼中看到的景色，每種動物可以看見的光波長幅度不同，高度或方向也不一樣。嗅覺和聽覺的範圍也不同。每種生物都具備不同的感覺器官，這些器官的差異讓他們認識世界的方式也不一樣。

生物學家魏克斯庫爾（Jakob von Uexküll）把各種不同生物對世界的不同認知稱之為「環世界」（umwelt）[49]。各種生物的環世界都是正確的，但我們只能用自己的觀點來認識世界，所以站在其他物種的環世界來看，或許就會有很大的偏差。

比方說，我們可以試著想像人類的世界和狗的世界。人類的嗅覺細胞有數百萬個，狗大約有兩億個。相差如此懸殊，讓我們不禁好奇，狗的鼻子究竟可以看到什麼樣的風景。另一方面，人類擁有可以辨識紅綠藍三色的錐體細胞，狗卻只能認知到藍色跟黃色。這意味著狗幾乎活在一個單色調的世界中。在狗的世界裡比起眼睛，更依賴用鼻子來理解彼此的關係。光是這個差異，就跟我們所體驗的大不相同了，各位可以想像狗的大腦中是什麼樣的世界嗎？

環世界的差異也會出現在人類之間。根據每個人不同的立場，可能會看到完全不同的世界。從某個世界的觀點出發，輕易斷定對方為錯誤，這並不是一種能正確認識世界的態度。如果能抱持這樣的想法，當我們想要向對方主張自己的正義時，或許可以稍微溫柔一點。

環世界的概念中，藏有讓我們認識世界真正面貌的線索。光是靠個體的觀點不僅無法正確掌握世界的全貌，更可能因為將觀點強加在對方上而導致彼此之間的斷裂。我們需要能站在對方觀點的同理心。用英文來說應該是 empathy。

英國在義務教育中，透過戲劇課程來培養 empathy 的同理能力。透過角色扮演的戲劇手法，讓一個只知道自己觀點的人學習了解其他人的觀點。在推動多人合作的計畫時，不能缺少這種對其他人的想像力。請試著模糊掉自己跟他人的界線，假想站在對方的立場，練習用其他人的視線來觀察。

---

### ☑ 演化習作 38　角色扮演（30 分鐘）

試著徹底扮演出場人物來發揮演技。

1 分配好幾個人的角色，想像「這個人可能會說的話」，請花三分鐘以即興方式討論。

2 接著交換角色，繼續同樣的表演。

這麼一來應該更能理解出自不同立場的觀點或目的。

---

## 自他不分，打造夥伴

想要擁有跟自己具備同樣志向的夥伴，關鍵在於理解對方環世界的同理心。日文中「我」（Ware）這個字有很多涵義。有時用於指稱自己，在關西地方要威嚇對方時也會高喊「Ware！」「我們」寫做「我我」。其實日文原本就藏有抹除人我境界的美德，「我」這個字就是其中一個象徵。跟感情好的人對話時，我們可能會異口同聲說出同樣的話，大家應該都有過這類我（I）跟你（YOU）之間的界線模糊淡薄的經驗。

想同理對方、傾聽對方說話，祕訣在於打造出讓對方能安心開口的場域，提醒自己不要插入開始講起自己的事，應該具體想像對方話中的情境，想像對方跟自己之間的界線漸漸消融的狀態。

為了能在短時間之內製造出自他不分的狀態，我構思了「FUTURE SELF」工作坊。活動中我們跟 Arts Commission Yokohama（橫濱市藝術文化振興財團）合作，和橫濱 DeNA 海灣之星和橫濱市公所共同舉辦了十次「WE BRAND YOKOHAMA」的社群聚會。靠著對橫濱的愛相連結的產、官、學、民各領域的人在活動中相聚，站在對方的立場一起思考橫濱的未來，因而刺激出許多具體措施。我們正在合作推動的橫濱市創新政策 YOXO，以及跟 Zoorasia 動物園一起開辦的「進化的學校」，都始於在這個活動中的相遇。即使只有短短時間，如果能有一段設身處地站在對方立場的時間，就能建立起強韌的關係。透過自他不分的觀點形成夥伴，彼此的共通目標將會成為引導集體智慧的指南針。

**☑演化習作39　FUTURE SELF（60分鐘）**

1　三人一組（ABC）決定好順序後，先由第一人（A）用七分鐘詳細介紹自己至今做過的事。其他兩人（BC）必須認真傾聽，讓對方容易開口。如果這時不聽仔細會影響之後的進行，請務必要仔細深入地聆聽。

2　七分鐘後，第一個開口的人（A）接下來要沉默靜聽。剛剛傾聽的兩人（B和C）依序用三分鐘時間扮演「來自理想未來的人」這個角色。一個人（B）說話時另一個人（C）扮演來採訪的人，就像比賽後採訪球員一樣。請盡量說得生動具體，好像自己真的親身經歷過一樣。

3　說完之後剛剛的兩人（B和C）交換角色，再重複一次剛剛的過程。結束之後跟第一個開口的人交換，繼續同樣步驟。一直重複到三個人都扮演所有角色為止。

## 愛與痛帶來共同演化

人生在世有痛苦，也會有快樂。這兩者中哪一種能讓我們的創造性更加豐富？如果向自然界尋求答案，將會得知兩者都是創造性的泉源。實際上生物的演化有時受到競爭、有時受到共生的影響，只要關乎彼此狀況的關係產生，就會配合出現自然選擇。共生與競爭；愛與痛；接納與拒絕；逃避與奮戰……或許正等同人生的豐富。

無論是自然界或者人類社會，互相賦予利益的共生和攸關生死的競爭關係，這正負兩方的選擇壓力推動著演化。生物之間存在著相當多樣的關係。例如如同前述的食物連鎖這種複雜關係中，就包含了共生和競爭兩種關係。在自然生態系中，生物之間一邊建立深厚關係，一邊互相適應。歷經幾億年建立起複雜的網絡，自然生態系中就像進行一場漫長對話，某個物種的演化又會對其他物種的演化帶來影響。這種現象稱為「共同演化」。

在人類史上也一樣，能夠發揮創造性的並非只有富足興盛的時代，往往更有可能是疫病蔓延、災難發生，或是發生戰爭等嚴酷的時代。以自然生態系中所見的關係為前提，俯瞰創造生態系圖，將會發現人類社會其實也遍布著複雜的適應網路，彼此互相牽動。一一找出複雜全貌中的相關性、加以可視化，就更容易能俯瞰生態系中具有關聯性的連結。了解生態系連結讓我們對各種事物更加寬容，也可以引領我們走向未來成長之路，加深思考的深度。

生態學中包含著對我們自己短視立場的挑戰，以及對從鄰人到自然環境等廣大包容性的探究。讓我們以寬廣的角度來超越短視觀點。將地球視為一個巨大生物的「蓋婭假說」（Gaia hypothesis），或將地球視為珍貴的、獨一無二的「地球號太空船」等，這些具備哲學性影響的生態學理論都有著一致的目標，那就是彌補我們短視觀點的生態學式態度。針對SDGs或氣候變遷的因應對策並不是近年才展開。這五十年來，儘管許多人都認為不可能持續，依舊沒有停止。無論嘗試多少次，我們都該朝具備寬廣視野的智慧不斷挑戰，因為我們所能做的也僅有如此。

嘴上說得簡單，生態系的網絡複雜，結構也難以理解。看到如此複雜的結構，可能會感到無力，正因如此才要借重自然科學的力量。該如何才能改善複雜的連結狀況呢？面對這個疑問，解開連結性質之謎的偉大數學家幫上了忙。

即使無法完整理解，還是能運用連結產生的網絡之數學性質來掌握整體結構，找出對整體都能發揮效用的線索。下一節中我們將跟著揭開複雜網絡性質的科學家，一起學習社會的關係性。

## 網絡——複雜連接的法則

生態系的關係十分複雜。繪圖表示關係複雜性，會是什麼形狀呢？有一天，心理學家雅各布・莫雷諾（Jacob Levy Moreno）動念想將看不見的人際關係可視化。人心中存在正面和負面的情感，人會以這些情感為基礎，尋找人跟人的連結。莫雷諾以問卷調查為線索，畫出小學一年級到中學二年級的學生人際關係圖，將最後完成的奇妙成果命名為社交關係圖（Sociogram）。看著這張奇妙的圖可以發現，即使小學一年級生也活在很豐富的人際關係當中（圖 15-16）。複雜程度大概相當於「麵包超人」的出場人物吧。到了中學二年級人數增加，已經形成相當複雜的故事。（圖 15-17）大概發展為類似「七龍珠」等級的故事了。不同世代的內容產業，或許也反映出這樣的背景。當然，大人的世界想必更加複雜。

相信各位在本書中也看過類似的關係圖。沒錯，這正是我們一路探究的生態系圖。不過在社交關係圖中只能顯現人際關係（WHO），並沒有提及與自然和物件的關係。因此在現實世界中的生態系圖其實更為複雜。要掌握所有連結相當困難，不過理解這種看不見連結的能力，將會成為創造力的關鍵。因為所謂創造，就是透過適應連接起網絡中原本並不相連的節點，牽起新關係的演化行為。

那麼假如這複雜連結的背後存在一種簡單規則，那又會如何？如果了解連結的規則，當我們要進行創造活動時，說不定能了解在周圍生態系建立良好關係的方法，或者創建新關係的線索。

釐清這種連結規則，在數學領域裡稱之為「複雜系統」（complex system），有時也稱複合系統。其實新的流行、傳染病的蔓延、宗教傳播等複雜系統結構所具備的關係性，都存在共通的性質。探究這些複雜系統的性質，可以發現如何面對這些難以單純掌握的連結。

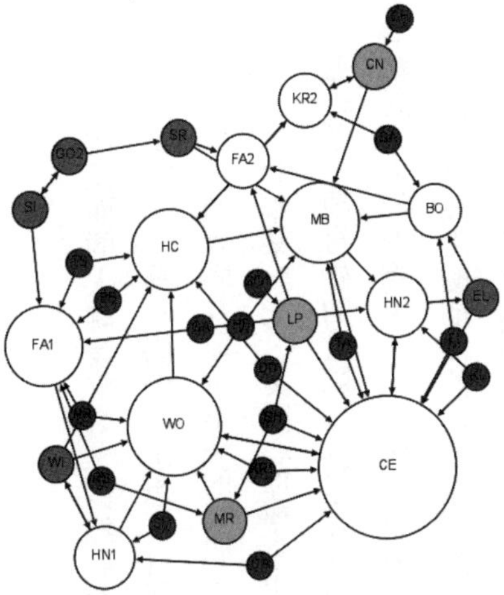


圖 15-16　小學 1 年級的人際關係（社交關係圖）。

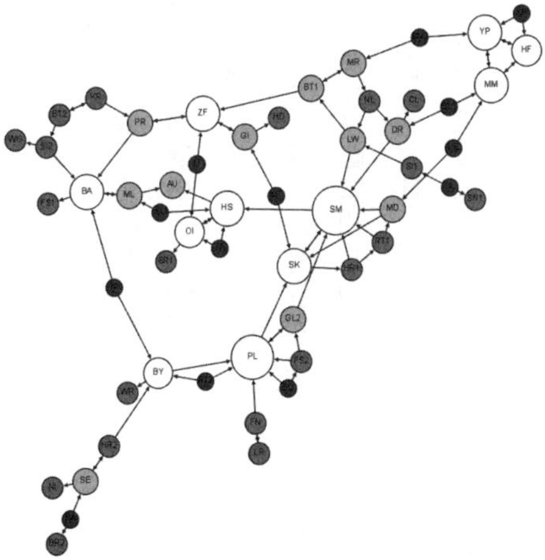


圖 15-17　中學 2 年級的人際關係（社交關係圖）。

## 小小世界——讓世界變小的連結祕密

跟初次見面的人聊著聊著，偶然發現彼此有共同的朋友，這時我們會感嘆道：「啊，這個世界還真小呢。」讓我們再次想想，這個世界是不是真的那麼小。假如世界真的很小，那麼又有多小？有一個人因為這個單純的疑問，實際進行了實驗，最後獲得了意料之外的發現。

一九六七年某一天，美國心理學家史丹利・米爾格蘭（Stanley Milgram）為了測量世界有多小，進行了一項奇妙的實驗[50]。首先他隨機挑出幾位居住在堪薩斯州和內布拉斯加州的陌生人，寄信給對方。信上寫著：「請將這封信轉寄給我（米爾格蘭）住在波士頓的朋友。」不過米爾格蘭並沒有將波士頓朋友的住址告訴對方，而是拜託將信轉寄給與收信人可能有較近社會關係的熟人，再委託對方以同樣的方式轉寄。

當時美國的人口約有兩億人，用如此不牢靠的方法真能讓米爾格蘭的朋友收到這封信嗎？假如真能寄到，又得經過幾次轉寄呢？這不可思議的實驗結果，讓所有人都非常驚訝。沒想到最後不僅確實收到好幾封信，而且平均轉寄次數只有六次左右。

連接全美陌生人之間的熟人人數，竟然只需要六個人左右，這實在是驚人的發現。這次實驗名為「小世界實驗」，跟後來產生的詞彙「六度分隔」一樣廣為人知。在後來各種實驗中也都驗證了他所謂的小世界效應。世界遠比我們想像得小。

我也曾有過被這個小世界幫了一把的經驗。我是被祖母帶大的，父母親在我四歲時離婚，我便和祖母相依為命。我並不清楚親生母親在哪裡、做什麼。十八歲那年，我決定找尋母親，我不希望終其一生都見不到她。聽祖母說，母親結婚前是一名生活用品的技術人員，在某間電視台工作。於是我打電話到電視台的客服中心。

「請問以前曾經在這裡工作的一位女性……現在還在這裡服務嗎？」

客服中心的員工很親切地替我查詢，但是最後對方如此回答。

「很遺憾，她現在已經不在敝公司了……很抱歉沒能幫上忙。如果有線索我們會再聯絡您的。」

這些話聽起來就像客套的社交辭令，我心想，人應該找不到吧，於是掛上電話。又過了三十分鐘電話響了。是剛剛客服中心的人，對方給了我一個電話碼：「請打到這裡試試看。」我撥通電話，一個陌生的尖細女聲叫出了我的名字。短暫交談，發現確實是我的母親。原本是家庭主婦的母親，現在已經成了出色的化妝品研究員。本來以為要花上好幾年的尋母之旅，短短一小時就迅速畫上了句點。我無從知道在那三十分鐘之間，發生了如何的轉達或聯絡。但是我非常幸運地遇上了短距離的連結。

世界很小。在這個複雜且廣大的世界中，為什麼世界會如此狹小？假如知道連結方法的祕密，或許可以幫助我們在過去體驗的各種斷裂中，重新找回連結。康乃爾大學的數學家鄧肯・華茲（Duncan J. Watts）和史蒂芬・斯托加茨（Steven Strogatz）[51]，為我們揭開了複雜網絡性質部分祕密。

他們兩人對於不可思議的小世界效應發生的背景藏有何種祕密相當感興趣。於是他們以二十五人有規則性的與相隔兩人的人相連結為前提，畫出一張圖，並用某個機率（$\beta$）來連接各個頂點。根據這個規則畫出了 $\beta=0$（左、規則圖表）到 $\beta=1$（隨機圖表）等各種圖表。調查這些網絡的性質，發現現實社會的網絡會發生的現象，既沒有出現在左圖般完全規則的圖表，也沒有出現在右圖般完全隨機的圖表當中。

但是他們發現電腦的分析出現了非常奇妙的結果。中間圖表裡彼此連接的人當中，有幾個人並未與鄰近的人連結，而是隨機與距離較

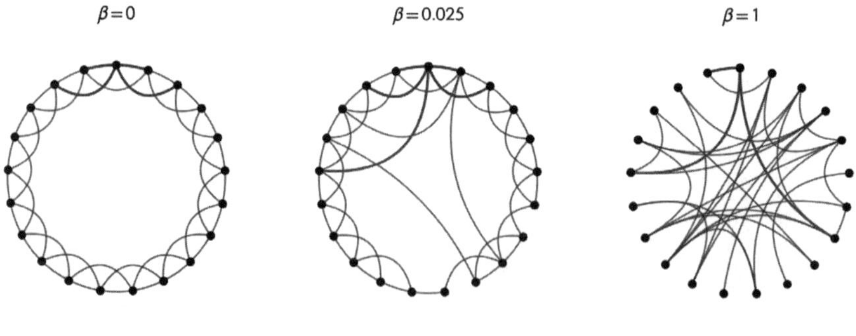


規則網絡　　華茲・斯托加茨型　　不規則的網絡

圖 15-18

遠的人連接。連接的線條數量本身並沒有改變。

但是這種不上不下的圖表，卻證明了小世界效應的存在（圖 15-18 中央）。華茲和斯托加茨將圖表設定人數的預設值增加為五千人，每個人連接的人數為五十人，再次計算。無論是五千人如左邊圖表般規則相連的情況下，或者如右邊圖表完全隨機相連的情況下，一個人跟另一個人相連平均需要相隔五十次，也就是平均經過五十個人才能與目標人物相連。接著他沒有改變總數，試著製作僅以五十條線連結隨機跨境的環狀。結果令人驚訝的是，原本需要相隔五十人的次數，減少為僅僅七人。只在規則性圖表中添加了一些隨機條件的圖表中，整體線條數量不變，可是連接遠處的經由次數卻可以銳減為將近七分之一。起初他們以為單純出於偶然，不過嘗試了好幾次都出現一樣的結果。看來稍微隨機與遠處相連，就是讓世界變小的關鍵。於是他們在一九九八年發表了一篇用數學證明小世界效應之背景的華茲・斯托加茨模式論文。如同他們兩人在論文中所示，所謂複雜網絡構造出現在諸如「線蟲的神經網絡」、「演員的共演關係」、「美國電網」，還有「自然生態系」、「網際網路」、「感染蔓延」等許多種關係中。因此了解複雜網絡的共通性質，充滿了應用到許多不同領域的可能性。這篇論文發表之後，研究複雜網絡的科學家遽增，已經形成一門學術領域。

自然選擇

## 跨境——是否能跨越領域而連結？

假如世界已經夠小，那麼理解藏在連結中的性質，或許是發現改變我們所生存世界的捷徑。讓我們回頭看看華茲和斯托加茨以數學原理嘗試說明的圖表（圖15-18，390頁）。借用複雜網路的理論可以知道，跨境連結可以帶來改變社會的衝擊。前面介紹過莫雷諾描繪的人際關係圖（社交關係圖），其實也具備華茲和斯托加茨所提倡藉由跨越複雜網絡帶來捷徑的性質。社會上的成人連結方法也一樣，一般來說，在一個組織裡這種跨境式的人物往往會被視為缺乏協調性的怪人，甚至有時候會被組織排除在外。但正是這些跨境者具備讓組織連結到更廣大世界、提升創造可能的力量。

華茲和斯托加茨揭示在我們面前的網絡，是介於規則性和隨機性之間的結構。隨機性和規則性跟本書的主題「變異與選擇」、「秀才與蠢材」結構也十分相似。可能是因為人類與創造相關的記憶和思考結構也都形成了複雜網絡的原因。跨境也是創造思考中關鍵的態度。

研究幸福學的前野隆司（Takashi Maeno）教授，也是促成我在慶應義塾大學SDM教授「進化思考」的貴人，他曾經說過，根據調查結果，比起朋友的數量，朋友的種類更能影響人的幸福程度。這可能是因為跨境連結可以打造出小世界，讓人有機會接觸寬廣世界。

提出「創新」這個字眼的熊彼得，當初曾將創新稱為「新組合」（於204頁「融合」中詳述）。

這個詞彙中也暗示著跨境的意義。距離遙遠、新的結合，是推動創造向前的動力。

觀察改變時代的創造性，可以發現跨領域的發明曾經幾度帶給世界革新面貌。汽車的出現讓街區跨境至郊區，不動產價值出現戲劇性轉變。飛機問世讓旅行全世界不再稀奇。網際網路的登場讓絕大多數的溝通都得以跨境。跨境創造的威力，讓我們得以接觸過去並不相連的節點，戲劇性地改變了世界。假如想讓人更容易走進你的世界，或許應該製造出跨越領域的新連結。

---

**☑ 演化習作40　跨境的關鍵路徑（Critical Path）〔10分鐘〕**

讓並不相連的領域彼此相連，這種關係具有很重要的價值。請試著俯瞰生態系圖，構思出讓關聯性薄弱的遙遠存在，可以透過共生網路（WHY・＋）相連的路徑。也請參考演化習作09（169頁）。

---

## 無尺度——世界上為何會出現不平等？

社會上存在各種不平等。比方說班上只有少數人在情人節享有巧克力，二〇二一年時世界上僅由一%的人獨占了大約四十六%的財富。一八九六年，義大利經濟學家維爾弗雷多・帕雷托（Vilfredo Pareto）發現了人類的財富分布依循著冪次定律數列，後來將之稱為帕雷托法則（Pareto principle）。為什麼同樣努力生活的人之間，會出現如此龐大的落差呢？

在華茲和斯托加茨開啟了複雜網絡的新數學研究後，巴拉巴西（Albert László Barabási）這位統計物理學家在研究中發現，社會上常見的冪次定律不平等或許也具備數學的規律。

巴拉巴西和他的學生雷卡・艾伯特（Reka Albert）在觀察複雜網絡的各種模型中，發現許多模型的頂點都發生了極端的不平等。

他們將連接數極多的頂點稱為「集散點」（Hub），與之連接的數量稱為「次數」。巴拉

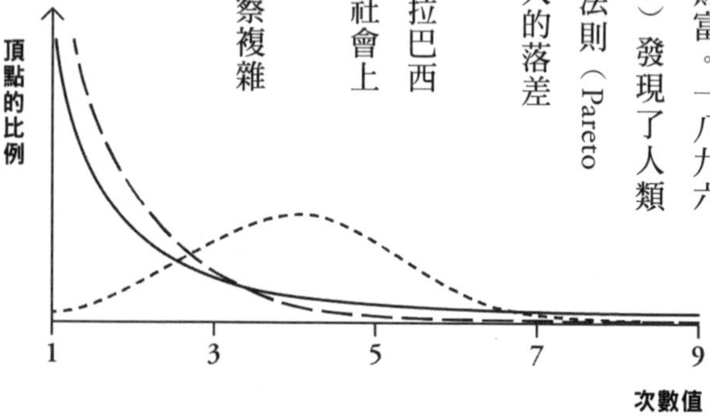


圖 15-19　冪次分布（——）和指數分布（－－）吊鐘分布（常態分布：-------）的比較。

巴西等學者發現一個不平等的現象，不管多巨大的網路，這種作為中心節點的集散點都不會大量發生，很容易出現連結次數特別多的少數集散點。冪次定律分布如同下圖，會產生很極端的落差。以網際網路來說，全世界雖然有無數網站，但是我們共通使用、反向連結（Inbound links）數多的網站則屈指可數，而各種網路中集散點的不平等都符合帕雷托法則（Pareto principle）中的所見的冪次定律。

這種依冪次定律發生巨大落差的網絡性質，巴拉巴西等人將之命名為無尺度性。意思是沒有具備特徵的基準（尺度），目前已經成為大家

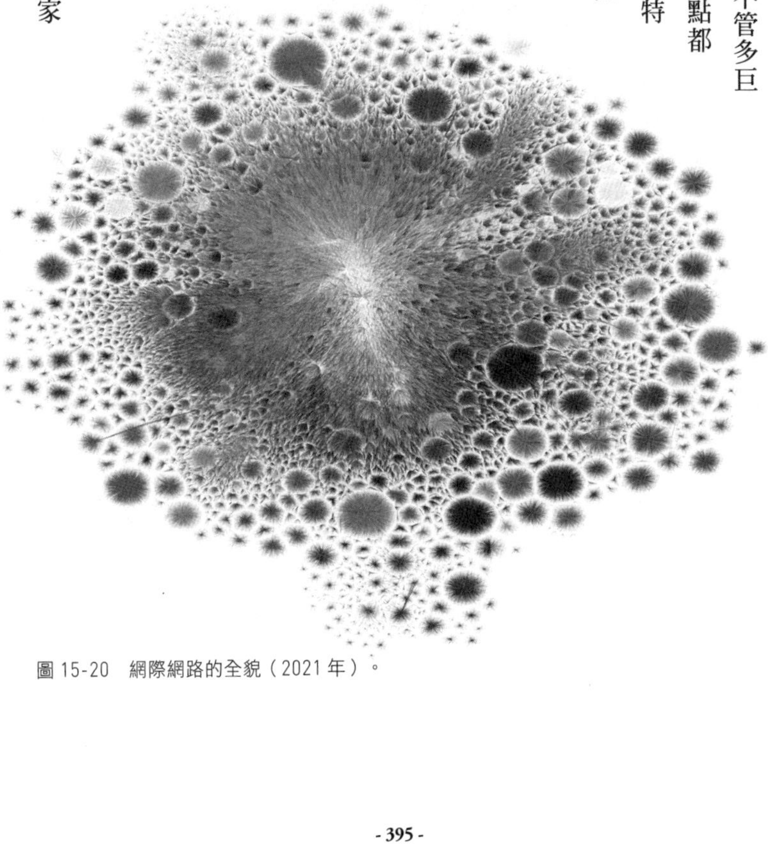

圖 15-20　網際網路的全貌（2021 年）。

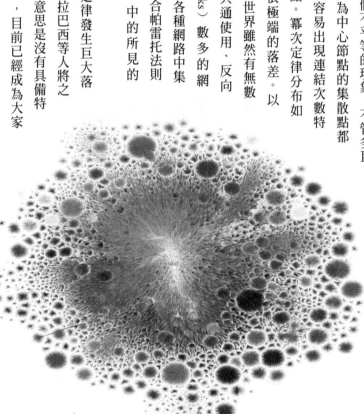

熟悉的用語。無尺度網路從何而生？

巴拉巴西他們構思了一個會隨時間成長的網路模型，命名為BA模型（圖15-21）。過去研究的網絡並沒有成長的概念，所以這種模型的提案相當具創新性。集散點並非一開始出現就是大的集團，起初可能始於只有少量次數的狀態，經過一段時間後開始在網絡中呈現顯著的成長。為什麼會發生這種連接的落差呢？

單純成長的網路模型中並不會出現無尺度性，於是他們又加進了一條「優先選擇」規則。優先選擇是指次數較多的節點可以優先獲得新分枝的規則。於是網絡果然出現了無尺度性。富裕的人容易接觸到新的投資機會變得更有錢，交友廣闊的人更容易透過老朋友認識新朋友。無尺度性的關鍵就在於優先選擇，不斷累積之後形成了龐大的落差。看來人類社會的不平等，似乎是優先選擇和無尺度性所導致的社會真相。

反過來說，當社會上發生巨大波瀾時，關鍵便在於能否創造出成為集散點的優先連接。假如能具備這種性質，便可以槓桿原理運用網絡力量，成為巨大的集散點，形成大幅推動社會的存在。

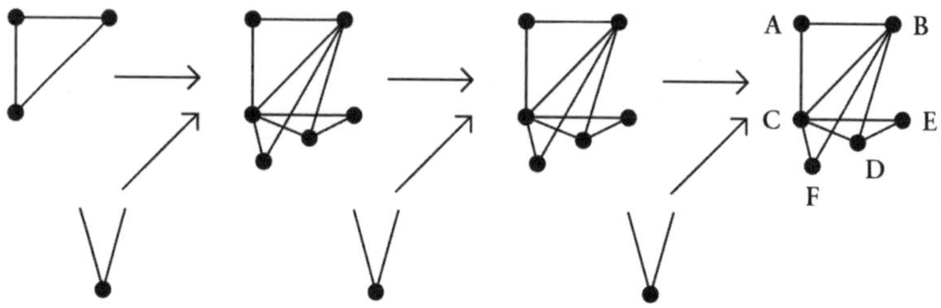


圖 15-21　分枝漸漸增加、不斷成長的 BA 模型。

賦予優先選擇，跟創造性的目的直接相關。身為設計師，當有人問到設計能扮演什麼角色時，我會回答「對經手的計畫，我會賦予它容易優先連結新緣分的性質，提高成為下一個中心集散點的機會。」。

非洲有句諺語，「隻身獨行，能走得快；眾人同行，能走得遠。」（If you want to go fast go alone. If you want to go far, go together.）確實是句至理名言。若換個角度解讀為「假如想擴大計畫影響力，便需提高優先選擇力，成為夥伴的集散點，並且跨境連接形成小世界」，網路的小世界效應和無尺度性，似可作為推廣運動的祕訣加以應用。若想快速獲取利益，當然還有一人獨贏的方法。但是真正想擴大運動，與多樣夥伴連結、形成跨境集散點，與夥伴互相分享優先選擇的祕訣，並且能對外跨境傳達的機制，或許才是培養起能帶來更大連結社群的捷徑。

爆發式廣傳的思想或流行，確實都存在少數的集散點。但是只有一個集散點的模型，成長將會受限。為了能無尺度地擴展，首先必須具備能產生優先選擇的魅力這個基礎，同時，當某個想法從傳遞者轉移到接收者時，也需要具備接收者能成為新的倡議者、變身為集散點的機制。觀察宗教或者成功的品牌會發現，他們都很重視教會或社群聚會等叢集的形成，還有如何在其中互相分享，跨境連接到新的社群。他們容許社群內的夥伴互相幫助，也容許新中心的誕生，不斷在網絡的相互作用中鑽研，建立起無可動搖的文化。

## 自然選擇 適存度——會不會被優先選擇？

關於自然生態系整體是否具備無尺度性或小世界性，有過許多討論。畢竟整體過大，又有許多錯綜複雜的關係產生相互作用，所以不太容易完整地提取出整體性質。但是在生態系許多重要部分都可確認代表性網絡性質的出現，能幫助我們理解。

如同前文所述，某一種性質要在集團中擴散，重要的關鍵在於有沒有具備讓無尺度性發生的優先選擇。在「進化思考」中一路剖析的自然選擇性質，也可以說是生物或者創造演化過程中發生的優先選擇種類。有時適應了選擇壓力的些微差異，在網絡中會產生近乎不合理的極端差異。

那麼我們是否可以測量出某種性狀是否對演化的優先選擇有所幫助，也就是能否適應？可以適存度（fitness）作為測量指標，適存度的概念很簡單，在具備某種性質的個體後代中，統計從成長到具有生殖能力的個體數量。在此要注意的是，並非後代的數量，而是有生殖能力的後代數量。因為後代如果沒有成年，就無法參與生殖活動。假如其性質對生存有利，那麼從結果來看，一個個體的適存度會大於一；如果不利於生存，將會小於一。不難想像，後代數量遠比親代數量增加的性質將會迅速廣傳。這種適存度的計算意外地簡單易學，因此廣泛應用於生物學中。

讓我們試著將適存度的概念應用在創造性上。測量某個使用者帶來其他使用者的比例，就能算出在市場的適存度。數字大於一表示會在集團中擴張；小於一表示會漸漸收斂。商品或服務的優勢對適存度很重要，但並非僅止於此。比方說目前最優秀的匠師，有可能靜悄悄地離開世界。反過來說，暢銷商品除了本身的性質之外，還要加上媒體及口碑打開話題性，讓支持者帶動下一批愛好者，提高市場適存度、知名度。相反地，現在大部頭的書籍之所以不好賣是因為讀的人少，同時也不容易透過社群傳播，所以想介紹給其他人會受到很多時間和空間上的限制……咦？我怎麼掉眼淚了？換句話說，要引發運動光有產品導向的思考是不夠的，還需要加速理解使用者，採取實際行動吸引下一名顧客。行銷很重視口碑，是可以直接提高市場適存度的方法。現今我們的社會面臨的問題是，市場適存度跟未來，或者社會所必需的真正適應出現了乖離。網路假消息蔓延，所傳遞的內容不見得是有價值的適應。

---

**☑ 演化習作41　市場適存度〔20分鐘〕**

當我們想把正在創造的東西傳達給其他人時，腦中是否想像過再經由他傳達給其他人的狀況？試著思考進一步製造連結需要什麼。

---

## 如何形成具協調性的連結

跨境與集散點，這兩種要件可以在短距離內連接起複雜的連結，製造出巨大的效應。跨境和集散點也會引發文化的傳播。比方說，考察過去佛教在日本傳播的過程，從跨境觀點來看，先有擔任遣唐使的空海和最澄等跨境者從中國帶回佛教經典，之後在日本國內創建了成為集散點的宗派。基督教的傳播也一樣，一五四九年聖方濟・沙勿略（Francis Xavier）為了傳教來到鹿兒島。宗教和歷史上文化傳播從複雜網絡結構上也可以合理的說明，在反覆出現集散點和跨境的過程中漸漸擴散。從這個觀點來觀察聖書、十字架、讚美詩，佛經、念珠、聲明等傳教道具，可以發現其傳播教義的再生產機制可謂相當優異。這些道具都設計為接收者很容易再傳達給下一個人的機制。

知道這種連結的結構後，即使無法掌握生態系的全貌，或許也能夠將這些智慧應用在讓共生連結擴增、阻斷鬥爭連結，讓正向連結更加蔓延上。回頭想想，我們可能在無意識之間傾向讓身邊的人幸福；給遙遠距離的人帶來負載。這樣雖然可以解決眼前的問題，但假如沒有從根本下手，也只是讓負載跨境到遠方，徒增負載總量。而負載的網絡也會自然形成集散點。結果惡性影響無法平均分散，帶來的負載會集中於局部，使該處遭受破壞。於是我們看到特定森林被大規模砍伐，廢棄物集中於廣大的處理場中等，產生負面集散點，出現極端貧窮和環境汙染集中發生的地方。

思考複雜系統的性質，能幫助我們了解為什麼現在的世界面臨這麼多的惡果。相反地，我們該如何善用這種網絡性質，採取行動來改變這寬廣世界中的複雜關係呢？我想舉一個例子。下圖是一八五四年世界首次出現的感染者地圖（圖 15-22）。繪製這幅地圖的英國醫師約翰・斯諾（John Snow）作出一個假設，認為當時倫敦發生的嚴重霍亂疫情跟飲水有關。不過當時的醫學界並不認同斯諾的想法。於是他走

圖 15-22　1854 年的霍亂感染地圖。成為後來流行病學的起源。

遍大街小巷繪製了這幅感染地圖，找出導致感染的水公司，成功地阻止感染的蔓延。後來得知該水公司的管線遭受汙染。他先掌握了連結的全貌，然後斷絕了與負面發生來源的接點。

傳染病對策也可以從網路性質獲得啟發。為了不製造強大的集散點，活用線上診療以減少對醫院這個集散點、發生源的向心力，是有效的方法。另外，為了防止網絡次數的增加，戴口罩和勤洗手也都很有效。

若想抑制負面連結，首先必須抑制傳達負面關係的跨境者。為了達到抑制目的，必須限制移動。以傳染病為例，不讓感染者與他人接觸是抑制集散點的策略，而戴口罩、勤洗手則是減少集散點發生的策略。如何抑制跨境者，將會大大左右感染者人數的變化。了解基於網絡性質的連接方式，就能理解防疫對策的合理性。

我們對生態系帶來的負載跟傳染病一樣，也可以視為一種網絡。假如知道連結的方法，或許就能找出抑制負載的線索。從網絡性質來思考，特定出環境負載的集散點，使其弱化、或者截斷其與周圍的連接為十分重要的對策。集散點只要產生，便會具備向心力，要解決往負面集散點集中的問題，必須移除連接到集散點的方法，或者消除集散點的向心力。

例如當我們採取行動想守護地球環境的生物多樣性時，這種網絡性質會對我們的選擇帶來重要影響，同時也會提示解決的線索。

各位知道我們丟棄的大量寶特瓶都去了哪裡嗎？這就表示其實我們對集散點並不了解。關於寶特瓶，我們總是漫不經心地覺得「雖然不清楚是誰，反正會有人回收，沒關係的。」但是近年來，這個「誰」終於發出了哀鳴。

這個「誰」其實就是中國回收處理業者。直到近年為止，中國承接了來自全世界的塑膠回收垃圾，由於負載太過集中，已經快要突破臨界點。二〇一七年中國修訂進口廢棄物管理目錄，自二〇一七年起將逐步禁止塑膠廢棄物進口[52]。這個決定瞬間震撼了全世界。當時中國是全世界最大的塑膠垃圾進口國，全世界瞬間被迫推動改變。過去光是日本每年就有一百萬噸的塑膠垃圾出口到中國，委託進行處理。不只是日本，過去在中國和其他世界各國之間一定也有超巨大規模垃圾的往來。但另一方面，這個事件也無疑是加速世界推動無塑的重大因素。從這個例子我們也深切感受到掌握網絡負載的重要性，還有集散點變化帶來的衝擊。

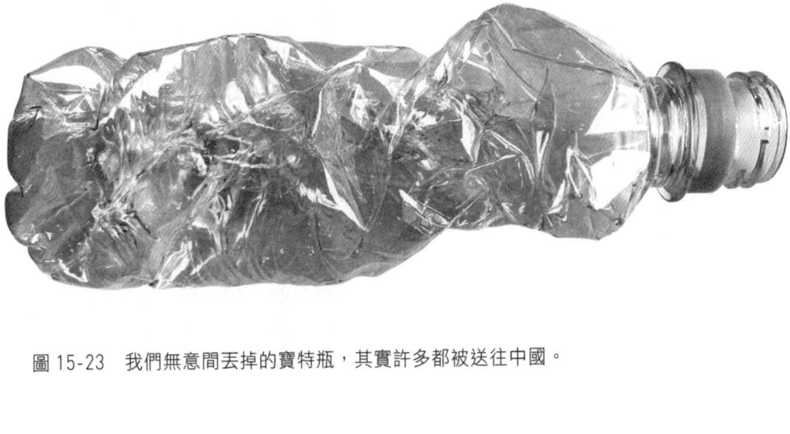

圖 15-23　我們無意間丟掉的寶特瓶，其實許多都被送往中國。

## 變換負面集散點

假如負面集散點已經產生，就可以思考如何將其改變為負載較少的機制。比方說金融是經濟整體的集散點，推動金融機制變化，會為整體經濟的負載帶來影響。近年來在金融市場上開始盛行討論ESG投資（金融中的環境保護、社會責任、公司治理分析評估）。二〇一七年ESG投資餘額超過三十兆美元，成為世界金融的一大主要趨勢。[53]今後也會反映在上市上櫃要件等規則面。從製造出環境負載、成為經濟集散點的金融業集機制來下手，而非僅解決單一問題的觀點，是解決地球環境相當有效的間接方法。

---

☑ **演化習作42　斬斷負面連結〔20分鐘〕**

複雜系統的性質也有可能應用於解決傳染病疫情、人類免疫缺乏病毒，或者毒品交易、政治貪腐、人類環境負載等問題上，阻止其負面擴張。

1　想像網絡性質，思考不使其連接至負面集散點的方法。
2　試著思考斬斷負載跨境、簡潔的解決方法。

---

## 重拾共生連結

與我們能夠產生共鳴的人產生連結，可以讓我們更加強大。假如可以建立起一個遠高於對變化之恐懼、對分配剩餘之不安的心理安全狀況，這個社會將會更接近一種共生狀態。要增加這種共生關係、做出對狀況而言正向的選擇需要什麼？我們也可以從複雜系統的性質出發來思考。

當我們討論到接近世界、促進變化時，在複雜網絡中出現的對集散點之向心力和跨境同樣會成為重要的關鍵。假如套用在人與人的連結上，發現深藏於人內心的同理概念，聚集有相同心願的夥伴，打造出形成正向集散點的社群，永遠是有效的方法。相連的人數愈多，同時大家都有發自內心想傳達的理念，就能形成愈強大的集散點。接著我們可以讓這樣的影響跨境。不妨試著將自己的願景和社群傳遞出的訊息，向不同領域的人發送。

跟跨境的人成為共享相同心願的夥伴，可以形成一種兼具心理安全性和跨境特質、超越領域的多中心式理念總體。

說起來簡單，但是該如何實現？或許講了這麼多大家還是很難有具體的想像。下面我想為各位介紹一個具體的計畫。計畫始於一個小小的嘗試，最後發展為影響世界的大型運動。

## 體驗連結的進化的學校

人類之間的關係已經很複雜，如果要尋求人類跟地球生態系之間的連結，那複雜程度更是難以形容。我一直很煩惱，希望能有更直覺的方法來傳達跟生態系之間的連結，也希望能讓這樣的方法跟創造性教育搭配在一起。

比方說在都市裡類似動物園或水族館這種地方，實際看見生物或許可以感受到更深的連結。就在我思考這個問題時，剛好有個緣分跟橫濱的 Zoorasia 動物園一起以「進化的學校 at Zoorasia 動物園」之名，進行「進化思考」實證實驗。

Zoorasia 動物園是日本國內最大規模的都市型動物園，特徵在於以接近動物生態環境的狀況進行展示。在這裡將動物依照棲息區域來分類，而非依照物種分類，同時也設置了以讓瀕臨絕種動物回歸野生環境為目標的飼育設施，並且致力於周圍森林資源的保護活動。確實是一座很適合讓人感受與生物之連結的動物園。

動物園可以說是都市生活裡最接近生態系的空間了，如果只定位為闔家同樂的娛樂設施未免太過可惜。光是想像 Zoorasia 動物園可以成為一個讓人切身體會到生物多樣性連結的重要性，設身處地成為生態系一員來感受，同時接受教育的創造性學校，我就覺得無比期待。

或許我們可以動物園為舞台，產生出帶動許多大企業革新的創造性教育，推動環境領域創新。當我把這樣的企劃旨趣告訴村田浩一（Koichi Murata）園長，我們兩人立刻成為志同道合的好友。他堅定地告訴我：「動物園必須成為一個思考星球存續的地方才行」。我們就這樣開始共同實驗「進化思考」的研習計畫：「進化的學校」。

工作坊當天，許多能源或 IT 領域的日本各大企業經營企劃負責人，海洋生態學者、推動生態保護的 NGO 等齊聚一堂，大家一起看著日益減少的物種，成為一次學習生態系現況的寶貴機會。園長告訴我們他平時就把動物們視為家族，思考與動物的連結，動物園職員也從他們的觀點分享地球環境和生物多樣性的相關內容，這些都跟我們平時透過新聞媒體或者在 SDGs 相關會議上所聽到的內容，具備完全不同的臨場感。

與其透過數字來告訴我們這顆星球正瀕臨哪些極限狀態，透過眼前生物來解釋同一種現象，我們更能切身理解。看著眼前的袋鼠等動物，知道共有十億隻死於發生在澳洲的大火；或者實際看到紅毛猩猩，了解牠們在婆羅洲開發過程中面臨到很大的危機，更能切身理解當中的連結。

難以理解其中連結的我們，若要找回對生態系的認知，可以讓動物園或是水族館轉變為創造性學校，我想其中蘊藏著極大的潛能。

## 從小網絡開始

二〇一三年，印尼峇里島發起一項名為「Bye Bye Plastic Bags」的運動。活動發起人是一對十二歲和十歲的姊妹。這對姊妹看到故鄉美麗的大海受到大量塑膠垃圾汙染感到很痛心，開始思考如何減少購物塑膠袋，首先邀請班上同學實踐。接著他們製作原創環保袋和貼紙，讓父母親這一輩也成為自己的夥伴，後來漸漸成為擴及全島的大運動。

她們腳踏實地的活動終於開花結果，二〇一五年峇里島州長簽下備忘錄，宣布將在二〇一八年之前廢除塑膠袋，這個消息也傳遍全世界。在這樣的趨勢下，無塑運動腳步更為快速[54]。二〇一九年一月起，峇里島登帕薩市市中心的超市和便利商店正式禁用購物塑膠袋。法國政府也自二〇二〇年起實施了禁用一次性塑膠杯或吸管的相關法律[55]。另外再加上前面介紹過中國禁止塑膠垃圾進口。峇里島這對姊妹對全世界的無塑運動帶來了影響。她們小小的網路活動名符其實地改變了世界。就像這個例子，小的叢集不見得虛弱無力，當這些小叢集可以跨越漫長距離產生連結時，就有可能出現戲劇性的變化。

我自己也曾經體驗過網路的力量。二〇一一年三月十一日。東日本大地震包含了規模高達九・〇的地震以及長度約五百公里的大海嘯，對東日本帶來了毀滅性的災害，也引發了福島核災，是史上最大規模的災害之一。我在東京愣愣地看著海嘯之後慘遭祝融的沿岸城市影像，心中充滿了無力感。道路和供電中斷，手機之外各種生命供應線也都斷絕了。雖然無力地茫然自失，但我並不希望就如此不採取任何行動。

於是我在地震後兩天，創建了OLIVE「活下去，日本」（生きろ日本）維基網頁，呼籲眾人一起撰寫現在立刻能在災區派上用場的各種知識。於是，從高中生到高齡奶奶，許多人都協助了這個計畫。比方說寶特瓶可以當熱水袋使用、鮪魚罐頭可以作為蠟燭，還有臨時廁所的架設方法等等，我們在兩週之內就收集到超過兩百條相關避難知識。另外也在眾多翻譯志工的協助下，有了英文、中文、韓文版。累積在OLIVE中的資訊，從震災當天起大約三週的短短時間內，至少擴及到約一千萬人得以接收。半年後，我們將OLIVE出版為防災手冊，這本書也順利地多次再刷。

幾年之後，我們又面臨了重大的變化。其實早在地震以前的二〇〇二年起，根據慕尼黑再保險公司的統計，東京、橫濱地區在自然災害風險的指數名列世界最高，這是一項不太光榮的頭銜。當時距離東北大地震已經過了四年左右，東京都知事計劃對都內所有家戶發放一本防災手冊。東京都的家戶數約有六七〇萬。要確保家家戶戶都有，東京都必須發行高達八百萬冊以上才足夠。以總頁數三三〇頁乘上發行冊數來計算，這是一個總共需要二十五億頁的出版計畫。可以說是行政史上最大規模的出版品。

我們參考OLIVE的出版經驗，負責這本史上最大規模防災計畫《東京防災》的設計及編輯，與東京都和電通團隊密切合作，深入參與該計畫。實際上《東京防災》中有約四十頁左右，採納了與 OLIVE 手冊完全一樣的內容。二〇一五年，這本《東京防災》在向來不受關注的防災領域中吹起一股新風潮。現在每當有災害或颱風發生，社群媒體上就會有幾百萬則《東京防災》頁面的分享，已經成為世界最大的防災運動之一。

上面兩個例子都因為產生集散點、活動跨境，因此計畫本身成長為個人所無法到達的範圍，並且成功地推動了社會。任何運動都始於這種小網路的形成。

## 打造促進自然發生的場域

有沒有可能從一開始就營造出一個由具備高度跨境成員組成的社群，設計可以獲得深厚互

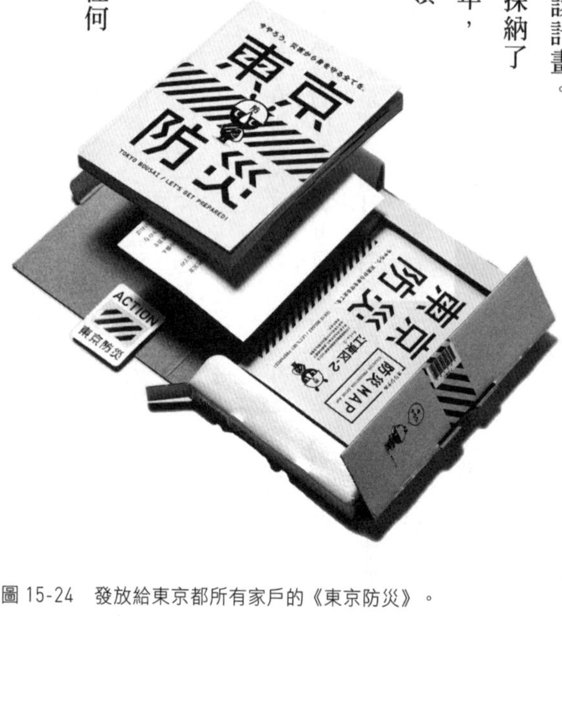


圖 15-24　發放給東京都所有家戶的《東京防災》。

信關係的溝通過程，製造出集散點。我也曾經協助過幾次實驗，建立起讓計畫能自然發生的社群。其中之一就是尋求百年後的未來真正能引發變化的共創，名為「Co-cree!」的活動。這是一個由發起人三田愛（Ai Sanda）小姐所成立超過三百人的社群。其中成員有地區領袖、官員、農民、企業經營者、大學教授、創意人、首長、社會創業家、NPO 代表、學生等，聚集了具備跨境心態的創新者。我本人也以總監之一的身分，陪伴了 co-cree! 的活動。例如提供「進化思考」的工作坊，以及透過 Co-cree! 的各種設計跟夥伴們一起探究能產生共創的場域。

從連結的實驗到具體的計畫或概念，衍生出許多變化。在這個社群中孕育出諸如安宅和人（Kazuto Akata）先生的「創造風之谷」，或者山田崇（Takashi Yamada）先生的「駭進市公所！」等許多活動概念。另外，本書日文版出版社「海士之風」以及本書《進化思考》的誕生，也都要歸功於有這個社群創造出的場域。當跨境者聚集在集散點，彼此互相信賴、相互連結，就可以加速創造性。

## 描繪出生態系統

要理解生態的複雜連結，首先必須仔細觀察各種相互作用之間的關係。換句話說，觀察故事中「出場人物」、「不可或缺的道具」、「所處的狀況」，就能發現在人類與人類、物件與物件之間各種自然發生的選擇壓力。而這種複雜的關係會自然產出故事。類似食物鏈（圖15-4）或社交關係圖這種顯示連結的地圖，都有助於了解這複雜的故事，但同時也可能因為過於複雜，導致我們無法了解其中的重要本質。有沒有一種簡單的概念，可以讓我們從複雜的關係中產生變化和穩定？其實出乎意料地，這種記載各種生態系作用的方法，就是我們身邊許多科技的基礎概念。

一聽到「系統」，很多人立刻會聯想到工程。就像我們口中的生態系（ecosystem），系統原本指稱事物相關性的整體，其定義十分廣大。圖示系統的方法首先在科技領域中發達，直接應用在描繪各種生態系的連結上。

一九四七年，麻省理工學院（MIT）的數位電腦研究所首任負責人傑・佛瑞斯特（Jay Wright Forrester）開發了泛用電腦旋風計算機（Whirlwind 1），在其過程中偶然想出了日後在電腦中廣為運用的記憶體基本概念。佛瑞斯特在他的經驗中發現，計畫的問題多半出現在社會端、而非技術端。因此他透過與實體系統共通的方法，發明出用數學方式記錄下經濟或生態系等各種社會系統舉動的方法。這就是系統動態學（System Dynamics）的誕生。

系統動態學席捲的一九七〇年，佛瑞斯特受邀參加在瑞士舉辦的羅馬俱樂部（Club of Rome）會議。當他被問到有沒有可能運用系統動態學來模擬未來地球規模的危機時，他立刻在返回美國的飛機中，製作出「World1」模型的雛形。這個模型後來發展為World2，並且集結為《世界動態》（*World Dynamics*）這本書。

羅馬俱樂部對其成果相當驚豔，提供了更多研究資金，不過當時專注於其他計畫的佛瑞斯特委託他的學生丹尼斯・米道斯（Dennis Meadows）等人完成World3的模型製作。米道斯等人關於World3的預測所整理出的就是本書中數度提到的「成長的極限」報告，帶來影響的系統思考。

現在比起系統動態學本身，這些案例更為知名，但我們依然不能忘記系統動態學之父佛瑞斯特的功績。

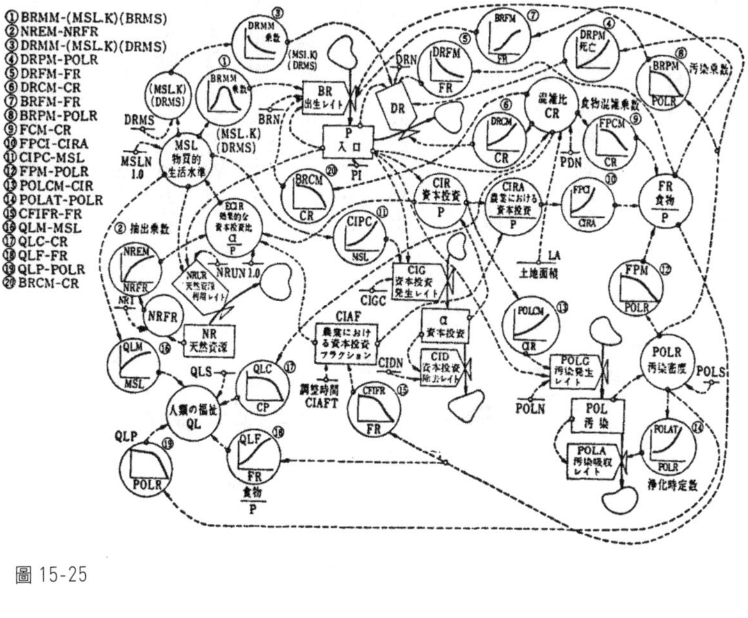


圖 15-25

自然選擇

## 反饋迴路（feedback loop）——能否停止惡性循環？

以下將介紹系統動態學的關鍵，存量（Stock）和流量（flow）的概念。這種簡單的概念可以表現出各種系統的舉動，舉個浴室的例子。所謂存量就是指可儲存的容量，以浴室來說就是浴缸容量。流入存量中稱為流入率量（In Flow）也就是從水龍頭流入的熱水。出口有閥門可以調節流勢大小。從存量吐出的為流出率量（Out Flow），也就是浴缸的排水孔，這裡也有調節閥門。在此系統中不加以考慮的外部稱為雲端。就像我們平時並不會思考浴缸裡的熱水從何而來、會往何去是一樣的道理。

流入率量和流出率量如果相同，那麼存量就能維持一定，流入率量較多，水就會溢出。如果相反，那存量遲早會枯竭。以浴室為例，可以畫出簡單的圖示，如果對各種存量下定義，連接到這張圖上，就能畫出前頁 World1 模型般的生態相互作用。

接下來要為各位介紹考察系統時很重要的「反饋迴路」概念。

反饋迴路是當存量狀態影響流量時會出現的兩種類循環結構。讓我

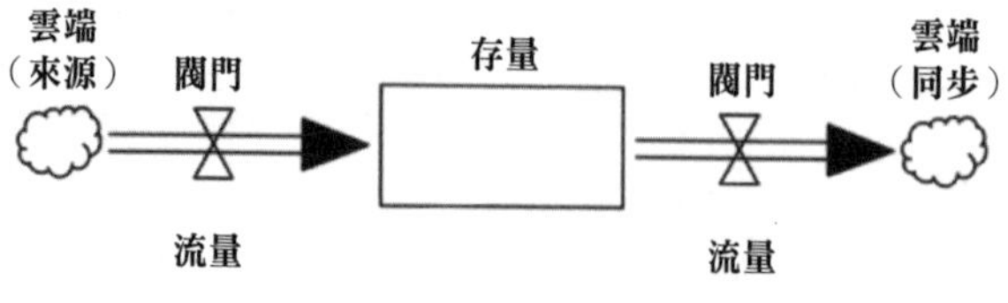


圖 15-26　存量、流量圖。

們再次以浴室為例。

如果浴缸（存量）水位充足，那麼可能無法繼續放進熱水。如果水位少，可以加入熱水或者減少排水孔的出水量。這些操作是確保存量水位穩定的環路（Loop），稱為調節回饋（balancing feedback）（用「－」表示），具備調節至適當存量的作用。

但假如浴缸壞了，因為存量的熱水重量導致浴缸出現裂痕。這麼一來放入愈多熱水裂痕就會愈大，熱水持續外流。假如想要維持一樣水位，就得放進更多熱水，這麼一來裂痕會愈來愈大。然後只得放進更多更多的熱水。像這種不斷惡化的環路，稱為增強環路（Reinforcing loop）（用「＋」表示），會讓系統不穩定、帶來變化。不管是經濟或者生態系，各種系統中都是由這兩種環路的作用形成其流向。

系統中如果有增強環路，且帶來負面影響，那麼就會陷入類似負債又產生新的負債一樣的惡性循環。這種自我複製型環路的惡性循環如果太過頭，系統將無法長久留存。不管是生態系中瀕臨滅絕的生物物種，或者走向倒閉的企業環境，從系統的觀點都能觀察到這些事實。無論如何都得阻止這種逐漸加速的惡性循環。

當這些現象對系統整體帶來影響時，一個有效的因應方法是著眼於流量的環路結構，針對環路下手，以發揮槓桿效用。

同時，畫這種生態圖時希望各位特別注意，不要遺漏位於雲端那些看不見的存在。除了平常已經關注到的直接對象，也希望各位能注意與周圍平時不太會意識到的人或者自然之間的連結。忽略了這些部分，有時候會造成難以挽回的下場。舉個例子，鐵達尼號沉船事故發生後，聲納（音波探測器）開始普及，因而減少許多海上意外。但這種技術同時卻招致鯨魚和海豚的大量死亡。就算能帶來方便，如果忽視連結、給周圍帶來強烈影響，很可能會造成極大的損害。正因為不容易發現，才更應該永遠對連結保持自覺。即使非常了解眼前的東西，我們往往活在先入為主以為背後那些「不想知道的真實」並不存在的狀況中。即使有農民受到壓榨苦於飢餓，有數億噸流入海中的垃圾，都不會有人受到責罰。但是如果看到連結的全貌，就會遺憾地發現我們自己的生活或文化就是造成這種結果的真凶。

希望我們都能深入理解連結。這種理解可以靠練習來完成。即使俯瞰連結全貌並不容易，我們也不妨先跨出一步，開始培養企圖理解連結的心態。我相信這是我們應有的深入思考，以及對連結的愛。

---

**☑ 演化習作43　生態系系統〔30分鐘〕**

請將前面所整理的出場人物（ＷＨＯ）和物件（ＷＨＡＴ），畫在一張紙上，試著畫

---

出生態系統。就像描繪食物鏈或連續劇的人物相關圖一樣，畫出關係的地圖，透過流量和存量的反饋迴路概念，應該會更容易想像複雜生態系的相互作用。有沒有導致狀況不穩定化、太過度的環路？

畫到一個程度後可以用線將狀況（WHERE、WHEN）各自圈起，嘗試想像沒有畫到的外部這麼一來將更容易發現通往狀況的必然性。接著再想像人或物件的目的以及願望（WHY）並且畫下，可能更容易發現環路的存在。

生態的想像很困難。因為生態的存在浩瀚無比，肉眼也無法看見。即使畫得不好看也沒關係，先試著挑戰如何將關係可視化吧。



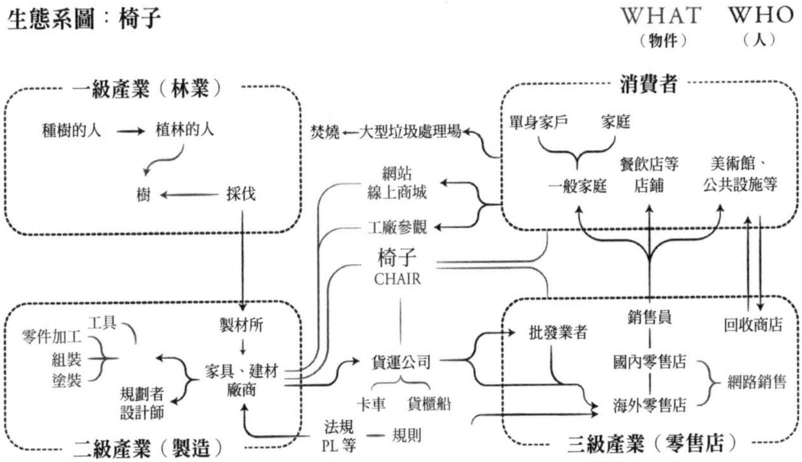


圖 15-27　嘗試描繪出椅子的生態系。系統中有沒有可能出現環路結構的部分？

## 在共生圈內循環

我們該怎麼樣才能過著不對環境帶來負面影響的生活?更加適應環境和生態系、與其共生的生活,也可以從網路性質來思考。很遺憾,我們並沒有辦法完全不對地球造成負載,但是拉近造成負載的距離、不使其跨境卻不難辦到。不讓負載跨境,等於盡量在附近生產,在地區內發生的垃圾等負載就近運用為再循環的資源,而不在遠處進行廢棄處理。比方說,實現自然共生型生活的樸門運動,當我們細看其活動手冊,會發現他們將生活行動範圍分成以下五個領域,用心讓生活的影響停留在有限範圍內。

樸門的分區

ZONE1——居民生活的房屋或庭院。人最常活動,出現廢棄物的範圍

ZONE2——為了食物的收成等偶爾外出時,會對生態系造成影響的範圍

ZONE3——進行最低限的整理,盡可能保留自然的範圍

ZONE4——人可以進入,但不進行任何整理,保留自然狀態的範圍

ZONE5——保留給野生動物,人不進入的範圍

這樣的設計是為了讓人更容易接收眼前的自然資源,反過來從自然的角度來看,可以將人

類生活帶來的破壞侷限在一定範圍內。盡可能讓資源循環的前提，成為樸門運動的策略。從網路性質來看，如果能推廣不讓環境負載跨境的樸門分區策略，就能減輕自然界的損傷，對人與自然的共生應該也有幫助（參照下圖）。

這種策略試圖回歸到十八世紀左右為止在各個地區可見的原始生活。這是一種以區域共生為目標的策略，與構成現今世界的全球化經濟剛好相反。日本環境省正在推動類似的概念，稱之為區域循環共生。

全球化縮短了經濟世界的距離。相對地卻讓環境負載輕易跨境、大幅增加。原本在區域內的循環具備成本合理性，但是為了尋求更進一步的經濟合理性，產生了仰賴外部的開發結構，遺忘了區域內的共生循環。因此回歸區域內的循環，藏有建立共生社會的線索。

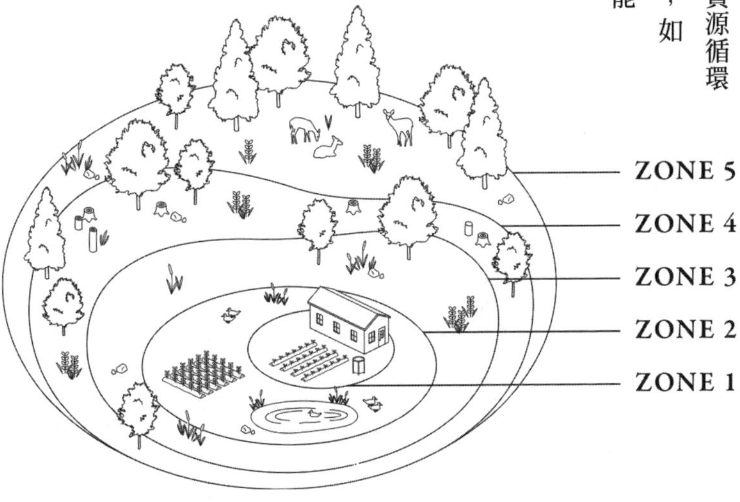


圖 15-28　樸門分區的圖示。

想要降低環境負載，就必須找回區域內的循環式連結。但全球經濟則正好相反，加速著往都市集中的腳步，可是都市化與自給自足的生活在結構上並不相容。要維持都市機能，必須供糧食或能源等龐大的資源。過度集中的都市土地價格高漲，反之，人口稀少的地方地價則會相對下滑。另外都市和地方的薪資也會產生落差，因此都市放棄了自給自足，追求世界上最便宜的成本，讓負載跨境至全世界。要避免今後負載繼續跨境，該如何讓都市具備區域循環式的能源、飲食、廢棄機制，將是不可或缺的創新領域。

要讓我們現在的生活最佳化，必須思考出一個能讓因全球化一度四處擴張的負載暫停、產生循環，避免負載跨境的機制。也就是說，要實現區域循環共生圈，要從「在都市內自給自足」跟「尋求地方上具備吸引力的生活」這兩方面，重新擬定策略。

在都市生活也有可能拉近與負載的距離。比方說想喝好喝的水，不需要購買來自地球另一端的礦泉水，只要運用淨水器讓自家的自來水更加美味，就可以把對水造成的負面影響之跨境距離從幾萬公里縮短為〇公尺。可再生能源領域也可以運用相同機制來解決。

為了減少造成氣候變遷的溫室氣體，目前全世界都在開發可再生能源。但是再生能源發電廠可能破壞景觀，或者消耗地區資源，產生的電力往往沒有在地區形成循環，投資人難以獲得收益，能源的地產地消遲遲無法實現。現在這種再生能源發電廠跟地區之間的扭曲關係漸漸成為世界共通的課題。

在這樣的背景下，我因為種種機緣有幸擔任「街區未來製作所」這間可再生能源公司的董事。我們正在推動「e.CYCLE」計畫，希望能將產生自再生能源的利益還原給地區，建構起一個永續的再生能源區域循環。e.CYCLE 即是再生能源用戶群代表（aggregator），將可再生能源發電廠提供的電力批發給零售業者，把手續費的七十五%作為地區活化基金，還原給地區。e.CYCLE 以震災後的福島為始，跟全國地方政府簽訂合作協定，在日本全國迅速推廣讓各地區自主自立，達到再生能源流通的機制，目前已經成長為日本全國的再生能源中約〇・一%，相當於約三億千瓦小時的電力流通平台。

韌性社會的關鍵在於區域循環。縮小生活上倚賴的分區，應該有助於社會穩定、減少對環境帶來的負擔。

圖 15-29　以再生能源的地區循環共生為目標的 e.CYCLE。

## 生態的思考——讓自己與生態一致的慈愛

許多物件都相互連結。我們總是倚靠連結而生，並非只有直接發揮功用的東西在支撐我們。我們在創造行為中，無意識地希望透過物件來打造連結。再次確認這些連結，擴張體貼他人的思考，就可以連接到對人以及生態系的慈愛。人適應生態系，等於創造出對廣大自然連結懷抱慈愛的關係。

本書中經常提到的成長的極限（Limits to Growth）這份報告中，有這麼一張圖。圖的縱軸是空間大小，從「家族→城市→國家→世界」，愈來愈大，橫軸是時間長度，從「下週→幾年後→自己的人生→孩子的人生」，愈來愈長。點的密度代表「人的觀點」。換句話說，人經常思考關於下週家裡的事，卻不太思考百年後的世界。

人類實在很悲哀，就這樣輕易地忽略了無可取代的人類世界未來。本書中介紹的本質觀察中，看待生態的寬廣眼光以及下一章的預測中看待未來的眼光尤其困難，同時很重要的是盡可能矯正這些認知的偏差，彌補我們的短視觀點。

我有許多尊敬的設計師，但如果問我最尊敬的是誰，答案是活躍於距今約一千兩百年前的弘法大師空海（Kukai）。空海對於藝術、平面視覺、建築、土木等領域，都為當時社會帶來戲劇性改變的傳奇性人物。根據史實，空海是指揮日本最大規模人工池「滿濃池」（Manno Ike）

工程的土木工程師，也是被譽為日本三筆之一的優秀書法家，同時他還是描繪曼荼羅的視覺設計師，以及引進最新佛教哲學的思想家，可說是個渾身上下充滿創造力的人物。

空海給日本留下不少洞悉生態智慧本質的思想。

「排虛、沉地、流水、遊林；總是我四恩，同共入一覺。」[56]

這句話的意思是「空中的飛鳥或蟲隻，住在地上的生物，悠遊水中的魚或珊瑚，潛藏森林中的野獸，這些都在支撐著我們的

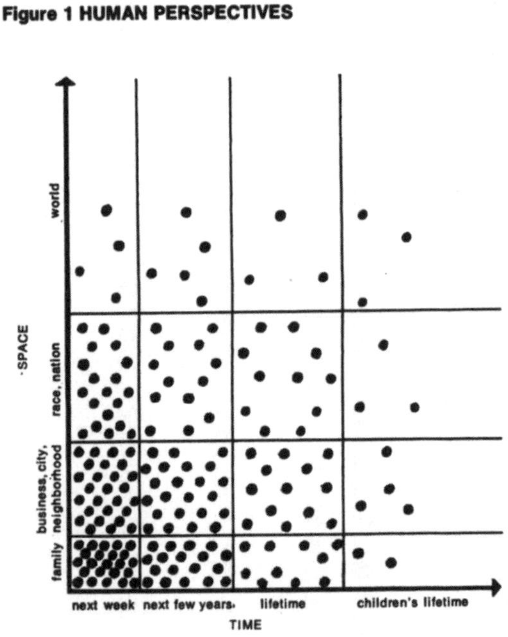


圖 15-30　人對於愈久遠的未來、愈遙遠的距離，就愈無法意識到其存在。

選擇 »
解剖
歷史
生態
預測

生活」。我們的存在就處於與生態系的連結當中。但我們總是很容易忘記這個理所當然的道理。真正重要的事，從千年至今都沒有改變。我希望能永遠將這句至理名言放在心上。

「大欲得清淨。」

「如果有龐大的慾望，就能獲得清淨之心」，這句話摘自《理趣經》。乍看之下好像很自私，不過我試著用自己的理解詮釋其真意。

「我們可以坦承面對自己的慾望，但是如果眼中看到更大的慾望，我就會變成我們，並且將廣大連結視為自己的一部分。」

空海所謂「大欲」的想法，給了我們面對生態連結的指針。假如把對「我」這個範圍的認知擴大，那麼我可以是家人、城市，可以是人類，也有可能是生態系。大欲得清淨這幾個字，告訴我們擴大自己的觀點來相互連結的重要性。

我們不得不承認，面臨現在這個劇變的時代之前，生態智慧始終受到輕視。不過現在我們所面對的，是對生態觀點的短視觀點所導致的龐大影響。光是靠改善、效率化，或者是在小範圍內的競爭求勝，沒有辦法解決這個根本問題。不管這個挑戰有多困難，我們都必須重新學會生態系的智慧，也必須再次更新創造性的規則。儘管創造的力量讓我們出現巨大的偏差，如果想從過去的惰性中轉舵，趨向共生的調和，我想也同樣必須倚賴創造的力量。正因為如此，我們才必須更新創造力。練習生態的探究精神，或許可以減少被忽略的連結。新的創造種子一定沉睡於過去沒發現的連結中。假如能提升理解連結的解析度，擴大自我、發揮創造性的人愈多，那麼未來我們一定能夠慢慢邁向共生的社會。

# 必然的觀察 4　預測

## 聯繫未來和希望的預測

理解創造中自然選擇壓力的時空觀學習的最後，讓我們來思考關於未來的預測。人是會預測的動物。為了未來發生的事，我們會製作、準備、養育、消費，每天都在進行著某些預測，並且不斷創造。今天晚餐吃什麼？週末去哪裡？明天執行哪一項工作？當我們出現這些念頭，就已經進行預測了。

不過對未來的預測通常都不準確。所以當社會上發生劇烈變化時，我們才會讚頌那些能事前預測的人，稱為先知。耶穌、穆罕默德、佛陀、聖德太子等偉人，也都留下了許多預言。

到了現代，電視等媒體上也出現諸如愛德加・凱西（Edgar Cayce）、珍妮・狄克遜（Jeane L. Dixon）等自稱預言家的人。他們在社會上獲得了極高知名度，但是看看他們預言的命中率，似乎都不怎麼光采。未來的預測相當困難。我們連今天晚餐的菜色都無法依照預期，更別說遙遠未來的事了。

創造的產生，是為了促使狀況出現變化，所以永遠會跟預測成套出現。談論創造時，勢必無法避開未來預測。正因為未來永遠充滿不確定性，我們才能夠靠創造力重新描繪出一個不同於預測的情境。

未來預測很困難，但為了製作出帶給社會影響的創造，哪怕只有一點點，提升預測精度也至關重要。不過該如何才能辦到呢？自然科學在這裡又能助我們一臂之力。針對提高預測精度這一點，我們並不孤單。人類科學史上的知識巨人，在數學、物理學、生態學、經濟學、建築學等各種領域都進行了預測研究。讓我們坐在這些巨人肩膀上，學習看見未來的預測方法。

觀察未來的科學方法大致可以分為「未來預測」跟「回溯預測」這兩種方法。說明這兩種概念之前，我們先花一點點時間來想像動物的心情。

地球上各種生物中，並不是只有人類會依照預測的結果來行動。經過動物行動學的研究，我們已經知道部分動物很明顯會採取預測式行動。比方說住在山裡的雜食性野鼠會預測牠們的主食赤竹葉收成狀況來控制繁殖數。當赤竹歉收時，可以發現野鼠有事前減少繁殖量的傾向。

也就是說，野鼠懷孕之前就可以出於本能預測赤竹未來的生長狀況。這究竟是單純在演化過程中獲得的生理反應，還是在理解某種因果關係後出現的行動，目前還不得而知。不過在此為了說明與預測相關的思考，我們試著將前述野鼠的預測擬人化，來說明未來預測跟回溯預測的差別。首先，請假設自己是隻充滿人性的野鼠，想像牠們遭遇赤竹歉收時的狀況。

今年雨量好少啊～（過去）

這麼一來赤竹的量可能會比往年少。真是頭痛（現在）

既然如此，那今年就不要生那麼多孩子了（不久的未來）

野鼠可能會有如上的思路。像這種觀察從過去到現在的變化，預測位於現在所延伸的未來的方法，稱為未來預測（forecast）。這隻老鼠正在對未來進行預測。

未來一定會位於從過去到現在的延伸，追蹤過去到現在的脈絡，就可以提高預測未來的精度。比方說天氣預報（weather forecast），如同字面上的意思，就是一種典型的未來預測。了解從過去到現在雲層所在的位置，再加上知道風現在往這個方向吹，所以可以知道明天有六〇%的機率會下雨。未來預測就是像這樣分析過去到現在的數據，以該趨勢會延續到未來為前提進行預測。接著我們再來預測同樣狀況下其他老鼠的想法。

我希望將來有一天可以成為跟媽媽一樣棒的老鼠~（未來）
找一個很會打架又帥氣的先生（未來）
到七月左右希望可以生十個孩子（未來）
但是看今年赤竹的生長狀況，將來孩子們可能會很辛苦（未來）
還是先生七隻左右就好（不久的未來）

像她這樣清晰想像未來的願景，從理想未來反向推算、擬定行動計畫的方式，我們稱為回溯預測（backcast）。從數據導出方向之前，首先從期望的理想目標開始回推，由此看來這隻野鼠正在進行回溯預測。在這裡希望各位關注的是預測的時序。這隻老鼠說的都是關於未來的事，未來的目標決定了牠現在的行動。

想像具體的未來，可以提高我們接近理想未來的可能性。聯合國的 SDGs 設定未來目標後進行反推的方針，都是回溯預測的例子。

透過未來預測和回溯預測讓通往未來的路徑更加清晰之後，我們就可以編寫出一套在未來有多方可能的故事。這種所謂「情境設計」的方法，是一種透過將未來故事化來釐清目標的手法，自古以來經常可以在神話或科幻故事中看到人們如何實踐這類未來故事。想像還未發生的未來，這種對未來的想像力本身就是一種充滿創造性的活動。

未來預測與回溯預測，希望各位可以先記住，預測有這兩種方法。我們並不知道實際上老鼠的思路如何，可是當我們預測時，往往會在無意識之間同時運用這兩種方法。但這兩種方法往往會混雜在我們的思考之中，除非清楚地意識到，通常不會刻意區分使用。

人的思考有慣性，有些人會透過未來預測悲觀地看待未來，也有人會基於回溯預測的觀點來描繪出充滿希望的未來。

假如想要提高預測的精度，建議可以分別鍛鍊這兩種方法。

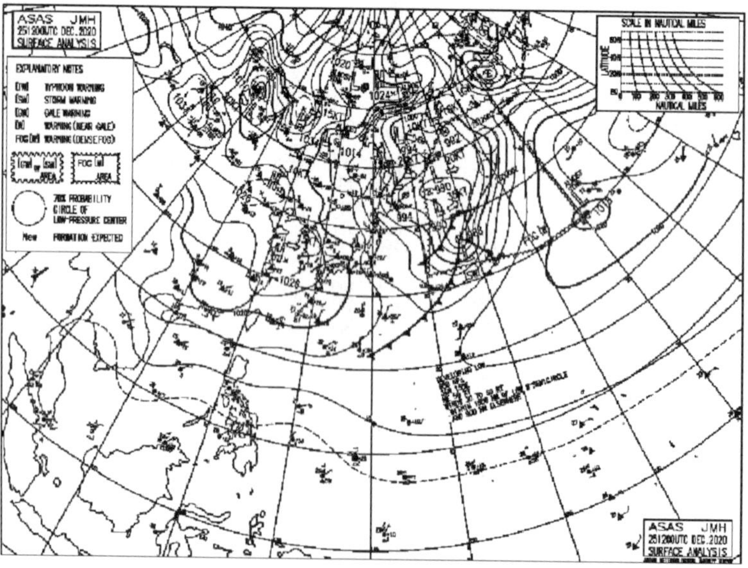


圖 16-1　未來預測示例：地上天氣圖（氣象廳發表）2020 年 12 月 25 日 21 點（JST）。

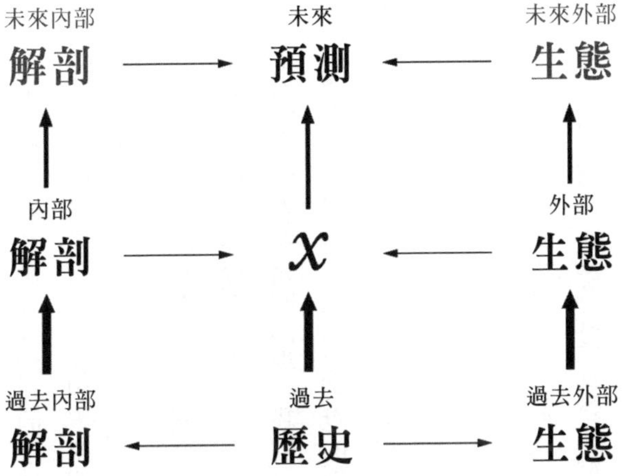


圖 16-2　未來預測

透過解剖、生態數據來觀察位於過去到現在延伸出的未來。

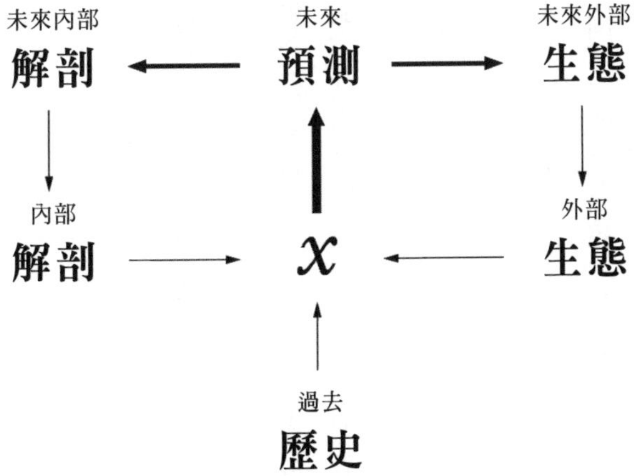


圖 16-3　回溯預測

描繪理想中的未來願景，透過解剖、生態觀點想像其細節。

## 預測I 未來預測——從數據進行預測

未來預測是觀察過去到現在的趨勢後，預測未來的方法。了解從過去到現在的資訊，預測其延伸狀態，可以知道從現在到未來的傾向。要確實了解過去和現在的狀況，如何正確處理數據是極為重要的條件。

運用數據來理解趨勢的學問稱為「統計學」。統計的智慧正是為了從其根源進行國家或市場等未來預測而不斷琢磨精進。

現在隨著網際網路的出現，我們可以輕易從全世界的研究機構或者網路報導中取得統計數據。只要在搜尋引擎中輸入想調查的項目，便能找到世界上無數的數據。由於網路問卷以及各種資訊分析的發達，也得以輕鬆取得過去並不存在的數據。不僅如此，還可以結合這些既有數據，導出新數據。

過去光是要取得一種數據就得耗費長久時間，相較之下這個時代的方便真是令人驚訝。預測未來所使用的數據量今後預計也會大幅躍升。假如能自動解讀數據關聯性的人工智慧持續發展，在不久的將來，電腦就能輕鬆預測各種現象，如同明天的天氣預報。為了運用龐大的數據，提高未來預測的精準度，我們需要先了解處理數據的基本概念。

## 指標——何謂尺度

這個世界上有許多複雜的現象，但如果不加以單純化，就無法用數據的形式來讀取。當我們用單純的測量工具來測量這個複雜的世界，才會有所謂的「數據」。反過來說，調查數據、重新建構數據時，永遠都會面臨「事物以什麼尺度測量？」這個問題。讓我們一起想想，調查居民健康時，可能會使用什麼項目或者變數來作為指標。

- 體重、身高等個人數據；居民病歷；每人平均醫療費；醫療費總額
- 政府社會保障支出費用、救護車出動次數、藥局和醫院的收入
- 有運動習慣的人數、互助的朋友人數、吃某種食品的人數……

能作為尺度的項目數也數不清。與健康狀態相關的指標中有已經廣為人知的項目，也有曖昧、無法確定其關聯性的指標。雖然還無法判斷何者有效，但是我們可以先舉出可能的變數，開始收集各項的必要數據。假如可以實際發現影響廣大、帶來新切入點的尺度，就有可能搶先發現世界上尚無人知的事實。選擇指標中考量的變數，是決定從何種切入點來了解複雜世界最重要，也是最初的步驟。

## 試著想出新的指標

若你有想要測量的東西，但世上尚未存在該度量衡，那麼你也可以試著去創造一個新的指標。

這五十年來颱風、颶風、強降雨等氣象災害倍增，氣候變遷的一大原因是二氧化碳等溫室氣體。溫室氣體可能導致氣候不穩定所帶來的氣象災害增加、傳染病蔓延、天然資源枯竭等呈現加速度式的破壞，讓我們的未來在各種層面都受到威脅。轉型為去碳社會，是全球產官學民各界的共同使命，光靠國家政策或產業還不夠，二氧化碳會在我們生活中各種地方產生，所以更需要改變自己的生活型態。

我們受託進行一項促進去碳生活型態的企畫，因此提出了以「CQ」這套新指標為中心的服務。CQ是指定量、定性評量去碳生活型態的新指標。去碳基本上會以二氧化碳排放量為測量單位，但是僅以此作為指標可能會與認知之間出現很大的偏差。比方說每搭一趟飛機每人平均產生了數百公克的碳排放，但也有許多人不得不搭飛機。

另外，考慮到在社會和文化中的普及，相比於這種巨大的排放，也不能因為攜帶每次使用只能減碳不到幾公克的環保袋帶來的效果微小而放棄。因此我們認為，必須要有一套能定性評估各種去碳行動的指標。

圖 16-4　以智商為藍本的去碳 CQ。

ＣＱ跟智商「ＩＱ」一樣，以當前偏差的平均值為一百，將每個人的去碳力化為分數，藉此達到可視化。ＣＱ是去碳行動的自我檢測指標，也是一種呼籲大家做出環境友善選擇的生活型態品牌。ＣＱ是去碳行動的自我檢測指標，最早的實證實驗是二〇二二年九月舉辦的音樂活動「中津川 THE SOLAR BUDOKAN 2022」，當時我們將活動中產生的二氧化碳透過體驗設計和紀念商品等來募款，抵銷了碳排量，實現一個碳中和的音樂活動。ＣＱ計畫希望可以用打造品牌的方式來推動新型態的去碳運動，鼓勵大家一起創造能與地球共生的社會。享受日常生活的同時，又能達到減碳，這種生活型態一旦普及，對於當務之急的氣候變遷調適一定也能帶來貢獻。

### ☑ 演化習作44　指標的設定〔15分鐘〕

假如察覺到未來的狀況有所變化，不妨先嘗試收集關於這項事實的各種數據。掌握真正狀況後，會更容易了解真實的樣貌。要理解從過去到現在、到未來的關係，該使用什麼樣的單位作為尺度來調查？請試著將所有你想到可以測量狀況的指標都寫下來。

圖 16-5　CQ 活動的商標。把二氧化碳壓縮，就成了 CQ。

選擇》 解剖 歷史 生態 預測

## 圖表——將變化可視化

可視化的力量相當偉大。當我們看著數據，往往單純聽到數字也無法了解，但如果以圖表用看得見的形式表現出依時序呈現的數據，或者比較相同的數據，就可以有許多新發現。相信不需要我多做說明，大家都知道折線圖、長條圖、圓餅圖等，都是各種預測或分析中常用的工具。光是梳理世界的複雜性，讓趨勢可視化，就能幫助我們追上難以理解的世界變化。

接下來為各位介紹世界上首次誕生的圖表。住在法國的蘇格蘭裔人威廉・普萊費爾（William Playfair）發明了我們現在依然經常使用的長條圖（圖16-

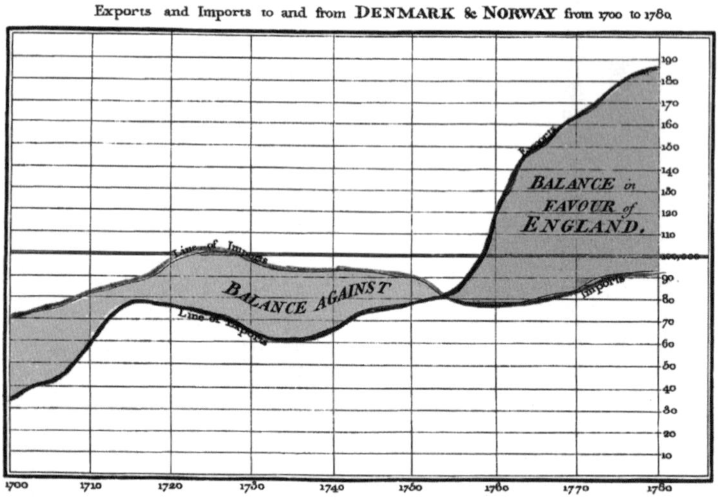


圖 16-6　世界首張折線圖，英格蘭的貿易圖表。

6）、折線圖、圓餅圖（圖 16-7）這三種圖表，堪稱現代統計圖表之父。

但令人驚訝的是，普萊費爾的圖表問世時就幾乎是完成的狀態。通常新發明都會從較粗略的階段逐步改良，可是普萊費爾發明的圖表畫法卻跟現在我們所使用的幾乎一樣。

他畫出的世界上第一張圖表，是為了預測一七八六年貿易量所繪製的蘇格蘭進出口長條圖，以及顯示英格蘭和丹麥、挪威貿易量變化的折線圖。看到這張圖表應該立刻就能輕鬆理解當時列強在貿易上的競爭關係。

如同這張圖表所示，以橫軸作為時間軸的折線圖，頻繁地用於預測未來。確實，從普萊費爾的圖表來看，似乎可

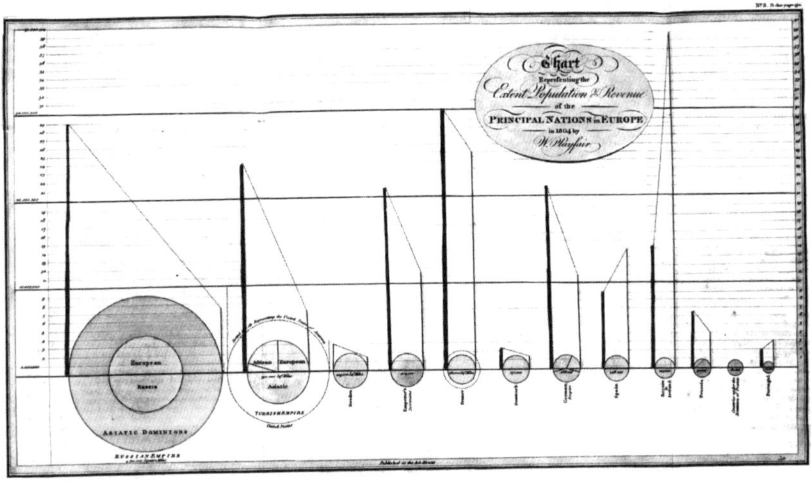


圖 16-7　世界第一張圓餅圖，列強各國的勢力關係。

以推測出之後的貿易變化。

世界上第一張圓餅圖是一八〇一年為了介紹各國國力局勢關係而製作的。史上第一張圓餅圖上分別有長條、圓餅圖示，以及大小不同的圓來進行比較，具有許多巧思創意。圓餅圖和長條圖適合比較佔比，所以不單是預測，在行銷領域等進行生態系分析時也可以運用。

普萊費爾繪製的世界首批圖表，每張都兼具視覺和書寫的技巧，以設計師的角度來看也覺得是十分美麗的平面作品，連細部的書法都纖細而優美。這也難怪，其實普萊費爾並不是數學家，而是一位製圖技師，相當於我們現在所說的平面設計師。

普萊費爾是個很特別的人物。他雖是蘇格蘭人卻獨自投身法國革命，曾創設銀行後又倒閉，做過許多破天荒的行徑，在朋友之間沒有好風評。更有意思的是，他的哥哥約翰・普萊費爾（John Playfair）是當時蘇格蘭知名數學家。哥哥的豐功偉業也相當驚人。他致力於推廣地質學家詹姆斯・赫頓（James Hutton）的均變論（Uniformitarianism），甚至還一起進行共同研究。不知道大家能否了解我這種古怪的亢奮？請容許多做一些說明。

科學家赫頓發現地層歷經好幾億年的漫長時間才形成，而達爾文也在手記中表示，由此獲得靈感構思了演化論。換句話說，約翰的活躍對於達爾文演化論的誕生帶來了莫大的影響。而約翰的生涯與達爾文的祖父伊拉斯謨斯・達爾文也有時代和地理上的重疊，或許約翰跟伊拉斯謨斯的演化論也有某種關係。身邊有一位天才型的哥哥，因此也有人說，普萊費爾正是受到哥哥約翰的薰陶才創作出圖表。

演化論和統計等重要科學場景中，出現的主要人物竟然有所重疊，想來實在不可思議。總之，若沒有威廉和約翰這對天才兄弟，科學發展或許會遲滯許多，可能也無法發現演化論。這麼一想，這當中的關聯性對於探究「進化思考」的我來說，實在是一段令人百感交集的史實。

---

**☑ 演化習作45　尋找圖表〔15分鐘〕**

「這個世界上可能有了某些改變」，當我們想要靠肉眼確認這種預感時，圖表是非常有效的手法。最近只要使用網路的圖片搜尋功能，就可以瞬間找到許多種圖表。用「調查項目＋圖表」的關鍵字去搜尋，應該會發現各式各樣的圖表。

為了預測我們想要創造的物件（對象X）所能帶來的未來，從現在開始請用十五分鐘的時間，徹底地搜尋圖表。其中有沒有任何數據，指出了你過去不知道的事實？

---

## 讀懂相關關係和因果關係

能夠一目瞭然看懂各種資訊的圖表問世之後，產生了流行，許多領域都描繪出數不清的圖表。收集這些大量圖表，以相同時序排列，會發現有些圖表呈現類似傾向，有些則呈現相反的趨勢。比較這些圖表，可以直覺找出事實與其他事實之間的關係。透過比較不同數據，而非單獨查看數據本身，有可能發現新事實。為了比較圖表、理解其中的關係，以下將針對「相關關係」和「因果關係」這兩個階段進行說明。比較多種圖表、分析數據時，徹底了解這兩者之間的差異相當重要。

首先，什麼是相關關係？這雖然是日常使用的詞語，不過還是讓我們再次說明一下定義。在同一條軸上比較相同圖表，可能會發現其中一方上升、另一方也跟著上升的傾向（正相關），或者正好相反，其中一方上升、另外一方下降的傾向（負相關）。發現數據之間有這類共通傾向時，就表示這些圖表具備相關關係。也就是說，如果圖表傾向相似，可以推測出可互相影響的現象，都屬於相關關係。

那因果關係又是什麼？這是指不同數據間具備原因和結果間的直接關係。所以因果關係跟相關關係不同，必須要確認數據之間具備本於事實的關係，才能知道是否真正存在因果關係。

其實因果關係也包含在相關關係內。不存在相關關係卻有因果關係的狀況很少，相反地，經常發生有相關關係卻無因果關係的情況。當我們觀察事實時，比起相關關係更需要知道因果關係。

舉個例子。圖 16-8 是顯示隨著世界人口增加，生物急速滅絕現象的圖表。由此可以明確知道，近年來生物滅絕的一大原因是人類增加，侵入自然生態系，因而帶來了外來物種、或者剝奪了生物的生存空間。也就是說這些圖表不僅具備相關關係，也證明了有著因果關係。

讓我們在這裡再增加一張圖表。我出生於一九八一年，一直到二〇〇〇年左右都持續長高。在這段期間，我的身高跟這些圖表有著相關關係。假如看見相關關係就誤以為

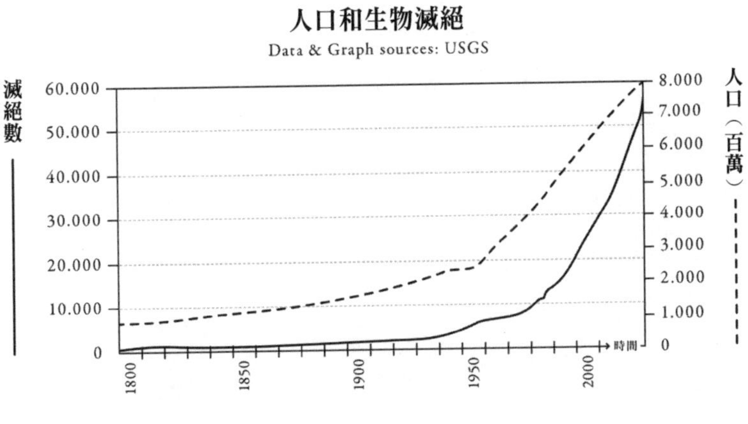


圖 16-8 這些圖表都具備相同傾向，也就是有著相關關係。

其中存在因果關係，那就表示我的身高增加會對生物帶來危機。我可不覺得自己吃下的東西有足以毀滅地球的龐大影響。從這個例子可以看出，完全不具備因果關係的東西之間，也可能產生表面上的相關關係。

發現世界上還不為人知的因果關係，是從事調查的人最大的樂趣。找到新因果關係的人，很可能會預測出過去從來沒有人能想像到的未來。有時這些發現還有可能改變世界。

在此介紹一個發現因果關係而改變世界的知名案例。相信許多人都聽過預測電腦處理器如何演變的「摩爾定律」（Moore's Law）。電腦CPU（中央運算處理器）是宛如複雜迷宮般的電晶體積體電路。能將複雜電路印刷得愈小，就表示CPU性能愈高。因為這麼一來就能在同尺寸的CPU中放進較多電晶

圖16-9　CPU積體電路的顯微鏡影像。

體。電路板印刷技術的進展日新月異，今後應該也不可能走回頭路。那麼是不是只要一直提升印刷技術，就可以讓CPU持續變快？有個人對這種有趣的現象產生了疑問。

半導體工程師高登・摩爾（Gordon Moore）注意到，CPU的速度和印刷技術的提升速度之間存在著新的因果關係。他針對電路板印刷技術的進展速度進行調查，在一九六五年發表了深具時代意義的一篇論文。根據他的計算，日後CPU電晶體的數量大約會以兩年兩倍的速度成長。假如CPU以這種驚人速度出現指數函數式的快速發展，那麼未來的社會很可能會圍繞著電腦出現戲劇化的改變。



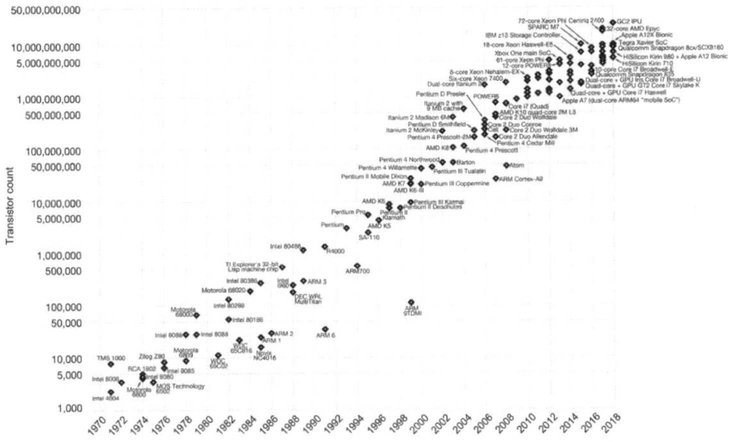


圖 16-10　摩爾定律的圖表。縱軸為電晶體數量。刻度為對數，可以發現此圖中呈現指數函數式的增加。

這項知名的預測「摩爾定律」，便是因為發現電路板印刷技術和CPU速度之間新的因果關係而產生。他後來創立了世界頂尖的半導體製造商英特爾。在那之後摩爾定律持續五十多年，一九七一年每個CPU上電晶體的數量為兩千三百顆（intel 4004），到了二〇二〇年激增為八十五億顆（Apple A13）。在如此龐大的指數函數式變化助長之下，電腦徹頭徹尾地改變了我們的世界。當社會改變，也會不斷出現新的因果關係。世界上許多地方都可以零星看見尚未被任何人發現的未來各種徵兆。假如能培養發現徵兆的資訊觀察能力，就更有可能讓我們領先任何人，遇見現今無法想像的未來。

**☑ 演化習作46　圖表的比較〔15分鐘〕**

意外的事件之間也可能存在某種關係。客觀數據可以幫助我們發現這種嶄新關係。盡可能收集圖表，比較不同圖表，嘗試找出其相關性。發現具有相關關係的圖表後，可以進一步思考其中是否存在因果關係。假如可能有因果關係，請進一步確認關係的順序如何變化。

## 機率——判斷預測的準確度

我們都不知道未來會發生什麼事。所以這個世界上並沒有所謂確定的未來。不過，未來終歸會來。雖然不確定，但對未來的預測也不盡然完全不準確。預言原本就有時準有時不準。於是人類發展出「機率論」這種方法，來面對這種曖昧不確定的未來。什麼樣的情境是最有可能發生的未來？要進行這樣的預想時，機率是強而有力的武器。

預測永遠都可能存在零到一百的不同機率。當某件事發生後，未來出現改變的可能性有多少？即使沒有百分之百準確，光是能事先知道這個機率，也能幫助我們因應未來的不確定性。現在已被我們視為一種理所當然概念的機率論，是由吉羅拉莫・卡丹諾（Gerolamo Cardano）、布萊茲・帕斯卡（Blaise Pascal）、皮埃爾・德・費馬（Pierre de Fermat）等中世紀數學家所創建的數學哲學。

主觀判斷很容易出現極度悲觀或者樂觀的預測。而數據科學的客觀性可以幫助我們避免這種偏頗的判斷。

當各種未來徵兆交錯出現時，我們可以對即將到來的未來設定幾種不同的情境，並且預測各種情境的機率。我們可以先運用客觀數據，掌握影響某種情境的現象有多少機率會發生。即使是自以為確知的狀況，最好也盡量收集數據，追蹤正確數字。

## 以客觀克服主觀成見

對於已知的領域，還需要再次確認事實相關的數據嗎?當然需要。確認數據可以排除主觀成見，幫助我們客觀地掌握狀況。

比方說當我們從某張圖表中發現存在某種時間性關係，並且看出明顯趨勢時，人往往容易誤以為這樣的趨勢會永遠持續。我們總以為一個價值不斷上升的物件，之後也會一直上升。更別說大多數人都深信不疑的狀況了。不過實際上這些數據僅僅擷取了世界上各種關係的一小部分。所以如果不去留意因果關係，針對一個趨勢是否確實，或者有可能變動等，就可能做出錯誤的判斷。

當我們不去關注因果關係、產生成見，就會妨礙我們進行冷靜的機率判斷，導致過信。過多的成見遠超乎現實時，總有一天會出現破綻。就像股票或不動產的泡沫瓦解，某天可能突然一反趨勢，針對過度發展進行校正。這種過度的狀態稱之為過衝（overshoot）。背離實際情況的過衝狀況持續，到了臨界點就會像過度拉伸的彈簧一樣毀損。

人的成見真的很可怕。成見有時可能會大大地限縮人生的可能性。賭博就是一個好例子。某種機率的事件失敗了一次之後，不管是覺得「下次一定又會失敗」或者「下次一定更容易成功」，這兩種想法都是出於成見的謬誤。事實上每次的機率都是一樣的。卻因為事與願違而感到自卑，實在是天大的誤解。不去挑戰的人也有他的理由。可能因為過去慘澹失敗經驗帶來的陰霾讓他拋不開下次可能還會失敗的念頭，所以才裹足不前、不敢挑戰。仔細聽聽這些人的說法，會發現幾乎沒有人曾經客觀計算過成功的機率。

假如有一項挑戰每一百人只有一人會成功。有人可能只因為出現過一次遺憾的結果，就馬上放棄不再挑戰，從機率論的觀點來看，這種態度實在非常可惜。假如成功機率是一%，那麼直到再挑戰九十九次之前，沮喪都還太早。相反地，假如一次就成功，也僅僅表示自己太過幸運。許多人對失敗通常會出於本能有所警戒，往往無法冷靜面對挑戰的成功機率，讓成見限縮了自己的可能性。我們能不能試著在因為失敗覺得受傷之前，先冷靜地用機率論來思考，面對下次挑戰呢？

假如希望不受制於恐懼，正確挑戰風險，那麼一定要了解如何用機率來看待期待值。假如認清一切不過是種機率，那麼就會知道站上打擊區的次數愈多，擊出安打的可能性就愈高。面對挑戰時不同於運動比賽，許多水面下的失敗通常不會被大多數人發現，通常只有安打數會成為大家討論的話題。確實，「拿出勇氣」這幾個字知易行難，但如果能透過客觀數據掌握機率，或許就可以湧現跨出一步的勇氣。

自然選擇

## 迴避——能否迴避不好的預測結果？

我們都希望能擁有光明的未來。但是透過未來預測看見的未來並不見得一定光明燦爛，甚至大部分會令人感到憂鬱沮喪。未來會有地震發生；電腦很可能超越人類的智慧；地球逐漸失去生物多樣性；國家負債數字也漸漸攀升。社會養成的惰性十分強大，可是因為不願意去想，就別過眼不去關注悲觀的預測情境，稱不上是具有創造性的態度。

透過客觀數據了解不盡理想的未來樣貌時，我們才會產生使命感，開始為了迴避未來而發揮創造力。活在現在的我們，或許不容易感受到對未來的責任。但是只要愈多人有能力去想像伴隨著痛苦的未來預測情境，說不定就能透過改變來迴避不好的預測結果。未來難以預料，在現在做出變化，就能創造出與預測結果不同的未來。

當我們已經收集到各種數據，也分析出數據之間的因果關係和機率，此時你的腦中或許已經浮現幾種數據提示的未來樣貌。這些變化會給未來帶來什麼樣的狀況？

讓我們對自己即將發生於現在延伸的未來所發生的自身痛苦，以及包含整個生態系在內的他者痛苦都更加敏感。讓我們察覺到現在能做的事。由此，可以產生改變現在行動或設計的力量。未來的痛苦會讓人產生使命感，連接到讓現在帶來變化的勇氣。

**☑ 演化習作47　未來預測——從數據看未來情境〔60分鐘〕**

讓我們一起來實踐未來預測。首先，請想像自己成為可以預見未來的數據分析師，收集各種數據。預測未來並不容易，但是收集各種數據將可以幫助我們推測其中的相關關係或因果關係。從這些數據的積層，應該會隱約浮現出未來的意象。從數據中，我們可以看現什麼樣位於現在延長線上的未來呢？請深入想像這樣的未來情境，整理為一千字左右的文章。

書寫時請設定為具體為幾年後的未來，這樣的未來可能發生什麼事？如果發生了不好的情境，又該如何面對？盡量根據客觀數據，試著寫下未來可能發生的未來預測情境。

未來預測情境

1　首先明確設定未來的年分為「二XX年」。
2　透過網路搜尋等方法收集數據，找出相關關係或因果關係。
3　寫下在其中看到的未來故事。字數約五百到一千字。

## 預測II　回溯預測——從目標倒算

未來難以預料。換句話說，未來是可以創造的。所以要高談希望也是完全自由的。接下來讓我們來談談另一種面對未來的方法，「回溯預測」。

請看看如同左頁這種現代大樓的建築透視圖，很像紐約街頭的某棟大樓。這張圖中有沒有任何不自然的地方？看起來像是手繪圖，可能是某部電影或漫畫的設定資料，或者是建築的完成透視圖吧。無論如何，在我們眼中平凡無奇的這張圖畫，其實有個奇妙之處。那就是這張圖繪製的時間，其實是早在一百多年前的一九一四年。

這張圖是建築師安東尼奧・聖埃利亞（Antonio Sant'Elia）預測未來都市所畫下的速寫。由玻璃帷幕構成的高層塔樓、無線天線，現今我們習以為常的都市景觀，當時完全都還沒有出現。也就是說，這是一張幻想未來的圖畫。當時發明了先進的玻璃、金屬、混凝土等素材工法後，建築師開始這些創造可能導向的未來，透過各種速寫畫出了這張高樓未來預想圖。而這張速寫也確實帶給現實強烈的刺激。在那之後又過了一百多年，現在幾乎全世界的都市裡都有類似這種高樓建築林立，形成了都市的天際線。

如果說未來預測這種技術可以幫助我們想像位於從過去到現在之延長線上的未來，那麼回溯預測就是擬定未來目標，然後加之可視化、精緻化以求接近現實的技術。

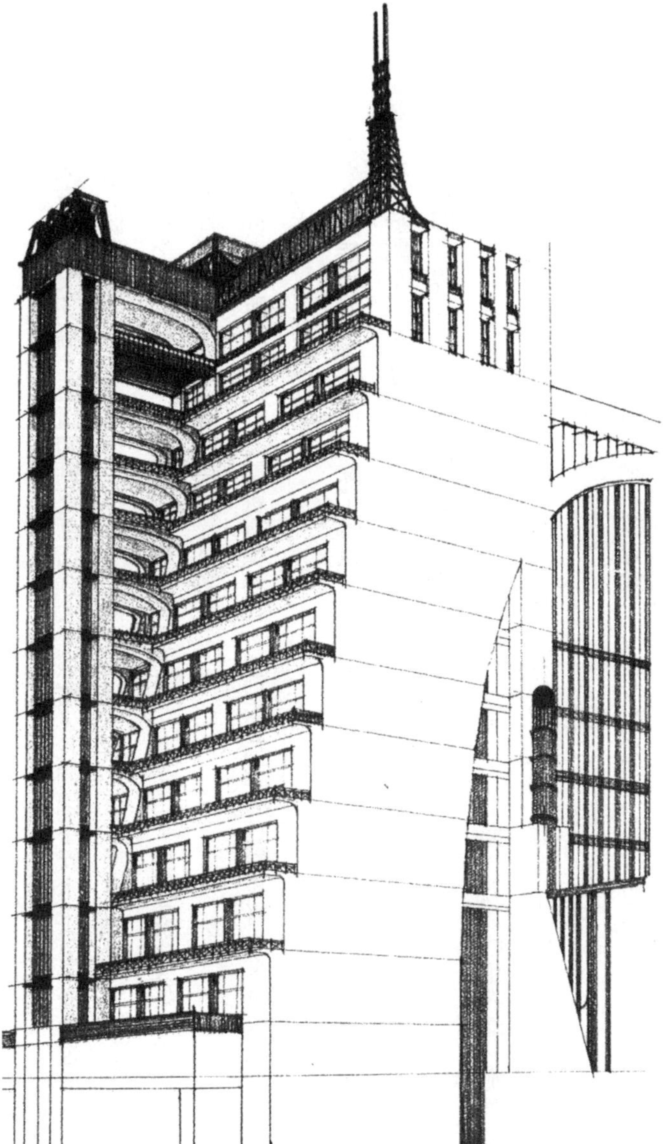

圖 16-11 這張圖是什麼時候完成的呢？

預測未來最好的方法，就是發明未來。——艾倫・凱（Alan Kay）57

個人電腦之父艾倫・凱這句話堅韌而強大，振奮了我們因不安未來暗影而畏懼的內心。創造性充滿了偶發的變異，所以依照現在的延伸去進行預測，往往無法相符。出現陰暗預測的時候，只要自己發明光明的未來就行了。無論任何時代，都是由一些能想像美好未來，往那個方向不斷拋出各種變異的人，連接起幻想跟現實。

目前全世界之所以都在暢談創新需要設計，就是因為設計具備能將未來可視化的力量。可視化可以將未來拉近到我們手邊。

被譽為萬能天才的達文西，除了繪畫之外也留給後世許多發明。達文西八千多張手稿中，記載了他關於戰車、直升機、引擎、水壓幫浦、太陽能等無數的發明點子。另外，他畫在手稿中那些美麗的發明，有許多從結構上來看都有可能實際實現。

這裡有一張達文西受客戶委託所畫的速寫（圖 16-12）。根據一五〇四年判斷，應該是為了挖掘佛羅倫斯共和國運河所想出的工程用機械。宛如看著實際物品畫下的這張速寫，栩栩如生地連細部都描繪了下來。看了這張圖的客戶，一定會想投資他的提案吧。

不止達文西，諸如米開朗基羅、拉斐爾等，許多在文藝復興時期發揮出色創造性，完成多種發明，或巨大建築物的建築師、工程師同時也身為畫家。為什麼當時擁有精湛技術的人都是畫家呢？其實在這段時期他們能爆發式地產生大量發明，跟當時開發的最先進繪圖法有關。

一四二五年左右，菲力波・布魯內斯基（Filippo Brunelleschi）等人確立起透視法，之後藝術家們開始具備新的技法，能以近乎實物的方式，美麗地描繪出全新的機械或建築。能運用繪畫技法的革新，正確快速描繪速寫、將事物可視化的人，除了身兼畫家身分的他們以外別無他人。

由此可知當時的設計師已經能夠運用罕見的正確速寫技巧，透過可視化的力量跟當時的掌權者到建築現場的工人，進行超越語言的溝通。這種力量也顯現在達文西的速寫上。設計的可視化力量，也是拉近幻想和現實距離的橋梁。



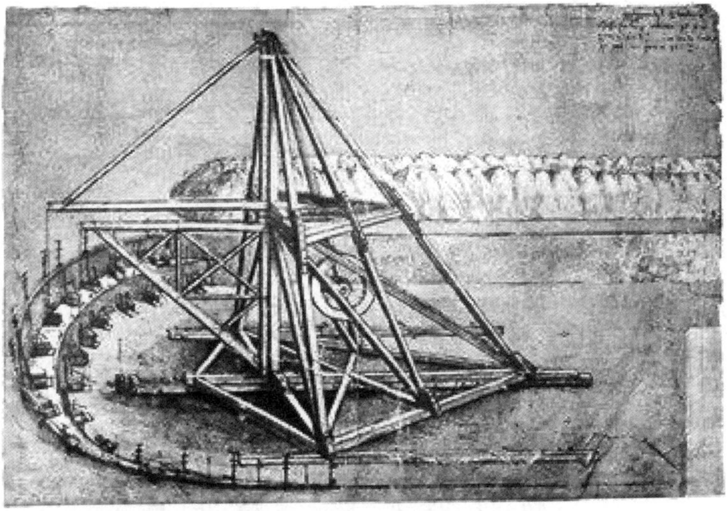

圖 16-12　據說是達文西為梅迪奇家族設計的建設機械。

## 視覺——寒武紀大爆發的原因

在這裡我們將時間往回拉，聊聊距今數億年前的生態系。我們在地層中發現，大約五億年前所謂寒武紀的時代跟之前的時期相比，留下了令人驚訝的大量新物種的生命痕跡。以生物三十八億年的漫長歷史來看，寒武紀竟然只在約五百萬年的短期間，幾乎一口氣出現了大部分現有動物的始祖。這充滿許多謎團的大規模演化，被稱為寒武紀大爆發。

寒武紀大爆發在生物史上向來是一個巨大的謎。在寒武紀演化的物種種類及數量，跟其他時代相比都不成比例地多。生物在這個時代迅速演化的理由依然包圍在謎團中，過去關於這些謎也有過不少假設。比方說有一說認為因為前寒武紀是整個地球幾乎凍結的冰河期，嚴酷的地球環境一轉進入一個存在許多沒有競爭對手的生態系空白區間，能適應此種環境的生物便得以迅速地演化。另外還有一種說法認為次大氣中的氧氣濃度上升，讓氧氣呼吸型的多細胞生物得以大幅活躍。或者是認為源於當時形成了富含營養的淺灘。

在各種關於寒武紀大爆發的假設中，有一項特別有意思。那就是安德魯・派克（Andrew Parker）等人提出的光開關理論。派克認為，感應光的神經細胞發達，也就是「眼睛的誕生」正是扣下寒武紀大爆發的板機。他的假設也引發了許多討論，從化石上確實發現，寒武紀之後的生物迅速獲得了視覺功能。眼睛誕生之前，生物應該無法看見世界，也無法知道彼此的存在對自己的生存關係有多麼密切。

即使最早期獲得的視覺能力只能判斷通過眼前的模糊影子，但一個能夠認知到其他存在的生物，對於接下來可能發生的事能夠透過視覺去理解，一定居於壓倒性的有利位置。另外，當眼睛看得見的生物遇見彼此，就會展開獲取糧食的競爭，透過追趕、逃亡，開始摸索生存的可能。「看見＝認知眼前各種關聯」，將會大大地改變生物對世界的認識。

當這種能感知到對手的個體變得普遍，就會出現各種跟視覺有關的生存

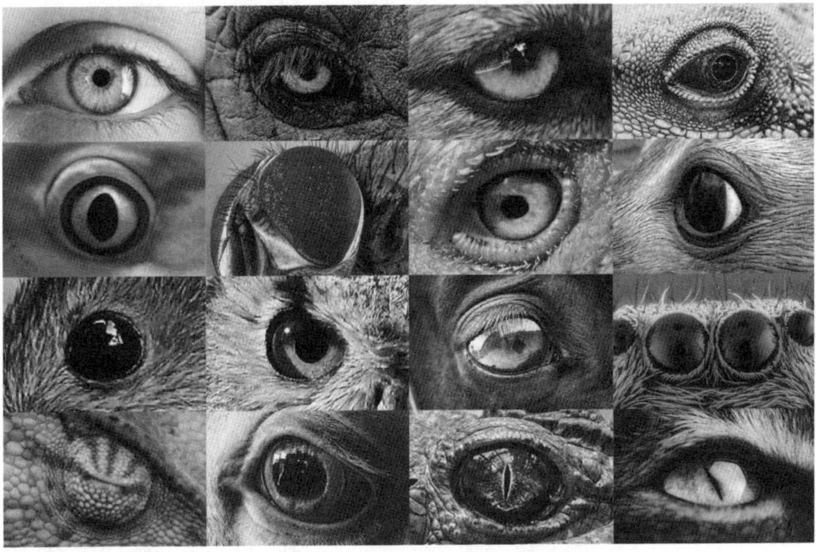

圖 16-13　生物在寒武紀以後獲得了各種形式的眼睛。

戰略，例如跑得快的個體比較有利、接近背景色的個體比較有利（擬態）、能表現出更強烈性魅力個體比較有利等等。舉個例子，聽說寒武紀時才首次出現會吃其他動物的肉食動物。這也是因為眼睛的誕生，得以認知捕食對象，想想也覺得非常合理。寒武紀中可能因為生物就像相機的開發一樣，在獲得眼睛功能上出現激烈競爭，因而加速了整體的演化。「眼睛的誕生」這種演化假設和「文藝復興時期」創造性的發展的共通之處，就是透過可視化來推動進化。就如同眼睛的誕生帶來爆發式演化這種假設，可視化對創造來說是一種極為有效的智慧。因為其中具備預見未來的力量。

那麼在創造歷史中，是什麼相當於「眼睛的誕生」？比方說媒體的誕生，也是其中一種。每當有文字、印刷、通訊、影像、網路等新媒體誕生，都會加速我們的創造性。印刷技術的誕生讓我們能將資訊傳遞到遠方；影像的誕生能讓我們傳遞深具臨場感的體驗。我們活在一個只要在網路上搜尋，短短幾秒時間就能發現全世界各種創造案例的時代。每當有新媒體和傳達方法誕生，創造就會出現戲劇化的演進。就彷彿是創造世界中的寒武紀爆發。設計技術之所以能對各種創造性帶來幫助，除了具象化的功能，可視化的價值也發揮了莫大影響。

## VISION——透過視覺思考未來

那人真有眼界……我們經常把「眼界」（Vision）這個字用來表達「預見前景的能力」。Vision在英文裡有「視覺」的意思。一個跟思考有關的概念，用了跟視覺相關的字，還真是有意思。這讓人再次感受到可視化力量對未來帶來的強烈影響。討論可視化之前，能在腦中逼真地想像不存在的東西，這種力量正是未來創造力的泉源。我們發揮創造力時，在動手製作之前，人已經在想像中實際「看見」這些東西。

一個新東西被創造出來之前，幾乎都曾有作家在故事中預見它們的出現。書寫這些故事不可缺少視覺想像力。能曲速航行到宇宙彼端的機器、人型巨大機器人、下載知識到腦內的布線等裝置，都尚未發展到實用階段。但在科幻小說或者幻想中，已經出現很多這類發想，等待未來某個人來實現。

「只要是人類能夠想像出的事，都終將能實現。」這句話語出素有科幻之父稱號的小說家儒勒・凡爾納（Jules Verne）[58]。幻想的可視化和故事化，加速了思考的現實化。我們將這種宛如親眼所見的思考未來視覺式思考力稱為想像力（imagination），或者眼界、願景（vision）。而這種視覺思考力正是設計知識的重要一環。

未來總是源自某人想像中的風景。成功的組織裡，往往會有具備強大眼界的人，也就是所謂的先知（visionary）。他們可以快速看見計畫未來的風景，打開周遭其他人的眼界。此時未來的願景將會超越邏輯，成為浩然呈現眼前、充滿說服力的影像，出現在許多人的腦中。能夠具體地想像，就愈有可能實現。這種視覺意象可以賦予思考主軸。

從思考過程和視覺的關係來看，近來人工智慧的世界裡發生了很有意思的現象。現在的電腦是由負責邏輯思考的CPU和掌管影像思考的GPU所構成，而深度學習等先進的AI技術比起CPU，更頻繁地運用到GPU的處理。讓AI性能出現飛躍式進展的深度學習，並不是靠邏輯推理來導向結論的AI，而是對影像施加變異的雜訊，增加偶發性的數據樣本，進行抽象思考的AI。也就是說，現在的AI可以說是疊加了許多不同種類失焦視覺影像後進行思考。

如同儒勒・凡爾納所說，能如實想像未來的風景、實現這些想像的力量，正是所謂的創造。而設計原本就具備將想像的風景可視化的視覺思考能力。只要能與眾人共享這些風景，就能產生更多集體智慧。

設計擁有的可視化力量，可以讓幻想趨近現實。現實也會因為受到未來神話式幻想的觸發，產生變化。變化的結果，總有一天能讓現實超越想像。

## 神話搖身一變為現實

自古以來，世界上就流傳著各種神話。現在依然流傳的神話中，有許多都始於「從前從前」，講述著世界開創的的時期。不過其實其中也有很多屬於預言或未來預測類型的未來神話。在過去出現的眾多神話當中，相比過去，談論未來的內容更多，因為人類就是一種比起過去對未來更感興趣的生物。那麼為什麼現在留存的多半都是談論過去的神話呢？理由其實很簡單。因為我們永遠朝向未來前進，現實有一天會追上之前預測的未來。

因此神話無法永遠是神話，五十年前的科幻場景可能已經實現，成為日常生活，或像諾查丹瑪斯（Nostradamus）的預言一樣，失準的預測也喪失了其先知角色。當核能發電的安全神話破滅，再也不會有人提起。一旦來到電腦超越人類智慧的奇點，當然，那也會成為我們的日常。有許多關於未來的神話就在這樣的狀況下被遺忘。

那麼談論未來是不是沒有意義呢？絕對不是。未來永遠會搶先出現在我們講述的故事之前。比起過去的神話，被遺忘的未來神話更能帶給我們下一步的展望與希望。未來的神話就是我們正逐步打造現在的故事。無需害怕錯誤，請勇敢地說出你想要邁向的未來故事吧。

自然選擇

## 希望——是否能成為邁向未來的希望

過去講述過的未來神話，永遠會對現在帶來影響。當然大部分的夢都不會實現，預測可能失準，未來永遠難以預料。但是一個充滿創造性的人會接納可能的錯誤，站在「假如我是上帝」的神話觀點，來描繪未來的風景。暫時先將現實的限制放在一邊，盡可能將自己理想的未來幻想為一個鮮明的故事，這種力量將可以超越未來預測的情境，帶領我們前往未來。

創造性發揮時，我們可以看見未來的夢，並且發明出實現夢想的種種手法。在這一切行為的根柢都存在著希望。未來預測所看見的未來，或許不一定都是光明的內容。有時我們腦中可能會掠過最糟的情境。那麼我們能不能透過回溯預測，拉近能夠迴避危險未來的情境呢？世界上並沒有任何確實存在的未來，未來只是現在的延伸。在通往未來的路徑上發現希望的想像力，就能幫助我們帶來比預測更好一點的未來。

本書的出現，也與回溯預測的故事有關。我開始提倡「進化思考」，可以回溯到二〇一五年在銀座圖像藝廊的個展。而終於下定決心開始提出「進化思考」這套創造性教育課程，則是在二〇一八年六月的「Co-cree!」營隊。「Co-cree!」是聚集了日本致力於地區活化和社會運動等有志之士的社群，活動內容密度極高。當時的工作坊對本書的出版帶來很大的影響。

當時的工作坊先大致讓參加者了解「進化思考」的概念，然後請大家將理想中的未來透過回溯預測的方式寫成短篇小說。我自己也假設穿越時空來到百年後的未來，描寫出「進化思考」普及後的光景。雖然有點難為情，還是在這裡請各位看看當時的文章。

---

一切都始於二〇一八年六月的某一天。

ＡＩ的出現、社群瓦解，在這個面臨各種社會問題的時代中，以某種哲學為中心，新發明、藝術文化、各種社群的型態都開始出現轉換。那就是「進化思考」。

世界因大航海開始連結，約五百年前各種文化百花齊放的文藝復興時期，或許也一樣在這樣的時代氛圍中開啟。假如以演化來類比，這或許可以稱之為人類文化史上的寒武紀大爆發。

二〇一八年六月的某一天，聚集在日本一個小小的創新者社群 Co-cree! 中的創新者們，繼承了「進化思考」提倡者 Eisuke Tachikawa 的思想，在各自的領域中實踐，自然地產生出許多對現今的發展而言不可或缺的運動。〇〇發起的「中型政府運動」和〇〇等人成立的的「Data Union」等，促進當時時代變化的重要概念，都由此展開。

「進化思考」這個概念是為了人類和社會的演化而誕生的方法論。在追求變化的時代趨勢助長下，迅速普及全世界成為改革者間的運動。演化這種可類比的強大意念可以超越個體，帶給企圖引發變革的人重要靈感。借用太刀川的話，「進化思考」是一種「擺脫短視觀點，讓人們的思想演化，造就人類永存」的方法論，也是對人類存續的一種祈念。這樣的意念驅動了許多人，超越了藝術、科技、文化、社群、社會議題等主題，成為促進人類和社會演化的機制，在日本的離島海士町誕生了一所實踐跨領域哲學的學校，「EVOLAB」。EVOLAB 的存在成為提升「進化思考」向心力的一大關鍵。以 EVOLAB 為核心，建立起與哈佛、史丹福，以及各企業合作的程式開發 MED（Master of Evolutionary Design），產生出二十一世紀大學教育中「生態設計」、「生存建築」、「演化經營」、「演化政治」等，當今世界上習以為常的意識形態。

此外，二〇四五年協調人類與ＡＩ的協定 EEE（EVOLUTION EXPLANATION ETHICS），也誕生於 EVOLAB。之所以能有現在電腦與人類智慧共生、平均ＩＱ三〇〇的現代，也都受到「進化思考」的強烈影響。（※現在我們或許覺得難以置信，但在當時所計算出的人類平均智商為ＩＱ一〇〇）

百年前始於一個小社群的運動主體，究竟帶給當代社會多大的衝擊？透過二一一八年紀念「進化思考」誕生一百週年的本展，誠摯希望現在依然活躍的「進化思考」哲學，能夠催生出推動未來演化的挑戰者。

二一一八年　史密森尼博物館館長　喬治・宮本

這是一篇想像「進化思考」工作坊舉辦當天的百年後，在紐約舉辦了「進化思考展覽」會場刊載的序文。

內容淨是白日夢、文筆拙劣讓各位見笑了，但是像這樣描繪出理想未來，就能讓自己心中湧現勇氣，去思考出方法來接近這種未來。在這次工作坊中，所有參加者都跟我一樣，寫了這種回溯預測式的短文。

其中剛好有來自海士町的阿部裕志（Hiroshi Abe）先生，和英治出版的原田英治（Eiji Harada）先生，在他們所寫的故事中，出現了在海士町成立一間向全世界傳遞最新知識和智慧的新出版社，將「進化思考」匯集成書（！）的構想。之後阿部先生創立了「海士之風」出版社，海士之風至觀重要的第一本書，就是各位手上的讀本。我也會在本書的後記中詳述，「進化思考」在許多夥伴幫助下逐漸成長的故事。

回溯預測因為將希望寫成具體的情境，往往可以反過來影響現實。或許情境只是虛擬，但是下定決心之後自我的變化、以及接收這些變化後其他人的共鳴，都有可能改變未來。可以寫出多種情境，直到找出自己真心相信的情境之前，不妨多想像幾次。

透過情境將未來的願景明確化，就能成為讓現實接近目標的武器。透過未來預測看見的未來，不一定總是光明的未來。正因為如此，為了更接近希望，我們需要具備能不畏懼地靠回溯預測來談論夢想的能力。透過思考夢想、目標，乃至現實面的回溯預測最好的一點，就是能讓我們光靠想像未來風景，腦中就會自然意識到實現目標所需的階段。請各位別害羞，勇敢寫下自己的故事。常有人說，「不要老是做夢，要看看現實」，但是實際上只有做夢的人可以想像出達成夢想的具體步驟，跨出落實夢想的第一步。

### ☑ 演化習作48　回溯預測——在未來描繪希望神話（60分鐘）

讓我們一起來實踐這種回溯預測法。首先試著想像一個充滿希望的未來，以短篇小說的方式來描繪實現這個未來的故事。要實現創造性點子，明確描繪願景可以成為巨大的力量。透過創造想實現的未來，是什麼樣的樣貌？即使荒唐無稽也無所謂，想像理想未來的狀態，描繪出充滿希望的未來。想像自己成為未來人，整理為一篇一千字左右的小故事。

回溯預測的情境

1　明確設定「二XX年」等年分，盡可能詳細地寫出現在從事的活動達到最大程度成功時的未來景象。

2　屆時自己的計畫將獲得意料之外的成功。中間經歷了什麼樣的故事，才能產生如此精采的結果？以生活在未來時代的人為主詞，試著寫出一篇五百到一千字的短篇小說。

## 讓未來預測精緻化的時空觀

預測未來很困難。正因為如此，面對不變的本質或者客觀事實就更加重要。當前各種事物都在急遽變化，但不變的東西哪怕經過幾十萬年也依然不變。客觀資訊可以提高未來預測精度。每一項資訊的正確度都很重要，但是俯瞰所有影響未來的多樣觀點產生的數據，凝視大方向的趨勢，也能提高預測精度。由此看來，時空觀學習對預測可說相當有幫助。

各位還記不記得，前文中提過，現在深受全世界關注的電動汽車基礎專利早在將近兩百年就已經提出申請（302頁）。當時提出這項專利的發明家，一定覺得電動車很快就能普及全世界。實際上在往後的兩百年

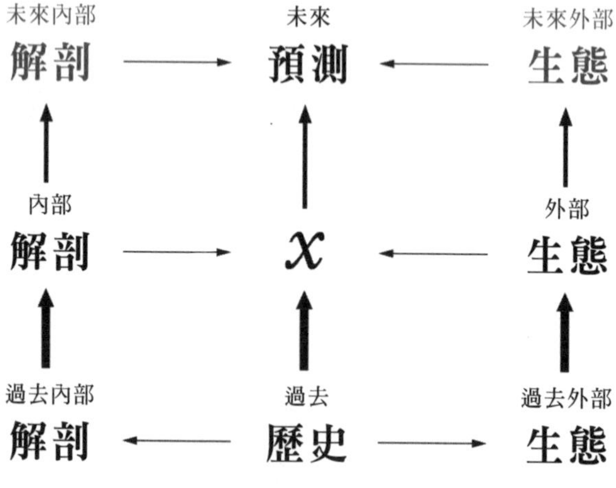


圖 16-14

間，這個願景都沒有實現。為什麼預測的未來會陷入沉眠、遲遲未能實現？原因可能出自預測的難度，反過來看，其中也藏著幫助我們提升預測精度的線索。

電動車沒能馬上實現，包含幾個原因。第一是科技還沒跟上腳步。內部零件還未成熟，還需要一段漫長時間去發現堪用的技術。尤其是電池的發展更是緩慢。在鋰離子電池實用化之前，要在小小車身中儲存長距離移動所需的電力相當困難。也就是說，因為在解剖觀點上出現了預測的失誤，在還不具備實現性的狀態下，先提出了基本構想。仔細想想，不需要電池的「電車」，確實比較早問世。

另一個原因是電動車還不適合當時社會上的競爭環境及狀況。具體來說，電動車在跟燃油車的激烈戰爭中無法取勝。除了成本和可行性等性能問題，電動車在面對強大石油產業的遊說和競爭中，也一路落敗。由於無法在這種生態地位相關競爭中獲勝，當時開發者的願景也無法實現。也就是說，關於生態觀點的預測過於天真。在中請專利經過兩百年的現在，由於環境危機和技術革新，電動車終於站上了時代的焦點。

方法雖然不斷在改變，但目的卻很少改變。讓我們再看看前面說明未來預測和回溯預測的圖（431頁）。未來出現在內部解剖觀點和外部生態觀點的差會點上。即使收集到正確的資訊，假如其中存在盲點，那麼就會像兩百年間未曾出現的電動車一樣，很容易預測失準。要提高預測的精度，必須能接收從時空觀學習中的「解剖」和「生態」觀點發現的願望或目的，觀察方法的變化，來預測未來。

相互獨立、完全窮盡，我們通常以MECE（Mutually Exclusive Collectively Exhaustive）來表示，時空觀學習正是站在時間觀點和空間觀點上，賦予MECE式的觀察尺度，以提高預測精度。橫跨微觀與宏觀，側耳靜聽數據與數據之間的脈絡，位於現在之後的未來故事，自然會開口講述。

要栩栩如生講述未來故事時，我們的幻想和夢想中，必須要有高精度的細節描寫和故事設定。實現這個夢想故事的技術內容是什麼？什麼樣的社會環境必然性能接受這種新技術？形成這種特殊故事的歷史，留下什麼樣的足跡？我們以回溯預測方式講述未來故事，精煉內容時必然會運用到「解剖」、「生態」、「歷史」的智慧。

回溯預測也是一種實現夢想的思考技術。因為當我們能細緻地想像未來，就能將夢想轉換為目標。就學時被詢問將來的夢想時，我們往往被要求回答出：想當棒球選手、想開蛋糕店等，將職業作為一種符號。但要把夢想說成一段故事，必須仔細想像是什麼原因才有了這番決心、向誰學習、精通哪些知識、累積何種經驗，以及想要實現什麼樣的願景，才能描繪出故事。這段過程就是所謂的回溯預測。

首先，將圖釘放在想要前往的未來上。「解剖」目標，想像周圍的「生態」，調查沿路的「歷史」，將通往夢想的現實過程精緻化。詳細解剖通往夢想的過程，就能將走向目標的路程化為具體行動。要讓未來接近目標，需要改變行動，而具體想像這些行動的能力，也可以透過回溯預測的鍛鍊來養成。沒有人能預見未來，即使如此，仍然有提高未來預測精度、使其精緻化的智慧存在。這些本質的智慧都藏在透過觀察化為故事的過程中。

這裡為各位介紹一種預測未來情境的模式。關於預測的學問五花八門，在過去也有過許多統整，該如何將未來視為一門學問，也就是關於「未來學」的探討。特別是在一九六〇到七〇年代的戰後黃金時期，由於科技迅速發展，也開始盛行關於未來學的討論。其中誕生的一種未來預測方法，就是歐姆龍（OMRON）創業者立石一真（Kazuma Tateisi）的 SINIC 理論。SINIC 理論也在一九七〇年大阪萬博的隔月，在京都舉辦的第二屆國際未來學會議上發表。之後這張圖成為以高精度預測未來的傳奇圖表。但是圖表僅在學會上發表過一次，關於這項理論的故事對外始終包圍在迷霧之中。

到了二〇二二年，長年研究 SINIC 理論，曾任歐姆龍內部智庫人類文藝復興研究所所長中間真一（Shinichi Nakama）首次出版了解說 SINIC 理論的書籍。中間先生在書籍出版後約半年多捎來聯絡。他讀了初版的《進化思考》後，驚訝地發現其中有許多與 SINIC 理論的共振，因此來與我商量希望能一起發展這個理論。

SINIC 是 Seed-Innovation and Need-Impetus Cyclic Evolution of technological innovation 的簡稱。我立刻注意到其中 Cyclic Evolution，也就是螺旋式演化這幾個字。立石先生這些法則性竟然是從生物學，而且正是達爾文演化論「適者生存法則」中所導出來的。此時已經讓我感受到跟「進化思考」的高度一致性。

讓我再次看看 SINIC 理論的圖表。這張圖中透過「社會」和「科學」的相互作用產生了「技術」的發展，另外我們也發現圖中「技術」對「社會」和「科學」的作用又帶來了共同演化。科學是成為技術元素的基礎發現，通常屬於微觀現象。在這當中將社會主要視為人類生活的經濟和文化等宏觀生態系。假如用「進化思考」的觀點來解釋，科學是解剖觀察的結果，也是變異因素，而社會則是可以進行生態觀察的適應環境。立石先生還透過系統式觀察來解讀百萬年的人類史趨勢，記載下每個社會和技術的相互作用，形成連接到未來的脈絡。立石先生想必認為，高精度的未來預測，出現在針對內部的微觀觀察和外部的宏觀觀察，以及

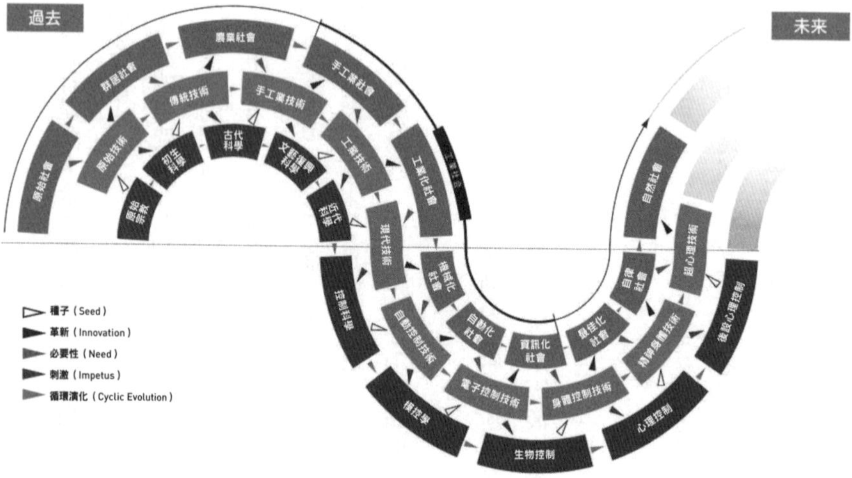


圖 16-15　SINIC 理論模式圖。

從過去到未來的脈絡流動之後。這和之前說明的電動車誤判趨勢一樣，要提高預測精度，必須具備時空觀，從內部過去來解剖未來、從環境的過去來觀察未來生態，可以說與「進化思考」的想法完全一致。當然，要擁有這種寬廣的觀察眼光不能僅限於單一專業，必須要具備觀察細部到整體的觀察能力。

在SINIC理論的圖中，現在的我們位於一個最佳化的社會中。根據立石先生的預測，接下來我們會透過心理控制的精神生體技術進入自律社會，然後再經由超心理技術走向自然社會。精神生體技術可能是一種追求健康福祉的技術，超心理技術大概是指ＡＩ也具備心理活動的未來吧。SINIC理論發表的一九七〇年代初期，正好是本書中數度出現的「成長的極限」報告問世、深層生態學運動等環境意識抬頭的時代。從當時開始，自然社會就成為一大目標。經過五十多年，我們是否能更接近自然社會一點？現在我們目睹氣候變遷和生物多樣性的喪失，似乎反而活在一個自然崩壞的社會中。在這樣的時代，我們渴切期盼自然社會能早日到來。我們究竟能加快到達自然社會，或者會因為時已晚而導致文明崩潰呢？一切都掌握於活在現在的我們手中。

## ADAPTMENT——對氣候變遷的適應演化

現在全世界都在熱絡地探討氣候變遷話題。地球暖化不斷進展，據說二一〇〇年時地球氣候可能會升高一・五度到四度。生活在四季分明國土的日本人可能會認為，區區這樣的溫度變化，不是每隔短短幾個月就會體驗到嗎？

但問題並不在於數字的變化。過去大約一萬年來維持安定的氣候，現在逐漸變得不穩定，災害增加的速度相當激烈。例如二〇二二年發生的洪水，足以淹沒相當於巴基斯坦的國土，現在全世界的災害都逐漸增加當中。線狀雨帶造成的土石流災害，在日本也並不陌生。達沃斯論壇（Davos Forum）上每年都會發表報告，舉出對世界經濟而言最嚴重的風險。二〇二三年的第一名是「氣候變遷減緩失敗」第二名是「氣候變遷調適失敗」，氣候變遷問題幾乎總攬了排行榜。減緩與調適，是因應氣候變遷戰略的國際共識。

氣候變遷的減緩，是指減少二氧化碳和甲烷等溫室氣體，緩解氣候變遷的策略。這方面已有具體易懂的指標，也容易反應在社會制度上，因此近年來社會上的去碳化已有明顯進展。

另一方面，對氣候變遷的調適，則是讓社會去因應已發生之氣候變遷的策略。嗯……似乎有點理解，但到底該怎麼調適呢？防災、糧食生產、能源、衣服、土木工程，一切都有可能是調適的方法，因此很難透過指標來測量。

由於這種複雜程度，調適策略跟減緩策略相比較難看見進展。但這無疑是本世紀最大的課題之一。有沒有可能讓調適策略更容易理解、落實呢？二〇二二年，我們在環境省的協助下，製作了氣候變遷調適政策的設計戰略。對《進化思考》初版深感共鳴的環境省專門官員，認為可以將適應的概念應用在氣候變遷調適策略上，因此主動來與我討論。

在這樣的機緣下開始的圓桌會議中，聚集了約十位生態學者、防災學者、氣候變遷專家、ODA的專家等日本各領域的代表人物，針對未來進行深入的對話。我們從專家的討論中，將氣候變遷調適策略結構化，將威脅都市生活的災害定義為發生在人類與自然境界領域的問題。

在IPCC（跨政府氣候變遷委員會）報告書中呈現的氣候變遷調適策略，分為陸、海、河川以及人類等四大類別，目前也成為國際標準。但實際上陸、海、河川等生態系和人類生活的都市彼此相關，原本是無法區分開來討論對策的。自然環境和人類環境境界上的災害，如果僅視為局部問題來因應，有時反而會削弱生態系本來具備的強韌性。於是我們以四大類別為前提，將人類置於中心時，與周邊的境界定義為思考適應時的「虛擬皮膚」。人類環境和自然環境的境界上產生各種衝突，這些衝突化為「災害」，成為向我們襲來的適應障礙，這種思路似乎才是較接近自然的樣貌。

此外，在調適策略分類的高位構造上，我們將流域視為生態系的單位來思考調適策略。過去在都市開發中，並沒有考慮流域這種生態系單位的連接，而是設置了以網格方式阻絕循環的行政區分，讓人類生活環境插入自然環境中。但是不考慮上游和下游的關係而擬定的洪水等自然災害對策，其實不切實際。行政區分出現的時代，還沒有氣候變遷的存在。我們必須從根開始思考開發的概念。

「適應」這兩個字是頻頻出現在本書中的演化學用語。實際上各種生物都不斷在適應氣候、進行演化。也就是說，對我們來說最熟悉的氣候變遷調適的具體事例，就是我們的身體。那麼我們有沒有可能從生物的適應演化中學習到人類氣候變遷調適策略的結構？

從演化學習適應的發想，對我來說極其自然。當我們試著將提升城市韌性的調適策略種類羅列出來，會發現其實可以在生物的身體和行動的演化中，看到類似的結構。於是現在出現了從生物的適應演化中，找出適應世紀氣候變遷的韌性都市開發概念，ADAPTMENT，也就是「調適」思維。

為了讓氣候變遷調適策略成為更容易理解的結構，ADAPTMENT參照了生物的身體和行動的演化。

ADAPTMENT的「身體

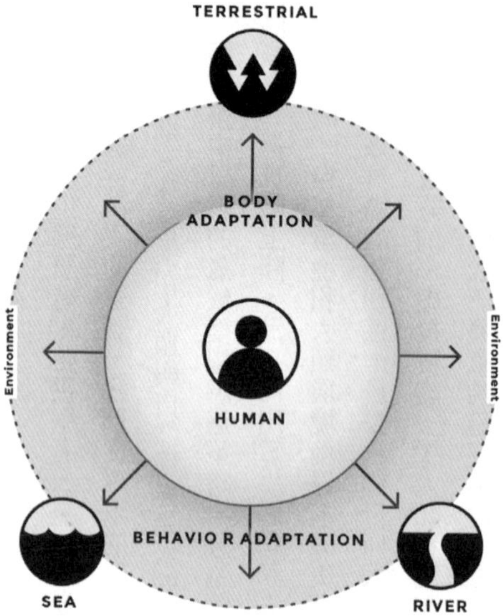


圖16-16　應用於氣候上之身體和行動的適應演化。

適應演化」參考了生物的身體構造，思考出能適應建築或土木等環境的柔軟都市硬體。像神經能理解來自外界危險的「知覺」就如同通訊；像脂肪發揮緩衝作用、防患於未然的「冗餘」就如同防風林；如同肌肉用柔韌彈力因應變化的「彈性」出現在隔震建築上；像血管來回輸送的體內「循環」是指資源的回收與再生；像骨骼般保護身體不受衝擊的「頑強」指的是結構的強度。諸如治療身體患部等「復原」性質，或許可以讓我們獲得能防禦損害的都市身體。我們生活的都市處於氣候變遷等龐大環境變化，因此從生物身體和行動具備的韌性機制中重新學習開發設計，並且落實於社會，可以幫助我們掌握適應都市的整體面貌。

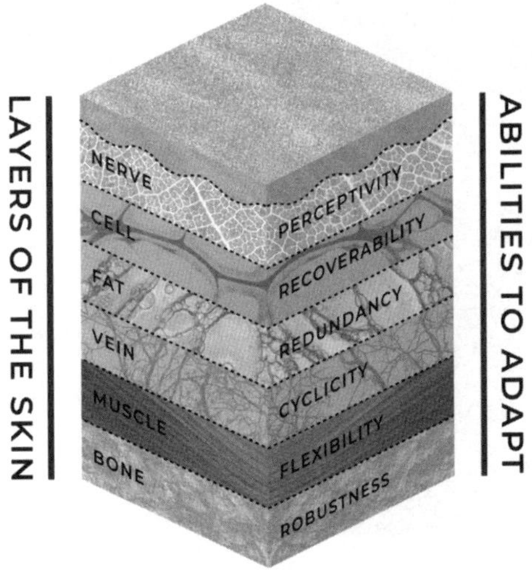


圖 16-17　從皮膚結構思考氣候變遷調適策略的結構化。

ADAPTMENT的「行動適應演化」，是指思考公民行動和文化中防災、社群等軟體活動的適應演化。從生物的適應行動來學習適應環境的靈活機制。理解自己身處的危機和狀態之觀察性，屬於評估能力。記憶過去痛苦的「記憶」，很接近傳承一個地方發生的災害資訊；設想未來的危機進行準備的「預測」相當於模擬；當危險逼近時需要轉移地點的「移動」，出現在防災避難訓練等行動中；群體的「合作」就像是社群中的互助。為了適應激烈的氣候變遷，不能仰賴任何一種硬體，必須從市民之間的關係性來提高韌性。我們必須以建立靈活、帶有韌性的關係性之地區為目標，從這些適應行動模式中學習，思考市民的防災行動計畫。跟生物身體具備的性質相比後我們發現，過去的都市開發就像是螃蟹或者獨角仙的外殼，以建立頑強的結構為目標。但是空有頑強的結構，只要損壞一次就很難恢復。從生物的身體來思考，一個具備適應力的理想都市，在都市開發上應該具備柔韌的恢復力。

ADAPTMENT 為了求取與流域生態系的協調，重新設計了生活與自然的界線。目標在於最大限度地活用自然原本具備的穩定生態系統，順勢也嘗試恢復過往因過度開發而遭破壞的生態環境。除了可以在前所未見的氣候變遷下保護人類，同時也能減輕過往都市開發下對環境帶來的負擔，還能創造出氣候

圖 16-18 ADAPTMENT 的網站。

變遷時代下的新產業。

ADAPTMENT 活動才剛開始，但是我認為這就跟「進化思考」一樣，很有可能成為我畢生的志業。ADAPTMENT 已經在苦於水患的印尼等跟萬隆理工學院（Bandung Institute of Technology）開始合作，以社會落實為目標。

我希望將 ADAPTMENT 計畫，以及適應演化思想在氣候變遷等之應用，作為一種永續開發的型態持續發展，對擁有各種技術的公司和苦於氣候變遷的各國地區做出貢獻。

圖 16-19　與 AI 共創進行 ADAPTMENT 後的都市狀態示意圖。

## 自然選擇——錘鍊創造，走向適應

創造的目的何在？是什麼樣的狀況讓眼前的創造出現？回頭思考這些本質的觀點將會發現，我們無法避開之前「進化思考」所探究的時空觀中對多樣自然選擇的適應。創造與自然的關係極為複雜。但是透過以生物學手法為背景的時空觀學習四種手法，只要理解所考察的觀點，就能簡單地處理遍佈時間和空間的複雜關係。

從這四種觀點可以看見提升演化和創造的各種自然選擇清單。提高創造品質、往更好的方向摸索需要什麼？演化中的自然選擇給了我們答案。在480頁中列出了之前的探討中出現過的自然選擇確認清單，大家可以對照自己的想法複習。當你不確定自己的想法夠不夠好，或者覺得概念有些模糊時，就可以時時回顧這份確認清單。

在這裡會出現的選擇壓力，是演化與創造共通的本質性提問。我們現在的創造，究竟能不能回應這些生物演化過程中不斷發生的自然選擇壓力？很遺憾，答案是「不」。現代許多創造的目的是為了在市場經濟中勝出，格局狹小。這當然也是對我個人的提醒。

出於這種目的的創造，不會顧及生產過程中跨境的負擔，對廢棄之後帶給生態系的影響也視而不見，重視眼前的業績、不顧未來。到頭來這些創造的累積，讓社會出現了嚴重的扭曲。

雖然有些唐突，在這裡希望各位想想在本書序文所提出的疑問。為什麼「大自然更擅長創造」？

走筆至此，也差不多可以回答這個疑問。

當人在製作某件物品時，假如忽視自然發生的選擇壓力，那麼創造的品質也必然會下降。換句話說，自然界的演化在漫長歲月中遭受選擇壓力進而適應下來的力量，是遠遠超乎人造物的。其中的差異讓生物和人工物件的設計品質出現了決定性的差距。我們的創造不如自然，是因為我們自己讓根本上該問的問題矮化。換個方法也可以說，我們始終避開了回歸本質、不斷重複的過程。

假如我們希望更有創造性，能不能站在空間和時間的觀點上深入解讀各種作用關係的選擇壓力，為了未來和生態系而創造，更新問題的本質，將會成為最大關鍵。我們身為個體能花在創造上的時間，還有我們賴以為生的生態系都很有限，為了能加深思慮，希望大家都能將生命所具備的自然選擇確認清單牢牢記住，作為對創造性的探問。

自然選擇

# 自然選擇確認清單

這份確認清單是為了將引導生物演化「趨向適應的選擇壓力」應用於創造性上進行了抽象化，從「進化思考」的時空觀學習中各項觀點所提取出來的。偶然在選擇壓力下留存的變異，在生命歷史的漫長時間歷練下得以存活。人造物件的創造和創新，都會有自然發生的選擇壓力，也有共通之處。這些也都是為了製作出能因應變化時代考驗的創造，我們應該牢記內心的觀點。

**解剖〔內部〕**



**歷史〔過去〕**

**生態〔外部〕**



**預測〔未來〕**

## 選擇總結——自然發生的意圖

生物的演化和人的創造一樣，在物件周圍都會自然發生必然的理由（ＷＨＹ）。經過漫長時間考驗的物件，不管是偶然的產物，或者如同製作者的意圖，在充分往返於偶然變異和必然選擇之後，都會走向最佳化的姿態，彷彿一開始就是為了符合這許多目的而設計。其實都是一樣的，物件為了誰而出現、能發揮什麼功能？為什麼需要出現？想要傳達什麼？解讀選擇壓力後，一定會看到適應的方向。讀取這種適應方向的感受性，將會成為照亮創造前方的光。歷經數次這些選擇壓力的變化中，會自然發生即使不刻意也宛如刻意為之的知識。

其實每個人都具備讀取自然選擇壓力的感受性，這種感受性也可以經過鍛煉。收束為「解剖」、「歷史」、「生態」、「預測」的時空觀學習，顯示了學習這些感受性的本質觀點。運用這種感受性，我們得以讀取藏在物件中的真意、判斷其價值。舉例來說，同樣一份菜單上的餐點，廚師是否仔細烹調，我們是不是能在無意識之中感受到？明明是相同分量幾乎同樣的食材，用幾乎相同的過程加工，但是心理感受的結果幾乎完全不同，這是因為我們並不是光用營養價值等數值化的資訊來判斷價值，同時也讀取了看不見的適應關係，判斷當中克服了多少選擇壓力，藉此認知到價值。

解讀自然選擇壓力的眼光，跟創造性直接相關。唯有釐清與創造相關的關係，實現意圖所需要的形態才能自然而然聚焦。關係性可以浮現出因應適應的設計輔助線。這些意圖在社會上交織，在空間和時間中擴展，形成一張巨大的網。請各位試著想像這張網中複雜牽纏、拉扯的狀況。適應的拉扯可以形成最適合該狀況的設計，但是如果不培養能觀察流動在時間與空間中之關係的感受性，就很難看出這種ＷＨＹ的流向。

創造的過程也就是對ＷＨＹ的探究。適應趨向的方向如果跟現實出現太大差距，就會出現一股助長的力量，企圖產生連接這段差距的創造。這就是帶來新創造的力量。這股力量就像是創造的安全繩。某人察覺到隱而未顯的聲音後，為隱藏在關係中的故事代言，透過共感將創造傳播出去。就算挑戰史無前例的新方法，只要永遠傾聽適應的選擇壓力方向，就不會出現大差錯。只要不迷失本質，要如何變化都可以。心中有這份確信時，就會出現嘗試新方法的勇氣。

各種發想就像自然發生的演化一樣，出現在世界上。傾聽隱藏在事物中不為人察覺的聲音，解讀肉眼無法識別的關係，堅定地望向自然選擇下的適應方向。感受藏在時間、空間上的關係裡的方向性，這種力量會成為讓新創造適應未來世界的關鍵。

## 自然選擇的觀察以愛為目標

漫長的自然選擇之旅在此結束。在這裡讓我們回到本書序章中提出的疑問。

我們該如何看待「關係」？

要回答這個問題並不容易，但是目前為止我們所探究的時空觀學習，或許可以幫助我們走近這個問題的核心。關係在空間上從內部結構擴及到外部生態系，在時間上從過去跨越到現在甚至未來。時空觀學習中所探究的看不見的關係連結，自然選擇了物件，並且昇華為形態和機能。仔細觀察這些自然發生的關係性，這樣的姿態跟一般所謂的愛情十分相似。愛情或許也是在時空觀的開展中，尋找適應的樣貌。

解剖式仔細解讀內部，關注所有可能的觀察，就是「理解」。
歷史式承接過去至今的趨勢、接收願望的觀察，可謂「敬意」。
生態式站在對方觀點、與其連結和意念產生共鳴的觀察，稱為「共感」。
預測式的祈願子孫的未來，悲憫未來地球和人類的觀察，即是「希望」。

對細節的細緻關照；對過去到現在連結的敬意；對對方的體貼；對未來的希望。這種觀察的感受性，不僅在創造過程中，要達到連結眾人、合作完成某件事的集合智慧，也是不可或缺的能力。

弗雷德里克・萊盧（Frederic Laloux）觀察許多組織後，提倡一種沒有經營者、生命體型態的新公司樣態「生命體組織」。根據我的理解，假如各自對照組織中原本具備的「進化目的（evolutionary purpose）」，將可以取代原本透過上下關係執行的指示系統，達到自律的組織營運。我們每個人都各有不同的思考，但是要統整這些思考並不容易，沒有方向性的集合只會淪為單純的眾愚。要產生集合智慧，必須能自律地觀察到引導愛與共感的適應方向，做出選擇。對適應的方向產生共感時，就會出現集合智慧。共享這種自律的發現，會提高對共創的心理安全感。希望我們對時間和空間中各個角落都不失去充滿愛的觀點，堅定地凝望選擇的方向性。

重複變異和自然選擇，收束的結果將會有創造的誕生在等著我們。看見選擇的方向性，找到適合的變異時，就會出現嶄新的道路和名字。這就是概念的誕生。概念每一天都會不斷產生，但又像泡沫一樣消失。透過堅韌思考所想出的概念，伴隨著時代的共感，有時甚至能改變社會。概念其實也存在變異和選擇這兩種觀點。在下一章中，我們將試著探索從演化螺旋產生概念的過程。

第四章

# 創造

# CREATION

Chapter «IV»

整合到 iPhone 的眾多道具（INTEGRATION）：ggg 企畫展「NOSIGNER Reason behind forms」

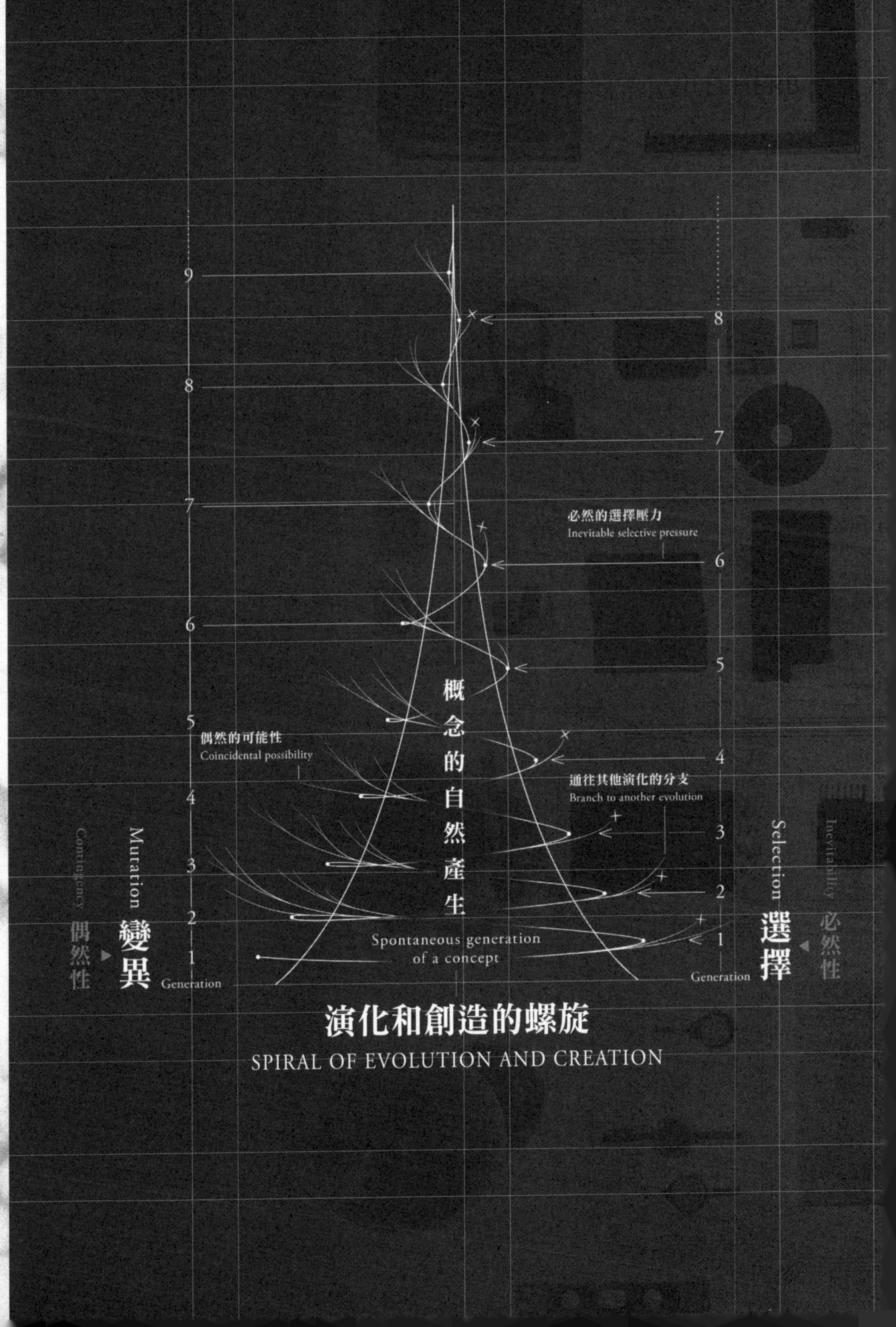

# 偶然與必然的一致

宇宙中存在的一切，都是偶然和必然結成的果實。——德謨克利特[60]

右腦和左腦、蠢材和秀才、實驗與觀察、手段及目的、野性與理性……。

創造性是在這些變異思維和選擇思維的二元對立之間自然發生的現象。生物在不斷重複「偶然的變異」和「必然的自然選擇」的過程中逐漸演化。創造的變異思維只是一種錯誤，而錯誤必須經過必然性來篩選才能成為創造。反過來說，光有選擇思維也無法改變既有的東西，無法帶來創造。這也就表示，單靠其中一種思維無法構成創造。當偶然變異和必然選擇不斷重複發生，就如同雙腳踩著自行車，創造便會開始演化。當這種往返運動收束，就自然會發生美麗的設計。

生物演化中並沒有任何人為意圖介入偶然變異和自然選擇的往返過程，同樣地，「進化思考」也將創造視為一種偶發現象。實際上創造確實無法光靠意圖達成，反而即使沒有明確意圖，也有可能偶然發生。我們往往覺得自己是有意圖地在創造物件，其實或許並非如此。

在不斷嘗試「如何能實現（ＨＯＷ）」的偶發變異，跟基於「為何發生（ＷＨＹ）」的必然選擇之間數度往返的演化循環中，會自然產生一致的壓力，也會自然地產生概念和形態。說得極端一點，我深信地球史上所有自然物件和人造物件等所有創造的過程，都來自這樣的反覆過程。

即使創造是偶然的產物，我們也可以發揮自己的意識來提高發生機率。不斷產生無數極端方法（變異＝ＨＯＷ）的觀點，和觀察適應方向（選擇＝ＷＨＹ）、以本質主軸來選擇無數的變異，不厭其煩地來回往復，尋找兼存並立的方法，就是打開創造之門的鑰匙。以鑰匙來比喻的話，就好比我們一邊打造出無數形狀不同的鑰匙，同時將獨一無二的鑰匙孔中塞滿的汙垢清除乾淨，結合這兩種步驟才能成功打開創造之門。

二十世紀日本的著名自然科學家南方熊楠（Kumagusu Minakata）深受密教曼荼羅的影響，他認為影響人類的各種現象，都是由出現在「心」與「物」這兩種不同概念之間的「事」所產生。假如熊楠所謂的「心」是充滿愛的「選擇」，「物」是象徵具體挑戰的「變異」，那麼或許他所提倡的想法，也是與「進化思考」極為類似的創造性。

變異和選擇是完全不同的過程，因此就像磁鐵會相斥，並不會完全一致。但當我們讓兩者接近時，可能因為某些共通項縮短兩者的距離，或者得以進行整合。這兩種觀點一致性愈高，就愈能提高創造性。

這就好像一對男女跳著圓舞曲。剛開始學習時不協調、動作彆扭，經過不斷練習，就能熟練到彷彿兩人一體般有默契的同步狀態。創造也一樣是兩種思考不斷進行交換。創造可以藉此不斷成長。這個過程很類似一個不斷犯錯的小孩漸漸成長為大人。重複著變異思維和選擇思維，起初只是偶然的想法會慢慢帶有必然的理由，最後終於成為無可動搖的堅定思考結晶。這就是所謂創造現象。完成的結果看起來或許很像一種已完成的邏輯結晶，而且還並不完美。社會不斷改變，不斷推陳出新。我們不能忘記，在這個過程中必須不斷質疑既有想法，挑戰偶發變異，帶著嶄新想法從觀察中不斷選擇，才能產生新的創造種子。

嘗試過許多思考法的人，往往會有一樣的煩惱。比方說有很多腦力激盪法都會在大量的便利貼上寫下無數的點子，但是最後都無法聚焦，不知該如何收束。無法收束發想是因為不了解自然選擇的壓力。因為無法收束，所以要完全擺脫一個概念、再次發散也很困難。就結果而言，徹底進行選擇後必然會出現的美，也會遭到輕視。創造性無法結實，就是肇因於這樣的態度。當新發想出現時，要進行適切的選擇並不困難。請回頭看看自然選擇的確認清單，務必養成習慣，觀察朝向適應的選擇壓力。依照時空觀學習的四個軸向，反覆仔細確認發想，確實鍛鍊創造性的強度。邁向「創造」這個偶然與必然取得一致的目標時，可能會覺得無所適從，或者感到困難。這種時候請回想一下「偶然變異的模式」和「必然選擇的觀察手法」。

我們必須練習能同時想像這些觀點。以下是從這些普遍觀點摘選出精華，整理為發揮高度創造性的五項原則，希望可以帶來一點幫助。只要認真檢視這五項原則，必然能提升創造性的品質。由於門檻設定得較高，或許會覺得要遵守這些原則相當辛苦，不過只要注意到其中某些地方，產出的形態一定會有所不同。請務必無數次回歸本質，不斷重複這偶然變異與必然選擇的往返。

## 創造性五原則

變異——是否反覆進行明確且超乎常識的挑戰？
解剖——是否簡明、無贅且堅定不動搖？
歷史——是否承繼來自過去的願望？
生態——是否能在人與自然之間建構美麗的關係？
預測——是否能觸發現在、給未來帶來希望？

## 偶然的力量、必然之愛

沒有權力的正義無能為力，沒有正義的權力暴戾專橫。沒有權力的正義會遭人反對，因為總有壞人存在；沒有正義的權力會遭人非議，因此，正義和力量必須結合。

——布萊茲・帕斯卡（Blaise Pascal）[61]

沒有愛的權力衝動魯莽、容易招致亂用，沒有權力的愛流於情緒、蒼白無力。

——馬丁・路德・金恩[62]

這兩人的發言都讓我想起邁向變異與選擇的創造性心態。深沉的思慮中往往藏有愛。適應狀況探究選擇時，過程中也經常包含體貼對方的愛意。探究適合選擇的過程，正是一種對人或物展現母性愛情的表現。而驅動我們走向全新挑戰的變異式偶然點子，就像「槓桿」一樣能產生力量。變異似乎象徵著父性的力量。

選擇思維以愛和正義為目標。變異思維則代表嶄新的力量。就如同變異和自然選擇帶來演化一樣，唯有愛與力量相結合時，才能產生價值，這個道理或許可以在所有的創造性上都是共通的。無論我們再怎麼因為地球環境或歧視等問題而心痛，假如沒有提出解決方案，就不會有任何改變。相反地，不管具備多豐富的發想能力，假如用於錯誤的目的，可能催生出導致很多人因而的暴力產物。馮紐曼發明了從根柢改變世界的現今電腦雛形，同時也是參與原子彈開發的科學家之一，瞬間炸毀廣島和長崎，導致二十一萬多人民喪生。現在的電腦處理器數量持續無止境地增加中，一九六八年以後，核武成為全世界致力減少、企圖根絕的對象。這種對比正告訴我們，站在長期觀點來看，創造性中愛與力量的平衡會對世界帶來什麼樣的影響。創造性除了能替人開啟嶄新的希望跟可能性之門，另一方面也可能同時開啟毀滅未來的潘朵拉之盒。產生創造的我們現在有沒有足夠深沉的思慮，永遠會受到未來的考驗。

以必然為目標、引發愛和偶然的力量融合的結果，會產生新的概念。在這裡希望大家回想一下在本書序章所提出的問題。

**什麼是「真正該製作的東西」？**

這個問題並沒有唯一的正確答案。但是對我來說，這個問題的指針永遠不變，一貫是對有愛的選擇和變異力量之設計的挑戰。這或許只能說是一種祈念。要兼顧這兩件事並不容易，但是能共成功兼顧時，創造性將能發揮原本潛藏的能力，有時甚至能改變時代或社會。

## 概念的受精

所謂概念到底是什麼？沒錯，概念是我們在創造過程中經常用到的字眼。英文裡有Conception這個字。Conception有時解釋為「概念、構想」，但各位知道這個字有其他意思嗎？

Conception在英文裡還有「受精」的意思。知道這個意思時，我不禁豁然開朗。一個語言產生有許多背景，但「受精」和「概念」有很深的相似性，這比喻實在太精妙了。

變異和選擇下的「進化思考」結構，實際上與生物受精過程也稍微有點類似。雄性無數的精子帶來的多樣變異，以及雌性擁有的具備適應基因之卵子相遇，發生了Conception（受孕）。相對於一顆雌性卵子，會有兩三億顆精子競爭受精，數量上極不均衡。多樣變異和本質性的選擇壓力也可以各自套用在精子和卵子上，宛如數億顆精子般的變異挑戰發生競爭，通過宛如一顆卵子般的根源性自然選擇壓力，重複無數次兩者的交配所達到的一致，最終到達的過程就是兩者交融的創造過程。

生殖是一種很不可思議的現象。最早出現在自然界的是沒有性別、或者說只有雌性存在的無性生殖生物。又過了很久以後，等到獲得有性生殖之後才有雄性的出現。沒有雄性和雌性就無法生殖、只有雌性可以產下後代，這種有性生殖的機制乍看之下很沒有效率。光有一隻無法生殖，沒被選上就無法留下子孫。雌性必須要生下兩個後代才能維持平均個體數。假如增加個體數是唯一的目的，那麼有性生殖可以說是個極不合理的機制。那生物為什麼需要雄性呢？儘管不合理，卻依然有這麼多有性生殖的生物存在，正是因為這種方式除了缺點，也有優點存在。比方說有性生殖可以形成新的基因組合，容易發生順應環境或者病原體變化的演化。此外也可以期待提升生存和繁殖、避免同樣的遺傳性變異之間互相競爭的效果，另外還能防止有利的基因跟有害基因一起被淘汰。由此可見，有性生殖具備能適應變化，加快演化速度的性質。

有性生殖是象徵穩定自然選擇結果的卵子，跟無數變異精子相結合的機制，同時也是透過篩選對象的過程



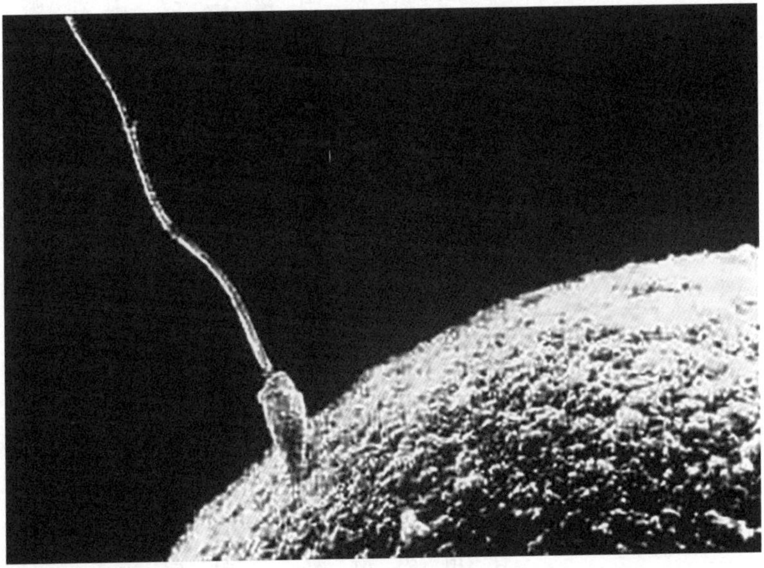

圖 17-1　精子和卵子的受精，與概念的誕生十分相似。

產生無數組合的機制。在我看來有性生殖就是為了提高變異和選擇往返頻率、追加於演化中的功能。另一方面，在創造過程中的概念，存在類似母性和父性的兩種方向。從必然性中追求「為何應該如此（ＷＨＹ）」的選擇思維，在其過程中會孕育出對周圍和內部的關照，以及對過去的敬意等愛情。例如對祖先、鄰居的愛、對孩子身上無限可能的期待等母性之愛的過程。另一方面，追求「可以如何變化（ＨＯＷ）」的變異思維，就像是什麼都「試試看吧」，總是鼓勵多去挑戰、探究新事物的父性野心。兩種思維達到一致時，才能出現留存到下一代的創造。

透過變異和選擇的往返，希望能產生出經得起漫長時間考驗的強大概念。承受住選擇壓力的發想，兼具深度的適應和強大的創意。但是這些新創意因為沒有前例，所以也沒有任何既存的語言能夠傳達給他人。這時便會出現替新概念取名的過程。這就像給新生兒命名一樣。從這一點也可以看出創造跟生產、育兒的相似之處。ＷＨＹ和ＨＯＷ。母性與父性。在這兩種思考之間，猶如卵子與精子相遇，將會產生新的概念。創造誕生的瞬間，我們或許都嘗到了極其神祕的體驗。

## 概念的往返與收束

維持變異中極端偶然性的瘋狂，並且耐受選擇壓力的必然性。瘋狂與正常兼存的假設。發現這種兼存並立，就是創造概念的萌芽。在朝向一致的過程中，我們的點子會漸漸收束。

為了挑戰偶然與必然的並立，不妨借用語言和設計的力量，頻繁地嘗試建立具體的假設。首先透過觀察進行的選擇思維，導出狀況趨向的（必然性）ＷＨＹ，賦予話語來顯示該方向的願景。再從變異思維產生瘋狂、偶發的點子（ＨＯＷ），賦予語言和設計來傳達。

也就是說，當我們在思考一個概念時，不要把概念當成各種條件都能一次到位的產物，首先概略做出ＷＨＹ和ＨＯＷ兩種假設，了解到概念的成立是以這兩種假設的並立為目標來回往返的現象，或許會稍微容易理解。偶然的可能性和必然的理由，幾乎不可能在最早階段就達到一致。說得更極端一點，也不可能有完美的一致存在。

即使再粗略也無所謂。創造過程的初期，首先請放下躊躇，提出多種語言或設計。即使粗略，只要將模糊的抽象概念轉化為具體的事物，就可以進行客觀觀察。從觀察中發現的理想性質可遺傳到下次創造，並將不合理的性質淘汰，重複這樣的選擇，且透過多次變異來產生多樣的發想。這樣的過程重複好幾個世代後，ＷＨＹ和ＨＯＷ就會漸漸自律地呈現一致。

## ＷＨＹ的概念——必然帶來的方向選擇

以選擇思維來解讀連接，將會發現隱藏其中、自然發生的願望。

「解剖」式地仔細探究內部機制，發現洗鍊提升效率的可能。
「歷史」式地從過去脈絡觀察，發現人類幾萬年來不變的心願。
「生態」式地解讀連接，從中感受到與人或自然的共感。
「預測」式地看見未來，感受到迴避不好未來的使命感以及對未來的希望。

我刻意將這些意識的總體稱之為「願望」，這可以說是一種具體來說不屬於任何人的聲音，從既有關係中自然發生、等待著出現的無聲之聲。這種自然發生的願望，可以成為創造性收集許多共感、進一步推展的強大助力。在某樣東西被製造出來之前，在其周圍已經產生了時間、空間的流動。替選擇壓力流動的方向加上明確的稱呼，可以幫助許多人更容易處理。比方說NIKE的品牌概念是「Just Do It.」。這句話就是一個WHY概念的好例子，代表著對在運動領域中挑戰極限者的鼓勵。有些名稱類似「男女平等」、「環保」，會成為運動的口號，也有些諸如「Just Do It」或「Think different」，可以成為給許多人帶來激勵的話語。假如能承繼始終不變的人類願望，以及在連結中的普遍願望，用新的語言來訴說新的願望，這樣的概念勢必可以產生連接人際的方向。

## ☑ 演化習作49　WHY（選擇）的概念——普遍的願望〔30分鐘〕

請試著想出能讓我們思慮更加深沉的宣言，與許多人懷抱熱忱共享的概念。首先，請回想一下在選擇習作中看過的四個觀點。已經有一些話語，自然地發生在這些關係中。

「解剖：內部可能性」「生態：與他者的連結」

「歷史：來自過去的遺志」「預測：未來的痛苦與希望」

想出一句話，讓我們能跟其他人深入共享從這些關係中自然湧現的願望。試著思考能展現出這種充滿愛的眼光的WHY概念。什麼是我們真正應該祈求的願望？請用二十個字以內、盡量簡短的文字，尋找出可以代表真正願望的話語。寫出來後請再用一百字左右闡述真正想表達的意義。

例：Think Small（Beetle）／Think different（Apple）／Just Do It（NIKE）／Gives you wings（Red Bull）／Spaceship Earth（Buckminster Fuller）

## HOW的概念——偶然帶來的方法變異

透過變異思維，我們可以偶發式地遇見跳脫常識的點子。不需要覺得必須跟現在一樣。揮別既有觀念，關注無數的嶄新可能，或許就有可能遇見新方法，引發過去無法引發的變化。

改變這個世界的是瘋狂的偶發性挑戰，也能催生具體的方法。變異有「變量」、「擬態」、「消失」、「增殖」、「移動」、「變換」、「分離」、「逆轉」、「融合」等九種偶發式的挑戰模式。運用任何一種變異過程都可以。一開始完全天馬行空的幻想也無所謂。尋找能成為犀利具體手段的概念。

要選出這樣的發想，必須先清楚意識到「新穎」和「明確」這兩條主軸。一個全新方法被明確顯示出來時，這樣的發想就會具備讓願望具體展現的力量。給這樣的新挑戰加上簡短的名稱吧。這就是HOW的概念。

打破常識的代替方案會是什麼樣子？HOW的概念就像充滿空氣的鞋子「AirMax」這種「變量」概念，或者將小型錄放音機移動到移動空間中、被稱為「WALKMAN」的「移動」概念，還有「咖哩烏龍麵」這樣的「融合」概念，很多時候我們都會以明確易懂的命名來傳達變異的狀況。能讓人想像到嶄新又極端方法的話語，是一種能打破常識的具體方法，可以帶來力量。

## ☑ 演化習作50　HOW（變異）的概念——犀利的方法——普遍的願望（30分鐘）

變異思維中，有產生新方法的模式。而強大的點子往往都會確實地採納這種變異。變異概念中嶄新與強大都非常重要。

「變量」、「擬態」、「消失」、「增殖」、「移動」
「變換」、「分離」、「逆轉」、「融合」

在這些變異當中無數對變化的挑戰裡，潛藏著克服了選擇壓力成功適應的強大且具體的點子。有沒有能打破過往常識、強大又具體的方法？

在二十個字以內用盡量簡短的話語來寫下這個概念。

另外再用一百字左右補充真正想表達的意義。

許多強大的概念經常會用變異的點子作為名稱。以下舉幾個例子給各位參考。

例：Beetle（像金龜子一樣的車：擬態）／WALKMAN（步行中的移動）／Automobile（自動化帶來勞動力的消失）／Paperless（紙張的消失）／AirMax（空氣的變量）

# 當創造成為價值

## 遊戲與好奇心的融合

從偶然變異和必然選擇浮現的兩種概念，性質完全不同。但是這兩種相互呼應，才能產生改變現實的力量。沒有變異就無法適應時代，無法克服選擇壓力的變異，在漫長的時間中會遭到淘汰。但是透過「變異（嶄新的方法）」和「選擇（適應的觀察）」的往返，當兩者達到一致，最後經得起考驗的概念就會自然發生。

創造性思考不僅具體，同時也抽象。選擇的方向性很抽象，但變異的新方法很具體。具體與抽象，這也呼應到變異和選擇。

正如同帕斯卡和金恩牧師的洞察，再怎麼高唱沒有具體方法的理想，也無法落實。每當現實出現變化，就需要另一種能具體實現的代替方案。相反地，即使有嶄新具體的提案，假如缺乏能適應的選擇，就無法獲得周圍的共感、無法實踐，有時甚至會成為一種暴力。

假如持續出現偏向某一邊的不平衡思考，人可能就會放棄自己的創造性。換句話說，其實所有人都擁有創造性才能，只是沒有人教會我們取得平衡的方法而已。

我們每個人都具備產出概念的創造力。變異和選擇的探究，可以帶給我們連接到巨大潮流的自信，以及無窮變化遊戲的樂趣。

因為變異和選擇就等於是對可能性和好奇心的追求。瘋狂的變異可以從遊戲裡產生可能性的模式。而觀察選擇壓力的時空觀學習四軸中，也展現了好奇心的種類。遊戲與好奇心。這兩者剛好對應著變異和選擇。在這裡希望各位留意的是，無論是遊戲和好奇心，起初都跟工作成果或者高水準的結果無關。但是透過這兩種思維的往返繼承了理想的品質後，就會像爬上螺旋一樣，出現創造性。

沒有錯。創造並不是一種一開始就能展現價值的過程。讓我們再次看看「演化螺旋」（504頁、圖17-2）。在螺旋底部，以遊戲的方式嘗試許多偶發變異，再透過發自好奇心的探究來選擇。在這種變異和選擇的反覆過程中，每個人都能一步一步爬上創造性的螺旋階梯。重複這種攀上螺旋的過程，山的高度也會愈來愈高。起初平緩的山丘，愈朝向山頂坡度也會漸漸險峻。

從創造中製造價值的過程，包含了一開始自由自在的「遊戲」過程，以及展現高處是何種風景的「好奇心」過程。事業的創新跟孩子的成長，與產生創造的結構一模一樣。

喜歡畫畫的孩子就給他許多圖畫紙，鼓勵他畫下各種荒唐的畫，刺激出變異。然後跟孩子一起大笑吧。另外，也在「好奇心」的前方引導選擇的方向性。了解繪畫的畫法，看看改變世界的挑戰性畫作，接觸享受繪畫的人，探究繪畫能成為希望的瞬間。

反過來說，封閉創造性的教育從一開始就「不能玩遊戲（否定變異）」，「畫畫填不飽肚子（放棄選擇）」。這跟無法產生革新的組織結構是一樣的。

往返於變異和選擇之間，爬上這座山的過程中，選擇壓力會漸漸變強，氧氣也會逐漸稀薄。這樣的壓力會成為篩網。為什麼要爬山？山腳下的人或許會覺得不可思議。儘管如此，爬山者本人依然很享受確認到只有在高處發現的變化可能性、看到前所未見景色的過程。到達許多人都無法到達的高處時，才終於能穿破雲層，展現出創造性的價值。愈往上爬，每一步的分量就愈重。也會逐漸精雕細琢出未完成的概念。

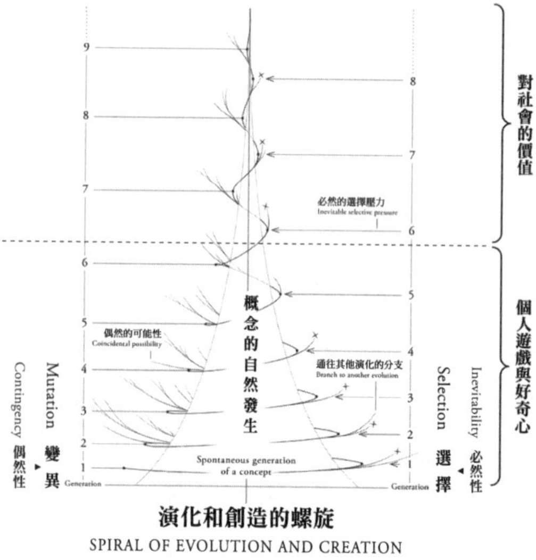


圖 17-2　登上演化和創造的螺旋。

## 經得起考驗的概念

登上山頭，回頭一望身後已無來者，表示你已經刻畫創造的歷史。這樣的創造在設計上應該經過洗鍊的最佳化，承繼過去的心願，確實扎根在周圍的生態系，充滿希望。走過這種過程的概念，將可以堅韌永存在歷史中。攀上創造螺旋的速度，會因為從演化中學習創造性、反覆進行變異的挑戰和選擇壓力的觀察，而漸漸加速。

凝望著變異和選擇，將會發現這種探究可以與我們的幸福深深連結。學習原本可以讓人生更加富足、更加快樂。具備創造性是人的生存戰略，我們在一路以來的演化過程中，都因為創造性的發揮感受到了幸福。我很希望看到一個人人都能在幸福中將創造性發揮到最大限度，最後得以帶來與生態系共生的世界。那就是我們自己對經得起考驗概念的追求。

大膽發狂，質疑常識，思考顛覆現實的變異之可能。
懷抱著愛，接受時間和空間自然引導出的必然選擇。
重複傳承，攀上創造螺旋，打磨經得起考驗的概念。
找尋夥伴，共享蘊藏概念中之祈願，跨領域相連。
在前方描繪希望的故事，化未來為現實，震撼世界。

終章

# 創造性的演化

Evolution of Creativity

動物的系統樹模型（EVOLUTION）：ggg 企畫展「NOSIGNER Reason behind forms」

# « Conclusion »

# 揮別以人類為中心的想法

要生養眾多，遍滿地面，治理這地，也要管理海裡的魚、空中的鳥，和地上各樣行動的活物。

——《創世紀》63

《舊約聖經》說，人是所有生物的管理者。確實，過去人類靠創造性這種超能力，克服了自然中的不自由，也改變了自己與世界的關係。我們對此從無疑問。

再次看看生物的演化系統樹，我們會發現，人位於演化系統樹的前端。人只是無數演化中瀕危的前端之一。人類在幾萬年間發明了無數的道具，戲劇性地在過往百年將看來不可能的事化為可能，也得以理解過去無法認知的事物。現在的人類已經可以與地球上任何地方瞬間相連，也具備瞬間摧毀城市、編輯生物ＤＮＡ、改變地球溫度的強大能量，從各種意義來看都是地球史上最強大的物種。

所有東西都緊密相連。現在地球上已經不存在與人類作為的無關之物。由此看來，我們或許已經達到以人類為中心的世界。人類確實透過創造戲劇性地改變了周邊的生態系。科技日新月異的現在，我們依然不擅於掌握與生態系的因果關係、維持永續共生。人類以不能透徹理解的無知為由，活在自己的活動與自然無關的幻想中，好幾世紀以來不斷地榨取著生態系統。

問題已經很明顯地惡化，但人卻對幻想背後的本質視而不見。這些現況我們聽來實在非常刺耳。一九七二年，羅馬俱樂部發表了〈成長的極限〉報告書，預見地球環境和文明的極限，強烈地敲響警鐘。在那之後又過了將近五十年，借用美國前副總統艾爾・高爾（Al Gore）的話，我們一直假裝沒看見「不願面對的真相」。製造出以人類為中心的世界，導致數億年來建立起的生物生態系和人類社會生態系之間，產生了嚴重的斷裂。

於是悲劇發生了。無論我們自覺或不自覺，現在的地球正在經歷地球史上第六次大滅絕的時代，相當於二・五億年前二疊紀發生的寒冷化，或者白堊紀巨大隕石來襲的危機。即使根據最保守的估算，與人類出現前相比，現今的滅絕率至少高出一百倍，甚至有人預測今後可能會增為一千倍。最能象徵現在的，就是生態系服務的喪失和汙染，還有幾乎每年都會釀成前所未有災害的氣候變遷，這讓我們難以預測未來世代今後是否還能生存。

生態系維持了數萬年的平衡，在短短幾十年間就被我們幾乎破壞殆盡。斯德哥爾摩恢復力中心（Stockholm Resilience Centre）的約翰・洛克史托姆（Johan Rockström）博士（現任波茨坦氣候影響研究所所長）等人也已作出提醒，我們所居住的地球，由於生物多樣性的喪失和對氮循環的干擾，已經遠遠超出了地球限度（Planetary boundaries）。這個星球無法再繼續承受以人類為中心的世界。在這樣的狀況下，我們人類該如何重拾與環境的協調，繼續生存呢？或許這就是正保持危顛平衡、站在鋼索上的我們，面臨到的創造性試煉。

現在的演化論否定了個體保存物種整體的本能，提倡基因自我增殖才是演化的本質。換句話說，這種說法認為生物並不具備守護物種的本能。我試著自問，確實發現即使可以理解自己的生存，也很難站在利他眼光思考人類或者地球整體的生存。但儘管如此，生物的利他性依然確實存在，共生關係也的確促進了演化。

在我們所引導的創造演化中，完全沒有必要放棄發揮對生態系的利他性。人是社會性的動物，其實本來就靠著獲得利他性來建構起社會。只不過目前為止我們認知為「他者」的範圍，僅限於人類。

這其實也是利己的問題。在氣候變遷中存活的方法以及減緩生態系崩潰的方法，今後將會化為一個巨大的市場出現。正因為情況緊迫，才需要將創造共生社會列為最優先的要項。我們必須找出連接八十億人口和無數企業的利己、利他性，讓惡化狀況好轉的方法，否則人類甚至無法繼續生存。我們該如何擺脫以人類中心的思維？

自然界中沒有優劣，當然也並非以人類為中心。自然界中存在的只有豐富多樣、採取不同生存戰略的生物而已。然而在人類對自然已經造成重大影響的現在，為了維持這種多樣生態系，我們能創造出什麼？

我們能不能將意識從個體解放，預見遙遠未來的關係性？理解連結的廣大想像力，是我們無可迴避的本質知性主題。在探討「該做什麼」之前，更需要先釐清「為何而做」。從能源到交通、居住空間、道具，重新檢視各種創造，調整為對生態系負擔較少的設計，偶爾也需要回到過去重新進行驗證。

我們因為自己的創造性而喪失了與自然的關係，這樣的關係能不能再次創造出來？這個問題與人類能生存的行星環境是否可以永續這個根源性問題，其實互為表裡。創造的課題已經從以人類為中心的設計，轉變為與未來和自然生態系共生的設計。

讓我們從人類中心的觀念畢業，向生物的生態系學習。

讓我們的創造性先行演化。

從我們先開始，嘗試重拾自然平衡的創造吧。

## 創造性教育的演化

所有天地萬物中，只有一個永恆不變的法則，萬物皆依此而生，受其控制。這樣的法則無論是外界自然，或者內在精神，亦或是結合內外兩界的生命，都一樣永遠明瞭地顯現。

——弗里德里希・福祿貝爾（Friedrich Wilhelm August Fröbel）

福祿貝爾開始的幼兒園（Kindergarten）運動，建立起今日幼兒教育基礎，他在《人的教育》（*Die Menschenerziehung*, 1826）[64]中寫下了前述這段話，帶給我相當大的激勵。因為我也相信，人類的知性成長和自然原則具備相似的結構。

福祿貝爾開始教育運動時，受到開創形態學的歌德等德國自然哲學家莫大影響。福祿貝爾本人也是在達爾文之前提出演化論雛形的學者之一。他撰寫《人的教育》三十年後，才出現達爾文的《物種起源》。從提出演化論雛形的學者倡導教育革命，到科學演化論的登場。從這些時間上的關聯性來看，福祿貝爾的教育哲學也很可能對達爾文等人重新發現演化論帶來影響。福祿貝爾的思想成為日後的教育基礎，不僅對幼兒教育，對各種教育都帶來了很大的影響。

除此之外，被譽為當代建築、設計、繪畫、表演藝術等誕生起點的傳奇創造性學校包浩斯也不例外。

一九一九年，誕生於威瑪共和國（Weimar Republic）的包浩斯採納了受到福祿貝爾教育理念極深影響的課程。包浩斯設立五年後的一九二四年，包浩斯的首屆校長華特・葛羅培斯（Walter Adolph Georg Gropius）等人為了讚頌福祿貝爾的功績，計劃興建一座名為弗里德里希・福祿貝爾館的教育設施，由此可見他的重大影響。接受福祿貝爾教育理念的包浩斯教育，現已成為全世界各大專院校中建築、設計、藝術學科課程的基礎。由此看來，現在所有線上設計師或藝術家都多多少少受到了包浩斯的影響。

現代創造性從歌德的自然哲學到福祿貝爾的教育，再演化到包浩斯。生物演化中之創造性原理，儼然成為現今教育思想來源的伏流。但遺憾的是，以自然科學為來源的創造性教育，在那之後卻似乎空留形骸。幾乎大部分的教師都不知道，其實現在各種教育都受到演化論很大的影響。但是即使沒有自覺，從演化這種自然智慧裡提取出教育的思想中，已經存在與當代教育相連的系統。而我也深信，過去福祿貝爾所謂「永恆不變的法則」指的就是「進化思考」，也就是在變異和選擇的往返之間產生的演化結構。

由於自然科學的發展，現在我們得以更加深入地理解演化等各種自然現象。假如根據最新的生物學來重新設計創造性教育，一定會出現十分卓越的教育。但是基於自然科學觀點的創造性教育卻呈現停滯的狀態。

我希望能夠再次回溯歌德、福祿貝爾、包浩斯這兩百年的時光，重新從演化中潛藏的自然真理來建立起創造性教育。回歸自然的教育演化，可以帶動全世界人的創造性演化。這就是「進化思考」的挑戰。

現在世界上已經出現可能超越人類的人工智慧，面對人類的永續性這項終極歷史審判，我們需要再次建構起創造性。很多人都不斷哀嘆，繼續下去人類的未來將會是一片黑暗。在我們即將迎來的二〇三〇年，聯合國揭舉的 SDGs 永續發展目標可能大部分都無法達成。但是回顧歷史，能夠克服危機，也是一種創造性的演化。

有人說文藝復興時期百花齊放的創造，起因於黑死病菌帶來的傳染病蔓延。在西班牙流感肆虐時全世界有數千萬人身亡，但隔年就誕生了被稱為史上最具創造性的學校包浩斯，揭開猶如文藝復興時期般現代設計時代精采的序幕。當然，這也可能是單純的偶然。不過經歷過新冠疫情、面對未來的現在，不也正像另一個嶄新的文藝復興時期，有機會讓創造性演化嗎？

在現在的世界中，要增加多少能靠創造性改變我們未來的人，才能真正改變未來呢？我們在序章做過這樣的計算。假如許多人都能對創造性懷抱自信，比方說每百人中有一人，在一輩子中能實踐一次對未來帶來衝擊的計畫，如果這種人增加了，會有什麼改變？根據統計，世界人口在二〇五〇年將會達到九十億人。其中如果每一百人中出現一個實踐者，那麼全世界就有約一億項能帶來變化的計畫。這將會是難以想像的龐大社會衝擊。當每一個城鎮都能出現發明家，聚焦世界上的各種課題，擴大共振，那樣的世界我想一定會比現在更加良善美好。

充滿創意巧思的人、對未來有愛的人愈多，未來的風景一定也會漸漸出現改變。我也誠摯希望閱讀這本書的各位，都成為其中的一員。首先從我們這一代做起吧。接著，讓我們把巨大改變的期待，寄託在未來的孩子們身上。我們能不能創造出超越時間的創造性夥伴？成敗的關鍵，就在於現在的我們能否提供可以有系統學習創造性的理論和教育。我深信，創造性的本質沉眠於演化這種現象中。

為了對未來夥伴的創造能帶來一些貢獻，我寫下這本書。創造性是我們能從自然身上學會的方法，同時也是發揮所有人天賦能力的方法。

讓我們從演化中展現的自然睿智，再次學習人人與生俱來的創造力。
為了克服未來永續這個重大課題，我們要讓創造性持續演化。
讓我們放下充滿憂慮的預測，一起邁向充滿可能的不同未來吧。

# 結語

感謝各位跟我一起進行「進化思考」的探究，一路讀到結語。在這裡，我想再次與各位聊聊關於本書誕生的故事。這本書是由「海士之風」這間大家或許還不太熟悉的出版社所出版。出版社位於海士町，位於島根縣北方六十公里的一座離島，島上的人口約兩千人左右。傳說中後鳥羽上皇曾經被流放到這座島上，從東京來到此地，要花上八個小時左右的時間。在極東島國日本當中，這又是一個堪稱世界邊境的地方。但是現在海士町在地方創生和學校教育獲得卓越的成效，被稱呼為奇蹟之島。

致力於推動海士町活化的阿部裕志先生，跟出版過許多書籍來支持變革者的英治出版原田英治先生，開始構思要在海士町成立一間新出版社。本書中「預測」單元介紹過的回溯預測故事，正是這個出版企畫誕生的瞬間。

誕生於日本邊境小小離島的「海士之風」，當我撰寫本書時尚未成立的出版社所發行的第一本書，就是各位手上的《進化思考》。

這或許只是我的直覺，但這本書能從邊境出版，讓我感到極大的希望。因為我自己強烈地相信，世界永遠都是從邊境開始產生改變。關於《進化思考》的出版，其實我也接獲不少大型出版社的邀約，但是這本書能夠以這種形式來支持夥伴位於島國邊陲離島的挑戰，讓我深感喜悅。這或許是一項莽撞的選擇，但是我可以清晰地想像，如果跟他們攜手，一定能夠一起將新思想擴展出去。在我的想像中，這本書可以實際提到這座小小離島的創造性教育，並且推廣到離島之外，進而漸漸傳遞到全世界，讓教育升級更新。

透過這或許稱得上魯莽的出版，假如真的能從日本的邊境出發，改變世界的創造性教育，光是想像就讓我滿心悸動。這本書就這樣從海士之風出版邁出第一步，我也想跟大家一起看著宛如水手的這本書帶動的微風引發蝴蝶效應，在世界掀起颶風的未來。

撰寫這本書距離我開始進行語言和設計相關的創造性教育研究已經過了十五年，為了能進一步推展，在六年前開始提倡「進化思考」，開始撰寫這本書也轉眼過了三年光陰。緩慢的進度連我自己都難以置信，不過終於等到將「進化思考」化為書本，送到各位手中的這一天。創造性的本質就在自然當中。我相信這對各位的創造性冒險一定也能帶來幫助。

閱讀本書至此的各位，還請容許我提出下列要求。

**第一個請求　希望各位能就近從自己身邊思考創造性演化。**

希望大家可以對照「進化思考」，想想自己平時執行計畫的演化。寫下這本書，是希望能給各位帶來一些幫助。如果從這樣的學習中可以產生出創造性的計畫，那將是我無上的喜悅。

**第二個請求　希望各位能將這本書，送給需要創造性的人。**

這本書是為了增加具備創造性的人所寫，衷心希望在您讀完之後，能再交給其他覺得「進化思考」能幫得上忙的人。在本書最後的蝴蝶頁準備了類似便箋的空間。將這本書轉交他人時，可以在這裡寫上「為什麼想要送給對方這本書」。

**第三個請求　希望各位能將自己的「進化思考」探究傳授給其他人。**

許多研究結果都顯示，教人比被教的學習效果更高。希望各位都能將從「進化思考」中學到的東西教給別人。要增加具備創造性的人，重要的是先增加能教授創造性的人。希望你也能成為我們的夥伴。

我感覺正跟很多夥伴一起看著「進化思考」在全世界擴散的風景。光靠我一人無法推動「進化思考」的成長，今後想必也需藉助許多人的力量。在此，我想再次正式向幾位朋友道謝。

我與太田直樹先生、Dominique Chen、藤井靖史、Panasonic 的片山朋子女士、角南有紀女士，共同以「進化思考」為基礎，對 Panasonic 公司內部選拔成員進行黑客松和員工教育。目前已經進入第四年，對 Panasonic 公司內部的技術人員和設計師帶來很大的影響。以「日本最奇怪的公務員」身分廣為人知的山田崇先生和他的夥伴們，由於「進化思考」對他們的人生帶來幫助，因此開始自主舉辦數百人的跨境公務員「進化思考」課程，並且推動「進化的學校」計畫。研究幸福學的前野隆司老師跟我一起在慶應的系統設計管理（SDM）學科中，針對真正想帶動創新的在職研究生教授「進化思考」。同樣在SDM中執教鞭的濱口秀司老師以及催生出創造性計畫的夥伴 KAYAC 的柳澤大輔先生，都替本書書腰提供了精采的推薦文。Zoorasia 動物園的村田浩一園長以動物園為校園，與我共同舉辦「進化的學校」，讓我有機會向環境領域的創新者提供創造性教育課程。在山崎繭加女士邀請下，我得以有機會將未臻成熟的「進化思考」論述刊載於《哈佛商業評論》（*DIAMOND Harvard Business Review*）上。Co-cree! 的夥伴、為許多變革者牽線的三田愛女士、嘉村賢州先生、大島奈緒子女士，給了我舉辦「進化思考」工作坊的機會，並且參與了改善的過程。Code for Japan 的代表關治之先生在他們主辦的高峰會中，給了我關於「進化思考」的專題演講機會，成為向全日本參與公民科技的人推廣「進化思考」

的重要機會。日本 IBM 的鈴木至先生正在推動運用「進化思考」教會 A I「愛」的計畫。日本最大的研習公司富士通學習媒體公司的城能雅也先生等人，以及在大企業新世代經營者育成領域市占率居日本之冠的 Celm 公司渡秀星先生等人，都將「進化思考」評為世界最強的創新手法，與我一起將其導入各種大企業。另外大阪關西萬博日本館的基本構想團隊、千代田化工建設 SPERA 氫能團隊等，一起探究對生態系有益的革新創新的各位，在此我也要向各位平日的探究和合作至上謝意。我也想向其他參與「進化思考」推廣的各位表達我的感謝，受限於篇幅，只能利用這個機會感謝所有培育「進化思考」的各種連結。

最重要的是在製作本書時不斷給予我鼓勵的編輯團隊阿部裕志先生、原田英治先生、和田文夫先生、山下智也先生等人，我十分幸運能遇到這個最棒的出版社跟編輯團隊。我也要感謝在育兒之餘撥出時間執筆，也跟我共同思考如何改善工作坊的妻子。感謝參與書籍設計的 NOSIGNER 夥伴，能在日常繁忙的業務中擠出時間跟我一起完成本書。

最後，我要感謝祖母和兒子。

小時後父母親很少在家，我大部分時間都跟祖母太刀川洸子兩個人一起生活。在這裡不多做說明，但我的原生家庭有許多問題，因此出社會之後由於與親戚關係不睦，跟代替母職扶養我長大的祖母也自此分別。

我不希望自己因此後悔，所以下定決心打電話給已經斷絕關係的親戚，終於得知祖母入住了一間高齡福祉設施。於是相隔七年之後我們終於重逢。祖母已經一百歲。雖然有點失智的症狀，但是相較於年齡，她顯得極有精神，看起來也過得很開心。跟她聊天之後發現，那段家裡以前很辛苦的時期她已經完全沒有記憶，只留下一家人和睦相處時的美好回憶。當我告訴她自己現在已經成了設計師，她開心得流下眼淚。或許上天就是為了讓我們能幸福安享天年，才設計出這種記憶結構的吧。

在那之後，我開始動念想要製作一份家譜圖和家族中的往生冊。自己的血緣究竟產生於什麼樣的連結之下?在採訪親戚的過程中，我聽到關於素未謀面的曾祖父和許多親戚的名字、人品，讓我確實感受到與他們之間的連結。跟親戚一起發送這份家族的往生冊，得以重新連接起彼此的緣分，可奇妙地，也能感覺我們又成為一個家族。其實有系統地探索自己過去的經驗，正是我發現「進化思考」中系統觀點之重要性的契機。

在那之後一年，祖母病情急轉直下，當天剛好是我第一次對朋友實驗「進化思考」工作坊的前夕。我急忙趕到醫院，痛苦的祖母似乎已經渡過難關，平靜地療養。之後我從埼玉的醫院趕到山梨，讓朋友們體驗「進化思考」的過程，獲得極大迴響，也遇見了跟我一起推廣思想的夥伴。就在這一天，我在跟阿部裕志先生和原田英治先生這些夥伴交談的過程中，決定了本書的出版。

又過了一個月，祖母安祥地離開人世，得享嵩壽一百零一歲。舉辦葬禮的那天是七月二十九日。雖然有颱風來襲的預報，但是天空一片晴朗。那一天是氣象廳觀測史上第一次颱風由東往西流動消失。就好像祖母在空中一樣，真的很不可思議的一天。如果沒有祖母，我根本不會存在，對「進化思考」的探究也是因為祖母的存在才給了我機會。在此我要再次表達我的感謝。奶奶，真的很謝謝妳。

祖母離開之後，我結了婚，隔年九月兒子出生，命名為「太刀川輪」。英文拼音為 Ring，也是一樣的意義。這個名字取自車輪的輪字。車輪是人類史上最棒的的發明之一。這是一種可以用極少動力搬運重物的永續設計，也是循環和協調的形狀。

寫這本書時，我也同時看著一天天成長的兒子。自從他出生之後，我開始更具體地思考未來。總有一天會到來的奇點，生物多樣性的崩潰，或許都會是他即將在青年期體驗到的事件。關於創造性教育，我也有了更具體的想法。兒子未來生活的世界具備創造性嗎？該如何才能打造出一個讓眾多人不放棄創造性、得以發揮本領的社會呢？我們該如何重新創造一個思慮深沉的社會，這個巨大課題橫亙在我們面前。有人說，現在的人類文明只能繼續維持六十年。但我還是希望讓兒子看看充滿希望的未來。

二〇二五年即將舉辦大阪關西萬博。我獲經濟產業省任命為主要展覽日本館之基本構想創意人。我跟幾位有志一同的夥伴，一起摸索去人類中心主義式的日本自然觀概念。同一時期，我也開始與始於二〇二一年的聯合國海洋科學十年（UN Ocean Decade）合作，參與引領太平洋海洋環境管理的國際機構北太平洋海洋科學組織（PICES）的科學溝通。我們終於來到一個不僅思考人類、更要思考生命循環的時代。透過這些機會，我正在思考如何運用「進化思考」來實現一個創造性的社會。

一想到活在未來的兒子們，以及未來好幾世代的子孫，我就不禁覺得心痛。現在的我們要替未來創造希望，首先得讓我們自己生存的文明創造性進行演化。現在各種不合理的機制，應該都能重新設計為更加適應未來的形態。我誠摯地希望，當孩子們稍微長大，這本書能夠陪伴在他們身旁，幫助他們以創造的方式來思考未來。

16-10 Max Roser, Moore's Law - The number of transistors on integrated circuit chips (1971-2018), 2019, 改為：單色 (https://en.m.wikipedia.org/wiki/Moore%27s_law#/media/File%3AMoore%27s_Law_Transistor_Count_1971-2018.png). 創用 CC 授權條款 ( CC BY 4.0 ) https://creativecommons.org/licenses/by-sa/4.0/deed.ja

16-11 A. Sant'Elia, *Bozzetto d'architettura*, 1914.

16-12 L. Da Vinci, Codex Atlanticus, fig. 4 recto, 1503 - 1505.

16-13 Anrita1705, 2020, PIXABAY, https://pixabay.com/photos/lizard-colorful-head-view-exotic-4763351/

Manfred Richter, 2016, PIXABAY, https://pixabay.com/photos/seal-robbe-mammal-aquatic-animal-2053165/

Virvoreanu Laurentiu, 2017, PIXABAY, https://pixabay.com/photos/spider-macro-jumper- nature-insect-2313079/

miezekieze, 2021, PIXABAY, https://pixabay.com/photos/cat-animal-eye-head-pet- feline-5887426/

mac231, 2019, PIXABAY, https://pixabay.com/photos/eye-dog-pet-animal- reflection-4458069/

Capri23auto, 2018, PIXABAY, https://pixabay.com/photos/hahn-rooster-head-crow-poultry- eye-3607868/

Christel Sagniez, 2016, PIXABAY, https://pixabay.com/photos/horse-eye-mirror- reflection-2112196/

TeeFarm, 2016, PIXABAY, https://pixabay.com/photos/crocodile-alligator-teeth- eye-1660537/

ID アカウント 2488716 号 , 2016, PIXABAY, https://pixabay.com/photos/eye-elephant-gray- elephant-eye-1363161/

Virvoreanu Laurentiu, 2017, PIXABAY, https://pixabay.com/photos/macro-fly-compound- eyes-insect-2300109/

Alexas_Fotos, 2017, PIXABAY, https://pixabay.com/photos/owl-raptor-bird-feather- plumage-2903707/

neverfurgetmypet, 2019, PIXABAY, https://pixabay.com/photos/horse-animal-eye-farm- riding-4743764/

Sofie Zbořilová, 2017, PIXABAY, https://pixabay.com/photos/eye-iris-macro-natural- girl-2340806/

Christel Sagniez, 2018, PIXABAY, https://pixabay.com/photos/shark-look-fish-eye- animal-3197574/

Alexas_Fotos, 2016, PIXABAY, https://pixabay.com/da/photos/mus-gnaver-s%C3%B8d- pattedyr-nager-1708379/

madfab / Fab Wüst, 2013, PIXABAY, https://pixabay.com/photos/sleeping-chameleon- yemen-chameleon-202417/

16-14 太刀川英輔 , NOSIGNER, 2022.

16-15 立石一真 , SINIC 理論

16-16 太刀川英輔 , NOSIGNER, 《ADAPTMENT》, 2023 - ( 客戶：環境省 ).

16-17 同上

16-18 同上

16-19 同上

**〖第四章　創造〗**

17-1 PDImages (http://www.pdimages.com/), Sperm and Egg, 製作時間不詳 , http://www.pdimages.com/03709.html

17-2 太刀川英輔 , NOSIGNER, 2021.

15-13 Beck, H.E., Zimmermann, N. E., McVicar, T. R., Vergopolan, N., Berg, A., & Wood, E. F., Present and future Köppen-Geiger climate classification maps at 1-km resolution, Figure 1: New and improved Köppen-Geiger classifications, 2018, 改為：單色 (https://www.nature.com/articles/ sdata2018214/figures/1). 創用 CC 授權條款 ( CC BY 4.0 ) https:// creativecommons.org/licenses/by/4.0/deed.ja

15-14 太刀川英輔 , NOSIGNER,《MOTHER OCEAN》, 2020 ( クライアント :Aoi Sugimoto, Hiroaki Sugino, Juri Hori).

Aoi Sugimoto, Hiroaki Sugino, Juri Hori, How bountiful is the ocean? Participatory valuation of human–nature relationships in Yaeyama Islands, Japan,( 杉本等人共同審查後，進行部分修改 ).

15-15 Nobu Tamura (http://spinops.blogspot.com/), *Mixosaurus cornalianus*, 2007, 改為：單色 (https://commons.wikimedia.org/wiki/File:Mixosaurus_BW.jpg). 創用 CC 授權條款 ( CC BY 3.0 ) https://creativecommons.org/licenses/by-sa/3.0/deed.ja

15-16 Martin Grandjean, *Social network analysis and visualization: Moreno's Sociograms revisited*, 2015, 改為：單色 (http://www.martingrandjean.ch/social-network-analysis-visualization- morenos-sociograms-revisited/). 創用 CC 授權條款 ( CC BY 3.0 )Jacob Moreno の研究より . https://creativecommons.org/licenses/by/3.0/ch/deed.ja

15-17 同上

15-18 Benjamin F. Maier, *smallworld* 0.0.2, 2019, https://pypi.org/project/smallworld/

15-19 増田直紀 , 今野紀雄 ,『「複雑ネットワーク」とは何か』図 5-1, 2006 作者據此作成 .

15-20 Barrett Lyon, *The Opte Project*, 2021, https://www.opte.org/the-internet

15-21 増田直紀 , 今野紀雄 ,『「複雑ネットワーク」とは何か』図 5-3 , 2006 作者據此作成 .

15-22 John Snow, *On the Mode of Communication of Cholera*, 1854.

15-23 太刀川英輔 , NOSIGNER, 2021.

15-24 太刀川英輔 NOSIGNER,《東京防災》, 2015( クライアント：東京都 , 攝影：佐藤邦彦 ).

15-25 小玉 陽一 , ワールド・ダイナミクスについて , 日本オペレーションズリサーチ学会 (Vol. 16)

15-26 太刀川英輔 , NOSIGNER, 2023.

15-27 太刀川英輔 , NOSIGNER, 2021.

15-28 太刀川英輔 , NOSIGNER, 2021.

15-29 太刀川英輔 , NOSIGNER, 《e.CYCLE》, 2023( 客戶：まち未来製作所 ).

15-30 『成長の限界　ローマ·クラブ「人類の危機」レポート』、図1「人間の視野」グラフ、D·H·メドウズ、D·L·メドウズ、J·ランダーズ、W·W·ベアランズ三世著、大来 佐武郎監訳（ダイヤモンド社）

16-1 日本氣象廳 ,「2020 年 12 月 25 日太平洋區域黑白實況氣象圖」https://www.jma.go.jp/ bosai/weather_map/

16-2 太刀川英輔 , NOSIGNER, 2021.

16-3 太刀川英輔 , NOSIGNER, 2021.

16-4 太刀川英輔 , NOSIGNER, 《CQ》, 2022 - ( 客戶：関西電力株式会社 )

16-5 同上

16-6 W. Playfair, *The Commercial and Political Atlas*, 1786.

16-7 W. Playfair, *Inquiry into the Permanent Causes of the Decline and Fall of Wealthy and Powerful Nations*, fig. 2, 1805.

16-8 USGS, *Species Extinction and Human Population*, 製作時間不詳 , 作者據此作成 .

16-9 Pauli Rautakorpi, *Microchip PIC16C74A*, 2013, 改為：單色 (https://upload.wikimedia.org/ wikipedia/commons/d/d7/Microchip_PIC16C74A_die.JPG) . 創用 CC 授權條款 ( CC BY 3.0 )https://creativecommons.org/licenses/by-sa/3.0/deed.ja

14-4 E. Haeckel, *Generelle Morphologie der Organismen*,"Tree of Life", 1866.

14-5 F. Crick, Diagram of the double-helix structure of DNA, 1968 作者據此作成 .

14-6 太刀川英輔 , NOSIGNER, ggg 企画展「NOSIGNER Reason behind forms」, 2016 ( 攝影 : 佐藤邦彥 )

14-7 同上

14-8 MLWatts, *Wright Flyer*, 2011, https://commons.m.wikimedia.org/wiki/File:Wright_Flyer_1903_3-view.svg

14-9 太刀川英輔 , NOSIGNER, ggg 企画展「ノザイナー かたちと理由」, 2016( 攝影 : 佐藤邦彥 )

14-10 Schokraie E, Warnken U, Hotz-Wagenblatt A, Grohme MA, Hengherr S, et al., *Comparative proteome analysis of Milnesium tardigradum in early embryonic state versus adults in active and anhydrobioticstate*,2012, 改為 : 單色 (https://commons.m.wikimedia.org/wiki/File:SEM_ image_of_Milnesium_tardigradum_in_active_state_-_journal.pone.0045682.g001-2.png). 創用 CC 授權條款 ( CC BY 2.5 ) https://creativecommons.org/licenses/by/2.5/deed.ja

14-11 太刀川英輔 , NOSIGNER, 《山本山 333 周年》, 2022( 客戶 : 株式会社山本山 )

14-12 A. Maslow, Maslow's hierarchy of needs, 1943 作者據此作成 .

14-13 Douglas T. Kenrick, Renovating the Pyramid of Needs: Contemporary Extensions Built Upon Ancient Foundations, Fig.2, 2010 作者據此作成 .

14-14 太刀川英輔 , NOSIGNER, 2021.

14-15 太刀川英輔 , NOSIGNER, 2021.

14-16 D.K. Winter, *Normal Human Anatomy Drawings*, 1942 (https://www.flickr.com/photos/medicalmuseum/3363076917/in/album-72157614213791479/). 創用 CC 授權條款 ( CC BY 2.0 ) https://creativecommons.org/licenses/by/2.0/deed.ja

15-1 L. P. Vieillot, La galerie des oiseaux", Le Paon Spicifère", Pl. 202, 1834.

15-2 H. N Hutchinson, Extinct monsters", Cervus megaceros", Pl. 25, 1897.

15-3 Fir0002 / Flagstaffotos, Meerkat, 2009, 改為 : 單色 , 裁切 (https://en.m.wikipedia.org/ wiki/File:Meerkat_feb_09.jpg). GNU Free Documentation License, Version 1.2 (https://www.gnu.org/licenses/old-licenses/fdl-1.2.html).

*Permission is granted to copy, distribute and/or modify this document under the terms of the GNU*

*Free Documentation License, Version 1.2 or any later version published by the Free Software Foundation; with no Invariant Sections, no Front-Cover Texts, and no Back-Cover Texts. A copy of the license is included in the section entitled "GNU Free Documentation License*

15-4 M. C. Perry, USGS, Diagram of a food chain for waterbirds of the Chesapeake Bay, United States, 改動 : 字體 , 配置 , 單色 , 2008, https://en.wikipedia.org/wiki/File:Chesapeake_Waterbird_Food_Web.jpg

15-5 A. Eckert, MS; D. Higgins, MAM, Computer render of SARS-CoV-2 virus, 2020.

15-6 太刀川英輔 ,NOSIGNER, 《PANDAID》,2020.

15-7 johnpotter, 2013, PIXABAY, https://pixabay.com/photos/garbage-dump-tall-city-buildings-193363/

15-8 Cara Fuller, 2017, UNSPLASH, https://unsplash.com/photos/34OTzkN-nuc

15-9 AhmedAlAwadhi7, *Sand Gazelle*, 2018, 改動 : 單色 , 裁切, 旋轉 (https://commons. wikimedia.org/wiki/File:Sand_Gazelle_2.jpg). 創用 CC 授權條款 ( CC BY 4.0 ) https://creativecommons.org/licenses/by-sa/4.0/deed.ja

15-10 A. A. Baudon, Monographie des succinées francaises", Leucochloridium paradoxum", Pl. 10, 1879

15-11 Janderk, Common clownfish, 2002, https://commons.wikimedia.org/wiki/File:Common_clownfish.jpg

15-12 Brocken Inaglory, Lysmata amboinensis cleans mouth of a Moray eel, 2008, 改為 : 單色 (https://upload.wikimedia.org/wikipedia/commons/c/c2/Lysmata_amboinensis_cleans_ mouth_of_a_Moray_eel.jpg). 創用 CC 授權條款 ( CC BY 3.0 ) https://creativecommons.org/licenses/by-sa/3.0/deed.ja

13-2 L. Da Vinci, *Anatomical Manuscript B*, 1508-1511.

13-3 Syracuse Post-Standard, *A Pierce-Arrow Advertisement*, 1911.

13-4 L. Da Vinci, *Codex Atlanticus*, "Drawing of a reciprocating motion machine", 1478–1519.

13-5 C. F. Voigtländer, *Die Anatomie des Pferdes für Künstler und Pferdeliebhaber*, 1876.

13-6 J-BM. Bourgery, H. Jacob, Traitecompletdel 'anatomiedel 'homme, 1831-1854 ( スキャン : Michel Royon, 2010, https://commons.m.wikimedia.org/wiki/File:Bourgery_%26_Jacob- cs04cl.jpg#mw-jump-to-license). 創用 CC 授權條款 ( CC BY 1.0)https://creativecommons.org/licenses/by-sa/1.0/deed.ja)

13-7 太刀川英輔 , NOSIGNER, 2021.

13-8 太刀川英輔 , NOSIGNER, ggg 企画展「NOSIGNER Reason behind forms」, 2016 ( 攝影 : 佐藤邦彥 )

13-9 太刀川英輔 , NOSIGNER, 2021.

13-10 Bén, A mine: cross-section of a digging equipment, Wellcome Collection, 18 世紀 , 改為 : 單色 (https://commons.wikimedia.org/wiki/File:A_mine;_cross-section_of_a_digging_equipment._Etching_by_B%C3%A9n_Wellcome_V0023512.jpg). 創用 CC 授權條款 ( CC BY4.0) https://creativecommons.org/licenses/by/4.0/deed.ja

13-11 太刀川英輔 , NOSIGNER, 2008.

13-12 C. V. Boys, Soap-bubbles: their colours and the forces which mould them, 126, fig. 73, 1912.

13-13 D'Arcy Wentworth Thompson, On Growth and Form, fig. 227, 1917.

13-14 F. R. Buckminster, *Geodesic Dome Patent 926229*, 1961.

13-15 太刀川英輔 , NOSIGNER, ggg 企画展「NOSIGNER Reason behind forms」, 2016 ( 攝影 : 佐藤邦彥 )

13-16 太刀川英輔 , NOSIGNER, 2021.

13-17 太刀川英輔 , NOSIGNER, ggg 企画展「NOSIGNER Reason behind forms」, 2016 ( 攝影 : 佐藤邦彥 )

13-18 Victor Grigas, Farnsworth House by Mies Van Der Rohe, 2013, 改為 : 單色 (https://commons.m.wikimedia.org/wiki/File:Farnsworth_House_by_Mies_Van_Der_Rohe_-_exterior-6.jpg). 創用 CC 授權條款 ( CC BY 3.0) https://creativecommons.org/ licenses/by-sa/3.0/deed.ja

13-19 E. Haeckel, Kunstformen der Natur", Diatomea", Pl. 4, 1904.

13-20 太刀川英輔 , NOSIGNER, ggg 企画展「NOSIGNER Reason behind forms」, 2016 ( 攝影 : 佐藤邦彥 )

13-21 同上

13-22 J. W. Lowry, A. Ramsay, R. Tate, A. N. Waterhouse, S. P. Woodward, A manual of the Mollusca : a treatise on recent and fossil shells", The Pearly Nautilus", 1868.

13-23 Doron, cmglee, Vogel's formula for sunflower florets, 2007, 改為 : 黑白 (https://commons. m.wikimedia.org/wiki/File:SunflowerModel.svg). 創用 CC 授權條款 ( CC BY 3.0 ) https://creativecommons.org/licenses/by-sa/3.0/deed.ja

13-24 J. McCabe, *Cyclic Symmetric Multi-Scale Turing Patterns*, 製作時間不詳 , https://www.flickr.com/ photos/jonathanmccabe/

13-25 ЕгорКамелев, 2018, UNSPLASH, https://unsplash.com/photos/I3I57Wu2exs

13-26 Herbert Bieser, 2018, PIXABAY, https://pixabay.com/photos/elephant-skin-structure-wrinkled-3647747/

13-27 G. Eiffel, La Tour de 300 mètres, Pl. 20, 1900.

14-1 C. Linnaeus, Systema Naturae 12th Edition Volume 3, Pl. 1, 1768.

C. Linnaeus, Systema Naturae 6th Edition Volume 3, Pl. 7, 1748.

C. Linnaeus, Systema Naturae 6th Edition Volume 3, Pl. 2, 1768.

14-2 C. Linnaeus, *Systema Naturae 1st Edition*", Regnum Animale", 1735.

14-3 C. Darwin, *Origin of Species*", Tree of Life", 1859.

8-4 Classical Numismatic Group, Inc., KINGS of LYDIA, 2018, 改為 : 單色 (https://commons.m.wikimedia.org/wiki/File:KINGS_of_LYDIA._Alyattes._Circa_620-10-564-53_BC.jpg). 創用 CC 授權條款 ( CC BY 3.0 ) https://creativecommons.org/ licenses/by-sa/3.0/deed.ja

8-5 General Post Office of the United Kingdom of Great Britain and Ireland, Penny Black, 1840.

9-1 Berkshire Community College Bioscience Image Library, 2014, https://flickr.com/photos/146824358@N03/36363882171/in/album-72157683985537212/

9-2 The British Museum, A. C. William, A monograph of Christmas Island (Indian Ocean), "Lepidodactylus listeri", Pl. 7, 1900.

9-3 W. Painter, Bottle-sealing device patent, 1892.

9-4 W. Judson, *Improved shoe fastener patent*, 1893.

9-5 Mike Gattorna, 2018, PIXABAY, https://pixabay.com/photos/closet-clothing-walk-in-3615613/

9-6 太刀川英輔 , NOSIGNER,《PLOTTER(Mesh Case メッシュケース )》, 2020 ( 客戶 : 株式会社デザインフィル )

9-7 I. Newton, *Letter to the Royal Society*", Dual PrismExperiment", 1671.

9-8 M. Curie, *Traité de radioactivité - Tome 2*, 1910.

10-1 G. Shaw, *General Zoology or Systematic Natural History Volume 3*, fig. 36, 1800.

10-2 Smithsonian Institution, *Smithsonian scientific series*, 1929-1932.

10-3 Encyclopædia Britannica, Encyclopædia Britannica Volume 9", Otis Standard Hydraulic Passenger Lift", 264, 1911.

10-4 H. P. Griswold, *Submarine Torpedo Boat patent drawing*, 1888.

10-5 太刀川英輔 , NOSIGNER,《ふじのくに⇄せかい演劇祭》, 2019 ( 客戶 :SPAC 公益財団法人 静岡県舞台芸術センター )

10-6 太刀川英輔 , NOSIGNER,《HYPER GEIGER》, 2019 ( 客戶 : 経済産業省資源エネルギー庁 )

11-1 L. Howard, *Mitochondria, mammalian lung*, 2006.

11-2 dantevskafka, *Corkscrew 3D Model*, 2018 作者據此作成 .

11-3 Cheetah, 家のカレーうどん _ 俯瞰 , photoAC, https://www.photo-ac.com/main/detail/3310197&title=%E5%AE%B6%E3%81%AE%E3%82%AB%E3%83%AC%E3%83%BC%E3%81 %86%E3%81%A9%E3%82%93_%E4%BF%AF%E7%9E%B0

11-4 Xiaomi Corporation, Mi Electric Scooter Pro.

11-5 kjpargeter, 2017, Freepik, https://www.freepik.com/free-photo/3d-render-cargo-delivery-truck_1110770.htm#page=1&query=truck&position=23

11-6 太刀川英輔 , NOSIGNER, ggg 企画展「ノザイナー かたちと理由」, 2016 ( 攝影 : 佐藤邦彦 )

**〖第三章　選擇〗**

12-1 T. A. Edison, Electric Vote Recorder Patent, 1869.

12-2 太刀川英輔 , NOSIGNER, 2021.

12-3 太刀川英輔 , NOSIGNER, 2020.

12-4 同上

12-5 太刀川英輔 , NOSIGNER, 2023.

12-6 同上

13-1 N. Grew, *The anatomy of plants*,"Small Root of Asparagus", tab. 10, 1682.

5-6 Dickenson V. Alley, *Nikola Tesla, with his equipment*, 1899.

5-7 攝影者不明 , Photography of Martin Luther King, 1963.

5-8 PIRO4D, 2017, PIXABAY, https://pixabay.com/photos/robot-robot-arm-strong-machine-3007905/

5-9 iRobot,Roomba® e 系列

5-10 太刀川英輔 ,NOSIGNER, 《SUASI》,2016( 客戶 : アシート · コバシ株式会社 , 攝影 : 久次雄一 )

6-1 N. Roret, *Nouvelles suites à Buffon*, Pl. 42, 1834-1890.

6-2 H. Thompson, *Elementary lectures on veterinary science, for agricultural students, farmers, and stockkeepers*, 203, 1913.

6-3 WebStockReview, spine clipart transparent background, 改為 : 黑白 (https://webstockreview. net/image/spine-clipart-transparent-background/3168820.html). 創用 CC 授權條款 ( CC BY 3.0 )https://creativecommons.org/licenses/by/3.0/deed.ja

6-4 John Roxborough Norman, Field book of giant fishes, 175, fig. 58, 1949.

6-5 James Wainscoat, *A whale in the sky*, 2018, UNSPLASH, https://unsplash.com/photos/b7MZ6iGIoSI

6-6 W.J. Barron, *Type-writing machine patent drawing*, 1897.

6-7 Ryan Searle, 2017, UNSPLASH, https://unsplash.com/photos/k1AFA4N8O0g

6-8 C. G. Kirk, *Toy building brick patent drawing*, 1958.

6-9 太刀川英輔 , NOSIGNER, 《Regene Office》, 2021.

7-1 Herbert Goetsch, 2018, UNSPLASH, https://unsplash.com/photos/SGKQh9wNgAk

7-2 J. Gutenberg, *Bible*, 1454-1455.

7-3 太刀川英輔 , NOSIGNER , 《 MOZILLA FACTORY SPACE【 OPEN SOURCE 】》, 2013 .

7-4 同上

7-5 A. G. Bell, *Improvement in telegraphy patent drawing*, 1876.

7-6 NASA, *Components of International Space Station (ISS) by nation*, 1999.

7-7 NASA, Space shuttle Atlantis external fuel tank-solid rocket booster stack, atop a mobile launcher,2018, Rawpixel, 改為 : 單色 , https://www.rawpixel.com/image/440906/free-photo-image- nasa-astronaut-astronaut-atlantis

8-1 太刀川英輔 , NOSIGNER, 《PLOTTER(Ballpoint Pen Refill)》2018( 客戶 : 株式会 社デザインフィル )

8-2 Jan Mesaros, 2014, PIXABAY, https://pixabay.com/photos/bulb-electricity-energy-glass- lamp-546859/

8-3 Arun Kulshreshtha, Compact Disc, 2007, 改為 : 單色 (https://upload.wikimedia.org/ wikipedia/commons/e/ed/Compact_Disc.jpg) . 創用 CC 授權條款 ( CC BY 2.5 ) https://creativecommons.org/licenses/by-sa/2.5/deed.ja

Atanasov, A microSD card next to a Patriot SD adapter (left) and miniSD adapter (middle), 2007, 改為 : 單色 (https://upload.wikimedia.org/wikipedia/commons/c/c6/Sdadaptersandcards. jpg) . 創用 CC 授權條款 ( CC BY 3.0 ) https://creativecommons.org/licenses/by-sa/3.0/deed.ja

Evan Amos, VHS tape, 2016, https://ja.wikipedia.org/wiki/VHS#/media/%E3%83%95%E3 %82%A1%E3%82%A4%E3%83%AB:VHS-Video-Tape-Top-Flat.jpg

サニードレッシング , MiniDisc, 2005, 改為 : 單色 (https://upload.wikimedia.org/wikipedia/ commons/f/f0/MiniDisk_Cassette.JPG). 創用 CC 授權條款 ( CC BY 3.0 ) https://creativecommons.org/licenses/by-sa/3.0/deed.ja

PublicDomainPictures,2014,PIXABAY, https://pixabay.com/photos/isolated-floppy-file-save- white-314363/

WikimediaImages, 2016, PIXABAY, https://pixabay.com/photos/vinyl-lp-record-angle-2202325/
PublicDomainPictures, 2013, PIXABAY, https://pixabay.com/photos/cassette-tape-plastic-tape-audio-164396/

3-5 The Zoological Society of London, Proceedings of the Zoological Society of London, 1848-1860

3-6 IKARUS, Ikarus 556 Bus blueprint, 1962 (https://getoutlines.com/blueprints/car/ikarus/ ikarus-556.gif). 創用 CC 授權條款 ( CC BY 4.0 ) https:// creativecommons.org/licenses/by/4.0/deed.ja

3-7 太刀川英輔 , NOSIGNER,《PLOTTER(GLOBE 地球儀 ホワイト )》, 2019 ( 客戶 : 株式会社デザインフィル )

3-8 C-L. Bonaparte, Iconografia della fauna italica, 1832-1841.

3-9 Piqsels, https://www.piqsels.com/en/public-domain-photo-zbgll

3-10 Macbook Air は、Apple Inc. の商標です .

3-11 Orna Wachman, 2019, PIXABAY, https://pixabay.com/photos/book-dictionary-french- language-3986093/

3-12 Albert C. L. G. Günther, The Gigantic Land-Tortoises (Living and Extinct) of the British Museum, 1877.

3-13 Peggy und Marco Lachmann-Ankev, 2010, PIXABAY, https://pixabay.com/illustrations/ empire-state-building-architecture-1026926/

3-14 J. Sir Richardson, The zoology of the voyage of the H.M.S. Erebus & Terror, 1844-1875.

3-15 C-H. Pander, E. Alton, Die vergleichende Osteologie, 1821-1838.

3-16 M. E. Bloch, *Allgemeine naturgeschichte der fische*, 1782-1795.

3-17 W. Blackwell, The Zoological Society of London, *Proceedings of the Zoological Society of London*, 1921.

3-18 Myriams-Fotos, 2017, PIXABAY, https://pixabay.com/photos/drops-of-milk-spray-splash-2062100/

3-19 住友橡膠株式會社 , 橡膠手套 .

3-20 太刀川英輔 ,NOSIGNER,《SOCIALHARMONY》,2020.

3-21 太刀川英輔 , NOSIGNER,《秋川牧園》, 2020 ( 客戶 : 株式会社秋川牧園 , 攝影 :CCDN・久次雄一 )

3-22 太刀川英輔 , NOSIGNER, 《Amorphous》, 2016 ( 客戶 :AGC 株式会社 , 攝影 : 三嶋義秀 )

4-1 N.M.Banta, A.Schneider, W.K.Higley, *G.A.Abbott, Nature neighbors, embracing birds, plants, animals, minerals, in natural colors by color photography*, Pl. 518, 1914-1923

4-2 P. Cramer, C. Stoll, *Aanhangsel van het werk, De uitlandsche kapellen : voorkomende in de drie waereld-deelen Asia, Africa en America*, Pl. 34, 1779-1782.

4-3 太刀川英輔 , NOSIGNER, ggg 企画展「NOSIGNER Reason behind forms」, 2016 ( 攝影 : 佐藤邦彥 )

4-4 O. Lilienthal, *Der Vogelflug als Grundlage der Fliegekunst*, 1889.

4-5 O. Lilienthal, *Gliding Experiment*, 1894.

4-6 R. Culos, Arctium lappa, 2014, 改為 : 黑白 (https://commons.wikimedia.org/wiki/File:Arctium_lappa_MHNT.BOT.2004.0.16.jpg). 創用 CC 授權條款 ( CC BY 3.0 )https://creativecommons.org/licenses/by-sa/3.0/deed.ja

4-7 太刀川英輔 , NOSIGNER, 2021.

4-8 太刀川英輔 ,《THE MOON》, 2011.

4-9 太刀川英輔 ,《ARBORISM》, 2007 ( 客戶 : 株式会社コトブキ , 攝影 : 八田政玄 )

4-10 太刀川英輔 , NOSIGNER, 《ston》, 2019 ( 客戶 :BREATHER 株式会社 , 攝影 : BREATHER 株式会社 )

5-1 Leopold Joseph Fitzinger, Bilder-Atlas zur wissenschaftlich-populären Naturgeschichte der Wirbelthiere, Pl. 42, 1867.

5-2 Kaiserliches Patentamt, Benz & Co., Benz Patent-Motorwagen Nummer 1 Patent, 1886.

5-3 YAMAHA, サイレント・チェロ , SVC110S.

5-4 DYSON, 無葉風扇 , Air Multiplier.

5-5 N. Tesla, *Apparatus for Transmission of Electrical Energy patent drawing*, 1900.

【圖片】

〖序章　何謂創造〗

0-1 Marc Pascual, 2018, PIXABAY, https://pixabay.com/ja/photos/romanescu-3297134/

0-2 E. Haeckel, E. H. P. August, The evolution of man : a popular exposition of the principal points of human ontogeny and phylogeny, 1879, 179, fig. 204-208

〖第一章　演化與思考的結構〗

1-1 Cattel,Theoreticallifespancurvesofintellectualability,1987 作者據此作成 .

1-2 Blokland, Average age-crime curve for the entire sample based on individual careers, 2005 作者據此作成 .

1-3 Dr. J. Sobotta, Atlas and Text-book of Human Anatomy Volume III, 1909.

1-4 Doc. RNDr. Josef Reischig, CSc., Escherichia Coli, 2014, 改為 : 單色 (https://commons. wikimedia.org/wiki/File:Escherichia_coli_(259_02)_Gramnegative_rods.jpg). 創用 CC 授權條款 ( CC BY3.0 ) https://creativecommons.org/licenses/by-sa/3.0/deed.ja

1-5 Chiswick Chap, Biston betularia, 2006, 改為 : 單色 (https://en.wikipedia.org/wiki/File:Biston.betularia.7200.jpg). 創用 CC 授權條款 ( CC BY 3.0 ) https://creativecommons.org/licenses/by-sa/3.0/deed.ja

Chiswick Chap, Biston betularia f. carbonaria, 2006, 改為 : 單色 (https://commons.wikimedia. org/wiki/File:Biston.betularia.f.carbonaria.7209.jpg). 創用 CC 授權條款 ( CC BY 3.0 ) https://creativecommons.org/licenses/by-sa/3.0/deed.ja

1-6 太刀川英輔 , NOSIGNER, ggg 企画展「NOSIGNER Reason behind forms」, 2016 ( 攝影 : 佐藤邦彥 )

1-7 太刀川英輔 , NOSIGNER, 2023.

1-8 太刀川英輔 , NOSIGNER, 2023.

1-9 V. Tiziano, J. Oporinus, De humani corporis fabrica libri septem, 1543, 164.

1-10 太刀川英輔 , NOSIGNER, 2020.

〖第二章　變異〗

2-1 T. Edison, *Light bulb patent application*, 1880.

2-2 Didier Descouens, Biface, 2010, 改為 : 單色 (https://commons.wikimedia.org/wiki/ File:Biface_Cintegabelle_MHNT_PRE_2009.0.201.1_V2.jpg). 創用 CC 授權條款 ( CC BY 4.0 ) https://creativecommons.org/licenses/by/4.0/deed.ja

2-3 The Trustees of the British Museum, Rosetta Stone, 1799.

2-4 Gregory Podgorniak, Part of DNA sequence - prototypification of complete genome of virus - 5418 nucleotides, 2015 (https://commons.m.wikimedia.org/wiki/File:Part_of_DNA_sequence_ prototypification_of_complete_genome_of_virus_5418_nucleotides.gif). ク創用 CC 授權條款 ( CC BY 4.0 ) https://creativecommons.org/licenses/by-sa/4.0/deed.ja

2-5 太刀川英輔 , NOSIGNER, 2022.

3-1 D'Arcy Wentworth Thompson, On Growth and Form, fig. 377-380, 1917.

3-2 Ernst Keil, Die Gartenlaube, 1883.

3-3 E. Joseph d'Alton, Fruit Bat Skeleton, 1838.

3-4 太刀川英輔 , NOSIGNER, ggg 企画展「NOSIGNER Reason behind forms」, 2016 ( 攝影 : 佐藤邦彥 )

48. 「一般廃棄物処理事業実態調査の結果 ( 平成 30 年度 ) について」( 環境省，2020 年 )https://www.env.go.jp/press/files/jp/113665.pdf(2021 年 3 月 24 日にアクセス )

49. ルイス・キャロル著，河合祥一郎訳『鏡の国のアリス』( 角川書店，2010 年 ) ［Lewis Carroll, *Through the Looking-Glass, and What Alice Found There*］

50. ケネディ・ウォーン「ニュージーランドが川に『法的な人格』を認めた理由」(NationalGeographic，2020 年 )https://natgeo.nikkeibp.co.jp/atcl/news/20/022700131/(2021 年 3 月 24 日にアクセス )

51. W・チャン・キム，レネ・モボルニュ著，入山章栄監訳，有賀裕子訳『[ 新版 ] ブルー・オーシャン戦

52. 略』( ダイヤモンド社，2015 年 )

53. ユクスキュル，クリサート著，日高敏隆，羽田節子訳『生物から見た世界』( 岩波書店，2005 年 ) ［Jakob Von Uexküll, Georg Kriszat, *Streifzüge durch die Umwelten von Tieren und Menschen*］

54. Stanley Milgram, "*The Small World Problem*", Psychology Today, pp60-67, May, 1967.

55. ダンカン・ワッツ著，辻竜平，友知政樹訳『スモールワールド・ネットワーク [ 増補改訂版 ]』( 筑摩書 房，2016 年 ) ［Duncan J. Watts, *Six Degrees*］

56. 循環経済ビジョン研究会 ( 第 5 回 )「中国政府による廃棄物輸入規制後の中国の状況」( 三菱 UFJ リサーチ & コンサルティング，2019 年 )https://www.meti.go.jp/shingikai/energy_environment/junkai_keizai/pdf/005_02_00.pdf(2021 年 3 月 24 日にアクセス )

57. 太田珠美「世界全体の ESG 投資残高は 31 兆ドルに」( 大和総研，2019 年 )https://www.dir.co.jp/report/research/capital-mkt/esg/20190404_020725.pdf(2021 年 3 月 24 日にアクセス )

58. 平野星良「12 歳と 14 歳、姉妹の熱意に州知事が動いた！バリ島『2018 年までにレジ袋撤廃』へ」(TABI LABO，2016 年 )https://tabi-labo.com/253156/bye-bye-plastic-bags(2021 年 3 月 24 日に

59. アクセス )

60. 奥山直子「使い捨てプラスチックの一部製品の禁止延期は違憲、2020 年 1 月から禁止に」(JETRO，2019 年 )https://www.jetro.go.jp/biznews/2019/08/ff194113438a2098.html (2021 年 3 月 24 日にア クセス )

61. 弘法大師著，密教文化研究所弘法大師著作研究会編纂『定本弘法大師全集第 8 巻』( 密教文化研究所，1996 年 )

62. Alan C. Kay, Predicting the Future, *Stanford Engineering*, Volume 1, Number 1, pg 1-6, Autumn 1989.

63. Allotte de la Fuye, *Jules Verne* : sa vie et son oeuvre, Paris, Kra, 1928.

64. フレデリック・ラルー著，鈴木立哉訳，嘉村賢州解説『ティール組織』( 英治出版，2018 年 ) ［Frederic Laloux, Reinventing Organizations］

65. ジャック・モノー著，渡辺格，村上光彦訳『偶然と必然』( みすず書房，1972 年 ) ［Jacques Monod, *Le Hasard et la Nécessité*］

66. パスカル著 (1974 年 )

67. クレイボーン・カーソン，クリス・シェパード編，梶原寿監訳『私には夢があるM・L・キング説教・講 演集』( 新教出版社，2003 年 ) ［Clayborne Carson, Kris Shepard , *A Call to Conscience: The Landmark Speeches of Dr. Martin Luther King, Jr.*］

68. 『聖書 新共同訳』(1996 年 )

69. フレーベル著，荒井武訳『人間の教育』( 上下巻、岩波書店，1964 年 ) ［Friedrich Fröbel, *Die Menschenerziehung*］

21. AFPBB News「米研究結果、『女性は男性よりもおしゃべり』説は事実無根」(2007 年 )https://www.afpbb.com/articles/-/2249670(2021 年 3 月 24 日にアクセス )

22. William Bateson, *Materials for the Study of Variation*, Cambridge University Press, 2013.

23. ウルフ・ラーショーン編, 津金・レイニウス・豊子訳, 岡本拓司, 高橋雄造, 若林文高 日本語版監修

24. 『ノーベル賞の百年』( ユニバーサル・アカデミー・プレス, 2002 年 )

25. A・オスボーン著 (1969 年 )［Alex F. Osborn, *Your Creative Power*］

26. ダーシー・トムソン著, 柳田友道ほか訳『生物のかたち』( 東京大学出版会, 1973 年 )［D'Arcy Wentworth Thompson, *On Growth and Form*］

27. P. J. B. Slater, Bird Song Learning, *Ethology Ecology and Evolution*, 1, 19-46. 1989.

28. Andrea K. Scott, "How Jeff Koons's "Rabbit" Became Big Game", The New Yorker, May, 21. 2019. https://www.newyorker.com/culture/cultural-comment/how-jeff-koonss-rabbit-became-big-game

29. (2021 年 3 月 24 日にアクセス )

30. ブリュノ・ブラセル著 , 荒俣宏監修『本の歴史』( 創元社 , 1998 年 )［Bruno Blasselle, *Histoire du livre*］

31. アダム・ハート = デイヴィス総監修, 日暮雅通監訳, 日暮雅通, 藤原多伽夫, 山田和子訳『サイエン ス大図鑑』( 河出書房新社, 2011 年 )［Adam Hart-Davis, *Science The Definitive Visual Guide*］

32. 孫正義 (@masason). " 髪の毛が後退しているのではない。私が前進しているのである。", 10:41PM, Jan, 8, 2013. https://twitter.com/masason/status/288641633187147776

33. みんな すばる「LGBT の割合は 13 人に 1 人 ? 100 人に 1 人 ? バラつく理由」(JobRainbow MAGAZINE, 2019 年 )https://jobrainbow.jp/magazine/lgbt-percentage(2021 年 3 月 24 日にアクセス )

34. 「99 歳女性、5000 万人に 1 人の『内臓逆位症』 献体で初めて判明」(CNN.co.jp, 2019 年 ) https://www.cnn.co.jp/fringe/35135498-2.html(2021 年 3 月 24 日にアクセス )

35. 手塚治虫著『アトム今昔物語』( 講談社, 2010 年 )

36. アダム・ハート = デイヴィス総監修 (2011 年 )［Adam Hart-Davis, *Science The Definitive Visual Guide*］

37. カエサル著, 國原吉之助訳『ガリア戦記』( 講談社, 1994 年 )［Gaius Iulius Caesar, *Commentarii de Bello Gallico*］

38. 山本光雄編『アリストテレス全集 9』( 岩波書店, 1988 年 )［*Works of Aristotle*］

39. A. M. Turing, The Chemical Basis of Morphogenesis, *Philosophical Transactions of the Royal Societyof London. Series B, Biological Sciences, Vol.237*, No.641, pp. 37-72, Aug, 14, 1952.

40. Carl von Linné, *Caroli a Linné ... Systema naturae*, Holmiae: Impensis direct, Laurentii Salvii, 176 6 -176 8 .

41. Erasmus Darwin, *Zoonomia*, Dublin: B. Dugdale, 1800.

42. William Paley, *Paley's Natural Theology*, London: SPCK, 1902.

43. ラマルク著, 小泉丹, 山田吉彦訳『動物哲学』( 岩波書店, 1954 年 )［Chevalier de Lamarck, *Philosophie zoologique*］

44. ヘンリー・ペトロスキー著, 忠平美幸訳『フォークの歯はなぜ四本になったか』( 平凡社, 2010 年 )［Henry Petroski, *The evolution of useful thing*］

45. ヘンリー・ペトロスキー著 (2010 年 )［Henry Petroski, *The evolution of useful thing*］

46. Rudyard Kipling, *Just So Stories for Little Children*, Penguin Books, 1989.

47. 「新型コロナ 世界の感染者 1 億 1375 万人 死者 252 万人 (28 日 15 時 )」(NHK WEB, 2021 年 ) https://www3.nhk.or.jp/news/html/20210228/k10012890081000.htm(l 2021 年 3 月 24 日にアクセス )

# 資料出處
## Source

**【注釋】**

1. JT 生命誌研究館「ヒトってなに？(4) 研究の歴史」https://www.brh.co.jp/publication/cards/papercraft/001/pdf/intro.pdf
2. パスカル著，前田陽一，由木康訳『パンセ』(中央公論新社，1974 年)［Blaise Pascal, *Pensées*］
3. "You've got to find what you love,' Jobs says", Stanford University, June 14, 2005. https://news.stanford.edu/2005/06/14/jobs-061505/(2021 年 3 月 24 日にアクセス)
4. 中村元訳『ブッダの真理のことば感興のことば』(岩波書店，1978 年)
5. 新戸雅章編著『天才ニコラ・テスラのことば』(小鳥遊書房，2019 年)
6. 江木聡，ニッセイ基礎研究所「基礎研レター：日米 CEO の企業価値創造比較と後継者計画」(2019 年) https://www.nli-research.co.jp/files/topics/60582_ext_18_0.pdf?site=nli (2021 年 3 月 24 日に アクセス)
7. 朝日新聞デジタル「ノーベル賞吉野さん、研究者は『35 歳前後が重要』」(朝日新聞，2019 年)https://www.asahi.com/articles/ASMCC4SQRMCCULBJ00H.html (2021 年 3 月 24 日にアクセス)
8. ダーウィン著，渡辺政隆訳『種の起源』(上下巻，光文社，2009 年)［Charles Darwin, *On the Origin of Species*］
9. W・ブライアン・アーサー著，有賀裕二監修，日暮雅通訳『テクノロジーとイノベーション』(みすず書房，2011 年)［W. Brian Arthur, *The Nature of Technology*］
10. Lydia Ramsey Pflanzer and Samantha Lee, "Our DNA is 99.9% the same as the person next to us — and we're surprisingly similar to a lot of other living things", Businessinsider, Apr, 4, 2018. https://www.businessinsider.com/comparing-genetic-similarity-between-humans-and-other-things-2016-5
11. (2021 年 3 月 24 日にアクセス)
12. エドワード・O・ウィルソン著，伊藤嘉昭監修，坂上昭一ほか訳『社会生物学』(新思索社，1999 年)
13. W・ブライアン・アーサー著 (2011 年)［W. Brian Arthur, *The Nature of Technology*］
14. ケヴィン・ケリー著，服部桂訳『テクニウム』(みすず書房，2014 年)［Kevin Kelly,*What Technology Wants*］
15. A・オスボーン著，豊田晃訳『創造力を生かせ』(創元社，1969 年)［Alex F. Osborn, *Your Creative Power*］
16. エドワード・デボノ著，白井実訳『水平思考の世界』(講談社，1969 年)［Edward De Bono, *Lateral Thinking: An Introduction*］
17. ダニエル・C・デネット著，山口泰司監訳，石川幹人ほか訳『ダーウィンの危険な思想界』(青土社，2000 年)［Daniel C. Dennett, *Darwin's Dangerous Idea*］
18. マイルス・デイビス，クインシー・トループ著，中山康樹訳『完本マイルスデイビス自叙伝』(JICC 出版局，1991 年)［Miles Davis, *Quincy Troupe, Miles: The Autobiography*］
19. George Basalla, *The Evolution of Technology*, Cambridge University Press, 1989.
20. 『聖書 新共同訳』(日本聖書協会，1996 年)

エロル・フラー著，鴨志田恵訳『写真に残された絶滅動物たち最後の記録』（エクスナレッジ，2018 年）［Errol Fuller, *Lost Animals*］

筧裕介著『持続可能な地域のつくり方』（英治出版，2019 年）

ピーター・ビアード著，伊藤俊治，小野功生訳『ジ・エンド・オブ・ザ・ゲーム』（リブロポート，1993 年）［Peter Hill Beard, *The end of the game*］

ドミニク・チェン『未来をつくる言葉』（新潮社，2020 年）

環境省「一般廃棄物の排出及び処理状況等（平成 29 年度）について」https://www.env.go.jp/ press/106564.htm(l 2021 年 3 月 24 日にアクセス）

Nikkei National Geographic「ニュージーランドが川に「法的な人格」を認めた理由」(2020 年 3 月）https://natgeo.nikkeibp.co.jp/atcl/news/20/022700131/?ST=m_news(2021 年 3 月 24 日にアクセス）

**【預測】**

ハンス・ロスリング，オーラ・ロスリング，アンナ・ロスリング・ロンランド著，上杉周作，関美和訳『FACTFULNESS』（日経 BP 社，2019 年）［Hans Rosling, Ola Rosling, Anna Rosling Rönnlund, *Factfulness*］

東京都現代美術館ほか編『未来都市の考古学』（東京新聞，1996 年）

安宅和人著『イシューからはじめよ』（英治出版，2010 年）

フレデリック・ラルー著，鈴木立哉訳，嘉村賢州解説『ティール組織』（英治出版，2018 年）［Frederic Laloux, *Reinventing Organizations*］

ジャック・アタリ著，林昌宏訳『21 世紀の歴史』（作品社，2008 年）［Jacques Allati, *Une brève histoire de l'avenir*］

安斎勇樹，塩瀬隆之著『問いのデザイン』（学芸出版社，2020 年）

Jürgen Symanzik, William (Zelli) Fischetti, and Ian Spence."Commemorating William Playfair's 250th Birthday.", Computational Statistics, 24(4) . May, 2009. http://www.math.usu.edu/~symanzik/ papers/2009_cost/editorial.htm(l 2021 年 3 月 24 日にアクセス）

西原史暁「近代的グラフの発明者ウィリアム・プレイフェア」(Colorless Green Ideas，2012 年 )https:// id.fnshr.info/2012/07/12/playfair/(2021 年 3 月 24 日にアクセス）

**【創造】**

リチャード・レスタック著，サイモン・ブラックバーン編，古谷美央訳『ビッグクエスチョンズ脳と心』（ディスカヴァー・トゥエンティワン，2018 年）［Richard M Restak, Simon Blackburn, *Big Questions Mind*］

南方熊楠著『十二支考』（上下巻，岩波書店，1994 年）

中沢新一著『森のバロック』（講談社，2006 年）

WIRED「人類の文化的躍進のきっかけは、7 万年前に起きた「脳の突然変異」だった：研究結果」(2019 年 9 月）https://wired.jp/2019/09/01/recursive-language-and-imagination/(2021 年 3 月 24 日にアクセス）

※本書是以下列「進化思考」相關文章發展而成。太刀川英輔「イノベーションの起こし方」（前後編，Business Leader Square Wisdom，2020 年 3 月）

https://wisdom.nec.com/ja/series/design/2020033101/index.html (2021 年 3 月 24 日にアクセス）太刀川英輔著，DIAMOND ハーバード・ビジネス・レビュー編集部編『生物の進化のように発想する「進化思考」』（ダイヤモンド社，2019 年）

グレイン調査団編『ニッポンの大発明』(辰巳出版，2010 年)

鍋西久「反芻動物」(環境ミニ百科第 42 号，公益財団法人環境科学技術研究所 )http://www.ies.or.jp/ publicity_j/ mini_hyakka/42/mini42.htm(l 2021 年 3 月 24 日にアクセス)

The Radicati Group."Email Statistics Report, 2016-2020."March, 2016. https://www.radicati.com/ wp/wp-content/ uploads/2016/03/Email-Statistics-Report-2016-2020-Executive-Summary.pdf(2021 年 3 月 24 日にアクセス)

**【解剖】**

レオナルド・ダ・ヴィンチ著，ケネス・キール，カルロ・ペドレッティ編，清水純一，万年甫訳『レオナルド・ダ・ヴィンチの解剖図』(岩波書店，1982 年)［Leonardo da Vinci, Kenneth Keele, Carlo Pedretti, *Leonardo da Vinci*］

オーウェン・ギンガリッチ編，ジーン・アデア著，近藤隆文訳『エジソン 電気の時代の幕を開ける』(大月書店，2009 年)［Owen Gingerich, Gene Adair, *Thomas Alva Edison*］

ニール・ボールドウィン著，椿正晴訳『エジソン 20 世紀を発明した男』(三田出版会，1997 年)［Neil Baldwin, *Edison*］

Rob Thompson, Manufacturing Processes for Design Professionals, Thames & Hudson, 2007

Chris Lefteri 著，田中浩也監訳，水原文訳『「もの」はどのようにつくられているのか ?』(オライリー・ジャパン，2014 年)［Chris Lefteri, *Making It*］

スティーブン・ビースティー，リチャード・プラット著，入江礼子，平間あや，新井朋子訳『モノづくり断面図鑑』(偕成社，1998 年)［Richard Platt, *Incredible everything*］

トヨタ自動車 75 年史「第 2 節 自動車試作、第 1 項 自動車製作部門の設置」https://www.toyota.co.jp/jpn/company/ history/75years/text/taking_on_the_automotive_business/chapter2/section2/item1.html (2021 年 3 月 24 日にアクセス)

Jonathan McCabe."Cyclic Symmetric Multi-Scale Turing Patterns."2010. http://jonathanmccabe. com/Cyclic_Symmetric_ Multi-Scale_Turing_Patterns.pdf(2021 年 3 月 24 日にアクセス)

**【系統】**

三中信宏著『系統樹思考の世界』(講談社，2006 年)

三中信宏，杉山久仁彦著『系統樹曼荼羅』(NTT 出版，2012 年)

プランタジネット・サマセット・フライ著，樺山紘一監訳『世界の歴史 パノラマ』(講談社，1996 年)［Plantagenet Somerset Fry, *The Dorling Kindersley history of the world*］

梶田昭『医学の歴史』(講談社，2003 年)

Douglas T. Kenrick, Vladas Griskevicius, Steven L. Neuberg, and Mark Schaller."Renovating the Pyramid of Needs: Contemporary Extensions Built Upon Ancient Foundations.", Perspectives on Psychological Science 5(3):292-314 . May, 2010. https://www.researchgate.net/publication/51602153_ Renovating_the_Pyramid_of_Needs_Contemporary_Extensions_Built_ Upon_Ancient_Foundations(2021 年 3 月 24 日にアクセス)

**【生態】**

ユクスキュル，クリサート著，日高敏隆，羽田節子訳『生物から見た世界』(岩波書店，2005 年)［Jakob Von Uexküll, Georg Kriszat, *Streifzüge durch die Umwelten von Tieren und Menschen*］

マーク・ブキャナン著，阪本芳久訳『複雑な世界、単純な法則』(草思社，2005 年)［Mark Buchana, *Nexus*］

澤宮優，平野恵理子著『イラストで見る昭和の消えた仕事図鑑』(KADOKAWA，2021 年)

variation", Pigment Cell & Melanoma Research, 25.3 (2012):326-30

**【創造的演化】**

フレーベル著，荒井武訳『人間の教育』(上下巻、岩波書店，1964 年)［Friedrich Wilhelm August Fröbel, *Die Menschenerziehung*］

エドワード・O・ウィルソン著，伊藤嘉昭監修，坂上昭一ほか訳『社会生物学』(新思索社，1999 年)［E. O. Wilson, *Sociobiology:the new synthesis*］

レイ・カーツワイル著，井上健監訳，小野木明恵，野中香方子，福田実訳『ポスト・ヒューマン誕生』(日本放送出版協会，2007 年)［Raymond Kurzweil, *The Singularity Is Near*］

ケヴィン・ケリー著，服部桂訳『テクニウム』(みすず書房，2014 年)［Kevin Kelly,*What Technology Wants*］

W・ブライアン・アーサー著，有賀裕二監修，日暮雅通訳『テクノロジーとイノベーション』(みすず書房，2011 年)［W. Brian Arthur, *The Nature of Technology*］

ウルフ・ラーショーン編，津金・レイニウス・豊子訳，岡本拓司，高橋雄造，若林文高日本語版監修『ノーベル賞の百年』(ユニバーサル・アカデミー・プレス，2002 年)［Ulf Larsson, *Människor,miljöer och kreativitet:Nobelpriset 100år*］

ヘンリー・ペトロスキー著，忠平美幸訳『フォークの歯はなぜ四本になったか』(平凡社，2010 年)［Henry Petroski, *The evolution of useful thing*］

池田源宏「フレーベルの発達思想について」(松本短期大学研究紀要 3 号，1998 年，p1-17)

テリー・ブレヴァートン著，日暮雅通訳『世界の発明発見歴史百科』(原書房，2015 年)［Terry Breverton, *Breverton's Encyclopedia of Inventions*］

ジャック・チャロナー編，小巻靖子，松浦弘，安藤貴子，プレシ南日子訳『人類の歴史を変えた発明 1001』(ゆまに書房，2011 年)［Jack Challoner, *1001 inventions that changed the world*］

アダム・ハート＝デイヴィス総監修，日暮雅通監訳，日暮雅通，藤原多伽夫，山田和子訳『サイエンス大図鑑』(河出書房新社，2011 年)［Adam Hart-Davies, *Science*］

Editors of Phaidon Press, PHAIDON DESIGN CLASSICS, Phaidon Press, 2006

**【變異】**

ダーシー・トムソン著，柳田友道ほか訳『生物のかたち』(東京大学出版会，1973 年)［D'Arcy Wentworth Thompson, *On Growth and Form*］

マイルス・デイビス，クインシー・トループ著，中山康樹訳『完本マイルス・デイビス自叙伝』(JICC 出版局，1991 年)［Miles Davis, Quincy Troupe, *Miles: The Autobiography*］

エドワード・デボノ著，白井実訳『水平思考の世界』(講談社，1971 年)［Edward de Bono, *New Think*］

高木芳徳著『トリーズの発明原理 40』(ディスカヴァー・トゥエンティワン，2014 年)

A・オスボーン著，豊田晃訳『創造力を生かせ』(創元社，1969 年)［Alex F. Osborn,*Your Creative Power*］

クレイグ・グレンディ編，大木哲，海野佳南，片岡夏実，五味葉，権田アスカ，藤村友子，金井哲夫訳『ギネス世界記録 2020』(角川アスキー総合研究所，2019) ※同 2017，同 2015，同 2014［Craig Glenday, *Guinness World Records*］

歴史ミステリー研究会編『教科書には載せられない悪魔の発明』(彩図社，2018 年)

読書猿著『アイデア大全』(フォレスト出版，2017 年)

# 參考文獻
# Bibliography


**【演化論】**

ダーウィン著，渡辺政隆訳『種の起源』(上下巻，光文社，2009 年)［Charles Darwin, *On the Origin of Species*］

ラマルク著，小泉丹，山田吉彦訳『動物哲学』(岩波書店，1954 年)［Chevalier de Lamarck, *Philosophie zoologique*］

リチャード・ドーキンス著，吉成真由美編・訳『進化とは何か』(早川書房，2014 年)［Richard Dawkins, *Growing up in the universe*］

リチャード・ドーキンス著，日高敏隆，岸由二，羽田節子，垂水雄二訳『利己的な遺伝子』(紀伊國屋書 店，2018 年)［Richard Dawkins, *The Selfish Gene*］

金子隆一，中野美鹿著『大進化する「進化論」』(NTT 出版，1995 年)

マーロン・ホーグランド，バート・ドッドソン著，中村桂子，中村友子訳『Oh! 生きもの』(三田出版会，1996 年)［Mahlon Hoagland, Bert Dodson, *The Way Life Works*］

エドワード・O・ウィルソン著，岸由二訳『創造』(紀伊國屋書店，2010 年)［E. O. Wilson, *The creation*］

ニコ・ティンバーゲン著，丘直通訳『動物の行動』(タイムライフインターナショナル，1969 年)［Nico Tinbergen, *Animal Behavior*］

ショーン・B・キャロル著，渡辺政隆，経塚淳子訳『シマウマの縞 蝶の模様』(光文社，2007 年)［Sean B. Carroll, *Endless Forms Most Beautiful*］

アラン·S·ミラー，サトシ·カナザワ著，伊藤和子訳『進化心理学から考えるホモサピエンス』(パンロー リング，2019 年)［Alan S. Miller, Satoshi Kanazawa, *Why Beautiful People Have More Daughters*］

『現代思想 37(5)(臨増)』(ダーウィン『種の起源』の系統樹，青土社，2009 年)

『現代思想 20(5)』(ドーキンス 利己的遺伝子の戦略，青土社，1992 年)

長谷川眞里子著『進化とはなんだろうか』(岩波書店，1999 年)

長谷川眞里子著『生き物をめぐる 4 つの「なぜ」』(集英社，2002 年)

長谷川眞里子著『進化生物学への道』(岩波書店，2006 年)

長谷川寿一，長谷川眞里子著『進化と人間行動』(東京大学出版，2000 年)

ジョナサン・ミラー著，ボリン・バンルーン イラスト，田中茂彦訳『ダーウィン (For beginners シリーズ)』(現代書館，1982 年)［Jonathan Miller, Borin Van Loon, *Darwin for Beginners*］

P·B·メダワー，J·S·メダワー著，長野敬ほか訳『アリストテレスから動物園まで』(みすず書房，1993 年)［Peter B. Medawar, Jean S. Medawar, *Aristotle to Zoos*］

スミソニアン協会監修，デイヴィッド・バーニー顧問編集，西尾香苗，増田まもる，田中稔久訳『地球博物学大図鑑』(東京書籍，2012 年)［Smithsonian Institution, David Burnie, *The Nature Hisory Book*］

チャド・バークレイ「進化の神秘」(ブルーアントメディア，Prime ビデオ，2016 年)https://www.amazon.co.jp/gp/video/detail/B06XKP89QT/ref=atv_dp_share_cu_r

Masakatsu Watanabe, Shigeru Kondo,"Changing clothes easily: connexin41.8 regulates skin pattern

## 詳細目次
## Detailed Table of Contents

# 太刀川英輔
## Eisuke Tachikawa

NOSIGNER 負責人

日本工業設計協會（JIDA）理事長

金澤美術工藝大學客座教授

進化思考提倡者

設計策略顧問

相信透過社會設計能創造更美好的未來，且推廣從生物的演化中學習發想脈絡的「進化思考」學說，願每個人都能夠成為用創意來改變世界的一分子。

作品涵蓋產品、視覺及建築等各大領域；並積極參與次世代能源、地方創生、SDGs（聯合國永續發展目標）等各種計畫策略。曾獲得德國 iF 產品設計獎、德國紅點設計獎、日本 GOOD DESIGN 優秀設計獎、亞洲設計獎（香港）、PENTAWARDS 白金獎、台灣金典設計獎首獎、A' Design Award & Competition（義大利）首獎等百項國際設計大獎。同時也受邀擔任諸多國際設計大賽評審，如 DFA 亞洲最具影響力設計獎、日本 GOOD DESIGN、WAF 世界建築節等等。

代表作品包含：OLIVE、東京防災、PANDAID、山本山、橫濱 DeNA 海灣之星棒球隊、YOXO 以及參與 2025 大阪世界博覽會日本館的概念發想。

所著書籍《進化思考》（海士之風出版，2021 年）獲得由日本生物學家、經濟學家評選的代表性學術獎「山本七平獎」。另著有《設計與革新》（行人出版，2019 年）。

https://nosigner.com/

設計思考 02

# 進化思考

## 引導創造力的「變異和選擇」

進化思考　生き残る創造力を導く「変異と選択」

作者：太刀川英輔

譯者：詹慕如

堡壘文化有限公司　雙囍出版

總編輯：簡欣彥

副總編輯：簡伯儒

責任編輯：廖祿存

審訂：陳賜隆

校對：NOSIGNER 李妮燕

編輯協力：NOSIGNER 廖于婷

行銷企劃：游佳霓

裝幀設計：陳恩安

出版：堡壘文化有限公司　雙囍出版｜發行：遠足文化事業股份有限公司（讀書共和國出版集團）｜地址：231 新北市新店區民權路 108-2 號 9 樓｜電話：02-22181417｜Email：service@bookrep.com.tw｜郵撥帳號：19504465 遠足文化事業股份有限公司｜網址：www.bookrep.com.tw｜法律顧問：華洋法律事務所　蘇文生律師｜印製：中原造像股份有限公司｜初版 1 刷：2023 年 09 月｜定價：820 元｜ISBN：9786269759323｜EISBN：9786269759347（PDF）9786269759354（EPUB）



進化思考／太刀川英輔著；詹慕如譯. -- 初版. -- 新北市：堡壘文化有限公司雙囍出版：遠足文化事業股份有限公司發行，2023.09｜552面；14.8×21 公分. --（設計思考；2）｜ISBN：978-626-97593-2-3（精裝）｜1.CST：創造性思考｜176.4｜112012951